墨守训释

姜宝昌　著

齊鲁書社

前 言

一

《墨子》一书原七十一篇，亡佚十八篇，今存五十三篇。自《庄子·天下》称《经上》、《经下》、《经说上》、《经说下》(后加《大取》、《小取》)为《墨经》，两千年来无异词。依傍《墨经》之称，笔者习惯将《备城门》以下十一篇名曰“墨守”，而其余自《亲士》至《公输》三十六篇名曰“墨论”。出于所学专业等方面的原因，笔者对《墨经》颇感亲近。更经已故山东大学历史系卢南乔教授指点，历经十数载笔耕，1993 年，拙著《墨经训释》(狭义《墨经》)出。2009 年，《大取、小取训释》(与前《墨经训释》增订本共辑一册，仍名《墨经训释》，即广义《墨经》)又出。至此，《墨子》书《墨经》部分之训释，笔者不揣浅陋，公诸学界同行。回馈信息说，号称“天书”般艰涩难读之《墨经》，经笔者予以诠解，或可得以畅读，有时竟有几分新意。

二

此后，笔者又将目光投向“墨守”诸篇。窃以为，“墨论”诸篇论述墨家社会政治与伦理思想，即所谓“十大主张”，学界大都予以认同，且专于“墨论”研究的专家众多，著述群出，研究成果宏富。相反，“墨守”研究则相形见绌，简直无从与“墨论”研究甚至《墨经》研究相提并论。迄今为止，学人习见与乐道者，不外毕沅《墨子注》、孙诒让《墨子閒诂》、张纯一《墨子集解》、吴毓江《墨子校注》中“墨守”部分，而“墨守”研究专著大约仅见岑仲勉《墨子城守各篇简注》、冯成荣《墨子兵学及备城门以下十一篇新注新译》和叶山《攻守城器械及东周军事技术》等有限几种。其中，最有影响力的岑书，算来已是六十五年前的作品了。

三

尽人皆知，“墨守”诸篇之难于诠释，其缘由在于名物之破译或解释。先秦时期某一名物究竟若何模样，古人并未留下说解，后世或不得而知；先秦时期某一机具究竟若何装配，古人不习图绘示意，后世更迷离莫明。《备城门》篇中所见“槲”、“渠荅”、“藉车”、“狗犀”（狗屍、狗走），《备高临》篇中所见“羊黔”（羊坽），《备穴》篇中所见“车两走”等，自《閒诂》面世百多年来迄无谛解，此乃人所共知之事实。例如“渠荅”，毕沅云：“《汉书》注云：‘苏林曰：渠荅，铁蒺藜也。’”孙诒让云：“（渠，）守城械名。”张纯一从之。吴毓江亦从之。尹桐阳云：“荅，同塔。”至岑仲勉，乃云：“余以为渠制先立一柱，凿两孔，臂是横木，于当中凿一孔，悬之柱上，作十字形，然后张荅，……渠荅用来阻挡矢石……渠象船之桅，荅就是帆。”方说破渠之形制及用途，但又以为“渠”与“荅”皆为用以“阻挡矢石”之机具构件，所惜稍差一间。再如“藉车”，毕沅云：“疑即巢车。”孙诒让云：“藉车，义疑与《备高临》‘技机藉之’之‘藉’同。”张纯一从之。吴毓江赞同毕说。至岑仲勉，乃云：“藉车系用以投掷损害敌人之物，似借‘跌’之弹力，将损害品掷向城下者。”掷物损敌之功用，初露端倪。叶山进而指明其为“投石机”，但又云：“投石机的样子及构造，因原文讹误，已不可解。”叶氏名之曰“投石机”，而非“抛石机”，一“投”一“抛”，看似旨意不异，却将“砲”（炮）之由来扼杀于摇篮之中。又如“羊坽”，《备高临》篇作“羊黔”，《杂守》篇作“羊坽”（茅本作“羊玲”）。毕沅云：“（‘羊黔’，）《杂守》篇作‘羊坽’，未详其器。”孙诒让云：“（‘薪土俱上，以为羊坽，积土为高，以临吾民，蒙橹俱前，遂属之城’，）‘坽’亦合韵。”究为“羊黔”（羊坽），抑为“羊玲”，其谁断之？吴毓江取“坽”，云：“诸本作‘玲’，宝历本作‘坽’，今从之。”岑仲勉亦取“坽”，云：“惟‘羊坽’彼（按：指《备高临》篇）作‘黔’，字均从‘今’，古可通用。本或误作‘羊玲’。”孙诒让引王念孙取“羊玲”，张纯一从之。又，“羊玲”何解，迄无定论。又如“狗犀”，孙诒让云：“‘狗犀’，疑即后文之‘狗屍’、‘狗走’。”又云：“盖亦行马（按：遮拦具）、柞鄂（按：捕兽具）之类。”又云：“狗屍盖以木为之，而掩覆以茅，所以误敌，使陷挤不得出也。”张纯一从之。吴毓江亦从之。尹桐阳云：“以狗犀当矢也。”至岑仲勉，乃云：“今考狗屍实绳类，备束缚之用，以茅纽成。”可谓说破“狗犀”（“狗屍”、“狗走”）义蕴。然何以名曰“狗犀”，仍悬而未决。

此外，“墨守”诸篇中，有少数历来字书未见之字，如“揺”、“隴”等，应如何释读？又有少数孙诒让疏释或误释之字，如“‘蕉’，‘樵’之俗”、“‘闬’即‘闭’字”等，应如何订正？凡此，亦亟须补释或重释。

四

笔者受孙、张、吴、岑诸大家解墨之启迪，自然以着力于名物训释为契入点。名书曰《墨守训释》，实为笔者之初衷！原文当释而未释者补苴之。如《号令》：“布茅宫中，厚三尺以上。”孙诒让云：“未详其用。”笔者赞同岑说并举“寒”字为例，释之道：“盖席下铺厚茅草，用以防寒防潮，草上敷席，又避草茎沾牵且以跪坐也。‘寒’字古文作（寒姒鼎）、（说文），或象人在宀中茻上，或象人在宀中仌（凝冰）上以茻保暖，情景宛若图绘。”原释是而疏略者，引经史子集书例证成之。如《备梯》：“城上希椐门而直桀。”孙诒让引王引之云：“希与睎同，直与置同，桀与楬同。”笔者逐一出具书证，证成其说，释之道：“‘希’，读为睎。‘希’为睎之声符，例可通假。‘睎’，望。《说文·目部》：‘睎，望也。海岱之间谓眄曰睎。’段玉裁注：‘古多以希为睎。’王筠句读：‘《养生论》引《说文》：‘希，望也。’即此‘希’。《后汉书·班固传》：‘于是睎秦岭。’李贤注：‘睎，望也。’‘直’，读为置。‘直’为置之声符，例可通假。《读书杂志·墨子第五·备梯·脱文一》：‘城（上）希椐门而直桀。’王念孙按引王引之曰：‘直与置同。’是也。‘桀’，通楬。‘桀’、‘楬’上古同为群母月部字，音同，例可通假。桀，举。《左传·成公二年》：‘齐高国桀石以投人。’杜预注：‘桀，担也。’洪亮吉诂：‘桀、揭、担，并举也。’举而投之为‘桀’，故举而投之之物亦为‘桀’。”原释非是者订正之。

如《迎敌祠》:“堂密八(尺)。”孙诒让云:“盖堂为多角形,《尔雅·释山》云:‘山如堂者密。’郭璞注引《尸子》云:‘不知堂密之有美枞。’吴汝纶云:‘(密,)疑即陛也。’俞樾云:‘密字无义,疑当为突(罙)。’《说文·穴部》:‘突,深也。’岑仲勉云:‘余疑密者,量之总称,包高、广、深三者而言。’”笔者改释之道:“孙解似就‘密’之本义而言,然实未憭。吴、俞二氏改字为训。岑谓‘密者量之总称,包高、广、深三者而言’,皆未能释出‘堂密八(尺)’中‘密’之真义。‘密’自有‘深、幽深’义,《玉篇·宀部》:‘密,深也。’《易·系辞上》:‘退藏于密。’韩康伯注:‘言其道深微,万物日用而不能知其原。’‘堂密八(尺)’,即堂之进深八尺也。不言‘尺’者,蒙上‘坛高八尺’而省也。”

五

在训释过程中,笔者以孙诒让的《墨子閒诂》为底本,主要运用孙诒让《閒诂》的训诂手段,兼以文字、音韵、语法、考古、民俗等,并结合唐以前兵书,如《六韬》、《孙子兵法》、《吴子兵法》、《司马穰苴兵法》、《尉缭子》以及杜佑《通典》、李筌《太白阴经》等,对比说解,务求达到较《閒诂》、《集解》、《校注》、《简注》等更为细密、更为深入的疏释效果。为了训释的需要,书中保留和使用了一些繁体字和异体字,旨在避免产生歧义。凡毕、孙、张、吴、岑诸家所引经史子集之注,必补出其注所属原文,以明注文之背景,亦省读者翻检原文之劳。如《号令》:“或以下寇”之“以”即已,孙诒让云:“‘以’、‘已’通用。”笔者追迹古文字形体释之道:“古文字‘以’、‘已’本为一字,作(颂簋)、(石鼓)、(说文),为‘目’,亦为‘已’,后‘目’演变为,右加人旁作‘以’(或谓‘似’),字形遂与‘已’别矣。”再如《杂守》:“斥坐郭门内外立旗帜。”孙诒让云:“斥、遮同义。”笔者由音理释之道:“‘遮’通‘斥’。‘遮’,上古章母鱼部字;‘斥’,上古昌母铎部字,声相近,韵亦相近(鱼、铎阴入对转),例可通假。”证成“斥、遮同义”系“音近”之故。又如《备城门》:“灶有铁鐕容石以上者一。”笔者从语法切入,释之道:“‘灶有铁鐕容石以上者一’,即‘灶有容石以上之铁鐕一’,‘容石以上’为‘铁鐕’之后置定语,又加特殊代词‘者’作为标志词。”又如《号令》:“望见寇,举一

垂。”孙诒让引王引之云:“‘垂’字不可通,‘垂’当为‘表’。”笔者赞同岑仲勉“垂”即“捶”之说,而又不取其“捶”通“燧”之议,用陈梦家“垂”即桔槔“大锤其头”之“锤”的结论。其所著《汉简缀述》云:“边地警备,烽候相望,虏至,则举烽火十丈,如今之井桔槔,大锤其头,若警则燃火放之。权重本低则末仰,人见烽火。……‘燃火放之’的‘之’应指‘大锤其头’的‘头’,则所燃为锤即在头上的一团薪草。垂即烽而可引而上下之。此‘垂’即‘大锤其头’之‘锤’。”并进而释之道:“‘锤’即此处之‘垂’,亦即《杂守》:‘守表者三人更立捶表而望’之‘捶表’,而‘举垂’(捶表)正以表敌寇之远近也。”又如《备城门》:“二步一苔。”笔者采信民俗材料,释之道:“今济南等地呼窗外挡雨用具为‘雨苔’,可以为我们理解‘墨守’诸篇中‘苔’之为挡蔽和收集敌矢之战具提供若干启示。”又如《备城门》:“梳关一苋。”孙诒让云:“‘管’或作‘筦’,与‘苋’声形俱近。《说苑·君道篇》‘楚筦苏’,《吕氏春秋·长见篇》‘筦’作‘苋’。”笔者查寻原文并订孙氏疏误,释之道:“‘苋’、‘管’音近,例可通假。《说苑·君道》:‘筦饶犯我以义’(按:《新序》作‘筦苏’)之‘筦’,《吕氏春秋·长见篇》:‘苋譆数犯我以义’作‘苋’,是其例。”

六

依据上述训释理念,笔者梳理“墨守”诸篇训释实践,颇感收益良多。当然,此种收益多是在清以来诸墨学大家既得成果之根基上,或有所推阐,或有所钩稽,或有所悬拟,或有所感语,或有所创获。今就其荦荦大者列举如下。

1.释“轩车”即“楼车”、“巢车”

笔者谓,《左传·宣公十五年》:“登诸楼车,使呼宋而告之。”杜预注:“楼车,车上望橹。”“橹”亦楼。“望橹”,望楼也。《后汉书·南匈奴传》:“上作楼橹。”李贤注:“橹,即楼也。”《汉书·刘屈氂传》:“以牛车为橹。”颜师古注:“橹,望敌之楼也。”“楼车”,即巢车。《左传·成公十六年》:“楚子登巢车,以望晋军。”杜预注:“巢车,车上为楼。”陆德明释文:“巢,《说文》作轈,云:‘兵车高如巢,以望敌也。’”庾信《拟咏怀二十七》:“析骸犹换子,登爨已悬巢。”倪璠注:“巢是楼之别名。”“轩”,楼板。《玄应音义》卷十二“轩窗”注:“轩,楼板也。”《楚辞·招魂》：“槛层轩些。”王逸注：“轩，楼板也。”由是知“轩车”即“楼车”。“轩车”、“楼车”、“巢(轈)车”，盖同物而异名也。《通典·兵十三·攻城战具》：“以八轮车，上树高竿，竿上安辘轳，以绳挽板屋，止竿首，以窥城中。板屋方四尺，高五尺，有十二孔，四面列布。车可进退，圜城而行，于营中远视，亦谓之‘巢车’，如鸟之巢，即今之板屋也。”

2. 释“槲”为小楼(阁楼或屏障)

笔者谓，孙诒让云：“撕，当为槲。”按：《说文》、《玉篇》皆无“撕”字。“撕”当为“槲”。古人用字，于“木”旁、“手”(扌)旁时或淆乱，如“構”之与“搆”，“榻”之与“揭”，“栝”之与“括”，“棰”之与“捶”。“槲”之与“撕”，盖亦如此。“槲”，尹桐阳《墨子新释》云：“即浮思，小楼之称。”按：“浮思”，亦作罘思、罘罳、罦思、罬思，古时设于宫门外或城角之阁楼或屏障，上有孔，状似网，用于守望与防御。《周礼·考工记·匠人》：“宫隅之制七雉，城隅之制九雉。”郑玄注：“宫隅、城隅，谓角浮思也。”孙诒让正义：“浮思者，《广雅》、《释名》、《古今注》皆训为门外之屏。角浮思者，城之四角为屏以障城，高于城二丈，盖城角隐僻，恐奸宄逾越，故加高耳。”《汉书·文帝纪》：“未央宫东阙罘罳灾。”颜师古注：“罘罳，谓连阙曲阁也，以覆重刻垣墉之处，其形罘罳然。一曰屏也。”又，《五行志上》：“文帝七年六月癸酉，未央宫东阙罘罳灾。”颜师古注：“罘罳，阙之屏也。”章太炎《小学答问》：“古者守望墙牖皆为射孔……屏最在外，守望尤急，是故刻为网形，以通矢镞，谓之罘思。”皆其证也。“楼撕揗”，当作“楼槲偱”，谓城上用以伺敌之大小楼屋俱得修缮也。

3. 释“薶”即“埋”

笔者谓，《备梯》：“施浅埋。”正作“埋”。《集韵·皆部》：“薶，《说文》：‘瘗也。’或作貍、埋。”《五经文字·豸部》：“貍，经典或借用为埋字。”《周礼·地官·族师》：“以相葬埋。”陆德明释文：“埋或作貍。”“貍”，道藏本作“狸”，而《备穴》：“俚两罂。”作“俚”。“貍”有[mai]、[li]二音，可推知上古“里”有复辅声母[ml－]，正如由“格”音[ge]、“洛”音[luo]，可推知上古“各”有复辅声母[gl－]。后复辅声母渐而为二单辅声母所取代，最终归于消失，于是，今“貍”有[m－]、[l－]二单辅声母，或读[li]，同“狸”，或读[mai]，同“埋”。

4. 释“宁”(寧)即“文”(读为“门”)

笔者谓,岑仲勉云:“‘(皆为)宁’实‘(皆为)文’之误,读法则应曰‘皆为门’。”按:吴大澂《字说·文字说》云:“《书·文侯之命》:‘追孝于前文人。’《诗·江汉》:‘告于文人。’毛传云:‘文人,文德之人也。’潍县陈寿卿编修介祺所藏《兮仲钟》云:‘其用追孝于皇考己伯,用侃喜前文人’,《积古斋钟鼎彝器款识·追敦》云:‘用追孝于前文人’,知‘前文人’三字为周时习见语。乃《大诰》误‘文’为‘寧’,曰:‘予曷其不前寧人图功攸终’,曰:‘予曷其不于前寧人攸受休毕’,曰:‘天亦惟休于前寧人’,曰:‘率寧人有指疆土’,‘前寧人’实‘前文人’之误。盖因古文‘文’字有从‘心’者,或作,或作,或又作、。壁中文《大诰篇》其‘文’字必与‘寧’字相似,汉儒遂误释为‘寧’。其实,《大诰》乃武王伐殷大诰天下之文,‘寧王’即‘文王’,‘寧考’即‘文考’,‘民献十夫’即武王之乱臣十人也。‘寧王遗我大宝龟’,郑玄注:‘受命曰寧王。’此不得其解而强为之说也。既以‘寧考’为武王,遂以《大诰》为武王之诰。不见古器不识真古文,安知‘寧’字为‘文’字之误哉!”典籍中“前寧人”误人两千年之久,至清季吴大澂方以金文字形纠“寧”为“文”。古文字之于学术,其功大矣哉!“文”,读为门,“文”、“门”上古同为明母文部字,同音通假。岑说至确,今从之。

5. 释“渠”为状如方形大盾之御敌守城战具,释“荅”为状如方形雨荅之御敌守城战具

笔者谓,“渠”,盾,此处指一种御敌守城战具,状如方形大盾,背面用十字木架支撑,正面敷以兽皮,置于城堞之外,用以挡蔽或收集敌矢。《国语·吴语》:“建肥胡,奉文犀之渠。”韦昭注:“肥胡,幡也。文犀之渠,谓楯也。文犀,犀之有文理者。”《集韵·准韵》:“楯,干也,或省。”《玉篇·木部》:“楯,本亦作盾。”“荅”,为另一种御敌守城战具,乃于木制框架中塞以秸草等物,置于城堞之外,用以挡蔽或收集敌矢,亦可点燃后从城上掷下烧敌。今济南等地呼窗外方形框架敷席或油毡,用以挡雨之用具曰“雨荅”。《玉篇·艸部》:“荅,当也。”《书·牧誓》:“昏弃厥肆祀弗荅。”孔安国传:“荅,当也。”《诗·小雅·雨无正》:“听言则荅。”孔颖达疏:“荅,犹距(按:距,读为拒)。”“渠”、“荅”形制相类,功用相同。析而言之,为二种战具,例如,《备城门》“城上七尺一渠,长丈五尺”,《杂守》“渠长丈五尺,其埋者三尺,趺长丈二尺,渠广丈六尺”;

《备梯》"为雀穴、熏鼠，施苔其外"，《备高临》"城上以苔罗矢"，《备蛾傅》"火汤迫之，烧苔覆之"。统而言之，又为一类战具，例如，《杂守》"渠苔大数，里二百五十八步，渠苔百二十九"，《尉缭子·攻权》"津梁未发，要塞未修，城险未设，渠苔未张，则虽有城无守矣"，又《武议》："古人曰：'无蒙冲而攻，无渠苔而守'，是为无善之军。"

6. 释"藉车"为砲(礮)

笔者谓，"藉车"，抛石机，用于投掷大石等物以攻击或抵御敌人之大型战具，当为早期之"砲"。冷兵器时代，写作"砲"或"礮"，直至宋、金时火药发明后，或借"毛炙肉"之"炮"代之。此由"藉车之柱长丈七尺，其埋者四尺，跌长三丈以上，至三丈五尺，马颊长二尺八寸……治梱以大车轮"之形制和"以木大围长二尺四分而中凿之，置炭火其中而合幂之，而以藉车投之"之功用可得而知之。《集韵·效韵》："礮，机石也。或从包。"曹叡《善哉行》："发砲若雷，吐气如雨。"黄节注："《诗》所云'发礮'，即飞石也。其来甚古。李善云：'礮石，今之抛石。'(按：《文选·潘岳〈闲居赋〉》：'礮石雷骇，激石虽飞。'李善注：'礮石，今之抛石也。……《范蠡兵法》："飞石，重二十斤，为机发，行三百步。"')'抛'、'礮'同音，俗作砲。"抛石机至隋代称"云旝"或"将军砲"。《新唐书·李密传》："(密)命护军将军田茂广造云旝三百具，以机抛石，为攻城械，号'将军礮'。"赵翼《陔余丛考·火炮火枪》："火炮，实起于南宋金元之间。……魏胜创炮车，施火石可二百步，其火药用硝石、硫磺、柳炭为之。此近代用火具之始。"《通典·兵十三·攻城战具》："以大木为床，下安四独轮，上建双陛(按：陛，大腿，此处指立柱)，陛间横检，中立独竿，首如桔槔状，其竿高下、长短、大小，以城为准。首以窠盛石，大小、多少，随竿力所制，人挽其端而投之。其车推转，逐便而用之。亦可埋脚着地，逐便而用。其旋风四脚，亦可随事而用。谓之'抛车'。"《太白阴经·攻城具》："砲车：以大木为床，下安四轮，上建双陛，陛间横栝，中立独竿，首如桔槔状，其杆高下、长短、大小，以城为准。竿首以窠盛石，大小、多少，随竿力所制，人挽其端而投之。其车推转，逐便而用之。亦可埋脚着地而用。其旋风四脚，亦随事用之。"杜、李二人记述几乎完全相同，一称"抛车"，一称"砲车"，可证"抛"通"砲"。《通典》多见其用例，如《兵五·守拒法》："城上八队之间，安转关小抛(砲)二，机关大抛(砲)一，云梯、撞抛（砲）等其间”，等等。

7. 释“沓灶”为如垄之灶

笔者谓，“沓”吴抄本如此作，道藏本作“沓”，毕沅本作“沓”。“沓”、“沓”、“沓”，均字书所无。下文“城上三十步一聋灶”，《号令》：“楼一鼓、聋灶”，《杂守》：“亭一鼓、聋灶”，均作“聋”。毕沅云：“疑皆‘垄’字。”按：《史记·滑稽列传》：“优孟曰：‘请为大王六畜葬之，以垅灶为椁，铜历（按：铜历，即釜鬲）为棺，赍以姜枣，荐以木兰，祭以粮稻，衣以火光，葬之于人腹肠。’”“垄”，当为正字，沓、沓、沓、聋，皆借字。《说文·土部》：“垅，丘垅也。”王筠句读：“丘、垅同义，故亦用为连语。”《楚辞·七谏·沉江》：“封比干之丘垅。”王逸注：“小曰丘，大曰垅。”毕说盖是，可信。“沓灶”即“垄灶”，如垄之灶也。由下文“城上三步一垄灶，人掸苣，长五节，寇在城下，闻鼓音，燔苣，复鼓，纳苣雀穴中，照外”观之，“垄灶”殆非用以烧饭，应为火塘，以存火种，敌至，燃柴薪以烧退之也。

8. 释“灵丁”即“铃铛”

笔者谓，灵丁，即令丁，铃铛也。“灵”，通令。《读书杂志·汉隶拾遗·鲁相韩勑造孔庙礼器碑》：“霸月之灵。”王念孙按：“灵，读为令。”“令丁”，铃也。《说文·金部》：“铃，令丁也。”段玉裁注：“铃，古谓之丁宁，汉谓之令丁，在旗上者亦曰铃。”《广雅·释器》：“和，铃也。”王念孙疏证：“《说文》：‘铃，令丁也。’谓其声令丁然也。今人言铃当，语之转也。”于省吾《双剑誃墨子新证》：“灵丁，当即后世之铃铛。”铃铛，所以警人也。

9. 释“狗犀”（“狗屍”、“狗走”）为狗尾草所结绳索

笔者谓，“狗犀”，疑当作“狗尾”，此处指狗尾草把。“尾”，古文字作。读者或 疑“狗”义未能明，旁注“中”（古文或以为“艸”字。《汉书·袁盎晁错列传》：“经川丘阜，中木所在”、“中木蒙茏，枝叶茂接”，又《董仲舒传》：“德润四海，泽臻中木”、“君子之德风，小人之德中，中上之风必偃”、“群生和而万物殖，五谷熟而中木茂”、“仲舒居家推说其意，中稾未上”，等等），后人不考原委，竟将“”、“中”上下连写成“”，误作“犀”字。狗尾草，亦称莠。《太平御览》卷九九八引《韦曜问答》：“‘甫田，维莠’，今何艸？曰：‘今之狗尾也。’”《本艸纲目·艸五·狗尾艸》：“莠，艸秀而不实，故字从秀，穗形象狗尾，故俗称‘狗尾’。”下文“五步积狗屍五百枚，狗

屍长三尺，长似茅，锐其端”，“狗屍”当即“狗犀”。“屍”，上古书母脂部字；“犀”，上古心母脂部字，声相近，韵相同，例可通假。又，下文“狗走，广七寸，长尺八寸，爪长四寸”，“狗走”亦当即“狗犀”。“犀”，通棲。《说文·牛部》：“犀，南徼外牛，一角在鼻，一角在顶，似豕。”朱骏声通训定声：“犀，假借为棲，瓠瓣棲于瓠中者也。”《经籍纂诂·齐韵》：“《诗·卫风·硕人》：‘齿如瓠犀。’《尔雅·释草》注作‘齿如瓠棲’。”“犀”作“棲”。“棲”，或省作“妻”。《群经平议·毛诗三》：“六月棲棲。”俞樾按：“棲，犹妻也，妻之言齐也。”“妻”与“走”上部形似，浅人讹作“走”。由“狗犀”，而“狗棲”，而“狗走”，或通或讹致之也。狗尾草，形似茅，茎柔韧，数枚纽结，如绳索状，可以束物。“柴半，为狗犀者环之”，谓柴抟半中部位以茅绳环束之也。“狗屍……锐其端，坚约弋”，谓狗屍（狗犀）纽绳，使用时，应令其一端呈尖锐状，紧缚于木杙上，以易于举放。而“狗走……爪长四寸”正与“狗屍……锐其端”意相应合。

10. 释“枪”为长柄且两头俱锐之杙类兵器

笔者谓，“枪”，长柄且两头俱锐之杙类兵器。《说文·木部》：“枪，距也。”朱骏声通训定声：“距人之械也。”《玉篇·木部》：“枪，木两头锐也。”《通俗文》：“剡木伤盗曰枪。”其先盖为农具。《管子·小匡》：“及寒，击稾除田，以待时，乃耕。深耕均种疾耰，先雨芸耨，以待时雨。时雨既至，挟其枪刈耨镈，以旦暮从事于田。”尹知章注：“在腋曰挟。枪，桩也。刈，镰也。耨，镃錤也。镈，鉏也。”《小匡》原文述农事，尹注“刈”、“耨”、“镈”皆农具，而“枪”与“刈”、“耨”、“镈”同为被“挟”之物，则“枪”亦必为农具无疑，盖用于掘土除草。《说文新附·木部》：“桩，橛杙也。”“杙”，杆也。《庄子·人间世》：“求狙猴之杙者斩之。”成玄英疏：“杙，橛也，亦杆也。”李白《大猎赋》：“琢大朴以为杙。”王琦辑注引《韵会》：“杙，《说文》橛也。本作弋，今作杙，所以格兽。”显由农具转为武器。杙杆，既可用于格兽，自可用于格人。又以其锐端，知“枪”盖即后世之标枪，先剡端为锐，另装金属尖刃，乃后世之事。敌人登城之时，近可击刺之，远可投射之。至于火枪（鎗），则宋金火药发明时物也。

11. 释“梳枞”为梳崇，即简易高耸之哨楼

笔者谓，“梳枞”即梳崇，梳之崇然者，简易高耸之哨楼也。《说文·木

部》:"栊,槛也。"朱骏声通训定声:"《三苍》云:'栊,所以盛禽兽栏槛也。'今'囚栊'字当如此。""枞",假作崇。《玉篇·木部》:"枞,谓崇牙也。"《说文·木部》:"枞,松叶柏身。"朱骏声通训定声:"训枞为崇牙,盖谓借枞为崇也。"下文"百步一栊枞,起地高五丈,三层,下广前面八尺,后十三尺,其上称宜衰杀之",知"栊枞"为下宽上窄之栏槛式高屋,即简易高耸之哨楼也。

12. 校《备城门》"凿渠凿坎"前"凿"为"貍"(埋)

笔者谓,"凿",当作"貍"(埋)。检孙诒让清光绪二十一年苏州毛上珍聚珍木活字本(初本)作"貍",宣统二年刻本(定本)作"凿",民国二十九年扫叶山房石印本作"凿",孙启治点校本作"貍",并加注曰:"貍,原误凿,据毕沅刻本改。"另,清傅山校卢文弨校批明道藏刻本《墨子》、清黄丕烈校并跋明嘉靖铜活字本《墨子》、明嘉靖三十二年唐尧臣刻本《墨子》等皆作"貍",毕沅《墨子注》、吴毓江《墨子校注》亦作"貍"。就本章所述内容而言,泰半言御敌守城战具"渠"之形制,"凿坎"乃为"埋渠"之跌,"貍渠"之"貍"涉上文"跌两凿"之"凿"而讹,昭昭明矣。

13. 释"闬"为"閈"

笔者谓,"闬"当作"閈",同"闭",行草讹作"闬"。《龙龛手镜·门部》:"閈、閇、閍,三俗;閉,通;闭,正。博计反,扃闭户也。"此释行均以"閈"为"闭"之俗字。《说文·门部》:"闭,阖也。从门;才,所以歫门也。"段玉裁注:"王逸少《黄庭经》三用閈字。(按:王羲之书《黄庭经》有'至于胃管通虚无,閈塞命门如玉都'语),即今闭也。"就字形论之,"闭"所从之"才",实非"艸木之初"之"才",而为丰,十象门植与门关横竖相交之形,一象门键横穿之形。《说文·门部》:"闬,门也。从门干声。"干者,盾也,与丰无涉。《龙龛手镜·门部》:"闬,胡旦反,垣也,居也,闾也,里也。""闬"、"闭"分明二字,音义俱异,不可混同。"行栈内闬"当为"行栈内閈(闭)","闬"为"閈"(闭)之形近讹字。

14. 正"穛,樵之俗"之误

笔者谓,《备城门》"为薪穛契"句下,孙诒让云:"穛,樵之俗。"按:"穛",当作蕉,即樵。《集韵·宵韵》:"樵或作蕉。"而"穛"同䅵、藮,音 zhuó,药草附子也。《集韵·觉部》:"䅵,药草,或作禾。"《广雅·释草》:"䅵,奚毒,附子也。"王念孙疏证:"䅵,《玉篇》作穛。"是"穛"与薪蕉(樵)字别。

15. 释“羊玲”为形小而高之攻城工事

笔者谓，“羊黔”（玲），《杂守》作“羊玲”。王念孙云：“‘玲’与上下两‘城’字（按：指‘以临吾城’和‘遂属之城’）为韵，则作‘玲’者是。”后世言及此类作战工事，用“羊玲”而不用羊玲（黔）。如黄宗羲《玄若高公墓志铭》：“羊玲未拙，云梯又排。”王说盖是，可信。“羊”，喻其小也。《大戴礼记·曾子天圆》：“诸侯之祭牲，牛曰太牢；大夫之祭牲，羊曰少牢。”“太牢”，大牢也；少牢，小牢也。故“牛”或喻“大”义，“羊”或喻“小”义。如棘之大者曰“牛棘”，车之小者曰“羊车”。“玲”，高岸也。《集韵·青韵》：“玲，郎丁切，峻岸也。”“羊玲”，盖指形小而高之攻城工事，即所谓“积土为高”“薪土俱上”“以临吾城”之构筑物也。

16. 正“郄，卻字俗写”之误

笔者谓，《备穴》：“引板而郄”句下，孙诒让云：“郄，卻字俗写。”按：“郄”，同“郤”（隙），讹作“卻”，俗作“却”。《类篇·邑部》：“郤，或作郄。”《说文·邑部》：“郤（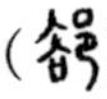），晋大夫叔虎邑也。从邑，声。”高翔麟《说文字通》：“与卻异。”《庄子·知北游》：“若白驹之过郤。”陆德明释文：“郤，本亦作隙。隙，孔也。”“郤”右偏旁由邑（右阝）讹作節（卩），遂成“卻”。《玉篇·卩部》：“卻，俗作却。”盖讹作，致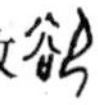（卻）讹作（却）。古籍多用“卻”，今“却”字通行。《说文·卩部》：“卻，节欲也。从卩，谷声。”朱骏声通训定声：“按：（卻，）退也。从卩，节制意，谷声。与从邑之郤别，俗字作却。”卻，退。《战国策·秦策一》：“战慄而卻。”高诱注：“卻，退也。”

17. 析“埻疑埻字”之误

笔者谓，《备穴》：“垒石外埻”句下，孙诒让云：“‘埻’疑‘埻’字之误。……‘埻’，盖即‘郭’之异文，与‘墩’字别。”按：“埻”（墩），国名。《集韵·铎部》：“墩，国名。《山海经》：‘墩端国，在流沙中。’或作埻。”又，《陌部》：“墩端，国名。隶作埻。”“埻”以形近讹为“埻”，孙校是，今从之。然谓“埻”为“郭”之异文，恐非是，应谓“埻”假为“郭”。就古文形体演进过程而言，“𩫏”，从回，象城郭之重，两亭相对也。《广韵》古博切，音 guó。“𦎫”，孰也。从亯从羊，读若纯。《广韵》常伦切，音 chún。《玉篇·土部》：“墩，同埻。”《篇海类编·地理类·土部》：“墩，埻本字。”“墩”，即准。《说文·土部》：“墩（埻），射臬也。读若准。”统言之，古文“𩫏”、“𦎫”隶变而趋同为“享”，字形遂无分别。此处，

“墎”乃音 guó 之“埻”误，而非音 chún 之“埻”误也。

18. 析“隴”即“竄”

笔者谓，《备穴》：“有僞隴”句下，孙诒让云：“下一字疑即‘竄’之异文，变穴形为阜耳。”按：“穴”在土中，“”为土堆，其义相近。古文合体字义近形符常有置换之例。如“口”，“所以言、食”之器官；“言”，“直言”之称。其义相近，故合体字“信”亦作“㐰”。鼠()之头部或讹作，爪部或讹作，尾部或讹作乙。于是，“竄”或讹作“隴”。孙说盖是，可信。《说文·穴部》：“竄，匿也。从鼠在穴中。”“竄”，盖即鼠穴。“僞隴”，即鼠竄，亦即下文“僞(鼠)穴高七尺”之“鼠穴”，谓穴道两旁小穴也。

19. 释“车两走”即“车两轮”

笔者谓，《备穴》：“以车两走为蒕”，即“以车两轮为轒辒”。“轮”，名词用为动词，转也，运也，走也。《广雅·释器》：“轪，轮也。”王念孙疏证：“轮之言圆也，运也。”《吕氏春秋·大乐》：“天地车轮。”高诱注：“轮，转也。”“轮”之此义与“走”为近，故“车两走”当即“车两轮”也。“蒕”，即轀，辒，轒辒车也。“以车两走为蒕(轒辒)”，与《备突》：“吏主塞突门，用车两轮，以木束之，涂其上，维置突门内……寇即入，下轮而塞之”同其义，可以为证。

20. 举例以证“灋”为“法”

笔者谓，《备蛾傅》：“以为灋程”句下，孙诒让云：“隋邓州舍利塔铭，‘法’作‘㳒’，与‘灋’略同。”按：《龙龛手镜·手部》收“㳒”、“㳒”二字，释“古文法字”。“灋”当为其变体。孙校是，今从之。“法程”，法度也。《吕氏春秋·慎行》：“始而相与，久而相信，卒而相亲，后世以为法程。”高诱注：“程，度也。”

21. 释“哭”为“師”之讹字

笔者谓，《备蛾傅》：“敌引哭而榆(去)。”俞樾云：“‘哭’，当作‘師’。”按：“師”，古文作“帀”。《字汇补·巾部》：“帀，古文師字。《石鼓文》：‘六帀既简。’”考其字形演变之轨迹，盖讹为，又断裂横置而为吅，于是左右结构之“師”遂成上下结构之“帀”。“帀”以形近讹作“哭”。又，《备梯》：“敌引兵而去”，“兵”，指戎兵，与“師”同义。《大戴礼记·盛德》：“诸侯无

兵而正。"王聘珍解诂:"兵,谓戎兵。"俞校是,今从之。

22. 释"坛高八尺"之"八"

笔者谓,《迎敌祠》:"坛高八尺。"疑《迎敌祠》首章文字源出《礼记·月令》,而《月令》与阴阳五行观念密切相关。按五行与事物相配之例,"木"当"四季"中之春,当"五方"中之东,当"五畜"中之鸡,当"五谷"中之麦,当"五色"中之青,当"五帝"中之太皞,当"五神"中之句芒,当"天干"中之甲乙,当"五虫"中之鳞,当"五音"中之角,当"五味"中之酸,当"五臭"中之膻,当"五祀"中之户,当"五脏"中之脾。《月令》:"孟春之月,日在营室,昏参中,旦尾中。其日甲乙,其帝太皞,其神句芒,其虫鳞,其音角,律中太蔟,其数八,其味酸,其臭膻,其祀户,祭先脾。……天子居青阳左个(按:"左个",指东向明堂之北侧室),乘鸾路,驾苍龙,载青旗,衣青衣,服青玉,食麦与羊……立春之日,天子亲率三公、九卿、诸侯、大夫,以迎春于东郊。"孙希旦《礼记集解》云:"天一地二,天三地四,天五地六,天七地八,天九地十,此天地之数也。一与六合,二与七合,三与八合,四与九合,五与十合。故天一生水,地六成之;地二生火,天七成之;天三生木,地八成之;地四生金,天九成之;天五生土,地十成之。盖木火土金水者,五行运行之次序也;水火木金土者,五行生成之次序也。四时皆以成数言者,木火土金水既成而后功用著也。"墨家用《月令》阴阳五行之理,既言"东方",则必属"五行"之"木","木"生数三,成数八,而言"八"者,举其成数也。

23. 释"断"有"斩首"、"断罪"二义

笔者谓,断,斩首;论狱。《说文·斤部》:"断,截也。"又,《首部》:"𩠐,截也。"又,《车部》:"斩,截也。""断",应即𩠐,皆斩也。《汉书·淮南厉王刘长传》:"幸臣有罪,大者立断。"颜师古注:"断即斩也。"《迎敌祠》:"其出入为流言,惊骇恐吏民,谨微察之,断,罪不赦。""断"字同。历来学界释"墨守"诸篇之"断"例皆"斩首",其实不尽然也。1975 年发掘湖北云梦睡虎地 11 号秦墓竹简《法律答问》:"廷行事有罪当罨(迁),已断已令,未行而死若亡,其所包当诣罨所。"据李学勤先生考证,此"已断已令",即《汉书·刑法志》之"已论命",意为已判决。由此可知,此"断"之义同于"论",意为论罪。显见,在战国晚期以前,"断"亦有"论罪"即"断狱"之义。《号令》"若缚之,不如令及后缚者皆断"、"守按其署,擅入者断"、"诸有罪而可无

断者，令抒厕利之”，等等，“断”字皆同。

24. 析“雚”有“雚苇”、“鹳鸟”二义

笔者谓，《旗帜》“雚苇有积”句下，孙诒让云：“此‘雚’当为‘萑’，经典省作‘萑’。”按：“雚”，“萑”（萑）之俗字。《说文·艸部》：“萑，薍也。从艸，萑声。”段玉裁注：“今人多作萑者，盖其始假‘鸱属’之萑为之，后人又误为‘艸多貌’之萑。”徐灏注笺：“萑，隶省作萑，与‘艸多貌’之‘萑’、‘鸱属’之‘萑’相乱，故别作雚。”《集韵·桓韵》：“萑，艸名。《说文》：‘薍也。’或省。”省字者萑也。《广韵·桓韵》：“雚，萑苇。《易》亦作萑。”《诗·豳风·七月》：“七月流火，八月萑苇。”孔颖达疏：“初生者为菼，长大为薍，成则名萑。”又，“雚”，即鹳，水雀也。俗亦作“雚”。于是，“雚”两读亦两义：其一，雚（萑），《广韵》胡官切，音 huán。《说文·艸部》：“萑，薍也。从艸萑声。”《汉书·货殖传》：“五谷六畜及至鱼鳖鸟兽雚蒲材干器械之资，所以养生送终之具，靡不皆育。”颜师古注：“雚，薍也，即今之荻也。”《周礼·春官·巾车》：“駹车，雚蔽，然複，髹饰。”郑玄注：“雚，细苇席也。”阮元校勘记：“唐石经原刻雚，后磨为萑。《释文》：‘雚，叶钞本作萑。’”其二，雚（雚），《广韵》古玩切，音 guàn。《说文·萑部》：“雚，小（按：钮树玉校录：‘小当为水’）爵（雀）也。从萑，吅声。《诗·豳风·东山》：‘雚鸣于垤。’”段玉裁注：“雚，今字作鹳。”此处，“雚”用前者之义，即“雚苇”，苇荻也。

25. 补释“隆”为“绛”

笔者谓，《旗帜》：“城为隆。”孙诒让云：“疑当作‘城将为绛帜’。”按：下文“四面四门将长四十尺”，“城”下应有“将”字。又“隆”，与“降”同，盖为上古复辅声母［kl－］之证。《读书杂志·荀子第八·赋》：“皇天隆物。”王念孙按：“隆与降同。”《诗·小雅·都人士》：“绸直如发。”郑玄笺：“无隆杀也。”孔颖达疏：“定本隆作降。”“降”，通绛。《春秋左传异文释》卷五：“《书》：‘北过降水。’《水经·河水注》作绛。”《周礼·春官·司常》：“凡九旗之帛皆用绛。”上文言“亭尉各为帜”。故此处“绛”下应有“帜”字。孙校盖是，可信。

26. 释“端”为“故意”

笔者谓，《号令》“其端失火以为事者，车裂”句下，毕沅云：“言因事端以害人。若今律故犯。”孙诒让非之，云：“端，似言失火所始以为事者。”

按："端"，故，故意。《韩非子·饰邪》："竖谷阳之进酒也，非以端恶子反也。"王先慎集解引旧注："端，故也。"《睡虎地秦墓竹简·法律答问》："端为，为诬人；不端，以告不审。"谓故意所为，则作为诬蔑别人处理；不属故意所为，则作为告而不审处理。此处，"端失火"，故意失火，即纵火也。毕是而孙非。

27. 释"龜"为"印信"

笔者谓，《号令》："皆以执龜"句下，孙诒让云："此字误。前《耕柱篇》：'白若之龟'，'龟'旧本作'龜'，疑此亦当为'龟'之讹。但'执龟'义亦难通，疑当作'执圭'。"按："龜"、"龟"(龜)形近而讹，孙校盖是，可信。"龟"，印，印信。《太玄·格》："格其珍类，龟緺厉。"范望注："龟为印。"《文选·潘岳〈马汧督诔〉》："剔子双龟。"张铣注："龟，印也。""执龟"，执印信也。此处，上句言"暮，令骑若使者操节闭城者"，下接"皆以执龟(印信)"，意正顺适。

28. 释"织女"为天琴座三星

笔者谓，"织女"，星官名，亦称"天孙"。属天市垣，共三星，织女一、二、三即天琴座 α、ε、ζ 星，组成等边三角形。在银河西，与河东牵牛相对。《诗·小雅·大东》："跂彼织女。"马瑞辰传笺通释："跂者，歧字之同音假借。盖从《三家诗》用本字。织女三星成三角，故言歧以状之耳。"陈奂传疏："织女三星成三角，故筑防御之亭以象织女处隅之形。"下文"为隔，三隅之"，《六韬·虎韬·军用》："白刃接，张地罗，铺两镞蒺藜，参连织女"，皆以织女三星比拟形如三角之意也。

七

在训释"墨守"诸篇过程中，笔者发现有不少文字相同或者大致相同的句子、段落甚至章节，或出现于同章，或出现同篇异章，或出现于异篇。兹揭示于后。

(一)出现于同章者

1.《备城门》78 章

"诸藉车皆铁鍱"。

"诸藉车皆铁鍱"。

“跌四分之三在上”。

“跌长三丈，四之三在上”。

“马颊长二尺八寸”。

“马颊长二尺八寸”。

2.《号令》25章

“守之所亲，举吏贞廉、忠信、无害、可任事者”。

“谨择吏之忠信、无害、可任事者”。

3.《杂守》8章

“即见寇，鼓传到城止”。

“望见寇，鼓传到城止”。

（二）出现于同篇异章者

1.《备城门》28章

“为闺门，闺门两扇，令可以各自闭也”。

《备城门》63章

“为闺门两扇，令各可以自闭”。

2.《备城门》60章

“城上皆毋得有室”。

《备城门》71章

“城门内不得有室”。

3.《备穴》1章

“令陶者为罂……置井中，使聪耳者伏罂而听之，审知穴之所在，凿穴迎之”。

《备穴》7章

“纳新甀井中，伏而听之，审知穴之所在，穴而迎之”。

4.《号令》13章

“诸吏、卒、民居城上者，各保其左右，左右有罪而不知也，其次伍有罪。若能身捕罪人若告之吏，皆购之。若非伍而先知他伍之罪，皆倍其购赏”。

《号令》22章

“城上卒若吏各保其左右，若欲以城为外谋者，父母、妻子、同产，皆斩。左右知不捕告，皆与同罪。……有能捕告之者，封之以千家之邑，若非其左右及他伍捕告者,封之二千家之邑”。

5.《号令》19 章

“吏、卒、民各自大书于楬,著之其署隔,守按其署,擅入者,断”。

《号令》23 章

“人自大书板,著之其署隔,守必自课其先后,非其署而妄入之者,断”。

6.《号令》19 章

“城上三日壹发席蓐”。

《号令》29 章

“三日一发席蓐”。

7.《号令》28 章

“又用其价贵贱、多少赐爵,欲为吏者,许之。其不欲为吏,而欲以受赐赏爵禄,若赎出亲戚、所知罪人者,以令许之,其受购赏者令保宫见,以与其亲。欲以复佐上者,皆倍其爵赏”。

《号令》29 章

“候三发,三信,重赐之。不欲受赐而欲为吏者,许之二百石之吏。守佩授之印。其不欲为吏而欲受购赏爵禄,皆如前。有能入深至主国者,问之审信,赏之倍他候。其不欲受赏,而欲为吏者,许之三百石之吏。扞士受赏赐者,守必身自致之其亲之所,令其见守之任。其欲复以佐上者,其购赏、爵禄、赎出罪人倍之”。

8.《杂守》1 章

“养勇高奋,民心百倍,多执数赏,卒乃不怠”。

《杂守》2 章

“养勇高奋,民心百倍,多执数赏,卒乃不怠”。

(三)出现于异篇者

1.《备城门》3 章

“客至,诸门户皆令凿而幂孔之,各为二幂,一凿而系绳,长四尺”。

《杂守》18 章

“寇至,诸门户令皆凿而幂窍之,各为二幂,一凿而属绳,绳长四尺”。

2.《备梯》3 章

“置裾城外,去城十尺,裾厚十尺。伐裾之法,小大尽本断之,以十尺为断，离而深埋之，坚筑，毋使可拔。二十步一杀，杀有一隔，隔厚十尺。杀有两门，门广五尺。裾门一，施浅埋，弗筑，令易拔，城上睎裾门而置桀”。

《备蛾傅》8章、9章

“凡杀蛾傅而攻者之法，置櫗城外，去城十尺，櫗厚十尺，伐櫗之法，大小尽本断之，以十尺为断，离而深埋，坚筑之，毋使可拔”。“二十步一杀，有隔，厚十尺。杀有两门，门广五尺。櫗门、梯板埋之，勿筑，令易拔。城上睎櫗门而置楬”。

3.《备梯》4章

“悬火，四尺一钩樴，五步一灶，灶门有炉炭。令敌人尽入，熏火烧门，悬火次之。出载而立，其广终队。两载之间一火，皆立而待鼓而燃火，即俱发之。敌人除火而复攻，悬火复下，敌人甚病，故引兵而去，则令我死士左右出穴门击遗师，令贲士、主将皆听城鼓之音而出，又听城鼓之音而入。因素出兵施伏，夜半，城上四面鼓噪，敌人必惑，有此必破军杀将。以白衣为服，以号相得，若此，则云梯之攻败矣”。

《备蛾傅》10章、11章

“悬火，四尺一樴，五步一灶，灶门有炉炭。传令敌人尽入，熏火烧门，悬火次之。出载而立，其广终队。两载之间一火，皆立而待鼓音而燃，即俱发之。敌人辟火而复攻，悬火复下，敌人甚病”。“敌引师而去，则令吾死士左右出穴门击遗师，令贲士、主将皆听城鼓之音而出，又听城鼓之音而入。因素出兵将施伏，夜半，而城上四面鼓噪，敌人必惑，破军杀将。以白衣为服，以号相得”。

4.《备高临》1章、2章

“禽子再拜再拜曰：‘敢问敌人积土为高，以临吾城，薪土俱上，以为羊黔(坽)，蒙橹俱前，遂属之城，兵弩俱上，为之奈何？’子墨子曰：‘子问羊黔(坽)之守邪？羊黔(坽)者将之拙者也，足以劳卒，不足以害城。……’”

《杂守》1章

“禽子问曰：‘……薪土俱上，以为羊坽，积土为高，以临吾民，蒙橹俱前，遂属之城，兵弩俱上，为之奈何？’子墨子曰：‘子问羊坽之守邪？’羊坽者攻之拙者也，足以劳卒，不足以害城。……”

5.《备梯》1章

“城上繁下矢、石、沙、灰以雨之，薪火、水汤以济之，审赏行罚，以静为故，从之以急，毋使生虑”。

《杂守》2 章

“繁下矢、石、沙、灰以雨之，薪火、水汤以济之。选励锐卒，慎无使顾。审赏行罚，以静为故，从之以急，无使生虑”。

6.《迎敌祠》2 章

“巫必近公社，必敬神之。巫卜望气以情报守，守独知巫卜望气之情而已。其出入为流言，惊骇恐吏民，谨微察之，断，罪不赦。望气舍近守官”。

《号令》27 章

“望气者舍必近太守，巫舍必近公社，必敬神之。巫、祝、史与望气者必以善言告民，以情上报守，守独知其情而已。巫与望气者妄为不善言，惊恐民，断，弗赦”。

7.《号令》30 章

“去郭百步，墙垣、树木小大尽伐除之。外宅井，尽窒之，无令可得汲也。外宅室尽废之，木尽伐之。诸可以攻城者尽纳城中。……当遂材木不能尽纳，即烧之，无令客得而用之”。

《杂守》10 章

“寇薄，废屋，伐木，虽有请谒，勿听。纳柴，勿积鱼鳞参，当队，令易取也。材木不能尽入者，燔之，无令寇得而用之”。

8.《号令》30 章

“遣卒候者无过五十人，客至堞，去之，慎无厌倦。候者曹无过三百人，日暮出之，为徽识。空队、要塞之人所往来者，令可以迹，迹者无下里三人，平明而迹。各立其表，城上应之。候出越田表，遮坐郭门之外内，立其表，令卒之半居门内，令其少多无可知也。即有警，见寇越田表，城上以麾指之，遮坐击鼓整旗以备战，从麾所指”。

《杂守》8 章

“候无过五十，寇至堞，随去之，毋厌倦。日暮出之，令皆为徽识，钜阜、山林，皆令可以迹，平明而迹。迹者无下里三人，各立其表，城上应之。候出置田表，斥坐郭内外，立旗帜，卒半在内，令多少无可知，即有警，举外表，见寇，举次表。城上以麾指之，斥坐击鼓整旗以备战，从麾所指”。

9.《号令》32 章

“谒者侍令门外，为二曹，夹门坐……四人夹令门内坐，二人夹散门外坐”。

《杂守》11 章

“守大门者二人，夹门而立，令行者趣其外。各四戟，夹门立”。

这些文字相同或者文字大致相同之句子、段落甚至章节何以出现，现今尚不能寻得其具体原由，仅能以揣测聊摅己见。笔者以为，“墨守”诸篇殆非一人一时之作，应是墨家弟子就某一具体内容而各有所记，记文或文字相同，或大致相同，统编者裒集一帙，兼收并蓄，不惜容重，因多为先师墨子遗教也。不可否认，内有不少可视为重出，而重出者或出现于同章之内，或出现于同篇异章之内，或出现于异篇之内。此事孙诒让《閒诂》已经屡屡言及，亦作过若干移置工作。其后吴毓江继之，岑仲勉移置更多，尽管用意在有利于读者阅解，惜时或反使读者陡生新疑，有时竟至有更为扞格更为龃龉之感。有鉴于此，笔者暂悉遵《閒诂》所订章节、文字先后之次序，呈《閒诂》之原貌，不辄动矣。笔者深信，假以时日，未来必有方家破解此题。

八

现在，拙著付梓在即。在此，我要感谢关注并帮助笔者的单位与个人。中国墨子学会秘书处和滕州墨子研究中心自始至终给予鼓励与支持，邵长婕主任给力之语至今闪现脑际，张庆军副主任陪我赴京参观中国科技馆，又网购《周礼正义》、《古代防御军事与墨家和平主义》等书供我参考。上海古籍出版社韩国建先生寄来叶山《攻守城器械及东周军事技术》之作。友人刘富贵先生特地从台湾携来冯成荣《墨子兵学及备城门以下十一篇之新注新译》一书。如果没有同行与朋友提挈，此书完成几乎为不可能之事。

名物诠解乃“墨守”诸篇解读之关键。在此方面，笔者虽做了一些工作，亦可谓小有收获，然不少诠解本人犹未敢过于自信，公之同行专家，以邀指正。

著者谨启　2013 年 9 月，济南

目　录

墨守篇目

一、备城门

【题解】

自《备城门》以下至《杂守》[1]，原二十篇，后亡佚九篇，今存十一篇，皆述小国遭受大国寇掠时守城自保之防御战法、兵力部署和军械配备，其中不少篇目以墨子答禽滑厘问之形式出现。不消说，《备城门》乃诸篇中记述当时军事思想与实践之首要篇目。城邑，国之象征，城在则国在，故此篇针对敌人“临”、“钩”、“冲”、“梯”、“堙”、“水”、“穴”、“突”、“空洞”、“蛾傅”、“轒辒”、“轩车”等十二攻法，墨子就重缕述城门守御问题，而融守御诸战法于其中，包括此下《备高临》、《备梯》、《备水》、《备突》、《备穴》、《备蛾傅》等篇相关内容，只是除“备堙”文字大体可予指认外，其余“备钩”、“备冲”、“备空洞”、“备轒辒”、“备轩车”文字每每无从指认。尤须申明者，《墨子》城守诸篇中已明确载有使用“藉车”、“连弩车”、“转射机”、“轒辒”、“轩车”等大型战具与“瓮听”、“盆醯”等设施之内容。其中，“藉车”，即抛石车，亦即我国早期大砲（礮），以其抛石击敌时声音咆哮如雷，故名。“轒辒”，即我国早期装甲车，唯所披之甲，非铁皮，牛皮而已。“瓮听”，可谓我国早期声音测距器具。“盆醯”，可谓我国早期防化学设备。凡此，皆以弱小国家

---

〔1〕 自《庄子》书出，学界将《墨子》书中《经上》、《经下》、《经说上》、《经说下》、《大取》和《小取》六篇名曰《墨经》。依傍《墨经》之称，我将《墨子》书中《备城门》以下十一篇，即《备城门》、《备高临》、《备梯》、《备水》、《备突》、《备穴》、《备蛾傅》、《迎敌祠》、《旗帜》、《号令》和《杂守》诸篇名曰“墨守”。而其余三十六篇，即《亲士》、《修身》、《所染》、《法仪》、《七患》、《辞过》、《三辩》、《尚贤上、中、下》、《尚同上、中、下》、《兼爱上、中、下》、《非攻上、中、下》、《节用上、中》、《节葬下》、《天志上、中、下》、《明鬼下》、《非乐上》、《非命上、中、下》、《非儒下》、《耕柱》、《贵义》、《公孟》、《鲁问》、《公输》诸篇名曰“墨论”。

必须开展积极性防御军事行动之具体事例彰显墨子“非攻”主张，烘托“兼爱”理念。

【原文1】(《备城门①》篇计81章)

禽滑厘②问于子墨子曰：“由圣人之言，凤③鸟之不出，诸侯畔殷周之国④，甲兵方起于天下，大攻小，强执弱⑤，吾欲守小国，为之柰⑥何?”子墨子曰：“何攻之守?”禽滑厘对曰：“今之世常所以攻者：临⑦、钩⑧、冲⑨、梯⑩、堙⑪、水⑫、穴⑬、突⑭、空洞⑮、蚁傅⑯、轒辒⑰、轩车⑱，敢问守此十二者柰何?”子墨子曰：“我城池⑲修，守器具，推⑳粟足，上下相亲，又得四邻诸侯之救，此所以持㉑也。且守者虽善㉒，则犹㉓若不可以守也。若君用之，守者又必能乎？守者不能，而君用之，则犹若不可以守也。然则守者必善，而君尊用之㉔，然后可以守也。”

【校注】

①备城门：谓防守备御城门之兵力部署、军械装备以及军需物资配置也。《说文》载两“备”字：“葡”、“備”。“葡”甲骨文作(合集20149正)，金文作(毛公鼎)，本象形字，象矢在箙中之形，为盛矢器“箙”之初文，引申为“具备(葡)”义。后表“盛矢器”之义为别出之形声字“箙”所替代，“葡”仅表“具备(葡)”义。《说文·用部》：“葡，具也。”正此义也。古“葡”字又累增“人”旁孳乳为“備”，表“戒慎”、“防备(備)”义，《说文·人部》：“備，慎也。”正此义也。《集韵·至韵》：“葡，《说文》：‘具也。’隶作葡，通作備。”经典通用“備”为“葡具”字。《书·费誓》：“備乃弓矢。”孔颖达疏：“備，训具也。”《国语·吴语》：“備刑戮以辱其不励者。”韦昭注：“備，具也。”皆其例也。由是知，“備”有“防备(備)”、“具备(葡)”二义。此处，“防备(備)”义较胜，“具备(葡)”义亦差可。

②禽滑(音gǔ)厘：人名。“滑厘”或作“滑黎”、“骨厘”、“屈厘”、“滑氂”、“滑釐”，战国初人。初受业于子夏，后师从墨子，尽传墨子之学，尤其精研防守城池之战术，为人所称道。据《公输》记述，尝奉墨子之命率其诸弟子三百人，持守御之器，在宋城上而待楚寇，以为墨子说服公输般与楚惠王之有力后援，终使楚罢攻宋。后接续墨子为第二任墨团巨子。

③凤：传说中神鸟名。《说文·鸟部》：“鳳，鸿前、麐后、蛇颈、鱼尾、鹳颡、

鸳思(鳃)、龙文、虎背、燕颔、鸡喙,五色备举。出于东方君子之国,翱翔四海之外。过昆仑,饮砥柱,濯羽弱水,暮宿风穴。见则天下大安宁。"《论语·子罕》:"子曰:'凤鸟不至,河不出图,吾已矣夫!'"刘宝楠正义曰:"凤鸟至,为圣王之瑞。""凤鸟不至",孔子喟叹世道衰败也。此处,禽滑厘称"凤鸟之不出",同其意也。

④畔殷周之国:谓背叛周天子之国也。"畔",读为叛。"畔"、"叛"二字皆以"反"为声符,例可通假。《说文·田部》:"畔,田界也。"段玉裁注:"畔,经典多借为叛字。"《孟子·公孙丑下》:"燕人畔。"焦循正义:"畔,与叛同。""殷周",偏义复词,意在说"周",而"殷"意偏阙之也。《史记·魏其武安侯列传》:"上怒内史曰:'公平生数言魏其、武安长短,今日廷论,局趣效辕下驹,吾并斩若属矣。'""长短",意在说短,而"长意"偏阙之,同其例也。

⑤强执弱:谓强横者威慑、胁制弱小者也。"执",威慑,胁制。《释名·释姿容》:"执,摄也,使畏摄己也。"《广雅·释言》:"执,胁也。"王念孙疏证:"执,与慑通。"《书·召诰》:"出执。"孙星衍今古文注疏:"执,胁也。""大攻小,强执弱",谓战国时期诸侯叛周、甲兵四起、大国拓土、小国图存之形势也。李筌《太白阴经·主有道德》:"道德废,王者出,而尚仁义;仁义废,霸者出,而尚智力;智力废,战国出,而尚谲诈。圣人知道不足以理则用法,法不足以理则用术,术不足以理则用权,权不足以理则用势。势用则大兼小,强吞弱。周建一千八百诸侯,其后并为七国。七国连兵结难,战争方起。"亦言"强执弱"事,可作比观。

⑥柰:读为奈。《说文·木部》:"柰,果也。"段玉裁注:"柰,假借作'柰何'字。"王筠句读:"借为柰何,俗作'奈'"。正"奈何"字皆同。

⑦临:敌人十二攻法之一,入侵者于城外积土为山,迫近城垣,以居高临下之势而攻之也。《备高临》"积土为山,以临我城",是也。又《备水》"并船为临",《备蛾傅》"守为行临射之",是"临"又为水、陆攻守诸械以高临下作战之通名。杜佑《通典·兵十三·攻城战具》:"于城外起土为山,乘城而上,古谓之'土山',今谓之'垒道'。用生牛皮作小屋,并四面蒙之,屋中置运土人,以防攻击者。"亦言"高临"事,可作比观。

⑧钩:敌人十二攻法之二,入侵者利用飞钩挂梯或径直钩垣登城而攻之也。《管子·兵法》"凌山阬不待钩梯",《韩非子·外储说左上》"赵主父令工施钩梯而缘潘吾",又,"秦昭王令工施钩梯而上华山"中之"钩梯",皆其例也。《诗·大雅·皇矣》:"同尔兄弟,以尔钩援。"毛传:"钩,钩梯也,所以钩引上城

者。"孔颖达正义:"援钩一物,正谓梯也。以梯倚城,相钩引而上,援即引也。《墨子》称公输般作云梯以攻宋,盖此之谓也。"马瑞辰传笺通释:"《墨子》分钩与梯为二,则钩非即云梯,明矣。《六韬·军用篇》有'飞钩,长八寸,钩芒长四寸,梯长六尺以上,千二百枚',盖即《诗》之钩。传云'钩,钩梯'者,谓以钩钩梯而上,故又申之曰:'所以钩引上城者',非谓钩即梯也。"马说是,今从之。《墨子·备钩》篇已佚,兹录《管子·兵法》、《韩非子·外储说左上》、《诗·大雅·皇矣》及其传、正义文字,略窥"钩"之梗概。可以推知,作为攻法之一种,"钩"未必单独使用,每与其他攻法如"临"、"梯"、"突"等相组合,发挥其威力。姜太公《六韬·虎韬·军略》:"凡三军有大事,莫不习用器械。攻城围邑,则有轒辒、临、冲,视城中,则有云梯、飞楼,三军行止,则有武冲、大橹,前后拒守。"即言诸法并施,众械同用事,可作比观。

⑨冲(衝):敌人十二攻法之三,入侵者利用辕端镶有铁皮之巨型战车撞城而攻之也。正字当作"橦","衝",其假借字也。《说文·车部》:"橦,陷阵车也。"《诗·大雅·皇矣》:"与尔临冲,以伐崇墉。"毛传:"冲,冲车也。"孔颖达正义:"冲者,从旁冲突之称。兵书有作临车、冲车之法。"《淮南子·览冥》:"大冲车,高重京。"高诱注:"冲车,大铁著其辕端,马被甲,车被兵,所以冲于敌城也。"又,《说山训》:"折冲千里。"高诱注:"冲,兵车也,所以冲突敌城也。"《荀子·强国》:"是渠冲入穴而求利也。"杨倞注:"渠冲,攻城之大车也。"《韩非子·八说》:"干城距冲,不若堙穴伏櫜。"王先慎集解:"冲,冲车也。距冲,所以攻城也。"《三国志·魏书·明帝纪》:"诸葛亮围陈仓,曹真遣将军费曜等拒之。"裴松之注引《魏略》:"先是,使将军郝昭筑陈仓城,会亮至,围昭,不能拔。……乃进兵攻昭,起云梯冲车以临城……昭又以绳连石磨压其冲车,冲车折。"《墨子·备冲》篇已佚,兹录《诗·大雅·皇矣》及其传、正义、《淮南子·览冥》、《说山》及其注、《荀子·强国》及其注、《韩非子·八说》及其集解、《魏略》相关文字,略窥"冲"之梗概。

⑩梯:敌人十二攻法之四,入侵者利用云梯(迭架木梯,高入云表之谓)倚垣攀缘登上城堞而攻之也。下有《备梯》篇。《三国志·魏书·明帝纪》裴松之注引《魏略》:"亮自以有众数万,而昭兵才千余人,又度东救未能便到,乃进兵攻昭,起云梯、冲车以临城。昭于是以火箭逆射其云梯,梯燃,梯上人皆烧死。"可见梯攻之一斑。《通典·兵十三·攻城战具》:"以大木为床(按:指底座、底盘),下置六轮,上立双牙,牙有检(《太白阴经·攻城具》作'栝'。按:

栝，指机栝，发矢机关），梯节长丈二尺，有四桄（按：'桄'，指梯上横木），桄相去三尺，势微曲，递互相检，飞于云间，以窥城中。有上城梯，首冠双辘轳，枕城而上，谓之'飞云梯'。"亦言云梯攻城事，可作比观。

⑪堙：敌人十二攻法之五，入侵者在城垣之外堙池垒土为山，附城而攻之也。"堙"，或作"湮"、"闉"，本当作"垔"。《说文·土部》："垔，塞也。《尚书》曰：'鲧垔洪水'。"段玉裁注："此字古书多作堙、作陻，真字乃废矣。"《公羊传·宣公十五年》："楚子围宋，使司马子反乘堙而闚宋城，宋华元亦乘堙而出见之。"何休注："堙，距堙，上城具。堙同垔。"《书·费誓》："我惟筑。"孔安国传："当筑攻敌垒距堙之属。"孔颖达疏："兵法，攻城筑土为山，以闚望城内，谓之距堙。"《左传·襄公六年》："晏弱围莱，堙之，环城至于堞。"杜预注："堙，土山也。"《孙子·谋攻》："修橹轒辒，具器械，三月而后成；距闉，又三月而后已。"曹操注："距闉者，踊土稍高而前，以附其城也。"《通典·兵十三·攻城战具》："于城外起土为山，乘城而上，古谓之'土山'，今谓之'垒道'。'土山'，即《孙子》所谓'距闉'也。"《尉缭子·兵教下》："地狭而人众者，则筑大堙以临之。"盖"堙"与"（高）临"略同，惟以湮池为异。王致远《开禧德安守城录》："土山已过石壕，距城不远。"可为一证。《墨子·备堙》篇已佚，下文有"寇闉池"一章，疑即《备堙》篇之遗文。兹录《公羊传·宣公十五年》及其注、《书·费誓》及其传疏、《左传·襄公六年》及其注、《孙子·谋攻》及其注、《通典·攻城战具》、《尉缭子·兵教下》、《开禧德安守城录》相关文字，略窥"堙"之梗概。

⑫水：敌人十二攻法之六，入侵者以水灌城而攻之也。下有《备水》篇。

⑬穴：敌人十二攻法之七，入侵者挖穴道而攻之也，即所谓"穴土而入，缚柱施火，以坏吾城"之隧攻。《太白阴经·攻城具》："地道：凿地为道，行于城下，因攻其城。每一丈建柱，以防崩陷，复积薪于柱间而烧之，柱折城崩。"亦言穴攻事，可作比观。

⑭突：敌人十二攻法之八，入侵者掘地穿城突至城下而攻之也。下有《备突》篇，然语焉不详，攻法未明。《左传·襄公二十五年》："郑伐陈，宵突陈城。"杜预注："突，穿也。"《三国志·魏书·明帝纪》裴松之注引《魏略》："亮又为地突，欲踊出于城里，昭又于城内穿地横截之，昼夜相攻拒二十余日。"《六韬·豹韬·突战》："武王问于太公曰：'敌人深入长驱，侵掠我地，驱我牛马，其三军大至，薄我城下。吾士兵大恐，人民系累，为敌所虏。吾欲以守则固，以战则胜，为之奈何？'太公曰：'如此者，谓之突兵。……'武王曰：'……'太公曰：

‘谨候敌人,未尽至则设备而待之。去城四里而为垒,金鼓旌旗皆列而张。别队为伏兵。令我垒上多积强弩,百步一突门。门有行马,车骑居外,勇力锐士隐伏而处。敌人若至,使我轻卒合战而佯走,令我城上立旌旗,击鼙鼓,完为守备。敌人以我为守城,必薄我城下。发吾伏兵,以冲其内,或击其外。三军疾战,或击其前,或击其后。勇者不得斗,轻者不及走,名曰突战……’”由此观之,作为攻法,“突”与“穴”略同,唯穿城、突至是其小异耳。

⑮空洞:敌人十二攻法之九,当为入侵者穿洞于城垣而攻之也。孙诒让云:“《史记·大宛传》云:‘徙其城下水空,以空其城。’”集解:“徐广曰:‘空,一作穴。’此‘空洞’当亦穴突之类。其攻法之异同,今篇佚,无可考。”按:孙氏所引不完,故所得结论恐难信从。今全引之,以质定是非:《史记·大宛列传》:“宛王城中无井,皆汲城外流水,于是乃遣水工徙其城下水空,以空其城。”裴骃集解:“徐广曰:‘“空”,一作“穴”。’盖以水荡败其城也。言“空”者,令城中渴乏。”“以水荡败其城”,“令城中渴乏”,显与“穴”“突”无涉。孙说非是。岑仲勉《墨子城守各篇简注》云:“《备突篇》有突门,‘突攻’不过出人不意突冲城下之谓,并非穴城,其穴城则应相当于本篇之空洞。”岑说盖是,可信。然作为战法,《墨子》城守诸篇唯此一出,且无任何与其相关之文字,更不见其他典籍记述此事,故其详未可知。

⑯蚁(蟻)傅:“蚁”,《备蛾傅》作蛾。敌人十二攻法之十,入侵者如蚁之群出附城而攻之也。如今所谓“人海”战术,即冒死以人身为搏战之具,惨烈之甚。“蛾”,同“螘”,即蚁。《尔雅·释虫》:“蚍蜉,大螘。”陆德明释文:“螘,本亦作蛾,俗作蚁字。”《说文·虫部》:“蛾,罗也。”段玉裁注:“蛾,罗,见《释虫》。许次于此,当是螘,一名蛾。蛾是正字,蚁是或体。䖵部之蠿是蚕蠿,二字有别。”桂馥义证:“蛾、蟻(蚁)古今字。”《后汉书·皇甫嵩传》:“亦名为蛾贼。”李贤注:“蛾即蚁也。”“傅”,读为附。《说文·人部》:“傅,相也。”段玉裁注:“傅,亦为今之附近字。”《诗·大雅·卷阿》:“亦傅于天。”陈奂传疏:“傅,读与附同。”“傅”,附着,靠近。《史记·项羽本纪》:“君王能自陈以东傅海。”张守节正义:“傅,著也。”《孙子·谋攻》:“将不胜其忿而蚁附之,杀士三分之一而城不拔者,此攻之灾也。”亦言蚁附攻城事,可作比观。

⑰轒辒:敌人十二攻法之十一,入侵者以外蒙牛皮内藏士卒之四轮战车推至城下而攻之也。《说文·车部》:“轒,淮阳名车穹隆,轒。”又,“辒,卧车也”。《玉篇·车部》:“轒,轒輼,兵车。”作“輼”。《广韵·文韵》:“輼,轒輼,兵车。”

“辒”“輐”音近而通。《说文·车部》:“輐,大车后压也。”朱骏声通训定声:“輐,假借为辒。”《广雅·释器》:“轒輐,车也。”王念孙疏证:“輐,亦作辒。”《六韬·虎韬·军略》:“攻城围邑,则有轒辒、临、冲。”《孙子·谋攻》:“攻城之法,为不得已,修橹、轒辒,具器械,三月而后成。”曹操注:“轒辒者,轒床也。轒床其下四轮,从中推之至城下也。”又,杜牧注:“轒辒,四轮车,排大木为之,上蒙以生牛皮,下可以容十人,往来运土填堑,木石所不能伤,今所谓木驴也。”《通典·兵十三·攻城战具》:“作四轮车,上以绳为脊(《太白阴经·攻城具》作‘四轮车上以绳为脊’),生牛皮蒙之(《攻城具》作‘犀皮蒙之’),下可藏十人(《攻城具》无‘可’字),填隍推之,直抵城下,可以攻掘,金火木石所不能败(《攻城具》作‘不能及’),谓之轒辒车。”《墨子·轒辒》篇已佚,兹录《六韬·军略》、《孙子·谋攻》及其注、《通典·攻城战具》相关文字,略窥“轒辒”之梗概。

⑱轩车:敌人十二攻法之十二,入侵者利用装有瞭望楼之车具侦伺而后攻之也。《左传·宣公十五年》:“登诸楼车,使呼宋而告之。”杜预注:“楼车,车上望橹。”“橹”,亦楼。“望橹”,望楼也。《后汉书·南匈奴传》:“上作楼橹。”李贤注:“橹,即楼也。”《汉书·刘屈氂传》:“以牛车为橹。”颜师古注:“橹,望敌之楼也。”“楼车”,即巢车。《左传·成公十六年》:“楚子登巢车,以望晋军。”杜预注:“巢车,车上为楼。”陆德明释文:“巢,《说文》作轈,云:‘兵车高如巢,以望敌也。’”庾信《拟咏怀二十七首》之十五:“析骸犹换子,登爨已悬巢。”倪璠注:“巢是楼之别名。”“轩”,楼板也。《玄应音义》卷十二“轩窗”注:“轩,楼板也。”《楚辞·招魂》:“槛层轩些。”王逸注:“轩,楼版也。”由此知,“轩车”应即楼车。轩车、楼车、巢(轈)车,盖同物而异名也。《通典·兵十三·攻城战具》:“以八轮车,上树高竿(《太白阴经·攻城具》作‘车上树高竿’),竿上安辘轳,以绳挽板屋,止竿首,以窥城中。板屋方四尺,高五尺,有十二孔,四面列布。车可进退,圜城而行(《攻城具》作‘围城而行’),于营中远视,亦谓之‘巢车’,如鸟之巢(《攻城具》作‘形若鸟巢’),即今之‘板屋’也。”《墨子·备轩车》篇已佚,兹录《通典·攻城战具》相关文字,以窥“轩车”之梗概。

⑲池:隍池,即护城河。《说文·𨸏部》:“隍,城池也。有水曰池,无水曰隍。《易》曰:‘城复于隍。’”《诗·陈风·东门之池》:“东门之池。”毛传:“池,城池也。”

⑳推:孙诒让云:“‘推’当为‘樵’之误。”按:“推粟”不辞。当“樵”是以形

近讹为“推”。下文云“薪食足以支三月以上”、“为薪樵挈”，皆其证也。《慧琳音义》卷八十二“樵苏”注：“樵，樵薪。”《公羊传·桓公七年》：“焚之者何？樵之也。”何休注：“樵，薪也。”是“薪”、“樵”义同。“薪食足”，即“樵粟足”。孙校是，今从之。

㉑持：守。《国语·越语下》：“有持盈。”韦昭注：“持，守也。”

㉒且守者虽善：卢文弨《校墨子》云：“此下当有‘而君不用之’五字。”即全句作“且守者虽善而君不用之”。按之下文“若君用之，守者又必能乎”，与“且守者虽善，而君不用之”相反为言，卢校盖是，可信。“守者”，守城将帅也。《孙子·作战》：“故知兵之将，生民之司命，国家安危之主也。”又，《谋攻》：“夫将者，国之辅也。辅周则国必强，辅隙则国必弱。”“将”，即“守者。”

㉓犹：孙诒让云：“旧本脱‘犹’字。”俞樾《墨子平议》补之。按之下文“不能而君用之，则犹若不可以守也”，俞校是，今从之，作“（且守者虽善而君不用之，）则犹若不可以守也”。“犹若”，亦，尚且。《吕氏春秋·知度》：“舜禹犹若困，而况俗主乎？”是其例也。

㉔守者必善而君尊用之：谓守将必有能善守，且国君尊贤而用其能也。《黄石公三略·上略》：“夫为国之道，恃贤与民。信贤如腹心，使民如四肢，则策无遗。”《吴子兵法·图国》：“武侯问曰：‘愿闻阵必定、国必固、战必胜之道。’（吴）起对曰：‘立见且可，岂直闻乎！君能使贤者居上，不肖者处下，则阵已定矣；民安其田宅，亲其有司，则守已固矣；百姓皆是吾君而非邻国，则战已胜矣。’”皆言守御取胜之道，可作比观。

【校文 1】

禽滑厘问于子墨子曰：“由圣人之言，凤鸟之不出，诸侯叛殷周之国，甲兵方起于天下，大攻小，强执弱，吾欲守小国，为之奈何？”子墨子曰：“何攻之守？”禽滑厘对曰：“今之世常所以攻者：临、钩、冲、梯、堙、水、穴、突、空洞、蚁傅、轒辒、轩车。敢问守此十二者奈何？”子墨子曰：“我城池修，守器具，樵粟足，上下相亲，又得四邻诸侯之救，此所以持也。且守者虽善，而君不用之，则犹若不可以守也。若君用之，守者又必能乎？守者不能，而君用之，则犹若不可以守也。然则守者必善，而君尊用之，然后可以守也。”

【今译】

禽滑厘向业师墨子请教道:“依从圣人之教诲,凤鸟之所以不再出现,乃缘于诸侯背叛周天子,战争正肆虐于神州大地。当此大国攻掠小国,强国威胁弱国之时,我欲佐助小国守御家邦,应如何作为?”墨子问道:“防守何种攻法?”禽滑厘答道:“当今世上常用攻法不外如下十二种:其一,于城外积土成山,居高临下而攻之,此所谓‘(高)临’攻;其二,利用飞钩挂梯或径直钩垣登城而攻之,此所谓“钩”攻;其三,利用冲车撞城而攻之,此所谓“冲”攻;其四,利用云梯倚垣登城而攻之,此所谓“梯”攻;其五,利用堙填城外壕池并垒土成阜,凭高而攻之,此所谓“堙”攻;其六,决城灌水而攻之,此所谓“水”攻;其七,凿地为隧而攻之,此所谓“穴”攻;其八,掘地穿城突至城下而攻之,此所谓“突”攻;其九,穿洞于城垣而攻之,此所谓“空洞”攻;其十,如蚁群出附城而攻之,此所谓“蚁附”攻;其十一,利用外蒙牛皮内藏甲士之轒辒车近城而攻之,此所谓“轒辒”攻;其十二,利用装置瞭望楼之轩车侦伺而攻之,此所谓“轩车”攻。请问先生,面对以上诸种攻法,各应如何抵御?”墨子答道:“作为守御一方,应将城垣、隍池修缮完好,守御器具配备齐全,柴薪粮食储藏充足,上下协力,亲和友善,又能得四方相邻诸侯及时倾力救援。此为长久防守强而有力之保证。而且(守城长官亦极重要,)守城长官虽然极其得力,而君主不能予以任用,亦不可能完成防守任务。倘若君主予以任用,守城长官就必定为有能力完成守城重任之人吗?倘若没有能力,而君主却偏偏予以任用,当然亦不可能完成防守任务。如此说来,担任防守职责之长官首先必须极其得力,加以君主又能尊而用之,然后才可以完成防守任务。

【馀论】

此章述禽滑厘向墨子请教守城之法,墨子首先陈说持国之要务。

“又必能乎守者”,俞樾以意改“乎”为“守”,则“守者”连下为句,读作“又必能守,守者不能”。吴毓江《墨子校注》云:“君用与善守,为守城必具之二事,但在事实上,善守者君未必用,君用之,守者又未必能,此城之所以多不守也。俞改‘乎’为‘守’,似可不必。”按:改固可通,不改亦通,故不取,录以备考。

禽滑厘所述十二种攻法,除(高)临、堙、水、突、穴、空洞、蚁附外,多以军械名之,如钩、冲、梯、轒辒、轩车等,显系一名兼攻法与战具而有之。又,并非每攻单用其一法。相反,每每一战而集多种攻法于其中,如“蚁附”,主以蚁附,或辅以临、钩、冲、梯、堙、水、穴、轒辒、轩车等。《备城门》篇胪列诸战具，亦备述诸攻法，统言之也。以下《备高临》、《备梯》、《备水》、《备突》、《备穴》、《备蚁附》，分言之也。

【原文 2】

凡守围城之法，厚以高；[①]壕池[②]深以广；楼撕揗[③]；守备缮[④]利；薪食足以支[⑤]三月以上；人众以选[⑥]；吏民和[⑦]；大臣有功劳于上者多；主信以义，万民乐之无穷[⑧]；不然，父母坟墓在焉[⑨]；不然，山林草泽之饶[⑩]足利；不然，地形[⑪]之难攻而易守也；不然，则有深怨于適[⑫]而有大功于上；不然，则赏明可信而罚严足畏[⑬]也。此十四者具，则民亦不宜上矣[⑭]。然后城可守。十四者无一，则虽善者不能守矣。

【校注】

①凡守围城之法，厚以高：当作"凡守圉之法，城厚以高"。孙诒让云："'厚'上当有'城'字，疑本作'凡守圉之法，城厚以高'。"按："城厚""城"字移至"之法"上，不通。"城厚以高"、"壕池深以广"，语法正同。"圉"以形近讹为"围"。又下文"城小大，以此率之，乃足以守圉"，"圉"，旧本亦讹为"围"，同其误也。《公输》"公输盘之攻械尽，子墨子之守圉有余"、"然臣之弟子禽滑厘等三百人已持臣守圉之器，在宋城上而待楚寇矣"，"守圉"，即守御。孙校是，今从之。"厚以高"，即厚而高。"以"，犹而，用为连词。《读书杂志·荀子第六·礼论》："至文以有别，至察以有说。"王念孙按："以，犹而也。""城厚以高"，守圉十四法之一也。

②壕池：隍池，即护城河。"壕池"为同义复词。"壕"，或作濠。《集韵·豪韵》："壕，通作濠。"《玉篇·土部》："壕，城壕也。"互详 1 章注⑲。"壕池深以广"，守圉十四法之二也。《六韬·龙韬·王翼》："股肱四人，主任重持难，修沟堑，治垒壁，以备守御。"亦言城守之法，可作比观。

③楼撕揗：当作"楼櫯脩"，谓城上用以伺敌之大小楼屋俱得修缮也。"楼"，重屋，大楼。《说文·木部》："楼，重屋也。"孙诒让云："'撕'，当作'櫯'。"按：《说文》、《玉篇》皆无"撕"字，当为"櫯"之形近讹字。古人用字，于"木"旁、"手"（扌）旁，时或淆乱，如"構"之与"搆"，"楬"之与"揭"，"栝"之与"括"，"棰"之与"捶"。"櫯"之与"撕"盖亦如此。"櫯"，尹桐阳《墨子新释》

云："即浮思，小楼之称。"按：浮思，亦作罘思、罘罳、罳思、罦思，古时设于宫门外或城角之阁楼或屏障，上有孔，状似网，用于守望与防御。《周礼·考工记·匠人》："宫隅之制七雉，城隅之制九雉。"郑玄注："宫隅、城隅，谓角浮思也。"孙诒让正义："浮思者，《广雅》、《释名》、《古今注》皆训为门外之屏。角浮思者，城之四角为屏以障城，高于城二丈，盖城角隐僻，恐奸宄逾越，故加高耳。"《汉书·文帝纪》："未央宫东阙罘罳灾。"颜师古注："罘罳，谓连阙曲阁也，以覆重刻垣墉之处，其形罘罳然。一曰屏也。"又《五行志上》："文帝七年六月癸酉，未央宫东阙罘罳灾。"颜师古注："罘罳，阙之屏也。"章太炎《小学答问》："古者守望墙墉皆为射孔……屏最在外，守望尤急，是故刻为网形，以通矢镞，谓之罘思。"皆其证也。孙诒让云："'揗'当为'脩'。"按："脩"既以形近讹为"循"，复讹为"揗"。《经下》："行循以久，说在先后。""循"即"脩"之形近讹字，同其例也。"脩"，读为修。《说文·肉部》："脩，脯也。"朱骏声通训定声："脩，假借又为修。""修"，治，修缮。《礼记·檀弓上》："古不修墓。"郑玄注："修，犹治也。""楼樜修"，守圉十四法之三也。

④缮：修补之使美善也。《说文·糸部》："缮，补也。"《汉书·五行志上》："缮守备。"颜师古注："缮，谓修补之也。"《诗·郑风·叔于田序》："缮治甲兵。"郑玄注："缮之言善也。"吴抄本作"善"，亦通。"守备缮利"，守圉十四法之四也。

⑤支：毕沅《墨子注》云："'支'，旧作'交'。"按：《墨子》书"支"、"攴"与"交"互讹之例经见。《经说上》"圆，规写支也"，《经说上》"方，矩见支也"，两"支"皆"交"之形近讹字。毕校是，今从之。孙诒让云："'守备缮利，薪食足以支三月以上'，即上文'守器具，樵粟足'之意。"按：孙说是也。"薪食足以支三月以上"，守圉十四法之五也。《六韬·龙韬·王翼》："通粮四人，主度饮食，备蓄积，通粮道，致五谷，命三军不困乏。"又《奇兵》："深沟高垒，积粮多者，所以持久也。"《尉缭子·守权》："池深以广，城坚而厚，士民备，薪食给，弩坚矢强，矛戟称之，此守法也。"亦言薪食足给事，均可作比观。

⑥选：选择，精善，经简择而入选者。《逸周书·常训》："夫民群居而无选。"朱右曾集训校释："选，择也，善也。"《尔雅·释言》："髦，选也。"郝懿行义疏："选之言善，谓德行道艺可入成均充选数。""人众以选"，谓士卒既众多且皆为上选也。"人众以选"，守圉十四法之六也。《太白阴经·选士》："经曰：'统六军之众，将百万之师，而无选锋，浑而杂用，则智者无所施其谋，辩者无所

施其说，勇者无所奋其敢，力者无所著其壮，无异独行中原，亦何所取于胜负哉？'……夫选士以赏，赏得其进；用士以刑，刑慎其退。古之善选士者，悬赏于中军之门。有深沉谋虑出人之表者，以上赏而取之，名曰'智能之士'。有辞纵理横、飞箝捭阖，能移人之性、夺人之心者，以上赏而礼之，名曰'辩说之士'。有得敌国君臣问间请谒之情性者，以上赏而礼之，名曰'间谍之士'。有知山川、水草、次舍、道路迂直者，以上赏而礼之，名曰'乡导之士'。有制造五兵，攻守利器，奇变诡谲者，以上赏得而厚之，名曰'技巧之士'。有引五石之弓，矢贯重札（按：'重札'，多层皮革或金属铠甲叶片），戈矛剑戟便于利用，陆搏犀兕，水攫鼋鼍，佻身（按：佻身，只身）捕虏，搴旗摭鼓（按：'摭鼓'，夺取敌人战鼓）者，以上赏而抚之，名曰'猛毅之士'。有立乘奔马，左右超忽，逾越城堡，出入庐舍而亡形迹者，上赏得而聚之，名曰'趫捷之士'。有往返三百里不及夕者，上赏得而聚之，名曰"疾足之士"。有力负六百三十斤，行五百步者，上赏得而聚之；或二百四十斤者，次赏得而聚之，名曰'巨力之士'。有步五行，（按：'步五行'，以五行推步命运）、运三式（按：运三式，以三式——六壬、太乙、奇门遁甲——占卜吉凶），多言天道、阴阳、诡谲者，下赏得而存之，名曰'技术之士'。……夫十士之用，必尽其才，任其道。……兴亡之道，不在人主聪明文思，在乎选能之当其才也。"亦言"选士"事，可作比观。

⑦吏民和：谓官吏与民众和洽亲密也。毕沅云："'民'旧作'尺'，以意改。"按：《墨子》城守诸篇多"吏"、"民"连言，下文"命吏民皆智之"，《迎敌祠》"其出入为流言，惊骇恐吏民"，《号令》"严令吏民无敢喧嚣"、"此所以劝吏民坚守胜围也"，皆其例也。毕校是，今从之。"吏民和"，守圉十四法之七也。《孙子·地形》："（上将）视卒如婴儿，故可与之赴深溪；视卒如爱子，故可与之俱死。"《吴子兵法·图国》："吴子曰：昔之图国家者，必先教百姓而亲万民。有四不和：不和于国，不可以出军；不和于军，不可以出阵；不和于阵，不可以进战；不和于战，不可以决胜。是以有道之主，将用其民，先和而造大事。……民知君之爱其命，惜其死，若此之至，而与之临难，则士以进死为荣、退生为辱矣。"《太白阴经·子卒》："古之善率人者，未有不得其心而得其力者也，未有不得其力而得其死者也。故国必有礼信亲爱之义，然后人以饥易饱；国必有孝慈廉耻之俗，然后人以死易生。人所以守战至死不衰者，上之所施者厚也，上施厚则人报之亦厚。且士卒之于将，非有骨肉之亲，使冒锋镝，突干刃，死不旋踵者，以恩信养之，礼恕导之，小惠渐之，如慈父育爱子也。故能救其阽危，拯

其涂炭;卑身下士,齐勉甘苦,亲临疾病;寒不衣裘,暑不操扇,登不乘马,雨不张盖;军幕未办,将不言坐;军井未通,将不言渴;妻子补绽于行间,身自分工于役作;箪醪之馈,必投于河(按:'必投于河',指将帅必与士卒同流共饮);挟纩(按:'挟纩',喻指受人抚慰而感温暖)之言,必巡于军。是以人喜金铎之声、勇鼓鼙之气者,非恶生而乐死,思欲致命而报之于将也。"亦言"吏民和"事,均可作比观。

⑧主信以义,万民乐之无穷:谓国君诚信仁义,黎民因之安乐无边。"以",犹而。详注①。"主信以义,万民乐之无穷",守围十四法之九也。而"大臣有功劳于上者多",守围十四法之八也。

⑨焉:犹"于之"、"于此",复词(介词加代词)。"父母坟墓在焉",即父母坟墓在于此。"父母坟墓在焉",守围十四法之十也。

⑩饶:多,余裕。《玉篇·食部》:"饶,多也。"《广韵·宵韵》:"饶,余也。"《文选·王粲〈从军诗〉》:"军中多饫饶。"吕向注:"饶,余也。""山林草泽之饶足利",谓山林草泽物产丰裕,足利备战也。"山林草泽之饶足利",守围十四法之十一也。

⑪地形:战略上之有利地势,即地利。《孟子·公孙丑下》:"天时不如地利,地利不如人和。"朱熹集注:"地利,险阻城池之固也。""地形之难攻而易守",守围十四法之十二也。《孙子·地形》:"夫地形者,兵之助也。料敌制胜,计险厄远近,上将之道也。知此而用战者必胜,不知此而用战者必败。……故曰:知己知彼,胜乃不殆;知天知地,胜乃无穷。"《六韬·龙韬·王翼》:"地利三人,主三军行止形势,利害消息,远近险易,水涸山阻,不失地利。"亦言"地形"事,均可作比观。

⑫適:读为敵。"適"、"敵"皆以啇为声符,例可通假。《说文·辵部》:"適,之也。"朱骏声通训定声:"適,假借为敵。"《大戴礼记·千乘》:"而况有强適在前。"孔广森补注:"適,读曰敵。"《墨子》城守诸篇以"適"为"敵"所在多有。此下皆用简化字"适"、"敌"。"有深怨于敵而有大功于上",守围十四法之十三也。

⑬畏:同威。《集韵·未韵》:"畏,或作威。"《书·多士》:"惟天明畏。"孙星衍今古文注疏:"畏,同威。"《书·吕刑》"德威惟畏",《尚贤下》作"德威惟威"。"赏明可信而罚严足畏",即"赏明可信而罚严足威",谓奖赏明白,士卒信服,而惩罚严厉,足以威众也。"赏明可信而罚严足威",守围十四法之十四

也。《黄石公三略·上略》:“军谶曰:‘军以赏为表,以罚为里。’赏罚明,则将威行;官人得,则士卒服;所任贤,则敌国震。”《六韬·龙韬·将威》:“将以诛大为威,以赏小为明,以罚审为禁止而令行。故杀一人而三军震者,杀之;赏一人而万人悦者,赏之。杀贵大,赏贵小。杀及当路贵重之臣,是刑上极也。赏及牛竖马洗厩养之徒,是赏下通也。刑上极,赏下通,是将威之所行也。”《尉缭子·重刑令》:“将自千人以上,有战而北,守而降,离地逃众,命曰‘国贼’。身戮家残,去其籍,发其坟墓,暴其骨于市,男女公于官。自百人以上,有战而北,守而降,离地逃众,命曰‘军贼’。身死家残,男女公于官。使民内畏重刑,则外轻敌。故先王明制度于前,重威刑于后。刑重则内畏,内畏则外坚矣。”《太白阴经·刑赏》:“王者以刑禁,以赏劝。……赏,文也;刑,武也,文武者,军之法,国之柄。……据罪而制刑,按功而设赏。赏一功而千万人悦;刑一罪而千万人慎。赏无私功,刑无私罪,是谓军国之法、生杀之柄。故曰:能生而能杀,国必强;能生而不能杀,国必亡。能生死而赦杀者,上也。”又《励士》:“古先帝王伯有天下,战胜于外,班师校功,集众于中军之门。上功赐以金璋紫绶,锡以锦彩,衣以缯帛,坐以重裀,享以太牢,饮以醇酒;父母妻子皆赐纹绫,坐以重席,享以少牢,饮以酎酒。大将军捧赐,偏将军捧觞。……次功赏以银璋朱绶、纹绫之衣,坐以重席,享以少牢,饮以酎酒;父母妻子,赠以缯帛,坐以单席,享以鸡豚,饮以醽酒。偏将军捧赐,子将军捧觞。……下功赏以布帛之衣,坐以单席,享以鸡豚,饮以醽酒;父母妻子,立而无赏,坐而无席。子将军捧赐,卒捧觞。……”亦言赏罚事,均可作比观。

⑭则民亦不宜上矣:孙诒让云:“窃疑当作‘则民死不悳上矣’。”按之《管子·九变》“此民之所以守战至死而不德其上者也”,“死”以形近讹为“亦”。“悳”,古德字。《说文·心部》:“悳,外得于人,内得于己也。”段玉裁注:“悳,俗字假德为之。”《玉篇·心部》:“悳,今通用德。”《汉书·地理志上》:“安悳。”颜师古注:“悳,古德字。”“悳”字坏缺为“直”,又以形近讹为“宜”。孙校盖是,可信。“民死不悳(德)上”,谓民或守或战,虽复至死,不敢恃之以德于上也。《管子·九变》:“凡民之所以守战至死而不德其上者,有数以至焉。曰:大者亲戚坟墓之所在也;田宅富厚足居也;不然,则州县乡党与宗族足怀乐也;不然,则上之教训、习俗、慈爱之于民也厚,无所往而得之;不然,则山林泽谷之利足生也;不然,则地形险阻,易守而难攻也;不然,则罚严而可畏也;不然,则赏明而足劝也;不然,则有深怨于敌人也;不然,则有厚功于上也。此民之所以

守战至死而不德其上者也。”所列十端中，有六端同于墨子之所言。

【校文2】

凡守圉之法，城厚以高；壕池深以广；楼撕修；守备缮利；薪食足以支三月以上；人众以选；吏民和；大臣有功劳于上者多；主信以义，万民乐之无穷；不然，父母坟墓在焉；不然，山林草泽之饶足利；不然，地形之难攻而易守也；不然，则有深怨于敌而有大功于上；不然，则赏明可信而罚严足威也。此十四者具，则民死不德上矣。然后城可守。十四者无一，则虽善者不能守矣。

【今译】

大凡守御城池之方法有如下十四端：其一，城垣必须厚而高；其二，隍池必须深且宽；其三，城上用以瞭敌之大小楼屋皆已修葺完毕；其四，守御器械设备得以全面修缮，以利使用；其五，柴薪和粮食足以支撑三个月以上；其六，守城士卒既多又皆为上选；其七，官吏与民众关系和洽亲密；其八，为国家立有卓著勋劳之大臣人数众多；其九，国君诚信仁义，黎民因之安乐无边；其十，不然，士卒父母之坟墓在此；其十一，不然，此地山林草泽物产丰饶，足利备战；其十二，不然，此地地势有利，难攻而易守；其十三，不然，守城士卒与敌人深结怨仇，并且为国君立有大功；其十四，不然，奖赏明白，士卒信服，惩罚严酷，足以威众。具备上述十四端，则士民或守或战，虽赴死而不敢恃之以德其上也。必如此，城池可得而守。若此十四端无一具备，则虽有善守之将，亦不能完成防守任务。

【馀论】

此章继述守城方法十四端。

“大臣有功劳于上者多”与“主信以义，万民乐之无穷”本各为一事，而俞樾云：“‘大臣有功劳’至‘万民乐之无穷’，共为一事。盖大臣素有功劳，则主信而义之，万民乐之，然后可以有为也。”按：依俞说，则守圉之法非十四端，而为十三端矣。故不取，录以备考。

“宜”字，诸家所释，多有不同。俞樾云：“（‘则民亦不宜上矣’，）总上十四事而言，当作‘则民亦宜其上矣’。《墨子》书‘其’字多作‘丌’，因误作‘不’，写者遂移至‘宜’字之上耳。”吴毓江云：“‘宜’当为‘誃’之声借。《说文》：‘誃，离别也。’《尔雅·释言》：‘誃，离也。’民不宜上，犹言民不离上也。”岑仲勉云：“余按‘宜’‘疑’今音相同，古音亦甚相近，(故相通。)下不疑上即上下相得，故能守。”按：俞校既改字又移位，虽可通但语涉缴绕。吴、岑俱用声近义通之理，然皆苦无书证，故皆不取，录以备考。

【原文 3】

故凡守城之法，备城门为县门沈机①，长二丈，广②八尺，为之两相如③。门扇数④令相接三寸⑤，施土⑥扇上，无过二寸。堑⑦中深丈五，广比扇，堑长以力为度，堑之末为之县⑧，可容一人所⑨。客⑩至，诸门户皆令凿而慕孔孔之⑪，各为二幕二⑫，一凿而系绳，长四尺。城四面四隅皆为高磨𢋡⑬，使重室子⑭居亓⑮上，候⑯适⑰，视亓能⑱状，与亓进左右所移处，失候斩。

【校注】

①县门沈机：即“悬门沉机”，置于内城门上，编版为之，装有机关，可悬吊升降之门闸，如今店肆门外之卷帘门闸。“县”，读为悬，“县”、“悬”，古今字。《说文·𥄉部》：“县，系也。”段玉裁注：“县，引伸之，则为所系之称。”《方言》卷七：“佻、抗，县也。”钱绎笺注：“县、悬，古今字。”《汉书·西域传上》：“其西则有县度。”颜师古注：“县，古悬字耳。”“沉”，同沈。“沉”字《说文》不载。《玉篇·水部》：“沉，同沈。”《文选·阮籍〈咏怀诗〉》：“俯仰作浮沉。”旧校：“五臣作沈。”《左传·庄公二十八年》：“悬门不发，楚言而出。”杜预注：“悬门施于内城门。”又《襄公十年》：“偪阳人启门，诸侯之士门焉，悬门发。”孔颖达疏：“悬门者，编板广长如门，施关机以悬门上，有寇则发机而下之。”《太白阴经·守城具》：“悬门，悬木板以为重门。”具道悬门之形制。“沉机”，控制悬门升降之机关，如今店肆卷帘门闸之控制器具，孔疏所谓“关机”也。居延汉简第 71 有“县户”(即县门，居延汉简“坞门”例作“坞户”可证)，且据称已发现某燧中构件齐全之县门，庶可印证《备城门》“悬门沉机”之形制[1]。《太平御览》卷三三七引《卫公兵法·守城》亦作“悬门”，并加注解“悬板为重门”。曾公亮《武经总要》则称此“重门”为“插板”，并述其形制云：“插板与城门为重门，其制用榆槐

〔1〕 详初师宾《汉边塞守御器备考略》，载《汉简研究论集》，甘肃人民出版社 1984 年版。

木，广狭准城门。漫以生牛皮，裹以铁叶，两傍施铁环贯铁索。凡大城门，去门阃五尺立两颊木，木开池槽，亦用铁叶裹之。若寇至，即以绞车自城楼上抽所贯铁索，下插板于槽中。外实以土，防火攻；内支以柱，防倾折。”虽属后世之作，然亦足证往古。

②广：宽。《说文·广部》：“廣，殿之大屋也。”又《宀部》：“宽，屋宽大也。”《广雅·释诂一》：“广，大也。”《玉篇·宀部》：“宽，大也。”《字汇·宀部》：“宽，广也。”“广”、“宽”二字义同，而《墨子》城守诸篇于宽度字例用“广”字。

③相如：即相若，相当、相等也。《经说下》“绳直权重相若（相当），则止矣”，《大取》“爱众世与爱寡世相若（相等）”，皆其证也。“两相如”，即两相若（相等），谓左右两扇门同其长广也。

④数：读为促，密，紧促、密接也，与“疏”相对。《尔雅·释草》：“莽，数节。”郭璞注：“竹类也。节间促。”郝懿行疏：“数节，促节也。”陆德明释文：“数，犹促也。”《孟子·梁惠王上》：“数罟不入洿池。”孙奭疏：“数，密也。”《论语·里仁》：“事君数，斯辱矣；朋友数，斯疏矣。”刘宝楠正义引吴嘉宾曰：“数，与疏相对。”

⑤相接三寸：互相接迭三寸之宽，使无缝隙也。

⑥施土：以泥埴涂之门上，以避敌人火毁也。“施”，著，用。《礼记·祭统》：“施于烝彝鼎。”郑玄注：“施，犹著也。”《通典·兵五·守拒法》：“城门扇及楼堠，以泥涂厚，备火。”亦言建筑物涂泥备火事，可作比观。

⑦堑：堑壕，坑沟。《说文·土部》：“堑，阬（坑）也。”《慧琳音义》卷十一“深堑”注：“堑，壕坑。”此处指所掘地槽，悬门沉落时，其下适入其内也。

⑧县：即悬门。“堑之末为之悬”，谓于坑沟边端修筑一悬门操控人员之工作间。“末”，端。《广韵·末韵》：“末，端也。”《淮南子·地形》：“末有十日。”高诱注：“末，端也。”

⑨所：处所。《玉篇·斤部》：“所，处所也。”《书·无逸》：“君子所其无逸。”蔡沈集传：“所，处所也。”“可容一人所”，谓可容一人之处所也。

⑩客：敌人，与“主人”（防守者）对言。《公羊传·庄公二十八年》：“春秋伐者为客，伐者为主。”何休注：“伐人者为客，读伐长言之；见伐者为主，读伐短言之，齐人语也。”《礼记·月令》：“兵戎不起，不可从我始。”郑玄注：“为客不利，主人则可。”孔颖达疏：“起兵伐人者谓之客，敌来御扞者为之主。”1974年山东临沂出土《银雀山汉墓竹简·孙膑兵法》有《客主人分》篇。

⑪诸门户皆令凿而慕孔孔之：当作"诸门户皆令凿而幂孔之"，谓所有门户皆使凿孔窍且以物蒙覆之，而避孔窍外见也。孙诒让云："'慕'、'幕'（指下文'各为二幕'之'幕'）并当作'幂'。"幂，覆盖。《仪礼·既夕礼》："幂用疏布。"郑玄注："幂，覆也。"苏时学《墨子刊误》云："'孔'字疑误重。"按之《杂守》"诸门户令皆凿而類（按：孙诒让云：'此"類"当作"幎"，盖"幎"隶书形近"幤"，因又误作"幤"也'）窍之"，"類"同"幤"，"幎"同"幂"。唯此"皆令"彼"令皆"、此"孔"彼"窍"之小异，无妨句意一致也。孙、苏校是，今从之。

⑫各为二幕二：当作"各为二幂"。苏时学云："'幕二'之'二'疑衍。"按之《杂守》"各为二類"，盖言每一门扇凿二孔，皆幂之也，"類"下无"二"字。苏校是，今从之。"幕"、"類"皆"幂"字之讹。详注⑪。

⑬磨襒：疑当作"磿榭"。《读书杂志·墨子第五·高磨襒》王念孙引王引之云："'磨'当为'磿'。字书无'襒'字，盖'榭'之讹。'磿榭'，迭韵字。'磿榭'，盖楼之异名也。"按："磿"以形近讹作"磨"，"榭"亦以形近讹作"襒"。《备高临》"引弦鹿卢收"、"以磿鹿卷收"，"鹿卢"同"磿鹿"，即辘轳。"鹿"、"磿"音近，并"楼"通为一声之转，故"磿榭"当即"楼榭"，"大小楼"之谓也。此处"高磿榭"亦当即上文"楼榭修"之意也。又，此处"城四面四隅，皆为高磿榭，使重室子居其上，候敌"，与《号令》"四面四门之将，必选择有功劳之臣及死事之后重者，从卒各百人。门将并守他门，他门之上必夹为高楼，使善射者居焉。女郭、冯垣一人守之，使重室子"，大意相近。王校盖是，可信。

⑭重室子：贵家子，《号令》所谓"富人重室之亲"也。《号令》"使重室子"，"重室子"同。

⑮亓：或作丌，古"其"字。《说文·丌部》："丌，下基也，荐物之丌。象形。读若箕（按：古文作其）同。"段玉裁注："'丌'，字亦作'亓'，古多用为今渠之切之'其'。《墨子》书'其'字多作'亓'。"（按：段氏之说未为精准，实则《备穴》以前作"亓"，《备蛾傅》以后作"其"）《穆天子传》卷二："至于赤乌之人丌献酒千斛于天子。"洪颐煊校："丌本作其。"

⑯候：斥候，伺望，侦察。《说文·人部》："候，伺望也。"朱骏声通训定声："字亦作堠。"《吕氏春秋·壅塞》："宋王使人候齐寇之所至。"高诱注："候，视也。"《备穴》"备穴者，城内为高楼，以谨候望敌人"，"候"字同。亦指从事侦伺敌人之士卒。《左传·宣公十二年》："岂敢辱候人。"杜预注："候人，谓伺候望敌者。"《号令》"必重发候，为养其亲若妻子"，"候"字同。《孙子·用间》："故

明君贤将,所以动而胜人,成功出于众者,先知也。先知者,不可取于鬼神,不可象于事(按:指筮占之事),不可验于度(按:指日月星辰运行度数),必取于人,知敌之情者也。”可证“候”之重要。

⑰适:读为敌。详2章注⑫。

⑱能:即“態”字。《说文·心部》:“態,意也。从心从能。能,或从人。”《玉篇·人部》:“能,与態同。”“视亓能状”,即“视其態(态)状”,谓监视其动静状态也。

【校文3】

故凡守城之法,备城门为悬门沉机,长二丈,广八尺,为之两相如。门扇促令相接三寸,施土扇上,无过二寸。堑中深丈五,广比扇,堑长以力为度,堑之末为之悬,可容一人所。客至,诸门户皆令凿而幂孔之。各为二幂,一凿而系绳,长四尺。城四面四隅皆为高磨樜,使重室子居其上,候敌,视其态状,与其进左右所移处,失候斩。

【今译】

因此,大凡守城之方法,守备城门必在城门之上安装悬吊门闸以及使之吊升与沉落之操控机关。悬吊门闸长二丈,宽八尺,制作时应使左右两门扇长短尺寸相同,它们互相接迭,接迭处宽三寸,(以免漏出缝隙。)涂泥埴于门扇上,(用以防火,)其厚度不超过二寸,(因泥埴过厚,易于脱落。)地上正对悬吊门闸处掘一堑沟,其深度一丈五尺,宽度与门扇相同,而长度则应以人力所及为限。在堑沟边端修筑一控制悬吊门闸之操作间,仅可容一人工作。倘敌人来犯,所有门扇皆令人凿出孔窍,且以物蒙覆,使外不得见孔。每扇门各凿二孔,其中一孔穿系绳索,(以便牵挽,)绳长四尺即可。城上四面四角大小楼屋皆须加高。使贵家子弟守在楼上,瞭望敌人,随时监视敌人状态变化及其在向前推进过程中左右两面移动至什么位置,瞭望失职者,处斩。

【馀论】

此章述内城门设置悬门沉机以升降门闸、凿幂门扇、高筑磨樜以伺察敌情等事。

此章“客至,诸门户皆令凿而幂孔之。各为二幂,一凿而系绳,长四尺”与

《杂守》“寇至，诸门户令皆凿而窍之，各为二幂，一凿而属绳，绳长四尺”，文字大致相同。揣其意，似当为《备城门》之文，而与《杂守》无涉。

“与其进左右所移处”，苏时学云：“‘进’下当有‘退’字。”岑仲勉从之，作“与其进退左右所移处”。按：补“退”字固通，不补，亦通。故不取，录以备考。

《备城门》“楼樜”四出：其一曰“楼撕（樜）揗（脩）”；其二曰“高磨（曆）襭（樜）”；其三曰“城上五十步一楼𢪃（樜）”；其四曰“𢪃（楼）勇（樜）勇（必）必（再）重”。“楼”，或作“曆”，或作“𢪃”。“樜”，或作“撕”，或作“襭”，或误“勇”。“楼”，即重屋，大楼，行政或督军之处。“樜”，即浮思，城隅屏阁，小楼，候敌之所。“楼樜”，大小楼之称，大抵如是。然“襭”、“𢪃”，皆字书所无，而“枥樜”（曆樜）《说文》义为“柙指”（拶指），非“城隅屏阁”义。兹从王引之、孙诒让、尹桐阳诸家说，又引而申之，释“楼樜”为“大小楼”之称，且试证“曆樜”当即“楼樜”。然亦未敢自信，以俟博闻君子焉。

【原文4】

适人为穴①而来，我亟②使穴师选本③，迎④而穴之，为之且⑤内弩⑥以应之。

【校注】

①穴：毕沅云：“‘穴’，旧作‘内’，以意改。”按：“穴”，篆作，“内”篆作，形近而讹。《备穴》：“凿穴迎之。”“穴”旧讹作“内”，同其例也。毕校是，今从之。

②亟：孙诒让云：“旧本‘亟’作‘函’。”王念孙云：“‘函’当为‘亟’。”按：“函”俗书作“凾”，“亟”、“凾”形近而讹。王校是，今从之。“亟”，急，疾，速。《尔雅·释诂下》，“亟，速也。”陆德明释文：“亟，字又作急。”《大戴礼记·保傅》：“秦世所以亟绝者。”王聘珍解诂：“亟，急疾也。”

③本：王念孙云：“‘选本’当作‘选士’。”按：“士”，隶书作（鲜于璜碑），以形近讹作“本”。王校是，今从之。“士”，士卒，甲士，军士。《礼记·祭义》：“军旅什伍。”郑玄注：“什伍，士卒部曲也。”孔颖达疏：“士，谓甲士。”

④迎：孙诒让云：“毕本‘迎’作‘匝’。”王念孙云：“‘匝’当作‘迎’。”按：《广韵·合韵》：“帀，遍也，周也。迊，周帀。”“迊”草书讹作匝。“匝”，“帀”之俗体也。“迎”以形近讹为“迊”或“匝”。“迊”（“匝”）、“迎”互讹时或有之。《子始迎子壶》“”，本“迊”字，误释为“迎”，即其例。道藏本、宝历本正作

“迎”。下文“敌人穴土,急堑城内,穴其土值之”、“审知穴之所在,凿穴迎之”,作“值”、作“迎”,皆可证也。王校是,今从之。

⑤且:毕沅云:“‘且’,当为‘具’。”按《说文·廾部》:“具(),共(供)置也。从廾,从貝省。”失廾,省貝讹而为“且”。毕校是,今从之。

⑥内弩:孙诒让云:“内弩,即《备穴篇》之‘短弩’。穴中以拒敌者。”按之《备穴》“为短矛、短戟、短弩、䖟矢,才自足,穴彻以斗”,攻守两方之穴相通彻时,守方以短弩等武器拒敌,器短者,以用诸穴内也。彼处言“短弩”,此处言“内弩”,其实一事也。孙说盖是,可信。“弩”,以机栝强力发射之弓。《说文·弓部》:“弩,弓有臂者。”《急就篇》:“弓弩箭矢。”颜师古注:“弓之施臂而机发者曰弩。”《释名·释兵》:“弩,怒也,有势怒也。”今见出土战国之弩,其构造与使用大致情形如下:青铜制弩机,装置于木制弩臂之后部,弩机四周有“郭”,“郭”中有“牙”,可钩住弓弦。“郭”上有瞄准器“望山”,“牙”下连结扳机“悬刀”。发射时,扳动“悬刀”,“牙”立即缩下,已为牙钩住之弦强力弹出,弦上之矢随即射发。[1]

【校文4】

敌人为穴而来,我亟使穴师选士,迎而穴之,为之具内弩以应之。

【今译】

敌人挖掘穴道来攻,守方应急令专务凿穴之工师挑选得力士卒,相迎挖掘穴道,并在穴中备足短弩予以回应。

【馀论】

此章述应对敌寇穴攻之方法。

苏时学云:“此数语当入《备穴》篇。”吴毓江更进而云:“此数语疑当在《备穴》篇‘谨备穴’与‘穴疑有应寇’之间。”按:《墨子》城守诸篇错简情形殊多,《备城门》篇幅较长,错简亦多,应属事实。不过,攻城守城之战,原应融诸种攻法守法于其内,故《备城门》篇中记述若干“(高)临”、“钩”、“冲”、“梯”、“堙”、

〔1〕 详徐中舒《弋射与弩之溯源及关于此类名物之考释》,《历史语言研究所集刊》四本四分,1934年出版。

"水"、"穴"、"突"、"空洞"、"蛾傅"、"轒辒"、"轩车"相关内容,理所当然。其中,难免有城守其他篇文字错入。然《备城门》篇原载者与错入者难于分辨,亦为人所共知之事。应予移出或移入之文字,自苏时学始,诸家屡予指认,然仁智之见,歧说纷纭。虽其中不乏精审之论,然更多"意必"之议,不惟不能服人,又歧出更多新生龃龉,徒增杂沓与凌乱,读者不堪其苦。有鉴于此,本书拟搁置所谓错简移出或移入之事,暂悉遵孙诒让《閒诂》所订章节与文字先后之次序。移正之事,有待来哲。是所约定,望同行专家学者鉴谅。回看苏、吴之校,不无道理,可备一说。然究系"原载者"抑或"错入者",恐难遽定。故不取,录以备考。

【原文 5】

民室杵①木瓦石,可以盖②城之备者,尽③上之。不从令者,斩。

【校注】

①杵:王引之云:"'杵'当为'材'字之误。"按:"杵",《武梁祠画像题字》作杵,"材",《魏受禅表》作材,形近致误。《号令》"悉举民室材木、瓦若礧石数",正作"材",王校是,今从之。

②盖:王引之云:"'盖'当为'益',亦字之误也。"按:《正字通·皿部》:"盖,俗蓋字。""益",《李孟初神祠碑》作益,形近致误。《号令》"守以令益邑中豪杰力斗诸有功者",正作"益",王校是,今从之。

③尽:毕沅云:"'尽'(盡),旧作'蓋',以意改。"按:"盡"、"蓋"形近致误。《杂守》"材木不能尽入者燔之",正作"尽"(盡),毕校是,今从之。

【校文 5】

民室材木瓦石,可以益城之备者,尽上之。不从令者,斩。

【今译】

民众家中木材瓦石之类,凡属可以有益于城门守备者,悉数送至城上,不服命令者,处斩。

【馀论】

此章述收缴材木瓦石等物资之军令。

《号令》“悉举民室材木、瓦若礌石数，署长短小大，当举不举，吏有罪”，《杂守》“礌石、厉矢、诸材、器用，皆谨部，各有积分数”，皆与此章内容相似。相关事体，诸篇皆有所记，不足怪也。

【原文6】

昔筑①，七尺一居属②。五步一垒③。五筑有銻④、长斧，柄长八尺。十步一长鎌⑤，柄长八尺。十步一鬭⑥、长椎⑦，柄长六尺，头长尺，斧⑧亓两端。三步一大铤⑨，前长尺，蚤⑩长五寸。两铤交之置如⑪平，不如平⑫不利，兑⑬亓两末。

【校注】

①昔筑：谓夜间修筑候敌、守御之事也。“昔”，读为夕。《广雅·释诂四》：“昔，夜也。”《史记·楚世家》：“其乐非朝昔之乐也。”司马贞索隐：“昔，犹夕也。”“筑”，捣土之杵。《广雅·释器》：“筑谓之杵。”“筑”用于版筑，引申为建筑、营造。《史记·梁孝王世家》：“于是孝王筑东苑。”司马贞索隐：“筑，谓建也。”

②居属：锄类工具。毕沅云：“(居属，)疑锯欘。”甚是。《管子·小匡》：“恶金以铸斤斧鉏夷锯欘，试诸木土。”尹知章注：“锯欘，钁类也。”《说文·金部》：“钁，大鉏也。”《玉篇·金部》：“钁，锄钁。”或作斪斸。《尔雅·释器》：“斪斸谓之定。”郭璞注：“锄属。”邢昺疏引李巡曰：“(定，)锄别名。”《周礼·考工记·车人》：“车人之事，半矩谓之宣，一宣有半谓之欘。”郑玄注“欘，斲木柄，长二尺。《尔雅》曰：‘句欘谓之定’”，作“句欘”。是欘(斸)有二义。此“居属”(“锯欘”、“斪斸)与“筑”“蔂”类列，则当为锄。“居属”、“锯欘”、“斪斸”，皆同其物，锄类工具也。

③垒：读为虆，盛土筐笼。“虆”以畾(垒)为声符，例可通假。《素问·大奇论》：“白垒发死。”张志聪集注引马氏曰：“垒作蔂。”《广韵·旨部》：“蔂，或作虆。”《集韵·脂韵》：“虆，盛土笼。或作蔂(虆)。”《孟子·滕文公上》：“盖归反虆梩而掩之。”赵岐注：“虆梩，笼臿之属，可以取土者也。”《备蛾傅》：“土五步一，毋下二十畾。”“畾”亦读为虆。

④銻：读为夷。夷，锄类工具也。孙诒让云：“‘銻’，疑当作‘銕’，銕即夷也。”甚是。古“弟”、“夷”古同字。《易·涣》：“匪夷所思。”陆德明释文：“‘匪

夷'，荀作'匪弟'。"故"銕"或作"锑"。《说文·金部》："鐵，黑金也。銕，古文鐵从夷。"《书·尧典》："宅堣夷。"陆德明释文："《尚书考灵燿》及《史记》作'禺銕'。"《史记·夏本纪》："堣夷既略。"司马贞索隐："孔安国云：'东表之地称嵎夷。'按：今文《尚书》及《帝命验》并作'禺鐵'，在辽西。鐵，古'夷'字。"《管子·小匡》："恶金以铸斤斧钼夷锯欘。"尹知章注："夷，锄类也。"《国语·齐语》："恶金以铸钼夷斤斸。"韦昭注："夷，平也，夷所以削草平也。"至于《说文·金部》"锑，鎕锑"（按：鎕锑，宝石名）、《广韵·齐韵》"锑，鎕锑，火齐"（按：火齐，火候也），皆非此处"锑"（"銕"、"夷"）之义也。"五筑有锑"，即"五筑有夷"，谓五支筑杵应配备一把臿锄也。

⑤鎌：即镰。《广雅·释器》："鑀，鎌也。"王念孙疏证："鎌，字或作镰。"《说文·金部》："鎌，锲也。"又《刀部》："钊，鎌也。"《方言》卷五："刈钩，自关而西或谓之钩，或谓之鎌。"本为刈收稻、麦、柴、草之农具，有大小二式，大者亦名"钐刀"、"大刀"，钩刃较大，且装有长柄。此处用为建筑工具。古时每多以农具改作他用，此其一例。下文"连枷"用为兵械，亦其一例。

⑥鬭：毕沅云："当作斲。"按"十步一鬭"，不辞。按之此章文法，"五步一罍"、"十步一长鎌"、"三步一大铤"，"一"字下皆器物名，"斲"，斤，斧。《说文·斤部》："斲，斫也。"王筠句读："《左传成公二年传》：'赂之以执斲。'注：'执斲，匠人。'斲可执，则亦器名也。"毕校盖是，可信。

⑦椎：棒槌，击槌。《说文·木部》："椎，击也。"齐谓之终葵。《玉篇·木部》："椎，木椎也。"《资治通鉴·周纪五》："椎杀晋鄙。"胡三省注："椎，与槌同。"

⑧斧：孙诒让云："疑'斧'当作'兑'。"按"斧亓两端"，不辞，"斧"为"兑"之形近讹字。下文"兑亓两末"，正作"兑"。孙校盖是，可信。

⑨铤：孙诒让云："古兵器无名铤者。'铤'疑并'鋋'之误。"按：《说文·金部》："铤，铜铁樸也。""铜铁樸"（铜铁矿石），非兵器之名。"鋋"，以形近讹为"铤"。"鋋"，铁柄小矛。《说文·金部》："鋋，小矛也。"《方言》卷九："矛，吴、扬、江、淮、南楚、五湖之间，或谓之鋋。"《急就篇》："矛鋋镶盾刃刀钩。"颜师古注："鋋，铁把小矛也。"《史记·匈奴列传》："其长兵则弓矢，短兵则刀鋋。"裴骃集解引韦昭曰："鋋形似矛，铁柄。"宝历本正作"鋋"。孙校是，今从之。

⑩蚤：读为叉，即爪。《集韵·巧韵》："叉，或作蚤、搔，通作爪。"《说文·又部》："叉，手足甲也，从又，象叉形。"段玉裁注："叉、爪，古今字。古作叉，今用

爪。"《荀子·大略》:"争利如蚤甲而丧其掌。"杨倞注:"蚤与爪同。"王先谦集解引卢文弨曰:"蚤者,叉之假借。叉、甲同义。"

⑪如:犹"而",用为连词。《广韵·鱼部》:"如,而也。"《诗·邶风·柏舟》:"如有隐忧。"陈奂传疏:"如,犹而也。"《明鬼下》:"如罚暴也。"孙诒让云:"(如,)吴抄本作'而'。"《备穴》:"凿如前。"孙云:"'如',读为'而'。"皆其例也。

⑫不如平:孙诒让云:"'不如平',当作'如不平'。"按:上句"两铤交之置而平",谓两铤矛交迭放置必平而善,此句乃从反面设言,言如交迭放置不平则不利,"平"与"不平"对言,相反以相成之意也。孙校盖是,可信。

⑬兑:读为锐。"锐"以兑为声符,例可通假。《广雅·释诂四》:"挽,锐也。"王念孙疏证:"锐、兑古通用。"《类篇·儿部》:"兑,锐。"《荀子·议兵》:"兑则若莫邪之利锋。"王先谦集解引郝懿行曰:"兑,与锐同,荀书皆然,古字通也。"《备蛾傅》:"兑其上","兑"字同。

【校文 6】

夕筑,七尺一锯欘,五步一蔓。五筑有夷、长斧,柄长八尺。十步一长镰,柄长八尺。十步一斪、长椎,柄长六尺,头长尺,兑其两端。三步一大铤,前长尺,爪长五寸。两铤交之置而平,如不平不利,锐其两末。

【今译】

夜间修筑候敌、守御工事,每七尺备一把锄,每五步(一步六尺)备一个筐笼。五根筑杵配备一把锄和一把柄长八尺之长斧。每十步备一把柄长八尺之长镰。每十步备一把斫斤和一把柄长六尺、首长一尺、两端尖锐之长椎。每三步备一只前部长一尺、末端长五寸之大型号铁柄短矛。每两只铁柄短矛交迭放置时必须使其平齐,如不平齐,将不便于随时取用。此外,铁柄短矛之两边锋刃必须异常铦利。

【馀论】

此章述夜间修筑候敌、守御工事时所需之诸般工具。

岑仲勉将此章切分为 58."亩、筑,七尺一,筑有锑",59."居属,五步一。垒五",60."长斧,柄长八尺",61."十步一长鎌,柄长八尺",62."十步一斲",

63."长椎,柄长六尺,头长尺,兑其两端,三步一",71."大铤前长尺,蚤长五寸,两铤交之,置如平,不如平不利,兑其两末",共七章,分置两处。又改"昔"为"臿";释"锑"为"蒂",谓"筑土之杵,手持处须较细,故名曰"蒂";移"筑有锑"至"居属"前。可备一说。然"昔"字不改,亦通;释"锑"为"蒂",苦无书证;语句移置过多,难免歧生龃龉。而至为切要者,莫过"臿、筑,七尺一"、"锯楇,五步一"与"十步一长镰"、"十步一斲"两种表述方法混杂,此非《备城门》行文之常例也。综观全篇,后表述方法为通式,频度颇大;前表述方法仅为变式,频度颇小,殆不可混杂也。故不取,录以备考。

"三步一"下,孙诒让云:"自'城四面四隅'以下一百三十字,旧本错在后'五十二者,十步而二'(按:在68章)下,顾(按:指顾千里)校移此,今从之。"又"前长尺"下,孙诒让云:"此下至'墙七步而一'凡七百字,旧本并错入《备穴篇》(按:在《备穴》1章'为之奈何'前),今移此。"前已约定,为避新出龃龉,本书暂悉遵《閒诂》所订章节、文字先后之次序。下同。

【原文7】

穴队①若冲队②,必审如③攻队之广狭,而令邪穿亓穴,令亓广必夷④客队。

【校注】

①穴队:挖掘隧道。"穴",此处用如动词,挖掘。《诗·大雅·緜》:"陶复陶穴。"郑玄笺:"凿地曰穴。""队"(隊),读为隧,形声字同声符例可通假。《广雅·释官》:"队,道也。"王念孙疏证:"队,或作隧,隧之言遂也。"《孙子·火攻》:"五曰火队。"梅尧臣注:"队,一作隧。"《号令》"空队、要塞之人所往来者",《杂守》"入柴,勿积鱼鳞簪,当队,令易取也","队"字皆同。

②冲队:即冲隧,亦即下文之"攻队",谓敌人进攻之隧道,即敌人进攻之阵线。"若",犹"如"也。《易·乾》:"夕惕若厉。"孔颖达疏:"若,如也。""穴队若冲队",谓守方挖掘隧道以抵御敌人隧攻时,必与敌方隧道广狭一致也。

③如:犹"于"。王引之《经传释词》:"如,犹于也。《史记·汲黯传》:'丞相宏燕见,上或时不冠。至如黯见,上不冠不见也。'言至于黯见,则上必冠也。"

④夷:平。《说文·大部》:"夷,平也。"《诗·召南·草虫》:"我心则夷。"毛传:"夷,平也。"

【校文7】

穴隧若冲隧，必审如攻隧之广狭，而令邪穿其穴，令其广必夷客隧。

【今译】

守方挖掘隧道以抵御敌方隧攻时，其宽窄之度必与敌隧相等，因此，须事先详知敌隧之宽窄，施工时以自己之隧道斜向贯穿敌人之隧道，从而使其宽度必可填平敌人隧道。

【馀论】

此章述守方应对敌方隧攻之方法。

孙诒让合6、7两章为一章，然又于"锐其两末"下加按语曰"以上具守器之法"，于"令其广必夷客隧"下加按语曰"以上备队（隧）之法"。今分作两章，以清眉目。

【原文8】

疏束①树木，令足以为柴抟②，毋③前面，树长丈七尺一④，以为外面，以柴抟从⑤横施之，外面以强涂⑥，毋令土漏。令亓广厚能任三丈五尺之城以上⑦。以柴、木、土稍杜⑧之，以急为故⑨。前面之长短，豫蚤⑩接⑪之，令能任涂，足以为堞⑫，善涂亓外，令毋烧拔也。

【校注】

①疏束：分别捆绑。"疏"，分。《淮南子·道应》："襄子疏队而击之。"高诱注："疏，分也。""束"，绑。《说文·束部》："束，缚也。从口木。"《淮南子·齐俗》："纶组节束。"高诱注："束，缚也。"下文"即用取，三秘合束坚"，《备突》"用车两轮，以木束之"，《备穴》"一束樵，染麻索涂中以束之"，"束"字皆同。

②柴抟：散木聚束成捆。"柴"，柴木。《说文·木部》："柴，小木散材。"《礼记·月令》："收秩薪柴。"郑玄注："大者可析谓之薪，小者合束谓之柴。""抟"，束卷。《周礼·考工记·庖人》："卷而抟之。"郑玄引郑司农云："抟，读为纬，一如瑱之纬，谓卷纬韦革也。"《广雅·释诂三》："纬，束也。"《经说下》："以：楹之抟也。"孙诒让云："'抟'，即《备城门》篇之"柴抟"、'积抟'，盖聚束柴木之名。"其说甚是。

③毌:即贯,连贯,理顺。《说文·毌部》:“毌,穿物持之也。”段玉裁注:“古贯穿用此字,今贯行而毌废矣。”“毌前面”,谓柴抟枝条参差出入,必使其前部理顺成一平面,庶便涂泥也。

④树长丈七尺一:谓择长一丈七尺之大树树干一根也。此乃数词谓语句式,“树长丈七尺”为主语部分,而“长丈七尺”为“树”之后置定语,“一”为谓语。

⑤从(從):读为纵(縱)。《说文·从部》:“從,随行也。”段玉裁注:“引伸为从横。”《尔雅·释鱼》:“魁陆。”郭璞注:“有理从横。”陆德明释文:“从,本今作纵。”吴抄本正作“纵”。“以柴抟从横施之”,谓将众多柴抟纵横交错堆积于其内也。

⑥强涂:以性强坚之土涂抹也。“强”,指强坚之土。《周礼·地官·草人》:“埴垆用豕,强檃用蕡。”郑玄注:“埴垆,粘疏者。强檃,强坚者。”《管子·地员》:“中土曰‘五态’,五态之状,廪焉如壏(按:“壏”,坚土),润湿以处。……态土之次曰‘五纑’。五纑之状,强力刚坚。”是“五态”、“五纑”之土皆所谓强土也。

⑦令亓广厚能任三丈五尺之城以上:谓使既宽且厚之柴抟能够承担至少三丈五尺城墙所应承担之屏障重任也。

⑧稍杜:渐次填塞也。“稍”,渐。《说文·禾部》:“稍,出物有渐也。”段玉裁注:“凡古言稍稍者,皆渐进之谓。”《汉书·郊祀志上》:“稍上即无风雨。”颜师古注:“稍,渐也。”“杜”,闭,塞。《玉篇·木部》:“杜,塞也。”《庄子·应帝王》:“是殆见吾杜德机也。”成玄英疏:“杜,塞也。”“以柴、木、土稍杜之”,谓于柴抟虚隙中渐次塞以柴、木、土等,使之益形坚牢也。

⑨故:原故,事由,即《经上》“故,所得而后成也”之“故”。《说文·攴部》:“故,使为之也。”段玉裁注:“故,今俗云原故是也。”《韩非子·解老》:“故以无为无思为虚也。”王先慎集解引《说文》云:“故,使为之也。”“以急为故”,谓以能有效应对出现紧急情况为缘由也。

⑩豫蚤:即预早。“豫”,通预。《说文·象部》:“豫,象之大者。”段玉裁注:“豫,俗作预。”《左传·庄公二十二年》:“圣人为之,岂犹豫焉。”陆德明释文:“(豫,)本亦作预。”“蚤”,古“早”字。《广韵·晧韵》:“蚤,古借为蚤暮字。”《汉书·文帝纪》:“有司请蚤建太子。”颜师古注:“蚤,古以为早晚字也。”《尚贤中》:“蚤朝晏退。”“早”亦作“蚤”。

⑪接：读为捷，音 jié，迅速，事先谋虑。《荀子·大略》："先事虑事谓之接，接则事优成。"杨倞注："接，读为捷，速也。"

⑫堞：城堞，城上女墙（齿状矮墙），或名俾倪，又作埤垸、睥睨。《广雅·释宫》："堞，女墙也。"《释名·释宫室》："城上垣曰睥睨，言于孔中睥睨非常也。亦曰陴。陴，裨也，亦曰女墙，言其卑小，比之于城，若女子之于丈夫也。或名堞，取其重迭之义也。"《说文·土部》："壖，城上女垣也。"壖，即堞。段玉裁注："古之城以土，不若今人以砖也。土之上间加砖墙，为之射孔，以伺非常，曰俾倪，亦曰堞。"《左传·襄公六年》："傅于堞。"杜预注："堞，女墙也。"

【校文 8】

疏束树木，令足以为柴抟，贯前面，树长丈七尺一，以为外面，以柴抟纵横施之，外面以强涂，毋令土漏。令其广厚能任三丈五尺之城以上。以柴、木、土稍杜之，以急为故。前面之长短，预早接之，令能任涂，足以为堞，善涂其外，令毋可烧拔也。

【今译】

分别捆束树木枝条，使之足以成为柴木个子，连贯若干柴木个子前端，大致成一平面，又用一根长一丈七尺之大树干，横施于其外面，而将众多柴木个子纵横交错堆积于内，外面涂以黏性强坚之泥埴，其目的在于不使土屑漏脱，从而使既宽且厚之柴木个子能够完全承担至少三丈五尺城墙所应承担之屏障重任。在柴木个子之若干虚隙处，应渐次填塞柴、木、土等，使之更加坚牢，以便有效应对出现某种紧急情况。至于柴木个子前端枝条长短不齐之事，须预早谋虑连贯措施，使柴木个子得胜任涂泥，从而足以充城堞之用。如此，可以保证妥善涂泥于其外，敌人亦不可能予以烧毁和拔除。

【馀论】

此章述束柴抟及涂泥之方法。

"贯前面，树长丈七尺一"，诸家断句有异。孙诒让作"贯前面树，长丈七尺一"，云："盖以大树相连贯植之于外。"尹桐阳作"贯前面，树长丈七，尺一"。恐皆失察之语。"为柴抟"，守城之用，必"以急为故"，何得"以大树相连贯植之于外"，更不必说植树长"丈七尺"，"每尺一树"！故不取，录以备考。

【原文 9】

大城[①]丈五为闺门[②],广四尺。

【校注】

①大城:古时都城有大、中、小之分,大城城墙为百雉(按:"雉",古代计算城墙面积单位,城墙长三丈、高一丈为一雉,百雉,即三百平方丈)。《战国策·赵策二》:"且古者城虽大,无过三百丈。"《左传·隐公元年》:"都城过百雉,国之害也。先王之制,大都不过参国之一(按:'国',国都,指侯伯之都城,方五里,计每面九百丈,即三百雉。参国之一,即三分国之一,百雉也);中,五之一;小,九之一。"皆其证也。

②闺门:小门。《说文·门部》:"闺,特立之门,上圜下方,有似圭。"《荀子·解蔽》:"以为小之闺也。"杨倞注:"闺,小门也。"

【校文 9】

同上。

【今译】

大城亦须建造别出之闺门,其高一丈五尺,宽四尺。

【馀论】

此章述大城建闺门之规格。

上文言高"三丈五尺之城",想必城门之高不下三丈,此处言"闺门",高仅一丈五尺,别出小门故也。

【原文 10】

为郭门[①],郭门在外[②],为衡[③],以两木当[④]门,凿亓木,维敷[⑤]上堞[⑥]。

【校注】

①郭门:城之外门也。"郭",外城也。《孟子·公孙丑下》:"七里之郭。"朱熹集注:"郭,外城也。"

②在外：在闺门之外。上承“大城丈五为闺门”而言之也。

③衡：即横，横木，俗称门杠也。《说文·角部》：“衡，牛触，横大木其角。”《释名·释车》：“衡，横也，横马颈上也。”王先谦疏证补引王先慎曰：“衡之本义为横木牛角，引申为凡物横著之称。”

④当（當）：读为挡，抵敌，抵挡。《说文·田部》：“當，田相值也。”段玉裁注：“引申之，凡相持相抵皆曰當。”《玉篇·田部》：“當，敌也。”《公羊传·庄公十三年》：“然则君请当其君，臣请当其臣。”何休注：“当，犹敌也。”

⑤维敷：谓以绳索穿孔牵系也。“维”，绳索。《说文·糸部》：“维，车盖维也。”桂馥义证：“谓系盖之绳也。”“敷”，通傅，即附。《书·禹贡》：“禹敷土。”孙星衍今古文注疏：“史迁敷作傅。”此处用为“附着”、“牵系”义。“凿亓木，维敷上堞”，即“凿其木，维附上堞”，谓在横木上凿孔，并用绳索穿孔而牵系于城堞之上也。

⑥堞：女墙。详8章注⑫。

【校文10】

为郭门，郭门在外，为横，以两木挡门，凿其木，维附上堞。

【今译】

建造郭门，而郭门在闺门之外。制作两根横木作为门杠，用来抵挡郭门，在横木上凿孔，并用绳索穿孔而牵系于城上女墙之上。

【馀论】

此章述建造郭门之方法。

“为横”之用途，乃“以两木挡门”，则“横”当即俗所谓“门杠”也。

【原文11】

为斩县梁①，酹穿断城②，以板桥邪穿外，以板次之③，倚杀如城报④。城内有傅壤⑤，因以内壤为外。凿亓閒⑥，深丈五尺，室以樵⑦，可烧之以待适。

【校注】

①为斩县梁：即“为堑悬梁”，谓于沟堑上安装吊桥也。孙诒让云：“斩，堑

之省。"按："斩"为形声字"堑"之声符，例可通假。《备蛾傅》："斩城为基。""斩"亦"堑"之省，同其例也。孙校是，今从之。"县梁"，即悬桥，以缆高悬之桥，俗谓吊桥也。李端《赠道者诗》："花开深洞仙门小，路过悬桥羽节轻。"是其例也。下文"穿外堑去格七尺为县梁"，《杂守》"堑再匝，为县梁"，"县梁"皆同。

②酹穿断城：即"令穿断城"，谓令以板桥通断城也。"酹穿"，孙诒让云："疑即下文'令耳'。"于省吾云："孙说非是。上云'为斩县梁'，不应忽及'令耳'。孙以'酹'为'令'，是也。'酹'之作'令'，如《郐王义楚鍴》'乍'之作'酢'。"按："令"为形声字"酹"之声符，例可通假，正如"乍"之作"酢"也。于校盖是，可信。"断城"，城之断，城墙缺口也。

③以板次之：谓（板桥长未及地，）又以木板接续之也。"次"，相比次，接续。《周礼·考工记·弓人》："长者以次需。"孙诒让正义："次，亦言相比次也。"

④倚杀如城报（報）：当作"倚杀如城势"，谓板桥斜倚之状一如大城之势也。"倚杀"，渐次斜倚之状。"倚"，邪，偏斜，即《经下》"倚者不可正，说在梯"之"倚"。《后汉书·杨震传》："宫殿垣屋倾倚。"李贤注："倚，邪也。""杀"，音shài，减少，降低。《周礼·地官·廪人》："诏王杀邦用。"郑玄注："杀，犹减也。""报"，孙诒让云："当为'勢'。"按："勢"，一作"埶"，以形近讹作"報"（报）。孙校是，今从之。

⑤壤：苏时学云："两'壤'字（按：指本句'傅壤'和下句'内壤'）皆'堞'字之误。"按："傅壤"、"内壤"均不辞，盖堞（或壒）以形近讹作"壤"，上文"维敷（傅）上堞"、下文"令使守为城内堞外行餐"可证。苏校盖是，可信。"堞"，城上女墙。详8章注⑫。

⑥閒：同"间"，空隙，间隙，间隔。《说文·门部》："閒，隟（隙）也。从门，从月。閖，古文閒。"徐锴系传："大门当夜闭，闭而见月光，是有间隙也。"朱骏声通训定声："古文从门从外。按从内而见外，则有閒也。"后世表示间隙、间隔时别造从门从日之"间"。（在闲暇、空闲等义上，"閒"又与"闲"混）下同。

⑦室以樵：谓塞以柴薪也。室，读为窒。形声字"室"、"窒"皆以"至"为声符，例可通假。《九经古义·论语·阳货》："'恶果敢而窒者。'郑氏曰：《鲁论》'窒'作'室'。'室'与'窒'通。"《备蛾傅》："室中以榆若蒸。""室"，读为"窒"；《号令》："外空窒尽发之。""窒"又读为"室"。"窒"，塞。《说文·穴

部》："窒，塞也。"《诗·豳风·七月》："穹窒熏鼠。"毛传："窒，塞也。""樵"，薪也。详1章注⑲。

【校文11】

为堑悬梁，令穿断城，以板桥邪穿外，以板次之，倚杀如城势。城内有傅堞，因以内堞为外。凿其间，深丈五尺，窒以樵，可烧之以待敌。

【今译】

在沟堑上安装木板吊桥，使之从城墙缺口处斜穿伸向外面，（如板桥尚不能触地，）另用木板次接之，其倾斜度与城墙形势相当。城内砌有内外两道女墙，退守时可用内女墙当作外女墙抵拒入侵者。又于内外女墙之间开凿堑沟，其深一丈五尺，塞以柴薪，紧急时可焚烧以御敌。

【馀论】

此章述制作悬梁及设置内外堞之方法。

孙诒让云："以上为……堑悬梁、板桥、内外堞之法。"似言"悬梁"与"板桥"为两物，且于"板桥"，谓《六韬·军用篇》有'渡沟堑飞桥'，即此。"按之《六韬·虎韬·军用》："渡沟堑飞桥一间（按：'一间'，一架也），广一丈五尺，长二丈以上，着转关辘轳。""着转关辘轳"，配备吊起或转向用沟堑飞桥之起重装置也。由是知孙氏所指认之"渡沟堑飞桥"——"悬梁"，盖即"连板为桥，架之城堑，以便往来"之"板桥"，其非两物明矣。

【原文12】

令耳属城①，为再②重楼。下凿城外堞内③，深丈五，广丈二。楼若④令耳，皆令有力者主⑤敌，善射者主发，佐⑥皆广⑦矢。

【校注】

①令耳属城：谓作为御敌用建筑物，令耳连属于城墙。"令耳"，岑仲勉云："余疑'令耳'应一逗，即'属城为再重楼'的名称。"按之下文"楼若令耳，皆令有力者主敌，善射者主发"，"令耳"与"楼"同为御敌用建筑物，岑说盖是，可信。"属"，连属，附着。《周礼·考工记·函人》："犀甲七属。"孙诒让正义引

段玉裁云:“属者,连属、附着之义。”

②再:二也。《说文·冓部》:“再,一举而二也。”王筠句读:“再者,两也。”《经籍纂诂·队韵》:“《周礼·司刺》‘再刺’、‘再宥’、‘再赦’,《汉书·刑法志》作‘二刺’、‘二宥’、‘二赦’。”“再重楼”,即二重楼,谓二层楼屋也。

③城外堞内:谓城墙之外堞内,孙诒让云“与上内外堞之间同”,是也。非谓“城外堞内之间”或“城墙外与堞之间”。上文已言“城内有傅堞,因以内堞为外”,是城墙内自有内堞与外堞,何“城墙外”或“城外”之有,城墙之外堞内,即城墙之内堞外,亦即内堞外堞之间。“下凿城外堞内,深丈五”,即上文“凿其间,深丈五尺”之意也。

④若:犹或,用为选择连词。《大戴礼记·投壶》:“矢以柘若棘。”孔广森补注:“若,犹或也。”

⑤主:主其事,职掌也。《尔雅·释诂》:“尸、职,主也。”邢昺疏:“(主,)谓为之主宰也。”《孙子·计》:“法者,曲制、官道、主用也。”李筌注:“主,掌也。”“主敌”,职掌御敌也。下文“主发”之“主”,同其用。

⑥佐:佐助,佐助者,与“主”对言之也。《周礼·天官·序官》:“以佐王均邦国。”郑玄注:“佐,犹助也。”

⑦广(廣)读为彍。“彍”以“广”为声符,例可通假。“彍”,张满弓弩也。《集韵·铎韵》:“彍,《说文》:‘弩满也。’或作彍。”《孙子·势》:“势如彍弩,节如发机。”是其例也。

【校文 12】

令耳属城,为再重楼。下凿城外堞内,深丈五,广丈二。楼若令耳,皆令有力者主敌,善射者主发,佐皆彍矢。

【今译】

作为御敌用建筑物,令耳连属于城墙,系二层楼屋。在城墙之外堞内下凿沟堑,其深一丈五尺,宽一丈二尺。大楼或令耳楼屋,皆须使身强力壮之士卒职掌御敌,又以善射之士卒主管发射箭矢,而其佐助者亦为弓满矢劲之能手。

【馀论】

此章述营建御敌建筑物“令耳”与其配套设施以及兵力部署之事。

“令耳”难解。孙诒让云:“未详,或与《杂守篇》‘羊坽’义同。”按:“羊坽”,当为古代攻战工事之名,恐与“令耳”无涉。秦彦士《墨子考论》云:“‘令耳’之‘耳’应为‘瓦’,‘令瓦’即‘瓴甓(砖)。”按之“楼若令耳”,“大楼”与“砖甓”相提并论,殊觉未安,故不取,录以备考。

【原文 13】

治裾诸[①],延堞[②],高六尺,部[③]广四尺,皆为兵弩简格[④]。

【校注】

①治裾诸:即治椐者,谓置柴木藩篱也。下文“冯垣外内,以柴为藩”,同其意也。“治”,置,为,制作也。《淮南子·原道》:“治在道不在圣。”高诱注:“治,为也。”又《主术》:“能多者无不治也。”高诱注:“治,作也。”“裾”,读为椐,形声字“裾”、“椐”同以“居”为声符,例可假借。“椐”,同樣,藩篱之名。《释名·释宫室》:“篱,离也,以柴竹作之,疏离离然也。青、徐曰椐。椐,居也,居于中也。”《玉篇·木部》:“樣,藩罗篱。”《广韵·鱼韵》:“樣,枯藩篱名。”《备梯》:“置裾城外。”孙诒让云:“盖于城外别植木为薄,以为藩杝也。”《备蛾傅》:“置薄城外。”“裾”(椐)作“薄”。孙诒让云:“盖于城外植木为藩蔽。”按:《说文·艸部》:“薄,林薄也。”“林薄”犹如藩屏,孙说是也。“诸”,读为“者”,“者”为“诸”之声符,例可通假。《经义述闻·通说下·语词误解以实义》:“诸,者之假借也。《左传·僖公九年》曰:‘以是藐诸孤,辱在大夫。’言以是藐然小者孤,辱在大夫也。”又,“者”亦可假借为“诸”。《大戴礼记·卫将军文子》:“道者孝悌。”孔广森补注:“者,读为诸,古音相近者通用之。”

②延堞:椐延及于堞也。“延”,连延,施及。《尔雅·释诂》:“延,进也。”邢昺疏:“延,引而进之也。”《文选·左思〈魏都赋〉》:“延阁胤宇以经营。”李善注:“延,相连延也。”

③部:区划,部分,此处指堞之分划。《集韵·姥韵》:“部,分也。”《素问·皮部论》:“视其部中有浮络者,皆太阴之络也。”王冰注:“部,皆谓本经络之所部分。”“部广四尺”,谓城堞之分划宽度为四尺也。孙诒让云:“此云部者,谓城堞间守者所居立之分域。《号令篇》:‘城上吏、卒、养皆为舍道内,各当其隔部’,盖亦一堞为一部也。”孙说是也。

④简格:拦阻,抵御。“简”,毕沅云:“同阑。”按:“阑”,金文多作,如

（商代，宰椃角）、（商代，阑卣）、（周早期，利簋）、（周中期，阑监鼎），从柬从閒，閒亦声，故“简”、（阑）同声符，例可通假。毕云“同阑”，未的，应作“通阑”。《说文·门部》：“阑，门遮也。”段玉裁注：“阑，谓门之遮蔽也，俗谓栊槛为阑。”《广雅·释诂二》：“阑，遮也。”“格”，斗拒，捍御。《逸周书·武称》：“穷寇不格。”朱右曾集训校释：“格，谓相拒捍也。”

【校文 13】

治椐者，延堞，高六尺，部广四尺，皆为兵弩阑格。

【今译】

设置藩篱时，须与城堞相连及，其高六尺，每一堞宽四尺，皆配备刀兵弓弩以拦阻捍御敌人。

【馀论】

此章述城外置椐之尺寸要求。

孙诒让云：“《说文·竹部》：‘籣，所以盛弩也。’《史记索隐》引周成《杂字》云：‘格，歧阁也。’”盖谓“皆为兵弩简格”之“简”读为“籣”，为盛弩之器，“格”为“歧阁”。可备一说。然既言“兵弩”，则似无须再言盛弩之器与置兵弩之处，故不取，录以备考。

【原文 14】

转射机①，机长六尺，貍②一尺。两材合而为之辒③，辒长二尺，中凿夫④之⑤，为道⑥臂⑦，臂长至桓⑧。二十步一，令善射之者⑨，佐一人，皆勿离。

【校注】

①转射机：尹桐阳云：“可转以射前后左右之弩机。”按：《隋书·礼仪志》有“旋转弩”，当即古时转射机之遗制。其构造有类于今坦克上之转盘机枪。尹说盖是，可信。

②貍：即“薶”，亦即“埋”，《备梯》：“施浅埋。”正作“埋”。《集韵·皆部》：“薶，《说文》：‘瘞也。’或作貍、埋。”《五经文字·豸部》：“貍，经典或借用为埋字。”《周礼·地官·族师》：“以相葬埋。”陆德明释文：“埋或作貍。”“貍”，道

藏本作“狸”，而《备穴》“俚两罂”作“俚”。“貍”有[mai]、[li]两音，可推知上古“里”有复辅声母[ml-]，正如格音[ke]、洛音[luo]，可推知上古“各”有复辅声母[kl-]。后复辅声母渐而为二单辅声母所取代，最终归于消失。于是，今“貍”有[m-]、[l-]二单辅声母。

③辒：“轒辒”之“辒”，“轒辒”亦作轒輼。《广韵·吻韵》：“輼，轒輼，车名。”《古今韵会举要·吻韵》：“轒輼，车名。輼，或作辒。”“輼”，当为减轻或消弭转射机反作用力之构件。《说文·车部》：“輼，大车后压也。”段玉裁注：“压，当依《玉篇》作厌。厌，笮也，所以镇大车后者。”《经说下》：“……射，倚焉则不正。”盖谓人之射矢，身必引而后倾，为便施力发射，且减少既发之后所生之反作用力也。理与此同。孙诒让云：“辒，亦即《备穴篇》[‘塞穴门，以车两走为蒀（辒）’]之‘车轮辒’也。”其说甚是。

④夫：读为趺。“夫”为形声字“趺”之声符，例可通假。“趺”，足也。此处指机之腿架，即机之立柱露出地面部分，如足两分也。《经籍纂诂·虞韵》：“《费凤别碑》：‘鸿若飞鹰鸡，虢若夫虓虎。’夫通趺。”

⑤之：（“中凿夫之”，）孙诒让云：“此疑当作‘中凿夫二’。”改“之”为“二”。按之下文“城上七尺一渠，长丈五尺，貍三尺，去堞五寸，夫（趺）长丈二尺，臂长六尺。半植一凿，内径五寸，夫两凿，渠夫前端下堞四寸而适”，“夫两凿”即“中凿夫二”，孙校盖是，可信。

⑥道：读为导（導）。《说文·寸部》：“導，導引也。从寸道声。”段玉裁注：“经传多假道为導，义本通也。”《汉书·沟洫志》：“决之使道。”颜师古注：“道读曰導。導，通也。”

⑦臂：肱，亦指器械横向伸出之部，如人之双臂也。此处指辒之横材。《楚辞·哀时命》：“外迫胁于机臂兮。”是其例也。下文“夫（趺）长丈二尺，臂长六尺”，《备高临》“钩距臂博尺四寸，厚四寸，长六尺，横臂齐筐外”，《杂守》“为辟梯，梯两臂长三尺”，“臂”字皆同。

⑧桓：表，柱，直木。《说文·木部》：“桓，亭邮表也。”《礼记·檀弓下》：“三家视桓楹。”孔颖达疏：“桓，谓亭邮之所立表木，即今之桥旁表柱也。”按：“桓”本指古代邮亭旁用为标识之柱，后泛指寺、墓、桥等用为标识或其他用途之柱。此处指辒之直材。下文“时令人行貌封及视关入桓浅深”，“藉车，桓长丈二尺半”，“桓”字皆同。

⑨善射之者：岑仲勉云：“应作‘善射者主之’。”按之上文“皆令有力者主

敌，善射者主发”，岑校是，今从之。

【校文 14】

转射机，机长六尺，埋一尺。两材合而为之輗，輗长二尺，中凿跌二，为导臂，臂长至桓。二十步一，令善射者主之，佐一人，皆勿离。

【今译】

可向上下四方发矢之转射机，机身长六尺，埋入地中一尺。（为减轻发矢后机身所产生之反作用力，）必以两块重木拼合成用来压稳机身之輗。輗长二尺，于腿架中间部位凿出二孔，导引并贯穿于机上横向伸出之木臂，而木臂之长度以径直接至纵向之木柱为宜。每二十步设一转射机，责成善射士卒职掌其事，配备助手一人，皆不得擅离职守。

【馀论】

此章述转射机之构造以及机、人之配置要求。

岑仲勉谓“桓字讹”，改为“垣”，云：“插入通臂，臂长伸至垣，所以减小其反动力。”改字为训，且“机长六尺，埋一尺”，又“两材合而为之辒”，皆出于“镇压”之考虑，似无须乎“臂长伸至垣”之反制力，故不取，录以备考。

【原文 15】

城上百步一楼，楼四植[①]，植皆为通舄[②]，下高丈，上九尺，广、丧[③]各丈六尺，皆为宁[④]。三十步一突[⑤]，九尺[⑥]，广十尺，高八尺，凿广三尺，表[⑦]二尺，为宁。

【校注】

①植：柱，楹柱。《说文·木部》：“植，户植也。”徐锴系传：“植，即门户之横键所穿木也。”段玉裁注：“植，今竖直木而以铁了鸟关之，可以加锁，故曰持锁植。”《周礼·考工记·匠人》：“水地以悬。”郑玄注：“于四角立植而悬。”贾公彦疏：“植，柱也。”“楼四植”，谓楼有四楹柱也。

②舄：通磶。“舄”为形声字“磶”之声符，例可通假。“磶”，柱下础石。《广韵·昔韵》：“磶，柱下石。”李诫《营造法式》卷三“柱础”原注：“其名有六：

一曰础，二曰碛，三曰磶，四曰磌，五曰礦，六曰磉。今谓之石碇。”《文选·张衡〈西京赋〉》：“雕楹玉磶。”李善注：“磶与舄，古字通。”《广雅》曰：“磶，碛也。”

③丧：王念孙云：“‘丧’，当为‘袤’。”按：“丧丈六尺”，殊不辞，“丧”当为“袤”之形近讹字，下文“表二尺”，“表”亦当为“袤”之形近讹字，可作互证。王校是，今从之。“袤”，原指南北距离长度，后泛指一切距离长度。《广雅·释诂二》：“袤，长也。”王念孙疏证：“《说文》：‘南北曰袤，东西曰广。’案：对文则横长谓之广，纵长谓之袤。……散文横长亦谓之袤，周长亦谓之袤。”《文选·鲍照〈芜城赋〉》：“格高五岳，袤广三坟。”李善注：“南北曰袤。”属前者。扬雄《羽猎赋》：“周袤数百里。”属后者。

④宁（寍、寧）：岑仲勉云：“‘（皆为）寧’实‘（皆为）文’之误，读法则应曰‘皆为门’。”按：吴大澂《字说·文字说》云：“《书·文侯之命》：‘追孝于前文人。’《诗·江汉》：‘告于文人。’毛传云：‘文人，文德之人也。’潍县陈寿卿编修介祺所藏《兮仲钟》云：‘其用追孝于皇考己伯，用侃喜前文人。’《积古斋钟鼎彝器款识·追敦》云：‘用追孝于前文人。’知‘前文人’三字为周时习见语。乃《大诰》误‘文’为‘寍’，曰‘予曷其不前寍人图功攸终’，曰‘予曷其不于前寍人攸受休毕’，曰‘天亦惟休于前寍人’，曰‘率寍人有指疆土’，‘前寍人’实‘前文人’之误。盖因古文‘文’字有从心者，或作，或作，或又作、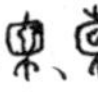。壁中文《大诰篇》其‘文’字必与‘寍’字相似，汉儒遂误释为‘寍’。其实《大诰》乃武王伐殷大诰天下之文，‘寍王’即‘文王’，‘寍考’即‘文考’，‘民献十夫’即武王之乱臣十人也。‘寍王遗我大宝龟’，郑玄注：‘受命曰寍王。’此不得其解而强为之说也。既以‘寍考’为武王，遂以《大诰》为成王之诰。不见古器不识真古文，安知‘寍’字为‘文’字之误哉。”典籍中“前寍人”误人两千年之久，至清季吴大澂，方以金文字形纠“寍”为“文”。古文字之于学术，其功大矣哉！“文”，读为门，“文”、“门”上古同为明母文部字，同音通假。岑说至确，今从之。下文“为宁”，“宁”字同。

⑤突：岑仲勉云：“‘突’实‘穴’讹。”按之《备穴》“二十步一置穴，穴高十尺，广十尺”，岑校是，今从之。

⑥九尺：孙诒让云：“此当是长度也。”按：“九”字前当有“长”字，以下文有“广十尺，高八尺”知之也。孙校是，今从之。

⑦表：王念孙云：“‘表’亦当为‘袤’。”按：上文言“广”、“袤”“为宁（门）”，此处“为宁（门）”亦当言“广”、“袤”。王校是，今从之。

【校文 15】

城上百步一楼,楼四植,植皆为通舄,下高丈,上九尺,广、袤各丈六尺,皆为门。三十步一穴,长九尺,广十尺,高八尺,凿广三尺、袤二尺,为门。

【今译】

城上每百步建一楼,楼有四楹柱,楹柱下部皆贯接础座。楼之下层高一丈,上层高九尺,而宽与长各一丈六尺,皆装有出入之门。每三十步开一穴道,长九尺,宽十尺,高八尺,开凿宽三尺、长二尺之孔洞,以为装门之用。

【馀论】

此章述城上建楼及城内掘穴之规格。

"突",尹桐阳云:"灶窗谓之突。"然"长九尺,广十尺,高八尺"之"突",失之过大,有悖情理。故不取,录以备考。

"宁",毕云:"'亭'字。"孙诒让云:"亦即'亭'字。"吴毓江云:"'宁'疑即'檽'之借字。"毕、孙之说,对前"宁"可通,然对后"宁"则不通,突门或孔洞旁无以为亭也。吴说苦无书证。故皆不取,录以备考。

【原文 16】

城上为攒火[①],夫[②]长以城高下为度,置火亓末[③]。

【校注】

①攒火:火把类战具,自城上掷下,用以烧灼攻城之敌。《字汇·手部》:"攒,族(簇)聚也。"《文选·谢灵运〈登临海峤与从弟惠连〉》:"悽悽久念攒。"李善注引《苍颉篇》:"攒,聚之也。"于长柄末端置易燃物,点燃即成簇火,故名。《北史·王思政传》:"高岳筑土山以临城,思政亦作火穳,因迅风便投之土山,烧其攻具。"《通典·兵五·守拒法》:"烽台,于高山四顾险绝处置之,无山亦于孤迥平地置。……抛石、礧木、停水瓮、干粮、麻蕴、火鑽、火箭、蒿艾、狼粪、牛粪。""火穳"、"火鑽"盖即攒火也。以"攒"、"鑽"、"穳"皆以"赞"为声符,例可通假也。《礼记·内则》:"柤梨曰攒之。"陆德明释文:"攒,本又作鑽。"《广雅·换韵》:"穳,本音鑽,俗谓枪穳字。"是其证也。

②夫:彼。《经传释词》卷十:"夫犹彼也。《礼记·三年问》曰:'夫焉,能相与群居而不乱乎!'《荀子·礼论》'夫'作'彼'。"是其证也。

③末:末端。如将持柄处视为首,则著火处为末。

【校文16】

城上为攒火,夫长以城高下为度,置火其末。

【今译】

城上配备火把,其长度须视城垣高下而定,而可燃物置于其末端。

【馀论】

此章述城上配备火把类战具——"攒火"之式样。

孙诒让云:"疑('攒火')即《备蛾傅》之'火捽'。"按:"攒火"、"火捽",皆守御者于城上点燃掷下烧敌之物,然"火捽"当为两轮间充塞柴薪之具,有别于"攒火"之为火把也。孙氏又云:"'夫'疑为'矢'之误,或当为'趺'之省。"按:若为"矢"或"趺"省,则下文"置火其末","其"必指"矢"或"趺"省而言,从而置上文"攒火"(本章主题词)于不顾,故不取,录以备考。

【原文17】

城上九尺一弩、一戟[①]、一椎[②]、一斧、一艾[③],皆积参石[④]、蒺藜[⑤]。

【校注】

①戟(戟):有歧刃之兵器。《说文·戈部》:"戟,有枝兵也。从戈榦。"《急就篇》卷三:"鈒、戟、铍、镕、剑、镡、鍭。"颜师古注:"戟,枝刃之矛也。"《旗帜》"戟为旌旗,剑盾为羽旗",《号令》"倚戟悬下城,上下不与众等者,斩",《杂守》"各四戟,夹门立,而其人坐其下","戟"字皆同。

②椎:亦作槌,棒槌,击槌。详6章注⑩。

③艾:读为刈,镰也。《战国策·楚策四》:"无所寇艾。"吴师道注:"艾,即刈。"《管子·小匡》:"比耒耜枷芟。"郭沫若等集校引王绍兰云:"用镰刈草,因又呼镰为刈耳。"此亦农具用作战具之例。

④参(參)石:洪颐煊云:"'參石'当是'絫石'之讹。絫石即礧石。"按:

"絫"以形近讹为"參"。《玉篇·糸部》:"纍,亦作絫。""纍"、"礧"又以同声符相通,故"參(絫)石"即礧石。洪校是,今从之。《集韵·队韵》引《埤苍》云:"礧,推石自高而下也。"《玄应音义》卷十七"礧石"注引《韵集》云:"礧,谓以石投物也,今守城者下石击贼曰礧。"

⑤蒺藜:亦作"疾犁"、"蒺蔾",本指果实如菱而小,全身长刺之蔓生植物,此处指人所仿制之铁、木带刺战具,投放路上水中,用以阻敌进攻。《六韬·虎韬·军用》:"木蒺藜,去地二尺五寸,百二十具,败步骑,要穷寇,遮走北。……狭路微径,张铁蒺藜,芒高四寸,广八寸,长六尺以上,千二百具,败步骑。突暝来前促战,白刃接,张地罗,铺两镞蒺藜,参连织女,芒间相去二尺,万二千具。"又,《犬韬·战步》:"令我士卒为行马(按:行马,即拒马)、木蒺藜,置牛马队伍,为四武冲阵,望敌车骑将来,均置蒺藜,掘地匝后,广深五尺名曰'命笼'。"《通典·兵五·守拒法》:"铁菱,状如铁蒺藜,要路、水中置之,以刺人马。"亦言"蒺藜"事,均可作比观。

【校文17】

城上九尺一弩、一戟、一椎、一斧、一刈,皆积礧石、蒺藜。

【今译】

城上每九尺设置一张弩、一杆戟、一只椎、一柄斧、一把镰,各处皆积放可掷下击敌之礧石和可置于路上或水中以刺扎入侵敌人和马匹之铁木蒺藜。

【馀论】

此章述城上设置弩、戟、椎、斧、刈等兵器和积放礧石、蒺藜等物品之事。

此前言"五步一罋"、"一步一长镰"、"十步一斲"、"三步一大铤",此后言"十步一鈂"、"二步置连梃、长斧、长椎各一物"、"二步一木弩"、"二步积石"、"五步积狗屍五百枚"、"十步积抟",此处言"城上九尺一弩、一戟、一椎、一斧、一刈,皆积礧石、蒺藜",盖墨门弟子各记所闻之异,此《墨子》城守诸篇殆非作于一人一时之例证也。

【原文18】

渠长丈六尺①,夫②长丈二尺,臂长六尺③,亓貍④者三尺。树渠毋傅堞

五寸⑤。

【校注】

①渠长丈六尺：王引之云："'渠长丈六尺'当作'渠长丈五尺，广丈六尺'。"按之下文"城上七尺一渠，长丈五尺"，《杂守》"渠长丈五尺，其埋者三尺，趺长丈二尺，渠广丈六尺"，王校是，今从之。"渠"，盾，此处指一种御敌守城战具，状如方形大盾，背面用十字木架支撑，正面敷以兽皮，置于城堞之外，用以挡蔽或收集敌矢。《国语·吴语》："建肥胡，奉文犀之渠。"韦昭注："肥胡，幡也。文犀之渠，谓楯也。文犀，犀之有文理者。"《集韵·准韵》："楯，干也。或省。"《玉篇·木部》："楯，本亦作盾。"下文"城上二步一渠"、"夫两凿，渠夫前端下堞四寸而适"，《杂守》"渠广丈六尺，其梯丈二尺，渠之垂者四尺"，"渠"字皆同。下文"二步一荅"之"荅"，为另一种御敌守城战具，乃于木制框架中塞以秸草等物，置于城堞之外，用以挡蔽或收集敌矢，亦可点燃后从城上掷下烧敌。今济南等地称窗外方形框架敷竹席或油毡，用以挡雨斜侵之器物曰"雨荅"，可以为我们理解"墨守"诸篇中"荅"为挡蔽和收集敌矢之战具，提供若干启示。《玉篇·艸部》："荅，当也。"《书·牧誓》："昏弃厥肆祀弗荅。"孔安国传："荅，当也。"《诗·小雅·雨无正》："听言则荅。"孔颖达疏："荅，犹距（按：距，即拒）。"《备梯》"为爵穴、煇鼠，施荅其外"，《备高临》"城上以荅罗矢"，《备蛾傅》"火汤迫之，烧荅覆之"，"荅"字皆同。"渠"、"荅"形制相类，功用相同。析而言之，为二种战具，例已详上；统而言之，为一种战具。《杂守》"渠荅大数，里二百五十八步，渠荅百二十九"，《尉缭子·攻权》"津梁未发，要塞未修，城险未设，渠荅未张，则虽有城无守矣"，又，《武议》"古人曰：'无蒙冲而攻，无渠荅而守，是为无善之军'"，皆统言之例也。

②夫：读为趺，足也。此处指腿架，即渠立柱露出地面之部分。详 14 章注④。

③臂长六尺：岑仲勉云："'其埋者三尺'一句，应钩在'臂长六尺'之上。"按：此章首句既言"渠长丈五尺"，次句又言"趺长丈二尺"，又次句应接"其埋者三尺"，合次句之"丈二尺"与又次句之"埋者三尺"，计为首句之"渠长丈五尺"。岑校是，今从之。"臂"，肱，亦指器械横向伸出之部，如人之双臂，此处指渠之横梁。详 14 章注⑦。

④貍：读为埋。详 14 章注③。

⑤树渠毋傅堞五寸：旧本作“树渠毋傑堞三丈”。王引之云：“当作‘树渠毋傅堞五寸’，谓渠与堞相去五寸也。”按：“傅”以形近讹作‘傑’，“五寸”以形近讹作“三丈”。又下文“渠去堞五寸”，《杂守》“树渠毋傅葉（按：葉，读为堞）五寸”，王校是，今从之。“树”，竖立。《说文·木部》：“树，生植之总名。”徐锴系传：“树之言竖也。”《汉书·扬雄传下》：“皆稽颡树颔。”颜师古注：“树，竖也。”“傅”，通附。详1章注⑮。“堞”，女墙。详8章注⑫。

【校文18】

渠长丈五尺，广丈六尺，趺长丈二尺，其埋者三尺，臂长六尺。树渠毋傅堞五寸。

【今译】

状如方形大盾之御敌守城战具渠，长一丈五尺，宽一丈六尺，露出地面部分长一丈二尺，埋入地中部分长三尺。竖悬时，渠不可附着女墙，应相距五寸。

【馀论】

此章述渠之形制及竖渠时之尺寸要求。

关于“渠”与“荅”二战具，岑仲勉云：“余以为渠制先立一柱（按：即程），凿两孔，臂是横木，于当中凿一孔，悬之柱上，作十字形。然后张荅。……渠荅用来阻挡矢石。……渠象船之桅，荅就是帆。”其言功用是也，然将渠、荅视为同一组构物之不同构件，恐难厘清《墨子》城守诸篇中数次单言渠与荅之丝棼。故不取，录以备考。

【原文19】

藉莫①长八尺，广七尺，亓木②也，广五尺。中藉苴③为之桥④，索亓端，适攻，令一人下上之，勿离。

【校注】

①藉莫：即藉幕，布、席等所制幕幔，亦用以遮挡矢石。“藉”，席。《说文·巾部》：“席，藉也。”《仪礼·士虞礼》：“藉用席苇。”郑玄注：“古文藉为席。”“莫”，读为幕，“莫”为形声字“幕”之声符，例可通假。《说文·茻部》：“莫，日

且冥也。”朱骏声通训定声：“莫，假借又为幕。”“幕”，帷幕，幕幔。《广雅·释器》：“幕，帐也。”《周礼·天官·序官》：“幕人下士一人。”郑玄注：“幕，帷覆上曰幕。”《通典·兵五·守拒法》：“布幔，复布为之，以弱竿悬挂于女墙外，去墙外七八尺，以折抛石之势，则矢石不复及墙。”（《太白阴经·守城具》所记同）亦言“藉幕”事，可作比观。

②木：此处指撑开藉幕之木架。孙诒让云：“凡幕皆以木材张之。”岑仲勉云：“遮幕应张以木架。”皆是也。

③苴：孙诒让云：“苴，亦当为莫。”按：“藉苴”，不辞。“苴”当为“莫”之形近讹字。孙校盖是，可信。“中藉苴”，当作“中藉莫”，即“中藉幕”，谓藉幕处中之部位也。

④桥：亦名桔槔，利用杠杆原理牵扯下上，用以提起重物之工具。《集韵·宵韵》：“桥，桔槔也。”《淮南子·主术》：“桥直植立而不动，俯仰取制焉。”高诱注：“桥，桔槔上衡也。”《备穴》：“炉有两缶，以桥鼓之百十。”“桥”字同。

【校文 19】

藉幕长八尺，广七尺，其木也，广五尺。中藉幕为之桥，索其端。敌攻，令一人下上之，勿离。

【今译】

用布、席所制以遮挡敌人矢石之幕幔，长八尺，宽七尺，而用作撑开幕幔之木架，宽五尺。在幕幔当中部位，安装桔槔，（以便扯动。）桔槔两端系以绳索。敌人进攻时，使一人下上扯动绳索，（以遮挡敌人矢石，）不可离开。

【馀论】

此章述藉幕之规制及其操作方法。

苏时学云：“‘木’疑当作‘末’。”按：上文言“长椎”谓“锐其两端”，又言“大铤”，谓“锐其两末”，皆指兵器而言。此处言“藉幕”，无“末”可言。故不取。岑仲勉云：“按《礼记·曲礼篇》‘男女不同椸架’，椸、杝同音，故误分为‘木也’两字。”可备一说。因古时行款方式为竖排，“杝”分为“木”、“也”两字可能性不大。故亦不取，录以备考。岑又云：“藉幕……未详其制。”实则不然。《通典·兵五·守拒法》、《太白阴经·守城具》所记“布幔”，皆可使人知藉幕之梗概。

【原文 20】

城上二十步一藉车[1],当队[2]者不用此数。

【校注】

①藉车:抛石机,用于投掷大石等物以攻击或抵御敌人之大型战具,当为早期之"炮"。冷兵器时代,写作"砲"或"礮",直至宋、金时火药发明后,或借"毛炙肉"之"炮"代之。此由下文"藉车之柱长丈七尺,其埋者四尺,趺长三丈以上,至三丈五尺,马颊长二尺八寸……治梱以大车轮"之形制和"以木大围长二尺四分而中分之,置炭火其中而合幂之,而以藉车投之"之功用可得而知之。《集韵·效韵》:"礮,机石也。或从包。"曹叡《善哉行》:"发砲若雷,吐气如雨。"黄节注:"诗所云'发礮',即飞石也。其来甚古。李善云:'礮石,今之抛石。'(按:《文选·潘岳〈闲居赋〉》:'礮石雷骇,激石寅飞。'李善注:'礮石,今之抛石也。……《范蠡兵法》:"飞石,重二十斤,为机发,行三百步"')抛、礮同音。俗作砲。"抛石机至隋代称"云旝"或"将军礮"。《新唐书·李密传》:"(密)命护军将军田茂广造云旝三百具,以机抛石,为攻城械,号'将军礮'。"赵翼《陔余丛考·火炮火枪》:"火炮,实起于南宋金元之间。……魏胜创砲车,施火石可二百步,其火药用硝石、硫磺、柳炭为之。此近代用火具之始。"《通典·兵十三·攻城战具》:"以大木为床,下安四独轮,上建双陛(按:'陛',大腿,此处指立柱),陛间横检,中立独竿,首如桔槔状,其竿高下、长短、大小,以城为准。首以窠盛石,大小、多少,随竿力所制,人挽其端而投之。其车推转,逐便而用之。亦可埋脚着地,逐便而用。其旋风四脚,亦可随事而用。谓之'抛车'。"《太白阴经·攻城具》:"砲车:以大木为床,下安四轮,上建双陛,陛间横栝,中立独竿,首如桔槔状,其竿高下、长短、大小,以城为准。竿首以窠盛石,大小、多少随竿力所制,人挽其端而投之。其车推转,逐便而用之。亦可埋脚着地而用。其旋风四脚,亦随事用之。"亦言"抛(砲)车"事,均可作比观。杜、李二人记述几乎完全相同,一称"抛车",一称"砲车",可证"抛"通"砲"。《通典》多见其用例,如《兵五·守拒法》"城上八队之间,安转关小抛(砲)二,机关大抛(砲)一,云梯、撞抛(砲)等其间",等等。

②队(隊):读为隧,隧道。详 7 章注①。"当队",即当隧,谓面对敌攻隧

道、敌人进攻阵线也。《备蛾傅》"施县脾,大数二十一步,攻队所在,六步一","队"字同。

【校文20】

城上二十步一藉车,当隧者不用此数。

【今译】

城上每二十步置一抛石车(砲),面对敌人进攻阵线,则不用此数。

【馀论】

此章述城上设置抛石车之要求。

"藉车",诸家所释不同。毕沅云:"疑即巢车。"孙诒让云:"毕说未确。"然未言确指。岑仲勉云:"藉车系用以投掷损害敌人之物,似借'跌'之弹力,将损害品掷向敌人者。"抛物损敌之机制,初露端倪。叶山更指明其为"投石机"。但又云:"投石机的样子及构造因原文讹误,已不可解。"[1]笔者又进而论证其即我国初始之"砲",就教于同行专家。

"二十步一藉车",下文又作"五十步一藉车"、"三十步一藉车",又可证《墨子》城守诸篇殆非一人一时之作也。

【原文21】

城上三十步一⿱大口①灶。

【校注】

①⿱大口:吴抄本如此作。道藏本作⿱大日,毕沅本作⿱大臼。按"⿱大口"、"⿱大日"、"⿱大臼",均字书所无。下文"城上三十步一聋灶",《号令》"楼一鼓,聋灶",《杂守》"聋灶,亭一鼓",均作"聋"。毕沅云:"疑皆'垄'字。"按:《史记·滑稽列传》:"优孟曰:'请为大王六畜葬之,以垅灶为椁,铜历(按:铜历,即釜鬲)为棺,赍以姜枣,荐以木兰,祭以粮稻,衣以火光,葬之于人之腹肠。'""垄",当为正字,⿱大口、⿱大日、⿱大臼、

---

〔1〕 详叶山《攻守城器械及东周军事技术》,载《中国科技史探索》,第407~410页,上海古籍出版社1986年版。

聋,皆借字。《说文·土部》:"垅,丘垅也。"王筠句读:"丘、垅同义,故亦用为连语。"《楚辞·七谏·沉江》:"封比干之丘垅。"王逸注:"小曰丘,大曰垅。"毕说盖是,可信。"垄灶",如垅之灶也。由下文"城上三步一聋(垄)灶,人擅苣,长五节。寇在城下,闻鼓音,燔苣,复鼓,纳苣爵穴中,照外"观之,"垅灶",盖非用以烧饭,应为火塘,以存火种。敌至,燃柴薪以烧退之也。

【校文21】

城上三十步一垄灶。

【今译】

城上每三十步设一垄形之灶(,作为火塘,以存火种)。

【馀论】

此章仅一句,述城上设置火塘之密度。

下文"城上三十步一聋(垄)灶",重而出之,又可证《墨子》城守诸篇殆非一人一时之作也。

孙诒让云:"《说文·火部》:'烓,行灶也。'此垄灶在城上为之,以具火,盖即行灶也。"可备一说。然由下文"为卒干饭,人二斗,以备阴雨,而使积燥处,令使守为城内堞外行餐"知,城内堞外守御者皆用行餐(送饭),"垄灶"盖非用以烧饭之"行灶",故不取,录以备考。

【原文22】

持水①者必以布为麻斗②、革盆③,十步一,柄长八尺,斗大容二斗以上到三斗。敝裕④、新布长六尺,中拙⑤柄,长丈,十步一,必以大绳为箭⑥。

【校注】

①持水:旧本作"传火"。王念孙云:"'传火'当为'持水'。"按:"持"、"传"和"水"、"火"行草形近致讹。下文"持水麻斗、革盆救之",正作"持水",王校是,今从之。

②斗:旧作什。王引之云:"'什'当作'斗'。"按:"斗"隶书作什(石门颂),《说文·叙》所云"人持十为斗"之俗误也。下文'持水麻斗、革盆救之",

正作“斗”，王校是，今从之。“麻斗”，敝绤或新布面上敷以油漆，用以挹水之枓勺具。斗，同枓。《说文·木部》：“枓，勺也。”又《勺部》：“勺，挹取也。”段玉裁注：“《考工记》：‘勺一升。’注曰：‘勺，尊斗也。’斗，同枓，谓挹以注于尊之枓也。”《诗·大雅·行苇》：“酌以大斗。”陆德明释文：“斗，字又作枓。”

③革盆：皮革水盆。《礼记·丧大记》：“沃水用枓、革盆。”即其例也。

④裕：孙诒让云：“‘裕’疑‘绤’字误。”按：“绤”，或从巾作“帢”，误作“裕”。孙校盖是，可信。《说文·糸部》：“绤，粗葛也。”“敝裕”，即敝绤，谓旧葛布也。

⑤拙：读为屈。《释名·释言语》：“拙，屈也。使物否屈不为用也。”毕沅疏证：“屈，当作诎。”《韩非子·说难》：“径省其说，则以为不智而拙之。”《史记·老子韩非列传》“拙”作“屈”。“屈”，屈抑，曲折。《玉篇·出部》：“屈，曲也。”《庄子·骈拇》：“屈折礼乐。”成玄英疏：“屈，曲也。”

⑥箭：读为“晋”。《仪礼·大射》：“幂用锡若絺，缀诸箭。”郑玄注：“古文箭作晋。”古读晋如箭，故搢绅亦作荐绅。“晋”，通搢，穿插，连缀。《说文新附·手部》：“搢，插也。”《周礼·春官·典瑞》：“王晋大圭，执镇圭。”郑玄注引郑司农云：“晋，读为搢绅之搢，谓插入绅带之间若带剑也。”连续之穿插即缝缀，岑仲勉云：“插也，殆缝缀之义。”是也。

【校文22】

持水者必以布麻斗、革盆，十步一。柄长八尺，斗大容二斗以上到三斗。敝绤、新布长六尺，中屈柄，长丈，十步一，必以大绳为搢。

【今译】

盛水用具，必用麻布枓勺和皮革钵盆，每十步置一。麻布枓勺，其柄长八尺，其容量可盛水二斗至三斗。制作麻布枓勺，可以用旧葛布，亦可用新布，其长六尺，中间装上曲柄，其长一丈，十步置一，口沿处必以大绳连缀（，使坚牢耐用）。

【馀论】

此章述盛水工具麻斗、革盆容量与配置以及麻斗制作规格。

麻斗之柄，前曰“长八尺”，后曰“长丈”，盖非一人所记，容有小异。

吴毓江移下文“坚为斗”于此章，云：“此三字疑当在‘柄长八尺’之上。”可备一说。前已约定，本书暂悉依《閒诂》所订章节、文字先后之次序，不辄动矣。

“箭”字难解，孙诒让云：“未详。”岑仲勉依王闿运注引《仪礼·大射》郑玄注“古文箭作晋”，谓“箭可通作‘晋’或‘搢’，插也，殆缝缀之义”。笔者又录《周礼·春官·典瑞》之用例，自以为差可疏通。

【原文 23】

城上十步一鉵[①]。

【校注】

①鉵：锹类工具。《说文·金部》：“鉵，臿属。”臿，锹。《读书杂志·淮南内篇第二十一·要略·虆垂》：“臿，今之锹也。”《史记·秦始皇本纪》：“身自持筑臿。”张守节正义：“臿，锹也。”

【校文 23】

同上。

【今译】

城上每十步置一锹。

【馀论】

此章亦仅一句，述城上置鉵之密度。

岑仲勉云：“鉵，未知实何物，或云臿属，或云铁签。”按：《说文·金部》：“鉵，臿属。”戴侗《六书故·地理一》：“鉵，铁签。”杨桓《六书统》：“鉵，铁杵。”岑氏之言盖出上列字书之异解。“签”，所以撬物或裂物，其用远不如锹为广。以理推之，毕沅引《说文》“臿属”之解为是。

【原文 24】

水瓯[①]，容三斗以上，小大相杂。盆、蠡[②]各二财[③]。

【校注】

①瓯：同缶，水罐也。《集韵·有韵》：“缶，《说文》：‘瓦器，所以盛酒浆。秦

人鼓之以节歌。'或从瓦。"《方言》卷五:"缶,其小者谓之瓶。"钱绎笺疏:"《史记·李斯传》云:'夫击瓮叩瓴……真秦之声也。'瓴与缶同。"下文"令陶者为薄瓴,大容一斗以上至二斗",《备穴》"炉有两瓴,以桥鼓之","瓴"字皆同。

②蠡:瓠,瓢也。《说文·瓜部》:"瓢,蠡也。"段玉裁注:"以一瓠劙为二,曰瓢,亦曰蠡。"《广雅·释器》:"蠡,瓢也。"《汉书·东方朔传》:"以蠡测海。"颜师古注:"蠡,瓢也。""蠡",当即下文"奚蠡"。《说文·大部》:"奚,大腹也。""奚蠡",大腹瓢也。《周礼·春官·鬯人》:"禜门用瓢齎。"郑玄注引杜子春云:"瓢,谓瓠蠡。"瓠蠡、奚蠡,盖一声之转。

③财:孙诒让云:"'财'下疑脱'自足'二字。"按之《备穴》"金与铁枋长四尺,财自足"、"为铁钩距长四尺者,财自足"、"为短矛、短戟、短弓、宝矢,财自足"、"为斤、斧、锯、凿、钁,财自足"、"益具槀枲,财自足",孙校是,今从之。"财",通纔(才)。《说文·目部》:"瞥,过目也。一曰:财见也。"段玉裁注:"财,今之纔字。"又《贝部》:"财,人所宝也。"朱骏声通训定声:"假借又为才。"《汉书·杜钦传》:"高广财二寸。"颜师古注:"财,与纔同,古通用字。"又《李广利传》:"士财有数千。"颜师古注:"财,与才同。""财自足",即"纔(才)自足",谓才适足,不过多也。

【校文24】

水缶,容三石以上,小大相杂,盆、蠡各二,才自足。

【今译】

水缸容量在三石以上,大小间杂,革制盆和大腹瓢各两只,适足用而不过量。

【馀论】

此章述缶配置要求及盆、蠡配备数量。

孙诒让云:"据下文(按:指'城门上所置以救门火者,各一垂水。''垂'即'甀'),则('瓴')疑'甀'之误。"按:可备一说。然"垂"(甀)仅一出,而"瓴"(缶)凡三出。倘疑此"瓴"为"甀"之误字,岂彼两"瓴"亦如是哉!故不取,录以备考。

【原文25】

为卒干饭①,人二斗,以备阴雨,面②使积燥处。令使守③为城内堞外行餐④。

【校注】

①干饭:干粮,即糇。《说文·食部》:"糇,干食也。《周书》曰:'峙乃糇粮。'"段玉裁注:"糇粻,即糇粮。"徐锴系传:"今人谓饭干为糇。"《孟子·梁惠王上》:"乃裹糇粮。"朱熹集注:"糇,干粮也。"

②面:苏时学云:"'面',当作'而'。"按:"面使积燥处",不辞。"面"当为"而"之形近讹字。苏校是,今从之。

③使守:使役守城之吏。《荀子·王霸》:"则是官人使吏之事也。"杨倞注:"使吏,所使役之吏。""使守","使吏"之类也。

④行餐:王闿运云:"送饭也。"按《管子·君臣下》:"废比党淫悖行食之徒。"尹知章注:"行食,游食。""行餐"、"行食"同类,盖非自厨,赖人给之也。王说盖是,可信。

【校文25】

为卒干饭,人二斗,以备阴雨,而使积燥处。令使守为城内堞外行餐。

【今译】

为士卒储足干粮,每人二斗,以备阴雨天气断炊之虞,而且须将干粮积存于干燥处。令使役守城之吏按时为守御城内堞外之士卒送饭。

【馀论】

此章述城上备糇及饭卒之法。

孙诒让云:"疑'使守'或为'吏卒'之误。"按:可备一说。然领取和分发"行餐",低秩之吏较普通士卒更为适宜,故不取,录以备考。

【原文26】

置器备①,杀②沙、砾、铁,皆为坏③斗。令陶者为薄瓯④,大容一斗以上至二斗,即⑤用取,三祕合束坚⑥。

【校注】

①置器备(備):在城上配置诸般器具与设备。"器",器具。《说文·㗊部》:"器,皿也。象器之口,犬所以守之。"段玉裁注:"器乃凡器统称。"《仪礼·既夕礼》:"藏器于旁。"郑玄注:"器,用器,役器也。""备"(備),设备,装备。《韩非子·爱臣》:"质之以备。"王先慎集解引王先谦曰:"备者,未至而设之,所以逆杜其邪心也。"《国语·吴语》:"审备则可以战乎。"韦昭注:"备,守御之备。"《号令》"为内堞内行栈,置器备其上","置器备"同。

②杀(殺)沙、砾、铁:谓布撒沙土、砾石和铁屑也。"杀"(殺),读为𥻆,抛撒,放散。《说文·米部》:"𥻆,𥻦𥻆,散之也。"段玉裁注:"𥻆者复举字,𥻦者衍字。……𥻆本谓散米,引申之凡放散皆曰𥻆。……亦省作殺。《齐民要术》凡云'殺米'者,皆𥻆米也。"《书·酒诰》:"予其殺。"孙星衍今古文注疏:"殺同𥻆。""砾",碎石。《说文·石部》:"砾,小石也。"《汉书·霍去病传》:"沙砾击面。"颜师古注:"砾,小石也。""铁",此处指铁屑。动词谓语"杀(𥻆)"(《说文》云:'散之也')带三宾语,一曰沙,二曰砾,三曰铁。铁既为"可杀"之物,则为"铁屑"无疑。《通典·兵五·守拒法》:"因以铁汁洒之。"言撒铁汁事,可作比观。

③坏:同坯。"不",象花柎之形。王国维《观堂集林》:"不,柎也。""不",孳乳为丕,金文"不"多用为"丕显"字,故"坯"古作"坏"。坯,土器未烧者。《说文·土部》:"坏……一曰瓦未烧。"段玉裁注:"坏者,凡土器未烧之总名也。此字与'墼'字异义同,但墼专谓砖耳。"《后汉书·崔骃传》:"坏冶一陶。"李贤注:"坏,土器之未烧者。"

④瓴:即缶,水罐也。详24章注①。

⑤即:犹若,用为假设连词。《经传释词》卷八:"《史记·赵世家》曰:'朔之妇有遗腹,若幸而男,吾奉之;即女也,吾徐死耳。'即,亦若也,互文耳。"《汉书·西南夷传》:"即以为不毛之地。"颜师古注:"即,犹若也。""即用取",即"若用取"。

⑥三祕合束坚:孙诒让校作"三秘合束"句,而"坚"属下章首句。参之上文"为卒干饭"、下文"为闺门","为"前皆无修饰词,就其句法应一致而言,不当作"坚为弋:城上隔杙",孙校盖非是。岑仲勉校作"三祕合束坚",是,今从之。"祕",同"秘"。《广韵·至韵》:"祕,俗作秘。""秘",密。《集韵·至韵》:"秘,密也。"《文选·王延寿〈鲁灵光殿赋〉》:"东序重深而奥秘。"李善注引

《字书》曰:"秘,密也。""三秘",多只薄缶密置也。"合束",以绳捆束也。"坚",多只薄缶密置,又加绳缠束,令坚牢,免损毁也。

【校文 26】

置器备,粱沙、砾、铁,皆为坯斗。令陶者为薄缶,大容一斗以上至二斗,即用取,三秘合束坚。

【今译】

在城上配置诸般器用设备,供抛撒之沙土、砾石和铁屑,须事先装入未经火烧之土斗中。使陶工烧制薄胎陶罐,其容量为一斗至二斗不等,若欲随时取用,宜多只密合放置,其外以绳捆束,使之更加坚牢(,可免损毁)。

【馀论】

此章述城上存放器具、抛撒物以及烧制并存储陶缶之要求。

孙诒让云:"'三祕'无义,疑当作'絫施'。'絫'讹作'参',又讹作'三','祕'、'施'亦形之误。"可备一说。然"三秘",盖谓多只薄缶密合放置,"三",非其确数,极言其多也。孙校太过纡曲,故不取,录以备考。

【原文 27】

为斗①:城上隔栈②,高丈二,剡亓一末③。

【校注】

①斗:孙诒让云:"'斗'疑'弋'之误。"按:上文既言"坏(坯)斗",此处不应复言"为斗","为斗",何"剡其末"之有!"弋"以形近讹为"斗"。且下文"弋长七寸,剡其末",正作"弋"。孙校盖是,可信。"弋",同"杙",木橛,木桩。《说文·厂部》:"弋,橛也。"又《木部》:"檝,弋也。"段玉裁注:"弋、杙古今字。"又《新附·木部》:"椿,橛杙也。"李白《大猎赋》:"摆桩栝。"王琦辑注引《韵会》:"桩,杙也。"

②栈:孙诒让云:"此疑当为'杙'。"按:"栈"为栈道、栈桥,不当言"剡其末",下文"凿扇上为栈","栈"亦"杙"之讹字。孙校是,今从之。互参 31 章注③。"隔",即《号令》'人自大书版,著之其署隔'之'隔',署间编木隔版。城上

守官，皆有署隔。“隔栈”，即隔杙，固定隔版之橛杙也。

③剡亓一末：谓削橛杙下端使尖锐便入地也。《说文·刀部》：“剡，锐利也。”《易·系辞下》：“剡木为楫。”陆德明释文：“剡，锐也。”

【校文27】

为杙：城上隔杙，高丈二，剡其一末。

【今译】

制作桩杙：城上用以固定署隔之桩杙，高一丈二尺，削尖其下端。

【馀论】

此章述制作城上固定署隔桩杙之要求。

吴毓江云：“（‘坚为斗’）三字疑当在上文（按：指22章）‘柄长八尺’之上。”不取。互详22章“馀论”。

【原文28】

为闺门①，闺门两扇，令可以各自闭②也。

【校注】

①闺门：别出小门。详9章注②。

②各自闭：每一门扇各自开闭而不必同时。

【校文28】

同上。

【今译】

设置别出小门，两扇，每扇皆可自行开闭。

【馀论】

此章补述于大城设置别出小门之要求。

【原文29】

救阘池[①]者，以火与争[②]，鼓橐[③]，冯埴[④]外内，以柴为燔。

【校注】

①阘池：填塞隍池。"阘"，通作垔、堙，塞也。《说文·门部》："闉，城内重门也。"朱骏声通训定声："阘，假借为垔。"又《土部》："垔，塞也。《尚书》曰：'鲧垔洪水。'"桂馥义证："垔，或作堙。""池"，城池，护城河也。《说文·𨸏部》："隍，城池也。有水曰池，无水曰隍。"《诗·陈风·东门之池》："东门之池。"毛传："池，城池也。"

②与争："与之争"之省。古文动词谓语前介宾词组作状语常省去代词宾语。《论语·阳货》："鄙夫可与事君也与哉！"皇侃疏："言凡鄙之人不可与之事君。""与争"，亦"与之争"之省也。

③橐：吹火具，牛皮风箱。《淮南子·本经》："鼓橐吹埵。"高诱注："橐，冶炉排橐也。"《文选·陆机〈文赋〉》："同橐籥之罔穷。"李善注："冶铸者用以吹火使炎炽。"

④埴：孙诒让云："'埴'当为'垣'。"按之《旗帜》"到冯垣"，《号令》"女郭、冯垣一人"，均作"冯垣"，"埴"、"垣"形近而讹。孙校是，今从之。"冯"，辅也。《汉书·百官公卿表上》："左内史更名左冯翊。"颜师古注引张晏曰："冯，辅也。""冯垣"，辅垣，女垣之辅也。孙诒让云"冯垣在女垣之外，盖垣之卑者"，是也。

【校文29】

救堙池者，以火与争，鼓橐，冯垣外内，以柴为燔。

【今译】

解救敌人填塞城隍之法，必用火与之抗争，用排橐鼓风于冯垣外内，并焚烧木柴（以熏敌）。

【馀论】

此章述解救敌人填塞城池以攻之方法。

孙诒让云："（'燔'），疑当为'藩'。"并举《旗帜》"到藩，（鼓五，举三帜）；

到冯垣,(鼓六,举四帜)”为据。可备一说。然此乃“救堙池,以火与争”之事,不燔柴,则无以熏敌令退。情势不同,应对自应有异。故不取,录以备考。

【原文30】

灵丁①,三丈一,火耳②施之。十步一人,居柴内弩③,弩④半,为狗犀⑤者环之。墙七步而一⑥。

【校注】

①灵丁:即令丁,铃铛也。“灵”,通令。《读书杂志·汉隶拾遗·鲁相韩勑造孔庙礼器碑》:“霜月之灵。”王念孙按:“灵,读为令。”“令丁”,铃也。《说文·金部》:“铃,令丁也。”段玉裁注:“铃,古谓之丁宁,汉谓之令丁,在旗上者亦曰铃。”《广雅·释器》:“和,铃也。”王念孙疏证:“《说文》:‘铃,令丁也。’谓其声令丁然也。今人言铃当,语之转也。”于省吾云:“灵丁当即后世之铃铛。”“令丁”,所以警人也。

②火耳:孙诒让云:“‘火耳’,疑当作‘犬牙’。”按:“火”、“犬”形近而讹。“耳”,隶书作耳(魏封孔羡碑),“牙”,隶书作牙(魏上尊号奏),亦形近而讹。下文“狗走,广七寸,长尺八寸,爪长四寸,犬耳施之”,“耳”亦为“牙”之讹字,然仅讹一字,此处讹两字。孙校是,今从之。“火耳施之”,即“犬牙施之”,谓以铃错互置之也。

③居柴内弩:谓积贮柴抟、短弩也。“居”,积贮。《书·皋陶谟》:“懋迁有无化居。”孙星衍今古文注疏:“居者,积贮之名。”“柴”,即柴抟,束柴成捆也。详8章注②。“内弩”,短弩,弩之短者,用于穴内。详4章注⑥。

④弩:孙诒让云:“‘弩’,疑当为‘柴’。”按:“弩半’,殊不辞。当为上文“居柴”之“柴”而讹为“内弩”之“弩”,以贮有“柴”抟需“狗犀”(茅绳)“环”束之也。孙校盖是,可信。

⑤狗犀:疑当作“狗尾”,此处指狗尾草把。“尾”,古文作尾。读者或疑“狗尾”义未能明,旁注“屮”(古文或以为“艸”字。《汉书·袁盎晁错传》“经川丘阜,屮木所在”、“屮木蒙茏,枝叶茂接”,又《董仲舒传》“德润四海,泽臻屮木”、“君子之德风,小人之德屮,屮上之风必偃”、“群生和而万物殖,五谷熟而屮木茂”、“仲舒居家推说其意,屮稾未上”,等等),后人不考原委,竟将“尾”、“屮”上下连写成“犀”,误作“犀”字。狗尾草,亦称莠。《太平御览》卷九九八

引《韦曜问答》:"'甫田,维莠,今何艸?'曰:'今之狗尾也。'"《本艸纲目·艸五·狗尾艸》:"莠,艸秀而不实,故字从秀,形象狗尾,故俗称狗尾。"下文"五步积狗屍五百枚,狗屍长三尺,长似茅","狗屍"当即"狗犀"。"犀",上古心母脂部字;"屍",上古书母脂部字,声相近,韵相同,例可通假。狗尾草,形似茅,茎柔韧,数枚纽结,如绳索状,可以束物。"柴半,为狗犀者环之",谓柴抟半中部位以茅绳环束之也。

⑥墙七步而一:每七步一面墙。孙诒让云:"自'大鋌'以下七百字旧本错入《备穴篇》'城坏或中人'之下,今依顾(千里)校移著于此。"前已约定,本书暂悉遵《閒诂》所订章节、文字先后之次序,不辄动矣。

【校文 30】

令丁,三丈一,犬牙施之。十步一人,居柴内弩。柴半,为狗犀者环之。墙七步而一。

【今译】

用以警示吏卒之铃,每三丈置一,摆放时呈犬牙错互之状。每十步安排一人,负责积贮柴抟和短弩事宜。柴抟半中部位应以狗尾草把环而束之。此外,每七步砌一堵墙。

【馀论】

此章述令丁放置与柴抟积贮之事。

"灵丁",诸家所解不同。孙诒让云:"未详,疑椓弋之属。"岑仲勉云:"椓丁是门丁,无所谓三丈交错……其实乃瓴甗之音转。《广韵》,瓴甗似罂有耳,即前16(按:指'五步一罂,盛水。有奚蠡,奚蠡大容一斗'段)所谓'五步一罂'也。"王闿运云:"疑'灵丁'为楼窗。"尹桐阳云:"灵丁即铃钉,矛名也。"皆可备一说。然下文"一寸一椓弋",而非"三丈一"。"瓴甗",既可训"似罂有耳"之"瓴",亦可训"甓"(砖),难以遽定其必为"罂"。"灵丁"训"楼窗"、训"矛",均苦无书证。故皆不取,录以备考。

"狗犀"之为物,迄无定论。孙诒让于下文"五步积狗屍五百枚"下云:"'狗屍',疑即上文之'狗犀',屍、犀音近通用,后又有'狗走',即此。盖亦行马、柞鄂之类。狗屍盖以木为之,而掩覆以茅,所以误敌,使陷挤不得出也。"岑仲勉非之，云："（狗屍、狗犀，）孙以为行马、柞鄂之类，（王）景羲又疑即《开禧德安守城录》之狗脚木。余按行马是遮拦工具（按：行马为置于道上拦阻车马行进之器具，柞鄂是捕兽之物（按：柞鄂为设于陷阱中之捕兽装置），在城上并非时常适用，亦似不得以枚计，且三丈之内，哪能积放五百之多？不特无补于抗敌，且有碍于自己作战，其说必误无疑。狗脚木，《武备志》有图，作挂物之用（按：狗脚木为竖于女墙内之二柱间悬以竹笆防敌矢石之军械），更非其类。今考狗屍实绳类，备束缚之用，以茅纽成。"按：岑说是，然未明狗屍何以为绳类，笔者试补说之。如此，"为狗犀者环之"与下文"五步积狗屍五百枚，狗屍长三尺，长似茅，锐其端，坚约弋"，皆得畅解。然犹未敢自必，谨以求教于同行专家。

【原文 31】

救车火①，为烟矢②射火城门上，凿扇上为栈③，涂④之，持水麻斗、革盆救之。门扇薄植，皆凿半尺⑤，一寸一涿弋⑥，弋长二寸，见一寸⑦。相去⑧七寸，厚涂（塗）之以备火。城门上所凿以救门火者，各一垂⑨水，火⑩三石以上，小大相杂。

【校注】

①车火：孙诒让云："此'车火'，疑当作'熏火'。"按："熏"篆文作，"车"篆文作，二字上半形近而讹。《备梯》"令敌人尽入，煇火烧门"，作"煇火"。"煇"，通熏。《说文·火部》："煇，光也。从火，军声。"段玉裁注："《史记》'断戚夫人手足，去眼煇耳'。此假煇为熏也。"《集韵·文韵》："煇，灼也，许云切。"孙校是，今从之。"熏"，熏灼。《说文·中部》："熏，火烟上出也。"《汉书·杜钦传》："欲以熏轑天下。"颜师古注："熏，言熏灼之。""车火"，即熏火，谓敌人以火熏灼也。

②烟矢：点燃烟火之箭，敌人射攻之器，当即"火箭"。《通典·兵十三·攻城战具》："以小瓢盛油，冠矢端，射城楼橹板木上，瓢败油散，因烧矢镞内簳中，射油散处，火立燃。复以油瓢续之，则楼橹尽焚，谓之'火箭'。"亦言烟矢（火箭）事，可作比观。

③栈：孙诒让云："（'栈'，）疑当作'杙'，与弋同，即下文之涿弋也。"按："栈"之义项大约有五：一曰棚。《战国策·秦策三》："栈道千里。"鲍彪注："栈，棚也，施于险绝，以济不通。"二曰竹木之车。《仪礼·既夕礼》："宾奠弊

于栈左服。”郑玄注：“栈，谓柩车也。”三曰枥。《文选·颜延之〈赭白马赋〉》：“毙于内栈。”李善注：“栈，枥也。”四曰阁道。《汉书·高帝纪上》：“因说汉王烧绝栈道。”颜师古注：“栈，即阁也，今谓之阁道。”五曰小钟（音 zhǎn）。《尔雅·释乐》“大钟谓之镛，小者谓之栈。”棚、车、枥、阁、钟皆非凿门扇而施之之物，知‘栈’必为误字无疑，“栈”乃“杙”之形近讹字也。孙校是，今从之。“杙”，即弋，端尖身圆之木橛，今所谓门钉也。施之门上，涂泥以固，所以备敌烟矢（火箭）也。

④涂：此作“塗”。《迎敌祠》“皆为之涂菌”，又作‘涂’。涂、塗一字，正写俗写之别也。《书·皋陶谟下》：“娶于塗山。”孙星衍古今文注疏：“塗，俗字，当为涂。”

⑤门扇薄植，皆凿半尺：当作“门扇薄植皆凿半寸”。緜眇阁本作“半寸”，应从。凿深半寸，盖为安插杙用，半尺则失伦矣。“薄植”，即欂植，“薄”，通欂，“薄”为“欂”之声符，例可通假。《广雅·释宫》：“欂谓之枅。”王念孙疏证：“《淮南子·本经》云：‘欂栋欂栌以相支持。’《汉书·王莽传》作‘薄栌’。”“欂”，壁柱也。《说文·木部》：“欂，壁柱也。”段玉裁注：“壁柱，谓附壁之柱。”“植”，门旁柱也。《玄应音义》卷七“四植”注引《三苍》云：“户旁柱曰植。”“欂植”，壁柱与门旁柱也。

⑥涿弋：即椓弋。“涿”、“椓”同以豕为声符，例可通假。《周礼·秋官·序官》：“壶涿氏下士一人，徒二人。”郑玄注：“涿，击之也。”孙诒让正义：“《说文·攴部》云：‘敎，击也。’《木部》云：‘椓，击也。’《殳部》云：“㱿，椎击物也。’涿与敎、椓、㱿，音义并相近。”“椓弋”，端尖身圆之小木橛。《诗·周南·免罝》：“椓之丁丁。”陈奂传疏：“椓杙，今俗谓之杙橛。”

⑦见一寸：毕沅云：“‘见’疑‘闻’字。”按：当谓“见”读为“閒”。“见”、“閒”上古均见母元部字，音同，例可通假。下文“涿弋，弋长七寸，弋閒六寸”，正作“閒”。毕校是，今从之。

⑧相去：上下两排椓杙之间距。“去”，离也。《战国策·齐策上》：“不能相去。”高诱注：“去，离也。”

⑨垂：“甀”之省，俗作甀，罂属也。《说文·缶部》：“甀，小口罂也。”《广雅·释器》：“甀，瓶也。”王念孙疏证：“甀与甀同，字亦作垂。”亦或称罃。《方言》卷五：“罃，陈、魏、宋、楚之间曰甂，或曰瓶。周、洛、韩、郑之间谓之甀，或谓之罃。”

⑩火：顾千里云："'火'，当作'大'。"按"火三石以上"，不辞之甚，"火"、"大"形近而讹。顾校是，今从之。

【校文31】

救熏火，为烟矢射火城门上，凿扇上为弋，涂之，持水麻斗、革盆救之。门扇欂植，皆凿半寸，一寸一椓弋，弋长二寸，间一寸。相去七寸，厚涂之以备火。城门上所凿以救门火者，各一甀水，大三石以上，小大相杂。

【今译】

解救敌人熏灼之法，当敌人点燃火箭射至我城门上，须先于城门门扇上凿孔，置入小木橛，以泥埴涂封，后持盛水麻布斗、皮革盆救火。门扇、附壁柱和门旁柱，皆凿半寸之深。每隔一寸置入一小木橛，橛长二寸，间距一寸。上下两排小木橛间距七寸，厚涂泥埴以防火燃。城门上所预凿用以救火之处，各置一罐，容量三石以上，大者小者相互错杂。

【馀论】

此章述应对敌人用火箭熏灼城门之方法。

王念孙云："('火三石以上'，)'火'当作'容'。下文言'容斗以上'、'容石以上'者多矣。"可备一说。按："大"字亦可。上文"斗大容二斗以上到三斗"、"大容一斗以上至二斗"，皆其例也。故不取，录以备考。

【原文32】

门植、关必环锢①，以锢金若铁鍱之②。门关再重，鍱之以铁，必坚，梳③关，关二尺，梳关一苋④，封以守印⑤，时令人行貌⑥封，及视关入桓⑦浅深。门者⑧皆无得挟斧、斤⑨、凿、锯、椎。

【校注】

①门植、关必环锢：谓城门之关键(门杠与门闩)必须严密牢固也。"植"，户植，即门杠。《说文·木部》："植，户植也。"段玉裁注："植，今竖直木而以铁了鸟关之，可以加锁，故曰持锁植。"徐锴系传："植，即门户之横键所穿木也。"《非儒下》"决植"，"植"字同。"关"，门闩。《说文·门部》："關，以木横持门

户也。”《希麟音义》卷五“关键”注引《字书》云：“横曰关，竖曰键。”《非儒下》“季孙与邑人争门关”，“关”字同。“环”，周密，严密。《文心雕龙·明诗》：“自商暨周，雅颂圆备，四始彪炳，六义环深。”范文澜注：“六义环深，犹言六义周密而深厚。”“锢”，通固，坚固也。《说文·金部》：“锢，铸塞也。”《急就篇》卷三：“钉铜键钻冶锢铄。”颜师古注：“锢者，铸而补塞之，令基坚固也。”《大戴礼记·文王官人》：“存志不能守锢。”王聘珍解诂：“锢，读曰固。”

②以锢金若铁鍱之：谓以坚固金属如铁等包封之也。“锢”，读为固，已详注①。“金”，金属。《周礼·地官·卝人》：“掌金玉锡石之地。”孙诒让正义：“金，五金之总名。”“若”，如也。《易·乾》：“夕惕若厉。”孔颖达疏：“若，如也。”“鍱”，铁叶，此处用为动词，指以铁叶包封。《说文·金部》：“鍱，鏶也。齐谓之鍱。”段玉裁注：“鍱，此谓金铜铁椎薄成叶者。”桂馥义证：“鍱，又作鏶。”《广雅·释器》：“鏶谓之鍱。”王念孙疏证：“鍱，犹叶也。”

③梳：孙诒让云：“窃疑‘梳’并当为‘桄’。”按：“梳”、“桄”形近致讹。孙校盖是，可信。“桄”，通横。《说文·木部》：“桄，充也。”朱骏声通训定声：“桄字本训当为横木，与横略同。”段玉裁注：“桄之字古多假横为之。”《广雅·释水》：“舲谓之桄。”王念孙疏证：“桄之言横也，凡舟前之横木皆曰桄。”“桄关”，即横关，所谓“以木横持门户”之“关”也。“桄关，关二尺”，孙诒让云：“下‘关’字当是衍文。”按：下“关”，涉上文“门关”、“桄关”而重出。孙校盖是，可信。

④莞：毕沅云：“（‘莞’，）‘管’字假音。”孙诒让云：“‘管’或作‘筦’，与‘莞’声形俱近。”按：“莞”、“筦”音近，例可通假。《说苑·君道》“筦饶犯我以义”（按：《新序》作“筦苏”）之“筦”，《吕氏春秋·长见》“莞谮数犯我以义”，作“莞”，是其例。“管”（筦），或指钥，《左传·僖公三十二年》：“郑人使我掌其北门之管。”杜预注：“管，籥也。”或指锁，《备穴》：“为之户及关籥独慎。”孙诒让云：“关籥当读为管钥。管即锁，钥即匙也。”此处“莞”（筦），当训锁。

⑤封以守印：谓缄封以太守印信也。“封”，印封，缄固。《说文·土部》：“封，爵诸侯之土也。”段玉裁注：“又引申为缄固之称。”《后汉书·安帝纪》：“在所为封长檄。”李贤注：“谓印封之也。”“守印”，太守印信。

⑥貌：毕沅云：“‘貌’，疑‘视’字。”按：“貌”，或作皃。“皃”、“视”形近致讹。毕校是，今从之。

⑦桓：表柱。《礼记·檀弓下》：“三家视桓楹。”孔颖达疏：“桓，谓亭邮之

所而立表木谓之桓。"此处指门两旁之直木。

⑧门者:守门者。《孙子·用间》:"必先知其守将、左右、谒者、门者、舍人之姓名。"杜佑注:"门者,守门者也。"

⑨斤:横刃之斧。《说文·斤部》:"斤,斫木也。"王筠句读:"斤之刃横,斧之刃纵,其用与钁相似,不与刀锯相似。"

【校文32】

门植、关必环固,以固金若铁鍱之。门关再重,鍱之以铁,必坚。梳关二尺,梳关一管,封以守印,时令人行视封,及视关入桓浅深。门者皆无得挟斧、斤、凿、锯、椎。

【今译】

城门关键(门杠、门闩)必得严密牢固,宜以坚固金属薄片如铁叶之类加以包封。横闩应设两道,皆以铁叶包封,必使坚牢无虞。横闩长二尺,闩上加锁一只,且缄封以盖有太守印信之封泥,时而着吏卒巡视封泥之连断及横闩插入门旁直木之深浅。守门人一律不准携带斧、斤、凿、锯、椎等工具。

【馀论】

此章述城门关键、锁钥设置与管理之事。

孙诒让引《说苑·君道》"楚筦苏",不确,实则《说苑·君道》"筦饶犯我以义",而《新序》作"筦苏"。

【原文33】

城上二步一渠①,渠立程②,丈三尺③,冠长十丈④,辟⑤长六尺。二步一荅⑥,广九尺,袤⑦十二尺。

【校注】

①渠:状如方形大盾,背面用十字木架支撑,正面敷以兽皮,置于城堞之外,用以挡蔽或收罗敌矢之御敌守城战具。详18章注①。

②程:孙诒让云:"'程'当为'桯'。"按:"程"、"桯"同以呈为声符,例可通假。"桯",即楹,柱也。《集韵·清韵》:"楹,《说文》'柱也'。引《春秋传》:

‘丹桓宫楹。’或从呈。”“立程”，即“立桯”，亦即“立楹”，谓渠之立柱也。

③丈三尺：当作“长丈二尺”，脱“长”字，如此，方与下文“冠长十尺”、“臂长六尺”句法一律。《汉书·晁错传》：“具蔺石，布渠荅。”颜师古注引如淳曰：“蔺石，城上礌石也。”《墨子》曰：“城上二步一渠，立程长三尺，冠长十尺，臂长六尺；二步一荅，广九尺，袤十二尺。”遗“丈”字，而有“袤”（长）字，可证。孙诒让云：“当作‘丈二尺。’”按之上文“趺长丈二尺”，《杂守》“趺长丈二尺”，孙校是而未尽，是者从之，未尽者补之。

④冠长十丈：当作“冠长十尺”。“冠”，指渠之上部。“十丈”，失之过长。《汉书·晁错传》：“具蔺石，布渠荅。”颜师古注引如淳引《墨子》正作“十尺”。已详注③。

⑤辟：读为臂，“辟”为“臂”之声符，例可通假。上文“趺长丈二尺，臂长六尺”，正作“臂”。

⑥荅：在木制框架中塞以秸草等物，置于城堞之外，用以挡蔽或收罗敌矢，亦可点燃从城上掷下烧敌之御敌守城战具。详18章注①。

⑦袤：长，长度。详15章注③。

【校文33】

城上二步一渠，渠立程，长丈二尺，冠长十尺，臂长六尺。二步一荅，广九尺，袤十二尺。

【今译】

城上每二步设一状如方形大盾之渠，（用以挡蔽或收罗敌矢，）渠之立柱长一丈二尺，顶部长十尺，横臂长六尺。每二步设一方形木框并塞以秸草之荅，（同样用以挡蔽或收罗敌矢，）荅宽九尺，长十二尺。

【馀论】

此章述城上渠荅之制。

孙诒让引《考工记》“轮人盖杠谓之程”，不确。当作：“《周礼·考工记·轮人》：‘桯围倍之，六寸。’郑玄引郑司农云：‘桯，盖杠也。’”

【原文34】

二步置连梃①、长斧、长椎各一物，枪②二十枚，周③置二步中。

【校注】

①连梃：木柄前端接以一组或木或铁之转动连杆，可以连续击打。先用为农具，后改装为军械。《通典·兵五·守拒法》："连梃如打禾连枷状，打女墙外上城敌人（《太白阴经·守城具》作'打女墙上城敌人'）。"言连梃形状与功用，可作比观。上文言"长斧，柄长八尺……长椎，柄长六尺，头长尺"，此处加"连梃"、"枪"等物，盖墨子后学之异记。下文"连梃、长斧、长椎、长兹（镃錤）"，"连梃"同。

②枪：长柄且两头俱锐之杙类兵器。《说文·木部》："枪，距也。"朱骏声通训定声："距人之械也。"《玉篇·木部》"枪，木两头锐也。"《通俗文》："剡木伤盗曰枪。"其先盖为农具。《管子·小匡》："及寒，击槁除田，以待时，乃耕。深耕均种疾耰，先雨芸耨，以待时雨。时雨既至，挟其枪刈耨镈，以旦暮从事于田。"尹知章注："在腋曰挟。枪，桩也。刈，镰也。耨，镃錤也。镈，鉏也。"《管子·小匡》原文述农事，尹氏注"刈"、"耨"、"镈"皆农具，而"枪"与"刈"、"耨"、"镈"同为被"挟"之物，则"枪"亦必为农具，盖用于掘土除草。《说文新附·木部》："桩，橛杙也。""杙"，杆也。《庄子·人间世》："求狙猴之杙者斩之。"成玄英疏："杙，橛也，亦杆也。"李白《大猎赋》："琢大朴以为杙。"王琦辑注引《韵会》："杙，《说文》橛也。本作弋，今作杙，所以格兽。"显由农具转为武器。杙杆，既可用于格兽，当然亦可用于格人。又以其锐端，知"枪"盖即后世之标枪，先剡端为锐，另装金属尖刃，乃后世之事，敌人登城之时，近可击刺之，远可投射之。至于火枪（鎗），则宋金火药发明时物也。

③周：遍。《诗·大雅·崧高》："周邦咸喜。"郑玄笺："周，遍也。"《备穴》"柱之外善周涂，其傅柱者勿烧"，"周"字同。

【校文34】

同上。

【今译】

城上每二步置连梃、长斧、长椎各一件,标枪二十杆,遍置二步距离之内。

【馀论】

此章述城上两步之内周置连梃、长斧、长椎和标枪之数量。

"枪"之为物,秦彦士谓"实为檑木、礌石之属。"[1]似乏证据支持,故不取,录以备考。孙诒让引《国语·齐语》韦昭注:"枪,桩也。"又引《玄应音义》卷二"木枪"注引《三苍》云:"木两端锐曰枪。"难免令人有意犹未尽之感。笔者进而指出,当即后世之标枪。未敢自必,谨以请教同行专家。

【原文35】

二步一木弩①,必射五十步以上。及多为矢,節毋以竹箭②,楛、赵搋、榆③可。盖④求齐铁夫⑤,播⑥以射衝⑦及栊枞⑧。

【校注】

①木弩:以机械操作,用以发射大矢之木制大弓。《通典·兵五·守拒法》:"木弩,以黄连、桑、柘为之,弓长一丈二尺,径七寸,两弰三寸。绞车张之,大矢自副,一发,声如雷吼,败队之卒。"述木弩质料、形制及其威力,可作比观。

②節毋以竹箭:即"即毋以竹箭",谓若不为竹箭也。"節",通即。"即"为"節"之声符,例可通假。《说文·皀部》:"即,即食也。"桂馥义证:"《广雅》:'凤皇雄鸣即即。'《宋书·符瑞志》作'節節'。"《备蛾傅》"節坏",《号令》:"節不法","節"字皆同。"即",犹若。详26章注④。"毋",不。《论语·子罕》:"毋意,毋必。"邢昺疏:"毋,不也。""以",犹为。《广韵·至韵》:"以,为也。"《诗·召南·行露》:"何以穿我屋。"陈奂传疏:"以,犹为也。"

③楛、赵搋、榆:当作"楛、赵榹、榆",谓楛木以及赵国所产榹木、榆木也。"楛",荆类,木可制箭杆。《说文·木部》:"楛,木也。"徐锴系传引《周礼》:"楛可为矢。"《史记·孔子世家》:"有隼集于陈廷而死,楛矢贯之。"肃慎楛矢,古之良矢也。《国语·鲁语下》:"于是肃慎氏贡楛矢石砮,其长尺有咫。""搋",字书所无。孙诒让云:"疑当为榹。"按:"搋"、"榹"形近而讹。孙校盖

---

〔1〕 详秦彦士《墨子考论》第84页,巴蜀书社2002年版。

是，可信。“樜”，通柘。《广韵·御韵》：“樜，木名。”又《祃韵》：“樜同柘。”“柘”，桑科。落叶灌木或小乔木，材质密致坚韧，可以制弓。《说文·木部》：“柘，柘桑也。”庾信《春赋》：“金鞍始被，柘弓新张。”是其例也。“榆”，榆科植物泛称。其中，白榆木材坚致，可供建筑或制器具之用。《水经·穀水注》：“汉明帝发使天竺，写致经像，始以榆椀（按：椀，木桶）盛经。”是其例也。

④盖：孙诒让云：“‘盖’，当为‘益’。”按：“盖”、“益”形近而讹，详5章注②。上文“民室材木瓦石可以盖城之备者”，《备穴》“盖持醯”，“盖”亦皆“益”字之讹。孙校是，今从之。

⑤夫：孙诒让云：“‘夫’，当为‘矢’。”按：“铁夫”不可射，“夫”、“矢”形近而讹。孙校盖是，可信。

⑥播：布也。《书·舜典》：“播时百谷。”孔安国传：“播，布也。”

⑦衠：毕沅云：“衠，疑‘衝’字。”按：“衠”，音 xìn，《集韵·沁韵》：“衠，衠衠，暗行貌。”又音 xiàn，《玉篇·行部》：“衠，开貌。”《篇海类编·人事类·行部》：“衠，《集韵》：‘见也。’”皆非“射”之所及也。“衝”，冲车也。《说文》作衝，“衠”盖即“衝”之讹。毕校盖是，可信。

⑧栊枞：即栊崇，栊之崇然者，简易、高耸之哨楼也。《说文·木部》：“栊，槛也。”朱骏声通训定声：“《三苍》云：‘栊，所以盛禽兽栏槛也。’今‘囚栊’字当作此。”“枞”，假作崇。《玉篇·木部》：“枞，谓崇牙也。”《说文·木部》：“枞，松叶柏身。”朱骏声通训定声：“训枞为崇牙，盖谓借枞为崇也。”下文“百步一栊枞，起地高五丈，三层，下广前面八尺，后十三尺，其上称宜衰杀之”，知“栊枞”为下宽上窄之栏槛式高屋，即简易、高耸之哨楼也。

【校文35】

二步一木弩，必射五十步以上。及多为矢，即毋竹箭，以楛、赵柘榆，可。益求齐铁矢，播以射冲及栊枞。

【今译】

城上每二步设一射程五十步以上之木弩，并储备许多大矢，若不是竹箭，用肃慎国所产楛木和赵国所产柘木、榆木，制作箭杆亦可。应广求齐国所产铁制箭头，遍布城上各处，以利射击敌人之冲车和哨楼。

【馀论】

此章述城上木弩设置、箭矢用料以及广求齐矢等事。

“梳枞”之为物，孙诒让云：“（‘梳枞’）盖亦攻守通用之器。”失之笼统。岑仲勉云：“梳枞者，用以窥伺之建筑物。”近之，然犹未的。笔者进而释为“梳之崇然者，即简易、高耸之哨楼”。然未敢自必，谨以求教于同行专家。

“赵”，孙诒让云：“《方言》云：‘杠，南楚之间谓之赵。’郭（璞）注云：‘赵当作桃，声之转也。’此‘赵’或亦‘桃’之讹。”按：《方言》卷五：“床……陈楚之间或谓之笫，其杠……南楚之间谓之赵。”郭璞注：“赵，当作桃，声之转也。”郭注“桃”，指床杠，即床前横木，非桃木也。孙氏训诂大家，然于此考之未密，偶失耳，故不取。

【原文 36】

二步积石，石重千钧①以上者五百枚。毋百②，以亢③，疾犁④、壁⑤，皆可善方⑥。

【校注】

①千钧：当作“十钧”，重三百斤也。《说文·金部》：“钧，三十斤也。”“千钧”者，三万斤也，且枚至五百，非人力所能胜任。《后汉书·坚镡传》：“每急，辄先当矢石。”李贤注：“石谓发石以投人也。《墨子》曰：‘备城者积石百枚，重十钧以上者。’”正作“十钧”。

②毋百：卢文弨云：“疑云‘毋下百’，脱‘下’字。”按之下文“及持沙，毋下千石”、“五十步积薪，毋下三百石”，卢校是，今从之。“毋下百”，毋少于百枚也。

③亢：读为抗，“亢”为“抗”之声符，例可通假。“亢”，抵，当。《汉书·陈胜项籍传赞》：“不亢于九国之师。”颜师古注：“亢，当也，读与抗同。”

④疾犁：即蒺藜。详 15 章注⑤。

⑤壁：读为甓，砖也。“壁”、“甓”同以辟为声符，例可通假。《诗·陈风·防有鹊巢》：“中唐有甓。”马瑞辰传笺通释：“甓，字又通作壁。”“甓”，又称瓴甓、瓴甋，即砖。《尔雅·释宫》：“瓴甓谓之甓。”郭璞注：“甗甎也。今江东呼瓴甓。”郝懿行义疏：“《防有鹊巢》正义引李巡曰：‘瓴甋一名甓。’墼与甓皆今之甎，但墼未烧为异耳。”

⑥方：读为防。《说文·方部》："方，併船也。"朱骏声通训定声："方，假借为防。""善方"，即善防，妥善防御之物也。

【校文 36】

二步积石，石重十钧以上者五百枚，毋下百，以抗。蒺藜、甓，皆可善防。

【今译】

城上每二步贮积大石，其重在三百斤以上者五百块，不能少于一百块，用以抗敌。（另外，）蒺藜、甓砖亦皆可作为妥善防御之物用于守城之战。

【馀论】

此章述贮积大石、蒺藜、甓砖等皆可用于守城之战。

毕沅云："《后汉书》注，引作'积石百枚，重千钧以上者'，旧'千'作'中'，据改。"按：《后汉书·坚镡传》："每急，辄先当矢石。"李贤注"重十钧以上者""千"作"十"，不作"中"，已详注①，毕校恐误。岑仲勉从而改"千钧"为"中钧"，云："'中'，半也。三十斤为钧，中钧约十五斤。"恐失察，故不取。

【原文 37】

二步积苙①，大一围②，长丈，二十枚。

【校注】

①苙：孙诒让云："'苙'，当为'苣'之讹。"按："苙"、"苣"形近而讹。下文"人擅苣长五节"、"爝苣"、"纳苣雀穴中"，皆作"苣"。孙校是，今从之。"苣"，同炬，火炬，火把，照明草束也。《说文·艸部》："苣，束苇烧。"《广雅·释器》："蒸，炬也。"王念孙疏证："苣，与炬同。"《华严经音义》卷上"法炬"注引《珠丛》曰："苣，苕苣，束草爇火以照之也。"李均明《秦汉简牍文书分类辑解》："苣是用芦苇、芨芨草等扎制的草把，用以燃火，即简文所谓'苣火'。苣之长度大小不一。《新简》EPT49·13：'大苣卅，小苣、四尺苣各百。'敦煌马圈湾遗址所见草苣即有大、中、小三种。《报告》云：'大苣长 233 厘米，直径 5 厘米，芦苇把，用芦苇数根拧成绳捆扎，共六道。中苣长 33 至 35.5 厘米，直径

4.5厘米左右，芦苇把，捆扎方法与大苣同，个别有用麻绳捆扎二至四道的。小苣长8.7厘米，直径3厘米，用细绳捆扎三道。'"[1]《通典·兵五·守城具》记"燕尾炬"、"松明"和"脂油炬"曰："燕尾炬，缚苇草为之(《太白阴经·守城具》作'缚苇草为炬')，尾分为两歧，如燕尾状。以油蜡灌之加火，从城坠下(《太白阴经》作'堕下')，使人骑木驴(按：'木驴'，即轒辒车)而烧之；松明(《太白阴经》作'松明炬')以铁镆(按：镆，锁之俗字)缒下(《太白阴经》作'以松木烧之，铁掌坠下')，巡城照(《太白阴经》作'巡城点照')，恐敌人夜中乘城而上。夜中城外每三步悬大灯于城半腹，置警犬于城上，吠之处，即须加备；脂油炬，于城中四衢(《太白阴经》作'脂油烛炬，燃灯秉烛于城中四冲')、要路、门户，晨夜不能绝明，用备非常。"亦言"火苣"事，可作比观。

②围：或指两手合抱，或指拇指与食指合围，此处，"围"乃后者。《古今韵会举要·微韵》："围，一围五寸。"《仪礼·丧服》："苴绖大搹。"郑玄注："搹，搹扼也。中人之扼围九寸。"

【校文37】

二步积苣，大一围，长丈，二十枚。

【今译】

城上每二步皆贮积用作火炬之芦苇草把，其粗一围，长一丈，计二十个。

【馀论】

此章记城上二步积炬之具体要求。

以汉简所记"苣"径例之，《备城门》苣径"一围"，略合"大苣"之制。

【原文38】

五步一罌①，盛水有奚②，奚蠡大容一斗。

【校注】

①罌：口小腹大之缶或瓶，亦作甖、罃、甇。《说文·缶部》："罌，缶也。"《广

[1] 详李均明《秦汉简牍文书分类辑解》第228页，文物出版社2009年版。

雅·释器》:“罂,瓶也。”《方言》卷五:“瓿甀、甇,罂也。”钱绎笺疏:“(甖,)《一切经音义》卷三引作罂。罂与甖同。”又卷五:“罃,陈、魏、宋、楚之间曰甂。”戴震疏证:“罂、罃同音,盖一字。”《集韵·耕韵》:“罂,亦作甇。”《汉书·韩信传》:“而伏兵从夏阳以木罂缶度军。”颜师古注:“罂缶,谓瓶之大腹小口者也。”《备穴》“戒持罂,容三十斗以上,埋穴中”、“令陶者为罂,容四十斗以上”,“罂”字皆同。

②奚:王念孙云:“‘有奚’下当有‘蠡’字。”按:作为实词,“奚”有“大腹”、“女奴”、“豬”等义,置入“盛水有奚”句中,皆觉扞格不通。以文意观之,下句乃顶真上句,“奚蠡”必重出。王校是,今从之。“蠡”,瓠瓢。详 24 章注②。“奚蠡”,大腹瓠瓢也。

【校文 38】

五步一罂,盛水有奚蠡,奚蠡大容一斗。

【今译】

城上每五步置一小口大腹之罐,有瓠瓢,(用以挹水,)瓠瓢之大可容一斗。

【馀论】

此章述城上每五步置一罂一瓢。

下文言“用瓦木罂容十升以上者,五十步而十,盛水”。“五十步而十”,即“五步一”,可证布罂密度之精确。又言“罂容十升以上”,可补此处未明罂容之缺。

【原文 39】

五步积狗屍[①]五百枚。狗屍长三尺,丧以弟[②],瓮[③]亓端,坚约弋[④]。

【校注】

①狗屍:即狗犀,狗尾草把也。详 30 章注⑤。

②丧以弟:当作“衺似茅”。“衺”以形近讹为“丧”,上文“广丧各丈六尺”,“衺”亦讹为“丧”,同其例也。“以”,即似。古文字“以”作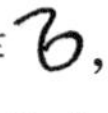,而从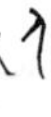之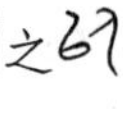(逋盂)为“似”。《诗·邶风·旄丘》:“必有以也。”王先谦三家义集疏:“齐‘以’

作‘似’。”《汉书·高帝纪上》：“向者夫人儿子皆以君。”颜师古注引如淳曰：“以，或作似。”孙诒让云：“‘弟’，当为‘茅’。”按：“弟”篆文作弟，“茅”篆文作茅，形近致讹。孙校是，今从之。“袤似茅”，谓狗犀长似茅草也。

③兊：孙诒让云：“‘兊’，当为兑。”按：上文“长椎斧其两端”之“斧”，此处“兊其端”之“兊”，其“兑”上首，皆作“八”，易混。孙校盖是，可信。“兊亓端”，即“兑其端”，亦即“锐其端”，谓使其一端尖锐也。

④坚约弋：坚牢缠束于弋。“约”，束。《说文·糸部》：“约，缠束也。”《庄子·骈拇》：“待绳约胶漆而固者。”成玄英疏：“约，束缚也。”“坚约弋”，令易举放也。

【校文 39】

五步积狗屍五百枚。狗屍长三尺，袤似茅，锐其端，坚约弋。

【今译】

城上每五步贮积狗尾草把计五百个。狗尾草把长三尺，其长略如茅草。使用时，应令其一端呈尖锐状，紧缚于木杙上(，以易于举放)。

【馀论】

此章述贮积狗屍(即狗犀)之数量和要求。

孙诒让云：“狗屍盖以木为之，而掩覆以茅，所以误敌，使陷挤不得出也。”乃释狗屍(即狗犀)为“行马”、“柞鄂”类木制军械，故不取。已详30章“馀论”。

【原文 40】

十步积抟①大二围②以上、长八尺者，二十枚。

【校注】

①抟：即柴抟，柴捆也。详8章注②。

②围：五寸或九寸。详37章注②。

【校文 40】

同上。

【今译】

城上每十步贮积柴捆，其粗在两围以上，长度为八尺，计二十个。

【馀论】

此章述贮积柴捆之数量和要求。

“抟”，尹桐阳依吴抄本作“搏”，云：“搏，同播，谓圆形之大木也。”按：下文言“大木二围，长丈二尺以上”。故不取，录以备考。

【原文41】

二十五步一灶，灶有铁鐕①容石以上者一。戒②以为汤，及持③沙，毋下千石。

【校注】

①鐕：读为鬵，即釜，或称甑，甗也，亦即锅也。《说文·鬲部》：“鬵，大釜也。一曰：鼎大上小下若甑曰鬵。”《尔雅·释器》：“䰙谓之鬵。鬵，鉹也。”郭璞注：“凉州呼鉹。”《方言》卷五：“甑，自关而东谓之甗，或谓之鬵。”《龙龛手镜·手部》：“鬵，鼎鬵，上大下小釜也。”《诗·桧风·匪风》：“谁能亨鱼，溉之釜鬵。”是其例也。下文“灶置铁鐕焉，与沙同处”，“鐕”字同。“灶有铁鐕容石以上者一”，即“灶有容石以上之铁鬵一”。“容石以上”为“铁鬵”之后置定语，加特殊代词“者”作为标志。

②戒：备。《左传·襄公二十三年》：“臧孙闻之戒。”杜预注：“戒为备也。”

③持：读为庤。“持”、“庤”同以“寺”为声符，例可通假。“庤”，具备，储备。《说文·广部》：“庤，储置屋下也。”段玉裁注：“庤，与偫（按：偫，储也）音义同。”《诗·周颂·臣工》：“庤乃钱镈。”毛传：“庤，具也。”

【校文41】

二十五步一灶，灶有铁鬵容石以上者一。戒以为汤，及庤沙，毋下千石。

【今译】

城上每二十五步置灶一座，灶上有可容一石水以上之铁锅一口，备烧热水，（用以倾烫敌人，）并须储沙，（用以倾眯敌人，）数量不可少于一千石。

【馀论】

此章述城上设灶与备沙之事。

"灶有铁鐕"，毕注引《说文》云："鬵，大釜也。一曰鼎，大上小下，若甑曰鬵，读若岑。"不确。当作：《说文》云："鬵，大釜也。一曰鼎大上小下若甑曰鬵。从鬲，兓声，读若岑。"

【原文42】

三十步置坐候楼[①]，楼出于堞[②]四尺，广三尺，广四尺[③]，板周三面，密傅[④]之，夏盖亓上[⑤]。

【校注】

①坐候楼：亦称候（堠）楼，用以瞭望敌情之临时性层楼。"候"，斥候，伺望。详3章注⑯。《通典·兵五·守拒法》："却敌上建堠楼（《太白阴经·守城具》作'楼橹：城上建堠楼'），以版跳出为橹（《太白阴经》作'以板为之，跳出为楼橹'），与四外烽戍昼夜瞻视。"亦言候楼事，均可作比观。

②楼出于堞：当即《通典》所记"以版跳出为橹"和《太白阴经》所记"以板为之，跳出为楼橹"也。

③广四尺：毕沅云："当云'下广四尺'。"按之下文"百步一栊枞，起地高五丈，三层，下广前面八尺，后十三尺，其上称宜衰杀之"，毕校是，今从之。

④傅：通附，涂附也。《广雅·释言》："傅，敷也。"《玄应音义》卷二十五"傅药"注："傅，谓涂附也。"《潜夫论·浮侈》："傅以蜡蜜。"汪继培笺："傅，谓涂附之。"

⑤夏盖亓上：夏日用盖板覆候楼之顶，以避晒也。

【校文42】

三十步置坐候楼，楼出于堞四尺，广三尺，下广四尺。板周三面，密傅之。夏盖其上。

【今译】

城上每三十步建一侦伺敌情之坐候楼，楼探出女墙四尺，其上宽三尺，下宽四尺，用木板遍封外三面，并以厚泥涂附之，(以备火烧。)夏日覆盖其顶(，以蔽日晒)。

【馀论】

此章述城上建坐候楼之规制。

俞樾云："('广三尺，广四尺'，)两言'广'，义不可通，下'广'字疑当为'长'。"可备一说。然既言"楼"制，理应涉上广与下广之度。故不取，录以备考。

【原文43】

五十步一藉车①，藉车必为铁纂②。

【校注】

①藉车：抛石车，当即早期之砲(礮)。详20章注①。

②纂：读为篡。"纂"、"篡"同以"算"为声符，例可通假。"篡"，鏇治车轴。《说文·车部》："篡，治车轴也。"段玉裁注："治，《玉篇》、《广韵》皆作篡。四字句，鏇转规圆之意。"下文"诸藉车皆铁什"，盖即以铁皮包封车轴，且治之令圆也。

【校文43】

五十步一藉车，藉车必为铁篡。

【今译】

城上每五十步设一抛石机(砲)，抛石机(砲)必以铁皮包封车轴，且整治之令其圆转。

【馀论】

此章述城上设抛石机(砲)和对机轴加工之事。

下文"诸藉车皆铁什"，孙诒让云："上文云'藉车必为铁纂'，即此。"指以铁皮包封车轴，而未及治之令圆，稍差一间。

【原文 44】

五十步一井屏①,周垣②之,高八尺。

【校注】

①井屏:屏厕。古时穿地取水,以瓶引汲,谓之井,引而申之,井形之穴亦谓之井。《嵩高山记》:"少室山有云母井,出云母。"厕穴亦然。《集韵·径韵》:"屏,偃厕。"《周礼·天官·宫人》:"为其井匽。除其不蠲,去其恶臭。"郑玄注引郑司农云:"匽,路厕也。"贾公彦疏:"(井,)谓于宫中为漏井以受秽。"《旗帜》:"其井,置铁罐。于道之外为屏,三十步而为之圜,高丈。为民溷,垣高十二尺以上。"其"井"、"圜"、"溷",皆厕也。厕起垣者,厕溷不洁,起屏垣以障蔽之,蠲洁之意也。

②周垣:四周起垣以蔽之。岑仲勉云:"屏,或作庰,厕也。'井屏'合言亦为厕。因其污秽发臭,故筑八尺高之垣以围绕之。"甚是。

【校文 44】

同上。

【今译】

城上每五十步设一厕所,四周起墙以障蔽,墙高八尺。

【馀论】

此章述城上设厕之要求。

毕沅断"五十步为井"为句,并云"'屏'当为'井'"。按:下文言"百步一井",此不应出"五十步一井"之句,且《初学记·地部下》引此正作"五十步一井屏",可正毕校之误。

【原文 45】

五十步一方①,方尚②必为关籥③守之。

【校注】

①方:读为房。《说文·方部》:"方,併船也。"朱骏声通训定声:"方,假借

为房。"《诗·召南·鹊巢》:"维鸠方之。"段玉裁《诗经小学》引戴震先生曰:"方,房也。古字通。"孔安国《尚书序》:"乃遇女鸠女方。"刘逢禄今古文集解:"《史记·殷本纪》方作房。"下"方"同。

②尚:同上。《读书杂志·墨子第三·非命上》:"益盖尝尚观于圣王之事。"王念孙按:"尚,与上同。"

③关篇:即管钥(鑰),锁与匙也。详32章注④。岑仲勉云:"房,备守城者入息之所,故加锁钥。"甚是。

【校文45】

五十步一房,房上必为管钥守之。

【今译】

城上每五十步建一房,房上必配锁钥,以利固守。

【馀论】

此章述城上建房及配锁钥之事。

孙诒让云:"'方'疑'户'之误。"按:可备一说。然不改字亦通,故不取,录以备考。

【原文46】

五十步积薪[①],毋下三百石,善蒙涂,毋令外火能伤也[②]。

【校注】

①积薪:贮积柴薪。燃之,显烟火,以为信号。"积薪",亦多见于秦汉简牍记事中,李均明云:"积薪,柴草垛,堆积于离堠坞稍远处,每堆之间有一定距离,多于烽燧呈垂直角度排列。积薪有大小。《新简》EPT51·188:'……不侵隧大积薪、小积薪各四,皆坏。伐胡隧大积薪三、小积薪四,皆坏。驷望隧大积薪二、小积薪三,皆坏。止北隧大积薪、小积薪各一坏。察微隧大积薪二、小积薪一,皆坏。当曲隧大积薪四、小积薪一,皆坏。'燃烧积薪即成为烽火信号。

白昼燃之,以其烟为信号,黑夜燃之,则以其亮光为信号。”[1]岑仲勉云:“(‘积薪’,)当是专供烧火,与前‘积抟’之用法不同。”甚是。

②毋令外火能伤也:不能使积薪为城外射来之火箭所点燃。《通典·兵五·守拒法》:“柴草之类,厚泥涂之,防火箭飞火。”亦言柴草涂泥防火事,可作比观。

【校文46】

同上。

【今译】

城上每五十步皆贮积柴薪(以为点燃示警之用),柴薪总重不少于三百石(古以百二十斤为一石),妥善以泥埴涂而覆之,使之不致为城外射来之火箭所点燃。

【馀论】

此章述积薪数量和涂泥防火之事。

由《新简》所记“不侵隧”、“伐胡隧”、“驷望隧”以及“大积薪”、“小积薪”数目,知岑仲勉所说“积薪当是专供烧火”,非虚言也。

【原文47】

百步一栊枞①,起地②高五丈,三层,下广前面八尺,后十三尺③,亓上称议衰杀之④。

【校注】

①栊枞:简易、高耸之哨楼。详35章注⑧。

②起地:拔地,以地面起算高度之谓也。

③后十三尺:即“下广后面十三尺”,承前(‘下广前面八尺’)省也。此栊枞为三层哨楼,楼下层宽而上层狭,同时,下层后面宽而前面狭也。

④亓上称议衰杀之:谓栊枞宽度自下部至上部当其宜而渐次衰减也。“称”,当也。《太玄·盛》:“作不恃,称玄德也。”司马光注:“称,当也。”“议”,

[1] 详李均明《秦汉简牍文书分类辑解》第227页,文物出版社2009年版。

定事之宜也。《说文·言部》:“议,语也。”徐锴系传:“(议,)定事之宜也。”朱骏声通训定声:“议,谓论事之宜也。”“杀”,减也。详11章注④。下文“城中无食,则为大杀”,《杂守》“令倚杀”,“杀”字皆同。

【校文47】

百步一栊枞,起地高五丈,三层,下广前面八尺,后十三尺,其上称议衰杀之。

【今译】

城上每百步建一简易高耸之哨楼,哨楼拔地高五丈,共三层,(下层较宽而上层较狭,而下层又前面较狭而后面较宽,)下层前面宽为八尺,而后面宽为十三尺,自下往上之宽度,当论议其所宜而渐次衰减。

【馀论】

此章述建栊枞之规制。

岑仲勉云:“议,宜也。”“议”字并无“宜”训,当改为“议,论事之宜也”。段玉裁《说文》“议”字注所谓“言得其宜谓之议”也。

【原文48】

百步一木楼①,楼广前面九尺,高七尺。楼軪②居坫③,出城十二尺。

【校注】

①木楼:当即下文“渠谵、藉车、行栈、行楼”之“行楼”,亦即《备高临》“守为台城”之“台城”和《备梯》“守为行城”之“行城”,于城上加筑之临时性层楼,用于警伺,编木为之。

②軪:孙诒让云:“或谓‘軪’当为‘輣’之讹。”按:“朋”,隶书作(尹宙碑),“勿”,隶书作(熹·易·家人),形近易混。由是,“輣”,讹作軪。“輣”,楼车。《广韵·庚韵》:“輣,楼车也。”《后汉书·光武帝纪》:“或为地道,冲輣橦城。”李贤注引许慎曰:“‘輣,楼车也。’”“楼车”,即“飞楼”、“轩车”、“巢车”也。详1章注⑰。

③坫:毕沅云:“‘坫’疑‘坫’字。”“坫”,字书所无,盖‘坫’之形近讹字。毕

校盖是，可信。“坫”，屏。《说文·土部》：“坫，屏也。”段玉裁注：“以土为之，高可屏蔽，故许云‘屏也’。”《仪礼·士冠礼》：“执以待于西坫南。”郑玄注：“坫在堂角。”

【校文48】

百步一木楼，楼广前面九尺，高七尺。楼𨎶居坫，出城十二尺。

【今译】

城上每百步造一用作警戒之木楼，其前面宽九尺，高七尺。木楼安置于屏垣内，探出城外十二尺。

【馀论】

此章述造木楼之要求。

“百步一木楼，楼广前面九尺，高七尺，”以上文“百步一栊枞，起地高五尺，三层，下广前面八尺，后十三尺”例之，当脱广后面之度。惜无从补足也。

“𨎶”，字书所无。诸家所释不同。毕沅云：“‘𨎶’，疑‘吻’。”可备一说。然“楼吻”何所指，难以遽定。毕校恐非是。孙诒让云：“疑‘𨎶’当从匆，《左传·定公九年》：‘载葱灵寝于其中。’孔颖达疏引贾逵云：‘葱灵，衣车也，有葱有灵。’《左传》‘葱灵’即‘囱櫺’，疑‘葱’有作‘𫐐’者，亦与‘囱’通。‘楼𫐐’，即‘楼囱’也。”亦可备一说。然孙氏谓“𨎶当从匆”，推测之词。古有“勿”字，于言遽，唯云“勿勿”，而“匆”字晚出。“𨎶”字书所无，“𫐐”字亦然。显见，“楼𫐐即楼囱”之说殆非是。岑仲勉云：“‘楼𨎶居坫’句有误，余疑其与《太白阴经》四所载‘笓篱战格’有关。（按：《太白阴经·守城具》：‘笓篱战格：于女墙上挑出，去墙三尺，内著横栝，前端安辖，以荆、柳编之，长一丈，阔五尺，悬于椽端，以遮矢石’）宋许洞《虎钤经》说：‘篦篱战格于女墙上跳出椽，去墙三尺，横著检椽安辖，以荆、柳编之，长二丈，阔五尺，悬椽端以遮矢石。’《通典》（按：《通典·兵五·守城法》：‘笓篱战格，于女墙上跳出椽，去墙三尺，著横检，椽端安辖，以荆柳编为之，长一丈，阔五尺，悬安椽端，用遮矢石’）文略同，但作‘内著横栝，椽端安辖’。（按：《通典》作‘著横检，椽端安辖’）合参数书，余疑‘𨎶居坫’是‘椽著辖’之坏字。”亦可备一说，然“𨎶居坫”与“椽著辖”字形损完关系殊难追迹，以上毕、孙、岑三校皆不取，录以备考。

【原文 49】

百步一井[①],井十甕[②],以木为系连[③]。水器容四斗到六斗者百[④]。

【校注】

①井:水井,共汲之地下泉也。《说文·井部》:"井,八家一井,象构韩形。甃之象也。"《易·井》:"井,改邑不改井。"孔颖达疏:"古者穿地取水,以瓶引汲,谓之为井。"《旗帜》"井、灶有处,重质有居",《号令》"外宅井尽窒之,无令可得汲也","井"字皆同。

②甕:同甕、瓮,瓶也。《广韵·钟韵》:"甕,汲器。"《周礼·天官·膳夫》"酱用百有二十甕。"孙诒让正义:"甕者,罋之隶变。"《集韵·钟韵》:"罋,或作甕、甕。"《广雅·释器》:"瓮,瓶也。"王念孙疏证:"瓮,通作甕、甕。"

③系连:苏时学云:"系连,所以引甕而汲也。"按:一横木,人抑其一端而挈其另一端之水瓶,所谓桔槔也。《庄子·天运》:"且子独不见夫桔槔者乎?"成玄英疏:"桔槔,挈水木也。"苏说甚是。"以木为系连",即"以木为桔槔"。《通典·兵五·守拒法》:"城内面别穿井四所,置水车,大瓮二十口。"亦言水车汲水事,可作比观。

④水器容四斗到六斗者百:即"容四斗到六斗之水器百","容四斗到六斗"为"水器"之后置定语,特殊代词"者"为后置定语标志词也。

【校文 49】

同上。

【今译】

城上每百步掘一水井,每井配备水瓮十口,用木材制成提水桔槔。容量为四斗到六斗之水瓮一百口。

【馀论】

此章述城上掘井与配备相关械具之事。

孙诒让云:"'繋连',疑当为'擊邍',形近而误,即后文之'颉皋',音并相近。"按:"繋"固通"擊",如《韩非子·说难》:"辞言无所繋縻。"王先慎集解:"繋縻,擊摩,古字相通。"而"邍",字书所无。未敢遽从,录以备考。

【原文 50】

百步一积杂秆[①]大二围以上者,五十枚。

【校注】

①秆:同稈,秉把也。《说文·禾部》:"稈,禾茎也。《春秋传》曰:'或投一秉稈。'秆,稈或从干。"《慧琳音义》卷三十"稻稈"注引杜预注《左传》云:"稈,秉把也。""大二围以上"为"杂秆"之后置定语,特殊代词"者"为后置定语之标志词。

【校文 50】

同上。

【今译】

城上每百步贮积一堆多种禾秸捆成之秉把,其粗二围以上,计五十把。

【馀论】

此章述城上贮积杂秆之要求。

"积杂秆"与"积抟"、"积薪"功用有异,"抟",盖燃之炊食也;"薪",盖燃之发号也,"秆",盖燃之熏敌也。

【原文 51】

百步为橹[①],橹广四尺,高八尺,为冲术[②]。

【校注】

①橹:大盾(楯)。《说文·木部》:"橹,大盾也。"《左传·襄公十年》:"狄虒弥建大车之轮而蒙之以甲以为橹。"杜预注:"橹,大楯。"《备高临》"蒙橹俱前,遂属之城",《备穴》"为中橹,高十尺半,广四尺","橹"字皆同。

②冲(衝)术(術):即冲队(隊),亦即冲隧。《集韵·至韵》:"术,通作遂。"《管子·轻重丁》:"籍于六畜则抚之术。"郭沫若等集校引张佩纶云:"术、遂通。"《银雀山竹简·守令》(简 777～779):"客四面蛾附之,主人先知之,主人利。客……(上)遂广五百步,中遂三百步,下(遂)……""术"亦作"遂"。

“遂”,又通“隧”。《易经异文释》卷四:“《书》:‘三郊三遂。’《鲁世家》‘遂’作‘隧’。”《非儒下》:“伏尸以言术数。”孙诒让云:“‘术’,当为‘隧’之假字。”“隧”,隧道也。详7章注①、②。

【校文51】

同上。

【今译】

城上每百步置一大盾,其宽四尺,高八尺,为在隧道中抗御敌人之用。

【馀论】

此章述城上置大盾之要求。

“为冲术”之“为”,《广韵》于伪切,音 wèi,表目的之介词,异于“百步为橹”之“为”,《广韵》遶支切,音 wéi,动词,作也。

【原文52】

百步为幽⿰月卖①广三尺、高②四尺者千③。

【校注】

①⿰月卖:孙诒让云:“‘⿰月卖’当为‘⿰阝卖’之误。”按:“肉”隶变为月(睡虎地简一〇·七),“𠂤”隶变为阝(鲁峻碑阴),形近易讹。《备蛾傅》“备蛾傅为悬脾”,“脾”亦“陴”之讹字。孙校是,今从之。“⿰阝卖”,通沟也。又作渎、⿰谷卖。《说文·𠂤部》:“⿰阝卖,通沟也。读若渎。⿰谷卖,古文⿰阝卖从谷。”徐锴系传:“⿰阝卖,通沟以防水也。”朱骏声通训定声:“⿰阝卖者,山中泉成沟也。邑中曰渎,人为之;山中曰⿰阝卖,非人为之。”

②高:此处指深。地上物,从地面起计曰高;地下物,从地面起计曰深。

③千:孙诒让云:“此为数太多,疑非也。或当为‘一’之误。”吴毓江云:“‘千’,疑‘十’之讹。”按:孙校疑“千”之非,是。而谓“当为一”则非。“千”、“十”形近而讹。吴校是,今从之。“百步为幽渎广三尺、高四尺者十”,即“百步为广三尺、高四尺之幽渎十”。“广三尺、高四尺”为“幽渎”之后置定语,特殊代词“者”为后置定语标志词。

【校文 52】

百步为幽渎广三尺、高四尺者十。

【今译】

城上每百步凿通水暗沟十条，其宽三尺，深四尺。

【馀论】

此章述城上开掘幽渎之要求。

俞樾云："'脥'，即'窦'字之误，其上本从穴，篆文穴字与隶书肉字相似，《管子·侈靡篇》有'鵰'字，即'窎'字之误，正与此同。"按：俞校亦通。窦，通渎。《说文·穴部》："窦，空也。从穴，渎省声。"段玉裁注："凡孔皆谓之窦，古亦借渎为之。"朱骏声通训定声："窦，假借为渎。"《玄应音义》卷十六"水窦"注："窦，水所行道也。"故未取，录以备考。

【原文 53】

二百步一立楼①，城中广二丈五尺二②，长二丈，出枢③五尺。

【校注】

①立楼：瞭望敌情之较高楼屋。《通典·兵五·守拒法》云："凡筑城，下阔与高倍，上阔与下倍。城高五丈，下阔二丈五尺，上阔一丈二尺五寸。高下阔狭，以此为准。"建楼之制，例当与筑城相仿佛。此处"二百步一立楼"，"二百步"乃城上所有器械设施间距之至大者，其结构比较高大，不言而喻。既言"城中广二丈五尺"，则高约当五丈之数。上文已出用于瞭望敌情之"梳枞"和"木楼"，"百步一梳枞，起地高五丈，三层，下广前面八尺，后十三尺"，"百步一木楼，楼广前面九尺，高七尺……出城十二尺"，又出未言功用之"楼"，"百步一楼……下高丈，上九尺，广亵各丈六尺"，间距与楼体宽度、高度皆逊于"立楼"。

②二：衍文，当删。《墨子》城守诸篇通例，凡长度过"丈"者，均不计"寸"数。岑仲勉径作"城中广二丈五尺"，是也。

③枢：孙诒让云："'枢'，疑当为'拒'。"按之《备高临》"守为台城，以临羊坽，左右出巨"、"左右有钩距"、"爪长五寸，有距"，孙校是，今从之。"拒"、"巨"，并通"距"。"距"，鸡距。《慧琳音义》卷四十六"桀距"注引《说文》云：

“距，鸡足距也。”《汉书·五行志中之上》：“无距。”颜师古注：“距，鸡附足骨，斗时所用刺之。”此处指楼体横出开歧，如鸡距之状。“出枢五尺”，即“出拒（距）五尺”，谓大楼之横距出城堞五尺也。

【校文53】

二百步一立楼，城中广二丈五尺，长二尺，出距五尺。

【今译】

城上每二百步建一侦伺敌情之较高楼屋，楼屋城堞内之部分宽二丈五尺，长二丈，而探出城堞之横距部分宽五尺。

【馀论】

此章述建立楼之规制。

“立楼”之“立”，毕沅校改为“大”，云：“据《太平御览》改。”按：《太平御览·居处部·楼》，确引作“二百步一大楼”。然《初学记·居处部》、《玉海·宫室部》所引皆作“立楼”。且下文“守堂下为大楼”，另有“大楼”在焉，其功用为瞭敌与治事兼有，不似“立楼”之专供瞭敌也。又“立”，字或作“太”，“大”、“太”形近易讹。

【原文54】

城上广三步到四步，乃可以为使斗①。俾倪②广三尺，高二尺五寸。陛③高二尺五④，广长各三尺，远⑤广各六尺。城上四隅童异⑥，高五尺，四尉舍焉⑦。

【校注】

①使斗（鬬）：役使与格斗（鬬）。“使”，役使。《庄子·天地》：“方且为绪使。”成玄英疏：“使，役也。”《备梯》“役身给使，不敢问欲”，“使”字同。“斗”（鬬），争竞，搏斗（鬬）。《说文·鬥部》：“鬬，遇也。”段玉裁注：“古凡‘鬬接’用鬬字，‘鬥争’用鬥字，俗皆用鬬为争竞，而鬥废矣。”《逸周书·大武》：“武有七制：政攻侵伐陈战鬬。”朱右曾集训校释：“鬬，相搏也。”《备穴》“穴御以斗（鬬）”，《号令》“其疾斗（鬬）却敌于术，敌下不能复上。疾斗（鬬）者队二人，

赐上奉”,“斗”(鬭)字同。“乃可以为使斗”,谓方能为守城士卒服役与格斗提供便利。“乃”,犹方,裁(才)也。《吕氏春秋·义赏》:“而霸者乃五。”高诱注:“乃,犹裁也。”

②俾倪:即埤堄,女墙也。详8章注⑫。

③陛:台阶。《说文·𨸏部》:“陛,升高阶也。”段玉裁注:“自卑而可以登高者谓之陛。”《汉书·高帝纪下》:“大王陛下。”颜师古注引应劭曰:“陛者,升堂之阶。”《备穴》“勿为陛与石,以悬陛上下出入”,“陛”字同。

④二尺五:当作“二尺五寸”,脱“寸”字。上文“高二尺五寸”,下文“道陛高二尺五寸”,可证。

⑤远:孙诒让云:“疑‘远’当作‘道’。”按之下文“道陛高二尺五寸,长十步”,“道”以形近讹为“遠”(远)。孙校是,今从之。“道”,指城上下当陛之道。

⑥童异(異):重要特异,此处指重要特异之所在。“童”,读为重。《诸子平议·淮南内篇三》:“商朴女重。”俞樾按:“重,本作童。”“异”,非常。《玉篇·異部》:“異,殊也。”《论语·先进》:“吾以子为异之问。”朱熹集注:“异,非常也。”

⑦四尉舍焉:四名尉官居守于此。“尉”,武官。《玉篇·寸部》:“尉,武官之称也。”《淮南子·时则》:“八月官尉。”高诱注:“尉,武官。”春秋时,晋国上中下三军皆设尉,主发众使民。战国时,赵设中尉,主选练举贤,任官使能。各国在将军下设国尉、都尉。秦国曾以国尉为武官之长。秦代以后,朝廷设太尉,各郡设都尉,县设县尉。此处,“尉”当指都尉或县尉。“舍”,居也。《仪礼·丧服传》:“舍外寝。”胡培翚正义:“舍,亦居也。”“焉”,复词,介词加代词,犹“于之”。

【校文54】

城上三步到四步,乃可以为使斗。埤堄广三尺,高二尺五寸。陛高二尺五寸,广长各三尺,道广各六尺。城上四隅重异,高五尺,四尉舍焉。

【今译】

城上宽度必十二尺至十六尺,方能为守城士卒提供服役和格斗之便利条件。女墙宽三尺,高二尺五寸。登城台阶高二尺五寸,长宽各三尺,上下当阶之道各六尺。城上四角为重要而特异之所在，女墙宜高五尺，有尉官四人居守于此。

【馀论】

此章述城上活动空间，埤堄、陛道修建规格及城隅驻官诸事。

孙诒让云："'童異'，疑当为'重廙'。又疑为'重娄（楼）'。"可备一说。然上文已言"城四面四隅皆为高磿橵，使重室子居其上"，"令耳属城，为再重楼"，且改字为训。故不取，录以备考。

毕沅云："以上（按：指自'三十步置坐候楼'至'四尉舍焉'，即42章至54章）候楼、井、栊枞、木楼、井（按：当为'井屏'）、杂秆、橹、幽朕（渎）、立楼之法。"遗藉车、方（房）、积薪、埤堄等，仅得其仿佛而已。

【原文55】

城上七尺一渠[①]，长丈五尺，貍[②]三尺，去堞五寸。夫[③]长丈二尺，臂[④]长六尺。半植一凿[⑤]，内后[⑥]长五寸。夫两凿，渠夫前端下堞四寸而适。凿[⑦]渠、凿坎，覆[⑧]以瓦。冬日以马夫寒[⑨]，皆待命，若[⑩]以瓦为坎。

【校注】

①渠：状如方形大盾，背面用十字木架支撑，正面敷以兽皮，置于城堞之外，用以挡蔽或收罗敌矢之御敌守城战具。详18章注①。

②貍：通埋，详14章注②。

③夫：通趺，足也。此处喻指渠之立柱，即腿架。详14章注④。下两"夫"字皆同。

④臂：肱也。此处喻指渠之横向伸出部分。详14章注⑦。

⑤半植一凿：于臂之正中凿出一孔。"植"，木之直立者，即柱。此处喻指横柱，即横梁，亦即"臂"。详15章注①。

⑥后（後）：孙诒让云："（'内後长五寸'，）疑当作'内径五寸'，此'径'误为'後'。又衍'长'字。"按："径"以形近讹为"後"。《备高临》"衡植左右皆圜内，内径四寸"，作"内径"，且无"长"字。孙校是，今从之。

⑦凿：当作"貍"（埋）。检孙氏清光绪二十一年苏州毛上珍聚珍木活字本（初本）作"貍"，宣统二年刻本（定本）作"凿"，民国二十九年扫叶山房石印本

作“凿”，孙启治点校本作“貍”，并加注曰：“貍，原误凿，据毕沅刻本改。”清傅山校卢文弨校批明道藏刻本《墨子》、清黄丕烈校并跋明嘉靖铜活字本《墨子》、明嘉靖三十二年唐尧臣刻本《墨子》等皆作“貍”，毕沅《墨子注》、吴毓江《墨子校注》亦作“貍”。就本章所述内容而言，泰半言御敌守城战具“渠”之形制，“凿坎”乃为“埋渠”之趺，“貍渠”之“貍”涉上文“趺两凿”之“凿”而讹，昭昭明矣。

⑧覆：蒙，盖。《说文·襾部》：“覆，覂也。一曰盖也。”《诗·大雅·生民》：“鸟覆翼之。”朱熹集传：“覆，盖也。”下文“十尺一，覆以瓦而待命”，《备蛾傅》“火汤迫之，烧荅覆之”，《备穴》“中判之，合而施之穴中，偃一、覆一”，“覆”字皆同。

⑨马夫寒：当作“马矢塞”。下文“二舍共一井爨，灰、糠、秕、秠、马矢，皆谨收藏之”之“矢”，旧本亦以形近讹作“夫”。汉简《释粹》74EJT37·1537至1558简橐他莫当隧始建国二年五月守御器簿中有“马矢二石、马矢橐一”之记录。“塞”亦以形近讹作“寒”，“马矢塞”，塞以马粪也。

⑩若：犹或，用为选择连词。详12章注④。

【校文55】

城上七尺一渠，长丈五尺，埋三尺，去堞五寸。趺长丈二尺，臂长六尺。半植一凿，内径五寸。趺两凿，渠趺前端下堞四寸而适。埋渠凿坎，覆以瓦。冬日以马矢塞，皆待命，若以瓦为坎。

【今译】

城上每七尺置一御敌守城战具渠，其长一丈五尺，埋入地下三尺，悬于距女墙五寸处。渠之立柱长一丈二尺，臂长六尺。在臂之正中处凿一孔穴，内径五寸，立柱应凿两孔穴，其前端低于女墙四寸较为合宜。为埋渠柱而凿成之坑坎，必以瓦片蒙盖其上。冬日则塞以马粪，当然，皆须待命而行，或者即以瓦片为坑坎(，亦可)。

【馀论】

此章又述城上置渠之具体要求。

以此章前半部分，比观上文“渠长丈五尺，趺长丈二尺，臂长六尺，其埋者三尺，树渠毋傅堞五寸”，“城上二步一渠，冠长十尺，臂长六尺”，知渠长一丈五尺、跌长一丈二尺、臂长六尺、埋地三尺等，是其同；城上二步一置和七尺一置以及“树渠毋傅堞五寸”、“渠跌前端下堞四寸而适”、“冠长十尺”等，是其异。想必墨家弟子各有所记，《墨子》城守诸篇非一人一时之作，此其又一例也。

应当指出，31章“门扇欂植，皆凿半尺”，孙诒让云：“不当云‘半尺’，疑有误。”而此处“半植一凿，内径五寸”，孙氏又云：“上云‘门关（按：‘关’，当作‘扇’）欂植，皆凿半尺’，半尺即五寸之径也。”前疑而后用，矛盾显而易见。正文“貍渠”之“貍”误为“凿”，注文前后又出龃龉。学术泰斗如孙先生者，亦偶有疏失，所谓“大家不免”也。

【原文56】

城上千步一表[①]，长丈，弃水表操表摇之[②]，五十步一厕，与下同圂[③]。之[④]厕者，不得操。

【校注】

①城上千步一表：孙诒让云：“‘千’，疑当作‘十’。”按：《杂守》：“率万家而城方三里。”《备城门》以下十一篇所记兵事，盖皆以守方三里之城而言。《韩诗外传》卷四：“古者八家而井，田方里为一井，广三百步、长三百步为一里。”既然方一里之地其广长各三百步，则方三里，广长各九百步。倘真个“城上千步一表”，而方三里之城竟不足以置一表。“千”为误字确然无疑。由字形知，“千”当为“十”之讹字，陆稳本正作“十”。孙校是，今从之。“表”，表木，标志杆也。《管子·君臣上》：“犹揭表而令之止也。”尹知章注：“表，谓以木为标，有所告示也。”《号令》“居高便所树表，表，三人守之”、“候出置田表，遮坐郭门之外内，立其表”，《杂守》“即有警，举外表；见寇，举次表”，“表”字皆同。

②操表摇之：谓执表木摇动之，以警示城下士卒(，免被污体也)。

③圂：厕所，弃秽处。《说文·囗部》：“圂，厕也。”段玉裁注：“豕厕为圂，引申之义人厕或曰圂。”《慧琳音义》卷十五“大圂”注：“圂，厕也，弃秽处也。”

④之：如，往。《说文·之部》：“㞢，出也。象艸过屮，枝茎益大，有所之。一者，地也。”段玉裁注：“引申之义为往。”《诗·召南·何彼秾矣》：“王姬之车。”郑玄笺：“之，往也。”《文选·何晏〈景福殿赋〉》：“绝流遁之繁礼。”吕延

济注:"之,如也。"《耕柱》"商人之四方,市贾倍蓰","之"字同。

【校文 56】

城上十步一表,长丈,弃水者操表摇之。五十步一厕,与下同圂。之厕者,不得操。

【今译】

城上每十步置一木表,其长一丈。有人从上向下倾倒污水时必摇动木表,(警示于人,以免秽身。)每五十步设一厕所,并与城下厕所共一纳秽之坑。如厕者,不得操表摇动。

【馀论】

此章述城上置木表、设厕所之事。

孙诒让云:"('不得操')下有脱文。"岑仲勉云:"或说'操'与'噪'、'嘈'只一音之转,不得噪亦可通。"按:"弃水者操表摇之",以警示于人,以免秽身。而"之厕者"非倾污水,无须警示于人,故"不得操(表)",文气洽顺。非有脱文,亦不必借助通假。孙、岑二校皆不取,录以备考。

【原文 57】

城上三十步一藉车①,当队者不用②。

【校注】

①藉车:抛石机,当即早期之砲(礮)。详 20 章注①。

②当队者不用:当作"当队者不用此数",疑脱"此数"二字。由上文"城上二十步一藉车,当队者不用此数"得知。

【校文 57】

城上三十步一藉车,当队者不用此数。

【今译】

城上每三十步置一抛石车(砲),面对敌人进攻阵线,则不用此数。

【馀论】

此章亦述城上设置抛石车(砲)之要求。

上文言“城上二十步一藉车”、“五十步一藉车”,此处又言“城上三十步一藉车”。想必墨家弟子各有所记,《墨子》城守诸篇非一人一时之作,此又一例也。

【原文 58】

城上五十步一道陛①,高二尺五寸②,长十步③。城上五十步一楼扟④,扟勇勇必重⑤。

【校注】

①道陛:当道之阶。上文“陛高二尺五,广长各三尺,道广各六尺”,“陛”、“道”分说。此处本但说“陛”,因其当“道”,故谓“道陛”。

②高二尺五寸:与上文“陛高二尺五寸”合。又,由上文“俾倪广三尺,高二尺五寸”,可知“道陛”上与“俾倪”齐也。

③长十步:与上文“广长各三尺”不合。疑“长三尺”言一道陛之长,而十步(六十尺)言城上道陛之全长也。

④扟:字书所无。孙诒让云:“‘扟’,疑当为撕,草书相近而讹。”按:“撕”、“扟”左偏旁皆为“扌”,而或将右偏旁“斯”讹作“孔”。孙校盖是,可信。“楼扟”,疑即上文“楼撕脩”之“楼撕”,“撕”,即浮思,小楼也。“楼撕”,盖谓大小楼屋也。详2章注③。

⑤扟勇勇必重:孙诒让云:“此当作‘楼撕必再重’,即上文所云‘属城为再重楼’也,今本‘撕’‘再’二字,并误为‘勇’,又倒乱失次耳。”按:孙校应补“‘楼’,蒙上句‘楼扟’讹作‘扟’”一句。按之《备蛾傅》“隅为楼,楼必曲裏”,“曲裏”亦“再重”之误,孙校是,今从之。

【校文 58】

城上五十步一道陛,高二尺五寸,长十步。城上五十步一楼撕,楼撕必再重。

【今译】

城上每五十步修一当道台阶,台阶高二尺五寸,全长十步。城上每五十步建一大小楼屋组合,此种楼屋必有两层。

【馀论】

此章述城上修当道之阶与建侦伺楼屋之事。

苏时学云:"'扤'义未详,或误衍,'勇'疑'楼'字之误,'重土'(按:苏氏移下章首字'土'于此章之末)即'重'字之误也,当言'五十步一楼,楼必重'。"按:下文已出"楼五十步一"句,此不应复出"五十步一楼"句。故不取,录以备考。

【原文 59】

土楼①百步一,外门发楼②。左右渠③之。为楼加藉幕④,栈⑤上出之以救外。

【校注】

①土楼:楼之建筑材料主以土,盖以区别于建筑材料主以木之"木楼"也。

②发楼:孙诒让云:"疑亦为悬门也。"按之下文"施贼(栈)其中,上为发梁,而机巧之",机关起梁,谓之"发梁",机关起门、进楼,谓之"悬门"或"发楼",其理一也。孙说盖是,可信。

③渠:开凿渠堑。此乃名词用如动词之法,如下文"不可堑者而堑"之"堑",用为"开堑"者然。

④藉幕:即上文"藉莫长八尺、广七尺"之"藉莫",布、席等所制,用以遮挡矢石之幕幔。详 19 章注①。

⑤栈:木棚;栈道;栈桥。《说文·木部》:"栈,棚也。"《汉书·王莽传上》:"四墙其社,覆上栈下,示不得通。"颜师古注:"栈,谓以箦蔽之也。下则栈之,上则覆之,所以隔塞不通阴阳之气。"《广韵·谏韵》:"栈,木栈道。"《战国策·秦策三》:"栈道千里于蜀汉。"《古今韵会举要·谏韵》:"栈,小桥曰栈。"朱彝尊《日下旧闻》卷一百〇四引《长安可游记》:"自此而登,左万丈溪,右千仞壁,径断处架以栈。"《墨子》城守诸篇中,"栈"或作"行栈",指为御敌搭建之临时木棚;或伸出楼外,应急施救之桥道;或设于堑上,又为发梁,机巧以陷敌之横架。此处,指伸出楼外、应急施救之桥道。下文"渠谵、藉车、行栈"之"行栈",指为御敌搭建之临时木棚,"施栈其中"之"栈"指设于堑上,又为发梁,机巧以陷敌之横架。

【校文 59】

同上。

【今译】

城上每一百步建一土楼，其外门为悬门，机控启门进楼。左右两边皆开沟渠，（用以防备逾越者。）土楼必用幕幔遮盖，（以挡敌人矢石，）并有桥道从土楼上部伸出，以应急救援城外。

【馀论】

此章述城上建土楼及备配套设施之事。

岑仲勉云："此'土楼'疑亦'木楼'之讹。"按：如岑氏所说，则此处"木楼百步一"与上文"百步一木楼"相重，成为多余信息。故不取，录以备考。

【原文 60】

城上皆毋得有室①若②也③可依匿者，尽除去之。

【校注】

①室：人之居室。《说文·宀部》："室，实也。从宀，从至。至，所止也。"徐锴系传："室，堂之内人所安止也。"《诗·唐风·葛生》："归于其室。"毛传："室，犹居也。"此处"室"指城上非军事用途之房屋。

②若：犹或，用为选择连词。详 12 章注④。

③也：读为他。"也"为"他"之声符，例可通假。"他"，其他。《史记·老子韩非列传》"迺自以为也故"，《韩非子·说难》作"而乃自以为他故"。《小取》："举也物而以明之"，下文"葆离乡老弱国中及也大城"，"也"字皆同。

【校文 60】

城上皆毋得有室若他可依匿者，尽除去之。

【今译】

城上皆不得有（非军事用）房屋或其他可用作凭依隐匿之建筑物，（若有)，必须尽数拆除之(，以防奸宄)。

【馀论】

此章述禁建非军事用房屋之事。

或谓未见先秦时第三人称“他”之用例，此言恐非是。《墨子》城守诸篇多用“他”，间或用“也”，即为明证。

【原文 61】

城下州①道内，百步一积薪，毋下三千石以上，善涂之②。

【校注】

①州：读为周。“州”、“周”上古同为章母幽部字，音同，例可通假。[1]《韩非子·难三》：“遂以东州反。”王先慎集解引顾广圻云：“州，读为周。”《经下》“是是与是同，说在不州”，“州”字同。“州道”，即周道，环城之道也。《备水》“城内堑周道”者，是也。

②善涂之：谓以泥埴妥为涂盖积薪，此防火之需也。上文“五十步积薪，毋下三百石，善蒙涂，毋令外火能伤也”，言城上积薪涂泥，此章言城下积薪涂泥。积薪之处所、重量不同，而涂泥之目的相同也。

【校文 61】

城下周道内，百步一积薪，毋下三千石以上，善涂之。

【今译】

在城下环城大道内，每百步贮积柴薪，不可少于三千石以上，并以泥埴妥为涂盖。

【馀论】

此章述城下周道积薪之要求。

上文“五十步积薪，毋下三百石”，言城上积薪，薪垛较多，而每垛积薪较

---

〔1〕 详陈复华、何九盈《古音通晓》，中国社会科学院出版社 1989 年版。

少,此处“百步一积薪,毋下三千石以上”,言城下积薪,薪垛较少,而每垛积薪较多。由是可以推知,城下积薪源源不断运至城上也。

【原文 62】

城上十人一什①长,属②一吏士、一帛③尉。

【校注】

①什:十人。《说文·人部》:“什,相什保也。从人、十。”《周礼·天官·宫正》:“令其什伍而教之道义。”孙诒让正义引《周书·大聚》:“十夫为什。”“什长”,十人之长也。《迎敌祠》“城上五步有伍长,十步有什长”,“什”字同。此处言“十人一什长”,彼处言“十步有什长”,则城上率一步一人守防也。《通典·兵五·守拒法》:“城上五步有伍长,十步有什长,五十步、百步皆有将长。”亦言部众设长事,可作比观。

②属:系属。《增韵·烛韵》:“属,隶也,系属也。”《庄子·骈拇》:“且夫属其性乎仁义者。”陆德明释文:“属,谓系属也。”此处,“属”指“系属于”、“隶属于”。

③帛:读为伯,伯、百通用。《春秋·隐公二年》:“纪子帛。”李富孙异文释:“《公羊》、《谷梁》作纪子伯。”《廿二史考异·汉书三·扬雄传》:“百牙绝弦破琴。”钱大昕按:“伯、百通用。”《迎敌祠》:“城上百步有百长。”由是知“一帛尉”读为“一百尉”。

【校文 62】

城上十人一什长,属一吏士、一百尉。

【今译】

城上十人统制于一名什长,什长隶属于一名吏士和一名百长。

【馀论】

此章述城上什长上下系属之事。

岑仲勉云:“‘属’或即‘其属’之省,言所属有一吏士也。”按:岑说恐非是。实则什长隶属于一吏士和一百长,而非什长所属有一吏士和一百长也。

【原文63】

百步一亭①,高垣②丈四尺,厚四尺。为闺门③两扇,令各可以自闭。尉④必取有重厚忠信可任事者。

【校注】

①亭:古时行政区划最小单位之称。《汉书·百官公卿表上》:"率十里一亭,亭有长,十亭一乡。"此处用作城上供瞭望守备用堡垒、哨卡之名。《号令》"诸城门若亭谨候视往来行者符",《杂守》"其甚害者为筑三亭,亭三偶,织女之,令能相救","亭"字皆同。

②高垣:苏时学云:"'高垣'当作'垣高'。"按:就句法分析,"垣"当为主语,谓语有二:"高丈四尺"和"厚四尺"。苏校是,今从之。

③闺门:大城之别出小门。详9章注②。

④尉:即亭尉。《迎敌祠》:"城上百步有百长。"此处言"百步一亭",则"亭一尉"之"尉",当即上文"一帛(百)尉"之"尉"。

【校文63】

百步一亭,垣高丈四尺,厚四尺。为闺门两扇,令各可以自闭。尉必取有重厚忠信可任事者。

【今译】

城上每百步建一亭,亭垣高一丈四尺,厚四尺。开小门两扇,使其分别得以自行关闭。每亭委任一尉官主事,亭尉必物色厚重、忠信、可以胜任其事者而任命之。

【馀论】

此章述置亭任尉之事。

上文"为闺门,闺门两扇,令可以各自闭也",与此章中两句文字略同。想必墨家弟子各有所记。《墨子》城守诸篇非一人一时之作,此其又一例也。

【原文64】

二舍①共一井、爨②,灰③、康④、粃⑤、杯⑥、马矢⑦,皆谨收藏之。

【校注】

①舍:房舍,居处。《汉书·高帝纪上》:“欲止宫休舍。”颜师古注:“舍,谓屋舍也。”此处指什长、亭尉所居舍也。《号令》“望气者舍必近太守”、“必使信人先戒舍室,乃出迎,门守,乃入舍”,“舍”字皆同。

②爨:炊也。《说文·爨部》:“爨,齐谓之炊爨。臼,象持甑;冂为灶口;廾,推林内火。”徐锴系传:“取其进火谓之爨,取其气上谓之炊。”

③灰:柴草灰烬。

④康:读为糠(穅)。“康”为糠之本字。《尔雅·释器》:“康谓之蛊。”陆德明释文:“康,《说文》作穅。”“糠”,谷皮也。

⑤粃:同秕。秕子,谷不熟也。《吕氏春秋·辩土》:“后生者粃。”高诱注:“粃,不成粟也。”

⑥杯:读为秠。“杯”、“秠”二字同以“不”(古“丕”字作“不”,金文“丕显”字皆作“不”)为声符,例可通假。“秠”,稃子,谷皮也。《说文·禾部》:“秠,一稃二米。”段玉裁注:“秠,即稃。凡稃皆曰秠。”“稃”,米皮。《说文·禾部》:“稃,穭也。”徐锴系传:“稃,即米皮也。”《诗·大雅·生民》:“维秬维秠。”毛传:“秠,一稃二米也。”孔颖达疏引郑志答张逸云:“秠,即皮,其稃,亦皮也。然秠、稃,古今语之异。”

⑦马矢:即马屎,马粪也。“矢”,读为屎。《史记·廉颇蔺相如列传》:“顷之,三遗矢矣。”司马贞索隐:“矢,一作屎。”此处指马粪晾晒后之粉屑物。《通典·兵五·守拒法》:“灰、麸、糠、粃,因风于城上掷之,以眯敌目(《太白阴经·守城具》作‘以眯敌人之目’)。”亦言扬屑眯敌事,可作比观。

【校文 64】

二舍共一井、爨,灰、糠、粃、秠、马矢,皆谨收藏之。

【今译】

城上(什长、亭尉所居)两宿舍共用一井、一灶。柴灰、糟糠、秕谷、米皮、马粪等物,皆须仔细收存。

【馀论】

此章述城上井爨之使用与眯敌物之收放。

灰、糠、秕、秠、马矢等物亦备而用于御敌，足见守御者调动人力、物力之深度与广度。

【原文 65】

城上之备：渠谵[①]、藉车[②]、行栈[③]、行楼[④]、到[⑤]、颉皋[⑥]、连梃[⑦]、长斧、长椎、长兹[⑧]、距[⑨]、飞冲[⑩]、县□[⑪]、批屈[⑫]。楼五十步一，堞下为爵穴[⑬]，三尺而一。为薪皋，二围，长四尺半，必有洁。[⑭]

【校注】

①渠谵：毕沅云："疑'渠荅'假音字。"岑仲勉云："即'渠荅'。"按："谵"，上古定母谈部字；"荅"，上古端母缉部字。"定"、"端"二母同为舌头音，谈、缉二部阳入次对转，故"谵"、"荅"音近，例可通假，犹如"贬"与"乏"之为阳入对转，音近通假。毕、岑校盖是，可信。

②藉车：抛石车，当即早期之砲（礮）。详 20 章注①。

③行栈：或作"栈"，此处指伸出楼外，应急施救之桥道。详 59 章注⑤。

④行楼：即木楼，编木为之，用于警伺之临时性层楼。详 48 章注①。

⑤到：孙诒让云："疑当为'斲'。"按："斲"，俗作"剅"。《备穴》："剑以金为难（斱）"，"剑"亦"斲"之讹字。"到"、"剑"皆从刀，与"剅"（斲）形近而讹。孙校是，今从之。

⑥颉皋：即桔槔，亦名桥，井上汲水具。皋，同皋。详 19 章注②。

⑦连梃：木柄前端接以一组或木或铁之转动短杆，可以连续击打之军械。详 34 章注①。

⑧兹："兹基"之省，即镃錤，锄也。《说文·木部》："欘，斫也。齐谓之镃錤。"段玉裁注："欘，谓斫木之斤及斫田之器，其木首接金者，生而内勾，不假煣治，是之谓欘。"《汉书·樊郦滕灌傅靳周传赞》："虽有兹基。"颜师古注引张晏曰："兹基，钼也。"

⑨距："钩距"之省，当即"铁钩钜"（"钜"，通距），用以钩杀敌兵之军械。《备穴》"为铁钩钜长四尺者，财自足，穴彻，以钩客穴者"，是也。

⑩飞冲：即冲车。详 1 章注⑧。"飞"，喻其运转之疾也。

⑪县□：孙诒让云："'县'下疑阙'梁'字。"按：此章自"渠谵"至"批屈"，罗列"城上之备"，"县梁"作为城上重要设备，不应遗漏。孙校盖是，可信。

“县(悬)梁”,即今之吊桥。详11章注①。

⑫批屈:疑为批击敌人之曲状武器。“批”,击。《左传·庄公十二年》:“批而杀之。”陆德明释文引《字林》:“批,击也。”“屈”,通诎,曲也。《广雅·释训》:“蹇产,诘诎也。”王念孙疏证:“屈,与诎通。”《说文·尾部》:“屈,无尾也。”朱骏声通训定声:“屈,假借为诎,实为曲。”

⑬爵穴:即雀穴,城堞间孔洞,喻指狭小而仅可容雀,故名。“爵”,读为雀。《说文·鬯部》:“爵,礼器也。象爵之形,中有鬯酒,又持之也,所以饮。器象爵者,取其鸣节节足足也。”又《隹部》:“雀,依人小鸟也。”段玉裁注:“爵与雀同音,后人因书小鸟字为爵矣。”《文选·陆机〈吊魏文帝文〉》:“皆著铜爵台。”旧校:“五臣本爵作雀。”下文“爵穴大容苣”、“复鼓,纳苣爵穴中,照外”,《备梯》“为爵穴煇鼠”,《备蛾傅》“爵穴,十尺一,下堞三尺”,“爵穴”皆同,盖即《备穴》“有佩䶂(鼠竄)”之“鼠竄”,亦即“佩(鼠)穴高七尺五寸”之“鼠穴”也。

⑭为薪皋,二围,长四尺半,必有洁(潔):当作“为薪,二围,长四尺半,必有絜皋”,谓整治柴捆,每枚二围,长四尺半,必备桔槔吊放也。“潔”,通絜,絜、挈又通用。《方言》卷三:“屑,潔也。”戴震疏证:“潔、絜,古通用。”《说文·糸部》:“絜,麻一耑也。”王筠句读:“絜之言挈也。”朱骏声通训定声:“絜,假借为挈。”“皋”字由句末误置“薪”字下,致不可读。皋,同皋。桔槔,或作挈皋。《文选·扬雄〈甘泉赋〉》:“燎薰皇天,皋摇泰壹。”李善注引如淳曰:“皋,挈皋也。”《汉书·郊祀志》:“通权火。”颜师古注引张晏曰:“权火,烽火也,状若井挈皋也。”

【校文65】

城上之备渠荅、藉车、行栈、行楼、斲、颉皋、连梃、长斧、长椎、长镃、距、飞冲、悬梁、批屈。楼五十步一,堞下为雀穴,三尺而一。为薪,二围,长四尺半,必有挈皋。

【今译】

城上应有之守备械具有:渠荅、抛石机(砲)、栈桥、木楼、斫刀、桔槔、连梃、长斧、长椎、长锄、钩距、冲车、悬梁、批屈等。每五十步建一楼,女墙下开掘雀形小孔穴,每三尺开一。整治柴捆,每捆大二围,长四尺半,必备桔槔(,以便吊放)。

【馀论】

此章述城上应备之诸般守具与设施。

“批屈”难解，孙诒让云：“‘批’，吴抄本作‘攏’，并未详。”尹桐阳云：“（‘批’，）谓击人之物。”岑仲勉云：“批屈，疑系‘翅膀’之义，连‘楼’字为句，即有翼的楼。”尹说盖由“批”之“击”义生出，然无“屈”字之解。岑说则未明其所从来，皆未惬于心。笔者就字而解作“批击敌人之曲状武器”，然亦不敢自信。

“潔”，岑仲勉云：“絜即举重力之单位”，并与下文“为薪樵挈”相牵为解。可备一说，“絜”，固通挈，然恐非举重力之单位，当为“挈皋”也。故未取，录以备考。孙诒让云：“疑即前‘颉皋’之‘颉’。”甚是。笔者并由此将章末“为薪皋，二围，长四尺半，必有挈”校为“为薪，二围，长四尺半，必有挈皋”。如此，文意似较顺畅。然亦不敢自信，连同“批屈”，一并就教于同行专家。

【原文 66】

瓦石，重二升[①]以上，上[②]城上。沙，五十步一积。灶置铁鐕[③]焉，与沙同处[④]。

【校注】

①升：王念孙云：“‘升’当为‘斤’。”按：“升”，隶书作升（《武威简·士相见》一三），“斤”隶书作斤（《居延汉简》甲二五四〇A），形近致讹。王校是，今从之。上文“二步积石，石重十钧以上者五百枚”，言大石也。此处“瓦、石重二斤以上”，言小石也。

②上：搬上，移上。

③鐕：同鬵，锅也。详 41 章注①。

④与沙同处：与沙子同置一处。上文“灶有铁鬵容石以上者一，戒以为汤，及持沙，毋下千石”，同记灶鬵与沙同处之事，惟详略有异。

【校文 66】

瓦、石重二斤以上，上城上。沙五十步一积。灶置铁鬵焉，与沙同处。

【今译】

凡瓦、石重二斤以上者，概搬至城上。沙子每五十步贮积一堆。灶上安放铁锅,与沙子同置一处。

【馀论】

此章述积瓦、石、沙与置灶、鬵之事。

孙诒让句读为:"瓦石:重二斤以上,上。城上沙,五十步一积。灶置铁鬵焉,与沙同处。"按:"沙",乃守城者于城上掷下眯敌之物,必贮积于城上,此不言自明之事,似毋需费词谓"城上沙"。毕沅云:"('瓦石重二斤以上,上',)疑衍(一'上'字)。"据此知,毕氏句读作"瓦石重二斤以上。城上沙,五十步一积。灶置铁鬵焉,与沙同处。"按:不删"上"字亦可通。故皆不取,录以备考。

【原文67】

木大二围,长丈二尺以上,善耿①亓本,名曰长从②,五十步三十。木桥③长三丈,毋下五十。复④使卒急为垒壁⑤,以盖瓦复⑥之。

【校注】

①耿:孙诒让云:"'耿',疑'聯'之误。"按:"聯",草书作"联"(王羲之),以形近讹为"耿"。孙校是,今从之。"善耿亓本",即"善联其本",谓妥善编联大木根部也。

②从:通枞,盖"栊枞"之省。《说文·木部》:"枞,松叶柏身。"王筠句读:"枞,亦省作从。""栊枞",即栊崇,栊之崇然者,简易、高耸之哨楼也。详34章注⑧。

③桥:井上桔槔。详19章注④。

④复:犹又,连词。《广韵·宥韵》:"复,又也。"《论语·雍也》:"如有复我者。"皇侃疏:"复,又也。"《备蛾傅》"敌人辟火而复攻,悬火复下",《号令》"其欲复以佐上者,其购赏、爵禄、赎出罪人倍之","复"字皆同。

⑤垒壁:即壁垒,军营围墙也。《慧琳音义》卷二十八"壁枝"注引顾野王云:"壁垒,室中垣壁也。"《六韬·龙韬·王翼》:"修沟堑,治壁垒。"是其例也。

⑥复:读为覆,蒙覆。《论语·学而》:"言可复也。"何晏集解:"复,犹覆也。"

【校文 67】

木大二围，长丈二尺以上，善联其本，名曰长枞，五十步三十。木桥长三丈，毋下五十。复使卒急为垒壁，以盖瓦覆之。

【今译】

大木粗二围，长一丈二尺以上，以绳索将其根部编联牢固，(以其有似于长大栊枞，)名之曰长枞，长枞每五十步须备三十编。桔槔长三丈，整个城上不可少于五十架。又遣士卒急速筑成壁垒，并加盖瓦蒙覆之。

【馀论】

此章述城上积大木、置桔槔和筑壁垒等事。

岑仲勉云："('复使卒急为垒壁，以盖瓦复之。')余疑第一个'复'字是衍文。"可备一说。然《墨子》城守诸篇"复"用作连词之例为数不少，故不取，录以备考。

【原文 68】

用瓦木罂①容十升以上者，五十步而十，盛水，且②用之；五十二者十步而二③。

【校注】

①瓦木罂：木质或瓦质之罂。"罂"，口小腹大之缶或瓶。详 38 章注①。"用瓦木罂容十升以上者，五十步而十"，谓用容十升以上之瓦木罂，五十步而十(五步而一)也。"容十升以上"为"瓦木罂"之后置定语，并用特殊代词"者"作为标志词。

②且：犹将。刘淇《助字辨略》卷三："《史记・秦本纪》：'吾且尊官，与之分土。'《汉书・杜钦传》：'钦子及昆弟之属，至二千石者，且十人。'诸'且'字犹云'将'也。"《管子・山国轨》："泰春民之且所用者。"郭沫若等集校引何如璋云："且，将也。"

③五十二者十步而二：俞樾校作"五升者十步而四"，云："上'二'字衍文，下'二'字当为'四'，古人书'四'字作'亖'，传写分为两'二'字，遂移其一于上耳。上'十'字当为'升'。"按：前"十"为"升"，前"二"与后"二"合而为亖

(四),则"五十二者十步而二"乃为"五升者十步而四"矣。上句言"容十升者,五十步而十",即容十升者五步而一。是为大罌。此句言"(容)五升者十步而四"(五步而二),是为小罌。五步之内备大罌一、小罌二,此即上文所谓"小大相杂"也。俞校盖是,可信。

【校文68】

用瓦木罌容十升以上者五十步而十,盛水,且用之;五升者十步而四。

【今译】

用容量十升以上之瓦缶或木缶盛水,每五步一个,将随时取用;容量五升之瓦缶或木缶,每五步两个(,此所谓"小大相杂"也)。

【馀论】

此章再述城上备大小瓦木罌之事。

孙诒让云:"此'升'疑亦'斗'之误。'五十二者十步而二',当作'五斗以上者,十步而二'。"可备一说。然容量十斗,木质缶可得而制,瓦质缶则难以成型与烧制。故不取,录以备考。

顾广圻校以"楼五十步一"至此一百二十六字,为上文"夏盖其上"下之脱文,谓当与"五十步一藉车"相次。孙诒让以"无由定其当次何句",未从其校,姑仍旧本。又,旧本此下有"城四面四隅,皆为高磿𣟴"云云,凡二百三十二字,顾广圻、俞樾校定其为上文脱简。孙诒让从其校,移著于前。前已约定,本书悉遵《閒詁》所订章节、文字先后次序,不辄动矣。

【原文69】

城下里①中家人,各葆②亓左右前后,如城上。城小人众,葆③离乡老弱国④中及也⑤大城。

【校注】

①里:古代户籍管理单位,一里二十五家。《周礼·地官·遂人》:"五家为邻,五邻为里。"《礼记·郊特牲》:"唯为社事,单出里。"郑玄注:"二十五家为里。"或说一里五十家。《管子·小匡》:"制五家为轨,轨有长,十轨为里,里有

司。"《鹖冠子·王鈇》:"五家为伍,伍为之长;十伍为里,里置有司。"《号令》"因城内里为八部,部一吏"、"里中父老不与守之事及会计者,分里以为四部"、"某里某子食口十人,积粟百石","里"字皆同。

②葆:读为保。"保"为"葆"之声符,例可通假。"保",联保,互相担保也。《周礼·地官·大司徒》:"令五家为比,使之相保。"郑玄注:"保,任也。"《号令》"诸吏卒民居城上者,各葆其左右","葆"字同。

③葆:读为保,保卫,保护。《广韵·晧韵》:"保,安也。"《诗·小雅·楚茨》:"神保是飨。"毛传:"保,安也。"《号令》"论小城不自守通者,尽葆其老弱、粟米、畜产","葆"字同。

④国:都城,城邑。《孟子·万章上》:"在国曰市井之臣,在野为草莽之臣。"赵岐注:"在国,谓都邑也。"

⑤也:读为他。详60章注③。"葆离乡老弱国中及也大城",即"保离乡老弱国中及他大城",谓保护别离故乡老弱之人避至都邑或其他大城之中。

【校文69】

城下里中家人,各保其左右前后,如城上。城小人众,保离乡老弱国中及他大城。

【今译】

城下里中百姓,各自联保自家左右前后邻舍,如同城上一般。遇有城小人多不能坚守之情况,应保护别离家乡之老弱者避至都邑或其他大城中。

【馀论】

此章述城下实行联保及安置老弱之事。

孙诒让为证"离乡"为"别乡,不与国邑相附者",引《春秋繁露·止雨》:"书十七县,八十离乡及都官吏(千石以下)"而未完句,遗"千石以下"四字。又,清苏舆《春秋繁露·义证》明言"'离'字疑有误",则不当征而引之,强引只能反致迷离,非疏家所当为也。

【原文70】

寇至,度①必攻,主人②先削城编③,唯勿烧。寇在城下,时换吏卒署④,

而毋[⑤]换亓养[⑥]，养毋得上城。寇在城下，收诸盆瓮[⑦]，耕[⑧]积之城下。百步一积，积五百。

【校注】

①度：音 duò，揆度，估计。《慧琳音义》卷六"比度"注引《集训》："度，揆度也。"《大戴礼记·小辨》："内恕外度曰知外。"王聘珍解诂："度，揆度也。"《号令》"度食不足，令民各自占家五种石斗数"，"度"字同。

②主人：我方，守城方，相对于"客"、"寇"、"敌人"而言。下文"客冯面而蛾傅之，主人则先之知，主人利，客病"，《号令》"客、主人无得相与言及相藉"，《杂守》"客众而勇，轻意见威，以骇主人"，"主人"皆同。

③编："编户"之省。"编户"，编入户籍之百姓。《史记·货殖列传》："夫千乘之主，万家之族，百室之君，尚犹患贫，而况匹夫编户之民乎？"是其例也。"削城编"，削减城内在册编户，即遣散城内若干在编之民家。

④署：官署，营署，治所也。《说文·网部》："署，部署，有所网属。"徐锴系传："署，置之，言罗络之若罘网也。"《广韵·御韵》："署，廨署。"《旗帜》"建旗其署，令皆明白知之"，《号令》"餔食皆于署，不得外食"、"置署术街衢阶若门，令往来者皆视而放"，"署"字皆同。

⑤毋：犹勿，禁止词。《说文·毋部》："毋，止之也。从女，有奸之者。"《广韵·虞韵》："毋，止之辞。"《经传释词》卷十："无，毋，勿也。"上文"唯勿烧"，"勿"，吴抄本作"毋"。《礼记·檀弓下》："其毋以尝巧者乎？"孔颖达疏："毋犹勿也。"下"毋得"字同。《备突》"穴未得，慎毋追"，《备穴》"穴中与敌人遇，则皆围而毋逐"、"善蒙涂，毋令外火能伤也"，"毋"字皆同。

⑥养：臣仆之人，特指主给烹炊者。《书·大诰》："民养其劝弗救。"蔡沈集传引苏氏曰："养，厮养也，谓人之臣仆。"《公羊传·宣公十二年》："厮役扈养者数百人。"何休注："炊烹者曰养。"

⑦瓮：同甕、瓮，瓶也。详 49 章注②。

⑧耕：毕沅云："'耕'疑'冓'字。"按："耕积"殊不辞，"耕"、"冓"形近而讹。毕校是，今从之。"冓"，通構(构)。《说文·冓部》："冓，交积材也。象对交之形。"桂馥义证："通作構。"《汉书·刘襄传》："听闻中冓之言。"颜师古注："谓舍之交积材木也。""冓积"，即构积，同义并列式合成词也。

【校文 70】

寇至,度必攻,主人先削城编,唯勿烧。寇在城下,时换吏卒署,而毋换其养,养毋得上城。寇在城下,收诸盆瓮,构积之城下。百步一积,积五百。

【今译】

敌人骤至,估计其必攻城,守御者先须削减城内编民之数,(移出其住地,)但无须烧掉其住庐,(仅拆除而已。)敌人在城下时,吏卒治事驻防之所应时常变换,而不变换厨炊之类给役人员,规定此等人员不得上城。此外,敌人已至城下,应收集盆、瓮等器物,排列堆积于城下。每一百步积一堆,每堆五百只。

【馀论】

此章述敌寇兵临城下,守御方所采取之应急措施。

"耕",王闿运改为"鉼",岑仲勉从之。若如是,则应读作"寇在城下,收诸盆罋鉼(瓶)","罋",同甕、瓮,瓶也,而"鉼"同瓶,是"甕"、"鉼"同训,义相重复,故不取。

【原文 71】

城门内不得有室①。为周官②,桓吏四尺③,为倪④,行栈⑤内閈⑥,二关⑦一堞⑧。

【校注】

①城门内不得有室:谓城门之内不得有非军事用居室也。"室",此处指非军事用居室。详 60 章注①。上文"城上皆毋得有室",与此同义也。此《墨子》城守诸篇殆非作于一人一时之又一例证也。

②周官:孙诒让云:"疑当作'周宫'。"按:"官"、"宫"形近而讹。"周宫",回环筑堵宫中,但有庌而无室。孙校盖是,可信。

③桓吏四尺:吴毓江云:"疑当作'垣丈四尺'。垣与桓、丈与吏并形近。"按:上文"百步一亭,垣高丈四尺",此与彼同其制。吴校盖是,可信。

④倪:"俾倪"之省。正如上文"名曰长枞","枞"为"桄枞"之省,"主人先削城编","编"为"编户"之省。俾倪,女墙也。详 8 章注⑫。此处指周宫垣墙

之俾倪。《号令》"环守宫之术衢置屯道,各垣其两旁,高丈,为埤院",殆同其义也。

⑤行栈:或作"栈",木棚。详59章注⑤。

⑥闬:当作閈,同闭,行草讹为闬。《龙龛手镜·门部》:"閈、閈、閉,三俗;閇,通;闭,正。博计反,扃闭户也。"此释行均以闬为闭之俗字。《说文·门部》:"闭,阖门也。从门,才,所以歫门也。"段玉裁注:"王逸少《黄庭经》三用闬字(按:王羲之书《黄庭经》有'至于胃管通虚无,闬塞命门如玉都'语),即今闭也。"就字形论之,"闭"所以之"才",实非"艸木之初"之"才",而为ǂ,十象门植与门关横竖相交之形,-象门键横穿之形。《门部》:"闬,门也。从门干声。"干者,盾也。与ǂ无涉。《龙龛手镜·门部》:"闬,胡旦反,垣也,居也,间也,里也。""闭"、"闬"分明二字,音义俱异,不可混同。"行栈内闬",当为"行栈内閈(闭)","闬"为"閈"(闭)之形近讹字。

⑦关:以木横持门户,即今门闩。详32章注①。

⑧堞:读为鍱。堞、鍱二字同以"枼"为声符,例可通假。"鍱",以铁叶包封。详32章注②。上文"门关再重,鍱之以铁"之"门关二重",即此处"二关一堞(鍱)"之"二关",而"鍱之以铁"之"鍱"即此处之"堞"(鍱),特非二为一,是其异也。

【校文71】

城门内不得有室。为周宫,垣丈四尺,为倪。行栈内闭,二关一鍱。

【今译】

城门之内一律不得有非军事用居室。建造徒有廊庑而无屋庐之回环堵宫,其墙高一丈四尺,另造女墙于其上。行栈之门从内关闭。门上设门闩两道,其中一道用铁叶包封。

【馀论】

此章述建周宫之规制。

诸家断句不同。孙诒让断作"城门内不得有室,为周宫植吏,四尺为倪。行栈内闬,二关一堞。"其解"桓吏"为"植吏",谓"惟筑周官,置(植,置之借字)吏守之"。御敌守城,何处无吏卒行守,何独周宫"置吏守之"?又解"倪"为

"小儿",连及《杂守》"睨者小五尺",而以"四尺为倪"为句。蓦然中出,与前后文全不关联,理所不宜。故不取,录以备考。

【原文72】

除城场[①]外,去池[②]百步,墙垣树木小大俱坏伐,除去之。寇所从来,若[③]昵[④]道、傒近[⑤]若[⑥]城场,皆为扈[⑦]楼。立竹箭天中[⑧]。

【校注】

①场:道。《说文·土部》:"场,祭神道也。"《尔雅·释宫》:"场,道也。"此处"场"指城下周道。《旗帜》:"道广三十步,于城下夹阶者各二。"即其义也。

②池:即隍,护城河也。详29章注①。

③若:犹如,假设连词。《玉篇·艸部》:"若,如也。"《易·乾》:"夕惕若厉。"孔颖达疏:"若,如也。"

④昵:近。《集韵·荠韵》:"昵,近也。"《左传·昭公二十五年》:"私降昵宴。"杜预注:"昵,近也。""昵道",捷路也。

⑤傒近:孙诒让云:"当作'近傒'。"按:"近傒"、"昵道",同为动宾结构,于文意较顺畅。孙校是,今从之。"傒",读为徯,即蹊,道也。《尔雅·释诂下》:"徯,待也。"郝懿行义疏:"郭(璞)引《书》曰:'徯我后。'《孟子》作'傒我后。'"《玄应音义》卷七"徯径"注引《通俗文》:"邪道曰徯。徯,又作蹊。""近傒",即近徯,亦即"近蹊",近道也。

⑥若:犹或,选择连词。详12章注④。

⑦扈:宽大。《急就篇》卷二:"耿潘扈。"颜师古注:"扈,宽大也。"《文选·司马相如〈上林赋〉》:"扈从横行。"郭璞注引晋灼云:"扈,大也。""扈楼",大楼也。

⑧天中:孙诒让云:"疑'天中'即'水中'之误。"按之《杂守》"墙外水中为竹箭",孙校是,今从之。"立竹箭天中",即"立竹箭水中",谓植立阻敌偷渡之竹签于池水之中也。"竹箭",即竹签,削竹令锐,布隍池中,所以阻敌渡河也。

【校文72】

除城场外,去池百步,墙垣树木小大俱坏伐,除去之。寇所从来,若昵道、近傒若城场，皆为扈楼。立竹箭水中。

【今译】

清除城下周道近旁，距隍池百步之内，所有墙垣树木，无论大小，悉数毁弃或砍伐，并清除净尽。凡敌人所由来犯之捷路、近径或周道，皆修建大楼。此外，植立阻敌偷渡之竹签于池水之中。

【馀论】

此章述敌寇犯城前所行清野之事。

毕沅云："'傒'即'谿'假音字。"按：《说文·谷部》："谿，山渎无所通者。"《集韵·齐韵》："水注川曰谿。"《玉篇·谷部》："谿与溪同。""谿"，皆以山渎、山水、山溪为义，非经道也，毕说非是。

【原文73】

守堂①下为大楼②，高临城，堂下周散③道。中应客④，客待见。时召三老⑤在葆宫⑥中者，与计事得先⑦，行德⑧计谋合，乃入葆。葆入守⑨，无⑩行城，无离舍。诸守者，审知卑城浅池⑪，而错⑫守焉。晨暮卒歌⑬以为度，用人少易守⑭。

【校注】

①守堂：太守府堂。"守"，指太守、郡守，负责城守之最高官吏。《广韵·宥韵》："守，太守。"《汉书·高帝纪下》："请诛守尉。"颜师古注："守，郡守。"《迎敌祠》"巫、卜以情报守，守独知巫、卜望气之情而已"，《号令》"城外令任，城内守任"、"守必身自致之其亲之所，令其见守之任"，"守"字皆同。

②大楼：用于治事及瞭望之高大楼屋。

③散：分布。《书·成武》："散鹿台之财。"孔颖达疏："散者，言其分布。""周散道"，四周分布道路。

④客：被接待者，宾客。别于"攻者为客"之"客"。

⑤三老：乡官或导引乡民怀仁向善之老者。《后汉书·光武帝纪》："辄见二千石、长吏、三老。"李贤注："三老者，乡官也。"《资治道鉴·汉纪十八》："重使贤长吏、啬夫、三老、孝弟受其耻。"胡三省注引李贤曰："三老，劝导乡里，助

成风化也。"《号令》"三老、守闾令属缮夫为荅"、"吏、三老、守闾者失苛止，皆断"，"三老"皆同。

⑥葆宫：即保宫，守护特殊人群（如人质）之所也，其所守护之人曰"葆民"。《号令》"葆宫之墙必三重"、"其受购赏者令葆宫见，以与其亲"、"楼入葆宫丈五尺为复道"，"葆宫"皆同。

⑦与计事得先：当作"与计事得失"，"失"以形近讹而为"先"。"与计事得失"，即"与之计事得失"，所省代词宾语"之"指"三老"。古文动词谓语前介宾词组作状语，常省去代词宾语句法之又一例也。详 29 章注②。

⑧德：读为得。《释名·释言语》："德，得也，得事宜也。"《潜夫论·释难》："众良相德。"汪继培笺："德，与得同。"

⑨守：守卫，守备，保守。非"太守"，应相别。"葆入守"，即"保入守"，谓保卫人员进入府堂，担任守卫之职也。下文"诸守者，审知卑城浅池，而错守焉"、"用人少易守"，"守"字皆同。

⑩无：读为毋，禁止之词也。《诗·豳风·鸱鸮》："无毁我室。"陈奂传疏："无，犹毋也。无、勿、毋三字并与不可同。""无行城"，即"毋行城"，亦即毋得行于城。

⑪审知卑城浅池：详知城之崇卑、池之深浅也。"审"，详审，悉知。《广韵·寑韵》："审，详审也。"《荀子·非相》："则审其人所贵君子。"杨倞注："审，谓详观其道也。"《备穴》"审知穴之所在，凿穴迎之"，《号令》"相参审信，厚赐之"，"审"字皆同。

⑫错：读为措。"错"、"措"二字同以"昔"为声符，例可通假。《说文·金部》："错，金涂也。"段玉裁注："错，或借为措字。"《荀子·儒效》："则举错而定。"杨倞注："错，读为措。"

⑬歌：孙诒让云："'歌'疑'鼓'之误。"按之《号令》："无敢歌哭于军中，有则其罪联"，知军中禁歌。孙校是，今从之。

⑭用人少易守：孙诒让云："[自'先（失），行德'至此]四十三字旧本错入《杂守篇》，今审定与此上下文正相承接，移著于此。"前已约定，本书暂悉遵《閒诂》所订章节、文字先后之次序，此四十三字自在其中。

【校文 73】

守堂下为大楼，高临城，堂下周散道。中应客，客待见。时召三老在保宫中者，与计事得失，行得计谋合，乃入保。保入守，毋行城，毋离舍。诸守者，审知卑城浅池，而错守焉。晨暮卒鼓以为度，用人少易守。

【今译】

在太守府堂下修筑高大楼屋，（供治事与瞭望之用，）其高可以俯临全城，堂下四周，大道分布。太守在堂中接见并应对来客，来客亦只能在此等待接见。太守时或召见住进保宫中之乡绅三老，与之计议诸事之得失，只有行事得当、计谋相合之人，才有资格进入太守府堂，担任守卫之职。此等守卫人员一俟进入府堂供职，便不得随意在城中行走，亦不得离开府舍。所有守卫人员，皆详知城之高低和池之深浅，故一一安置其守卫岗位。每日早晚士卒以击鼓作为号令，如此，用人虽少，却易于完成守卫任务。

【馀论】

此章述太守共三老计议与处置军中事务。

岑仲勉云："'入葆'下，旧有'葆入'二字，乃衍文。"于是，"守"隶下句，作"守无行城，无离舍"，并释之云："'守'谓太守，言太守不宜出行城上或离开官署，深居简出固不合现代作风，但亦古人避免意外之一法。"可备一说。然不取者，一为以意删字，二为寇既临城，而太守不离官署，竟深居简出，大悖常理。

【原文 74】

守法[①]：五十步丈夫十人、丁[②]女二十人、老小十人，计之五十步四十人。城下[③]楼卒，率[④]一步一人，二十步二十人。城小大以此率[⑤]之，乃足以守圉[⑥]。

【校注】

①守法：守备人员部署方法。

②丁：壮。《玉篇·丁部》："丁，壮也。"《史记·律书》："丁者，言万物之丁壮也，故曰丁。""丁女"，壮年女子。《通典》称"壮女"。下文"丁女子"同。

③城下：孙诒让云："'城下'当为'城上'。"按：古文"上"作⼆，"下"作⼀，极易歧混，此其一；守备者及其武器装备皆在城上，其目的在御敌守城，此其二。孙校是，今从之。

④率:音 shuài,大率,大抵。《助字辨略》卷五:"《史记·平准书》云:'率十余钟至一石。'又云:'于是商贾中家以上大率破。'率,大率,并都凡之辞。"《杂守》"率万家而城方三里","率"字同。"率一步一人",大抵每一步派驻一卒。《迎敌祠》"城上步一甲一戟,其赞三人,五人有五长,十人有十长,百人有百长",同其义也。

⑤率:音 lǜ,通律,标准,准则。《尔雅·释言》:"论,率也。"郝懿行义疏:"率者,当读如律……凡言相类,或云普律,或云一律,或云大率,是其声义俱通矣。"《孟子·尽心上》:"变其彀率。"焦循正义:"率与律同。""以此率之",即"以此律之",谓以此作标准衡量之也。

⑥圉:通禦、御。《尔雅·释言》:"圉,禁也。"郝懿行义疏:"圉,通作禦。"《诗·大雅·召旻》:"我居圉卒荒。"李富孙异文释:"圉、禦、御三字多通用。"《公输》"子墨子之圉有余",《备穴》"穴中与敌人遇,则皆圉而勿逐","圉"字皆同。"城小大以此率之,乃足以守圉",即"城小大以此律之,乃足以守御",谓不论城之大小,皆以此为标准衡量之,便足以完成守御任务也。《尉缭子·守权》:"守法:城一丈,十人守之。工食不与焉。出者不守,守者不出。一而当十,十而当百,百而当千,千而当万。故为城郭者,非妄费于民聚土壤也,诚为守也。千丈之城,则万人之守,池深而广,城坚而厚,士民备,薪食给,弩坚矢强,矛戟称之,此守法也。"《通典·兵五·守拒法》:"以城中壮男为一军(《太白阴经·攻守》作'夫守城之法,以城中壮男为一军'),壮女为一军,老弱为一军(《太白阴经》作'男女老弱为一军')。三军无令相遇(《太白阴经》作'无使相遇')。壮男遇壮女,则志散而力不专;遇老弱(《太白阴经》作'壮女遇老弱'),则老使壮悲,弱使强怜。悲怜在心,则使勇人更虑,壮夫不战。"亦言守城布军之法,均可作比观。

【校文 74】

守法:五十步丈夫十人、丁女二十人、老小十人,计之五十步四十人。城上楼卒,率一步一人,二十步二十人。城小大以此率之,乃足以守御。

【今译】

守备士卒部署之法:(城下不当攻道处,)每五十步配备壮男十人,壮女二十人、老人小孩十人,总计五十步四十人。城上守楼士卒,大抵每一步配备一人,二十步则二十人。不论城之大小,皆以此为标准衡量之,便足以完成守御任务。

【馀论】

此章述城上不当攻道处之兵力部署方案。

孙诒让于"计之五十步四十人"下注云:"此城下不当队者,守备之卒,每十步则八人,与下文城上城下当队者人数并异。"揣其意,下文"客攻以遂(队)",则其为"当队"之兵力部署自有不同也。孙氏所指"不当队",宜视为本章所述兵力部署之"眼"。

【原文75】

客冯面而蛾傅之①,主人则②先之知③,主人利客适④。客攻以遂⑤,十万物⑥之众,攻无过四队者,上术⑦广五百步,中术三百步,下术五十步⑧。诸不尽百五步⑨者,主人利而客病。广五百步之队⑩,丈夫千人,丁女子⑪二千人,老小千人,凡四千人,而足以应之,此守术之数也。使老小不事⑫者,守于城上不当术者⑬。

【校注】

①客冯面而蛾傅之:谓敌人依凭城之四面,如同群蚁般攻城也。"客",敌人。详3章注⑩。"冯面",依凭城之四面。"冯",读为凭,依凭,依恃。《尔雅·释训》:"冯河,徒河也。"陆德明释文:"冯,字又作凭。"《汉书·霍光传》:"加画绣絪冯。"颜师古注引如淳曰:"冯,谓所凭者也。"上文"冯垣外内",《旗帜》"到冯垣,鼓六,举四帜","冯"字皆同。"蛾",通蚁(蚁)。《墨子》城守诸篇凡"蛾"皆同"蚁"。"傅",通附,"蛾傅",即蚁附,谓如群蚁般附城也。详1章注⑮。

②则:犹若,假设连词。《助字辨略》卷五:"《史记·天官书》:'则其为天下候,竟正月。'此'则'字,假设之词,犹云若也。"《备穴》"穴则遇,以版当之",《备蛾傅》"客则乘队,烧传汤斩维而下之","则"字皆同。

③先之知:毕沅云:"(后)二字疑倒。"按:古文语法之例,凡否定句中代词宾语多前置,如"不之知"。肯定句则无此用例。银雀山竹简《守令》(简777~779)正作"先知之"。毕校是,今从之。

④适:疑当为“病”之讹字,由下文“主人利而客病”知之。

⑤遂:与队(隊)、隧俱通。“隧”,道也。详 20 章注②。

⑥物:犹人。《孟子·离娄上》:“是绝物也。”朱熹集注:“物,犹人也。”“十万物之众”,犹言“十万人之众”也。

⑦术(術):道也。此处指攻城之道。《说文·行部》:“術,邑中道也。”《文选·左思〈咏史〉》:“冠盖荫四术,朱轮竟长衢。”张铣注:“术、衢,皆道也。”“术”,与“队”、“隧”俱通。详 7 章注①、②及 51 章注②。《号令》“当术儒敌,离地,斩”、“其疾斗却敌于术,敌下终不能复上”,“术”字皆同。

⑧五十步:当作“百五十步”,脱“百”字,由下句“诸不尽百五(当为‘五十’)步者,主人利而客病”知之。

⑨百五步:当作“百五十步”。上文言“上术广五百步,中术三百步,下术五十步”,“诸不尽百五步者”承“下术五十步”而来,知两句所出步数必相同,即上句“五十”有缺,下句“百五”亦有缺,统而观之,上句缺“百”,下句缺“十”,殆无疑义。试想,“十万人之众”,以四队布列战阵,每一攻队所跨步数不宜过少,不然难以形成全覆盖态势,攻击力亦必大受其限。“五十步”、“百五步”并嫌过少,不宜也。

⑩队:队列,编队,布阵。《左传·襄公十年》:“右拔戟,以成一队。”孔颖达疏:“队是行列之名。”

⑪丁女子:即丁女,壮女也。详 74 章注②。

⑫不事:未任守备之事。

⑬者:特殊代词,或指代事,或指代物,或指代人。《说文·白部》:“者,别事词也。”徐锴系传:“凡文字有‘者’字者,所以为分别隔异也。”《经传释词》卷九:“者,或指其事,或指其物,或指其人。”此处,“不事者”,“者”指代人,“不当术者”,“者”指代地。

【校文 75】

客凭面而蚁附之,主人则先知之,主人利客病。客攻以队,十万物之众,攻无过四队者,上术广五百步,中术三百步,下术百五十步。诸不尽百五十步者,主人利而客病。广五百步之队,丈夫千人、丁女子二千人、老小千人,凡四千人,而足以应之,此守术之数也。使老小不事者,于城上不当术者。

【今译】

敌人依凭城之四面，有如群蚁般攀城，我方如事先侦知，对我方有利，而对敌方不利。敌人从当道处进攻，十万人之众，进攻亦不过分兵四路，其中在最宽之攻道上，兵阵布开，其宽五百步；中等宽之攻道，兵阵宽三百步；最狭之攻道，兵阵宽一百五十步。那些不足一百五十步之兵阵部署，对我方有利，而对敌方不利。就宽五百步之兵阵而言，须部署壮男一千人、壮女二千人、老人小孩一千人，共计四千人，即足以对付敌人。此为抵御敌人于当道处进攻时用兵之数。另外，未安排职任之老人小孩守于城上不正面朝向敌人攻队之所。

【馀论】

此章述正当敌人攻队处之兵力部署。

正当攻队处，五百步部署四千名士卒，适为不当攻队处兵力部署之十倍。故记事者作两章分而述之也。

以上两章皆出“丈夫若干、丁女(子)若干、老小若干”之数，足见战前动员之广泛与深入，谓之“全民皆兵”，亦不为过。

【原文76】

城持出必为明填①，令吏民皆智知②之。从一人百人以上，持出不操填章，从人非其故人，乃亓稹章也③，千人之将以上止之，勿令得行。行及吏卒从之，皆斩，具④以闻于上。此守城之重禁之，夫奸之所生也，不可不审也。

【校注】

①城持出必为明填：当作“城将出必为明旗”。“城持出”，殊不辞，“持”，疑当为“将”，形近而讹。下文有“千人之将”，银雀山竹简《守令》(简781～782)亦作“千人之将”，可证。“千人之将”即“城将”无疑。下文“持”字同。“明填”，亦不辞，“填”，疑当为“旗”，亦形近而讹。银雀山竹简《守令》(简781～782)作“旗章”，可证。下文“填”、“稹”字皆同。

②智知：当作“智”，“知”字疑衍。“智”，读为知。《墨子》书凡“知”多用“智”，不需另加“知”字。当系读者旁记，而后误入正文。银雀山竹简《守令》(简777～779)“主人先知之”，“知之”仅用一字，可为佐证。

③乃亓稹章也：即"而其旗章也"，谓而是其旗章也。"乃"，犹而。《仪礼·燕礼》："大夫不拜乃饮。"郑玄注："乃，犹而也。"

④具：详悉。《书·伊训》："具训于蒙士。"蔡沈集传："具，详悉也。"《迎敌祠》"百官具御，乃升，鼓于门"，"具"字同。"千人之将以上止之，勿令得行。行及吏卒从之，皆斩，具闻于上"，谓统率千名以上士卒之将军有权予以阻止，不能使之通过，凡放行或官吏士卒表示服众者，一律斩首，并将事状详悉报于上司也。银雀山竹简《守令》（简 781～782）："……百人以下之吏，及与□及伍人下城，从……不操其旗章，从人非其故数也，千人之将以下，止之，毋令得行。行者吏与□□当尽斩之。"亦言旗章事，可作比观。

【校文 76】

城将出必为明旗，令吏民皆智之。从一人百人以上，将出不操旗章，从人非其故人，乃其旗章也，千人之将以上止之，勿令得行，行及吏卒从之，皆斩，具以闻于上。此守城之重禁也，夫奸之所生也，不可不审也。

【今译】

守城之将出城必明示其旗号，使官吏民众尽皆知晓。随从一人至百人以上之守将，出城不执其旗帜凭信，或随从者并非守将原有部属，而执其旗帜凭信，统率千名以上士卒之将军有权予以阻止，不能放行。凡放行或官吏士卒表示顺众者，一律斩首，并将事状详悉报知上司。此乃守御城池之重要禁令，因恐产生奸宄之事，不能不审慎处理。

【馀论】

此章述临战前城禁之事。

"明填"、"填章"之"填"乃"旗"字之讹，银雀山竹简可得证知。岑仲勉云："'明填'或'填章'即今护照及放行单之类，犹云填明事由。"显误。

【原文 77】

城上为爵穴①，下堞三尺，广亓外，五步一。爵穴大容苴②，高者六尺，下者三尺，疏数③自适为之。塞④外堑，去格⑤七尺，为县梁⑥。城筵陕⑦不可堑者，勿堑。城上三十步一聋灶⑧，人擅⑨苣，长五节⑩。寇在城下，闻鼓音，燔

苣,复鼓,内[11]苣爵穴中,照外。

【校注】

①爵穴,即雀穴,城堞间孔洞也。详65章注⑬。

②苴:当为"苣"。"容苴",不辞,盖"苴"、"苣"形近而讹。下文"纳苣爵穴中"正作苣。苣,同炬,火把也。详37章注①。

③疏数:疏密。"疏"、"数"对言。"疏",稀疏,粗疏。《集韵·模韵》:"疏,粗也。"《礼记·玉藻》:"主人辞以疏。"孔颖达疏:"疏,麤也。""数",读为促,紧促,密接。详3章注④。《备穴》"三分其疏数,令可以救窦","疏数"同。

④塞:孙诒让云:"'塞',当为'穿'。"按之下文"城迮陜不可堑者,勿堑",知"塞"当为"堑"之反义词"穿"之讹。"穿外堑"而后"为悬梁",与理相合;"塞"之,"为悬梁",夫复何用!孙校盖是,可信。

⑤格:读为落,藩篱也。《集韵·铎韵》:"格,篱格也,或作落箨。"《史记·酷吏列传》:"置伯格长。"裴骃集解引徐广云:"古村落字亦作格。"亦称"虎落"。《汉书·晁错传》:"为中周虎落。"颜师古注:"虎落者,以竹篾相连遮落之也。"亦单称"落"。《文选·范云〈赠张徐州谡〉》:"轩盖照墟落。"吕向注:"落,篱也。"《备蛾傅》"杜(当为"柞")格,貍四尺",《旗帜》"牲(当作"柞")格内广二十五步","格"字皆同。

⑥县梁:即悬梁,吊桥也。详11章注①。

⑦迮陜:即笮狭,亦即窄狭。"笮"为"迮"之声符,例可通假。《广韵·陌韵》:"笮,亦作迮。"《说文·竹部》:"笮,迫也,在瓦之下棼上。"段玉裁注:"笮,在上椽之下、下椽之上,迫于其间,故曰笮。笮、窄,古今字也。"《慧琳音义》卷十三"压笮"注:"笮,或作窄。""陜",同狭。《说文·𨸏部》:"陜,隘也。"段玉裁注:"陜,或作陿、峡、狭。"《尔雅·释宫》:"陜而修曲曰楼。"陆德明释文:"陜,俗作狭,狭代陜行之久矣。""迮陜"(窄狭),同义联合式双音词。

⑧聋灶:即垄灶,用作火塘,以存火种。详21章注①。

⑨擅:同撣,持,操。《说文·手部》:"撣,提持也。"《慧琳音义》卷七十六"撣指"注引《说文》:"撣,持也。"《备水》"人擅弩","擅"字同。"人擅苣",即"人撣炬",谓人持火炬也。《六韬·豹韬·敌强》:"人操炬火。"亦言炬事,可作比观。

⑩五节:以绳捆四道而苣成五节。此事由考古发掘得以证实。《敦煌马圈

湾汉代烽燧遗址发掘简报》称:“大苣长233厘米,直径5厘米,芦苇把,用芦苇数根拧成绳捆扎,共六道。中苣长33至35.5厘米,直径4.5厘米左右,芦苇把,捆扎方法与大苣同。个别有用麻绳捆扎二至四道的。小苣长8.7厘米,直径3厘米,用细麻绳捆扎三道。”显见,以绳捆扎芦苇把四道,即成“长五节”之“苣”。

⑪内:读为纳。内、纳古今字。《左传·襄公二十九年》:“内我者死。”陆德明释文:“内,本又作纳。”《备穴》“凿井城下,为三四井,内新甀井中”,《号令》“吏行其部,至里门,正与开门内吏”,《杂守》“守必察其所以然者,应名乃内之”,“内”字皆同。

【校文77】

城上为雀穴,下堞三尺,广其外,五步一。雀穴大容苣,高者六尺,下者三尺,疏促自适为之。穿外堑,去落七尺,为悬梁。城窄狭不可堑者,勿堑。城上三十步一垄灶,人掸苣,长五节。寇在城下,闻鼓音,燔苣,复鼓,内苣雀穴中,照外。

【今译】

在城之女墙间开凿孔洞,其小甚至可谓仅可容雀,低于女墙三尺,孔洞外宽内狭,每五步开凿一个。其空间容下一只苇炬即可。处于上方之孔洞高六尺,处于下方之孔洞高三尺,而其疏密以合宜为度。于城外穿掘沟堑,沟堑距藩篱七尺之远,其上安装吊桥。城外狭窄地段不便开掘,自可不掘。城上每三十步砌一垄灶,(用作火塘。)守城士卒每人执持由四道细绳捆扎而成五节之苇苣。如敌寇已至城下,守城士卒闻我方击鼓之声,便点燃苇苣。再闻鼓声,便移苇苣入孔洞中,令烛照城外(,以侦伺敌情)。

【馀论】

此章再述雀穴开凿规制及持苇苣伺敌之事。

上文已记“堞下为雀穴”事,此处复记而增详。想必墨家弟子各有所记。《墨子》城守诸篇非一人一时之作,此其又一例也。

孙诒让云:“‘长五节’,‘节’非度名,疑当作‘长五尺’,‘节’(節)当为‘即’,属下读。今本作‘節’,或‘尺即’二字合写之误。”岑仲勉云:“余按炬火常用竹制，节者竹节，则‘长五节’自可通。”二说皆非。唯吴毓江释“节”为束，得之，然犹未的。端赖敦煌出土汉简文字材料，方得确诂！

【原文 78】

诸藉车皆铁什①。藉车之柱长丈七②尺，亓貍③者四尺，夫④长三丈以上至三丈五尺，马颊⑤长二尺八寸。试藉车之力而为之困⑥。失四分之三在上⑦。藉车，夫长三尺⑧，四二三在上⑨，马颊在三分中⑩。马颊长二尺八寸⑪。夫长二十四尺，以下不用⑫。治困以大车轮。藉车桓长丈二尺半⑬。诸藉车皆铁什⑭，复车者在之⑮。

【校注】

①诸藉车皆铁什：所有抛石车皆包封以铁叶。“藉车”，抛石车（机），早期之砲（礮）。详 20 章注①。“什”，通鍱。“什”，上古禅母缉部字；“鍱”，上古喻母葉部字，音近，例可通假。岑仲勉云：“什、鍱字通用。”是也。“铁什”，即铁鍱，以铁叶包封也。详 32 章注②。

②七：当为“六”之讹字，计下文器件尺寸可知，藉车柱长丈六尺，去“其埋者四尺”，则在上者丈二尺，即下文“夫（趺）四分之三在上”之意也。

③貍：即薶，亦即埋。详 14 章注②。

④夫：读为趺，足，此处指抛石车车体腿架。详 14 章注④。

⑤马颊：抛石车上用以盛放抛掷物之囊袋或筐笼。以形似马之两颊，故名。下“马颊”同。

⑥困：读为梱，抛石车上用以起制动作用之木橛。《说文·木部》：“梱，门橛也。”《史记·循吏列传》：“教闾里使高其梱。”司马贞索隐：“梱，门限也。”由制动门之橛引申为制动机之橛。《说文·口部》：“困，故庐也。从木在口中。朱，古文困。”朱骏声通训定声：“困，假借为梱。”《广雅·释宫》：“橛，朱也。”王念孙疏证：“困，亦与梱同。”

⑦失四分之三在上：孙诒让云：“‘失’当为‘夫’。”按：“失”、“夫”形近而讹。又，（如改上文“藉车之柱长丈七尺”之“七”为“六”，）“夫”（趺）长丈二尺，即“夫四分之三在上”，已详注②。孙校是，今从之。

⑧夫长三尺：孙诒让云：“（‘尺’，）当作‘丈’。”按之上文“夫长三丈以上至三丈五尺”，“尺”当为“丈”字之讹。孙校是，今从之。

⑨四二三在上：孙诒让云："当作四之三在上。"按："之"讹作连笔之"二"，正如上文"辒长二尺，中凿跌二为通臂"，"二"讹为"之"者然。又，其上有"夫四分之三以上"之语，可证。孙校是，今从之。"藉车，夫长三丈，四之三在上"，与上文"夫长三丈以上至三丈五尺"，"夫四分之三在上"，意重。孙诒让云："疑旧注之错入正文者。"近是。

⑩马颊在三分中：谓马颊在上"四分之三"之"趺"内。

⑪马颊长二尺八寸：此句重出，应删。

⑫夫长二十四尺，以下不用：谓趺长不可少于二丈四尺，否则以不中度而不获用也。

⑬藉车桓长丈二尺半：当作"藉车桓长丈二尺"。"桓"，直木。详 13 章注⑧。此处指车柱之地上部分。上文"柱长丈六尺，其埋者四尺"，则桓长应为"丈二尺"，"半"字衍。

⑭诸藉车皆铁什：此句亦重出，应删。

⑮复(復)车者在之：岑仲勉云："'復车者在之'，或当为'復车者正之'。"按："在"、"正"形近而讹。岑校盖是，可信。"復"，读为覆。翻也。《群经平议·春秋左传三》："我必復楚国。"俞樾按："字当读为倾覆之覆。""复车者在之"，即"覆车者正之"，谓抛石车倾覆则扶正之也。

【校文 78】

诸藉车皆铁鍱。藉车之柱长丈六尺，其埋者四尺，趺长三丈以上至三丈五尺，马颊长二尺八寸。试藉车之力而为之梱。趺四分之三在上。藉车趺长三丈，四之三在上。马颊在三分中，马颊长二尺八寸。趺长二十四尺，以下不用。治梱以大车轮。藉车桓长丈二尺。诸藉车皆铁鍱。覆车者正之。

【今译】

所有抛石车皆用铁叶加以包封。抛石车支柱长一丈六尺，其埋入地中部分四尺，(支柱之四分之三露于地上，)车体腿架一般在三丈以上，至三丈五尺为最高限，形似马颊之盛放投掷物囊袋长二尺八寸。通过测试得知车体之反作用力而安装橛形重物加以镇压，(以防车体摇动。)腿架之四分之三亦露于地上。车体腿架长三丈，四分之三在上。马颊即在此"四分之三"之三分内，马颊长二尺八寸。腿架以二丈四尺为最低限，不足此数者以失度而不用。通常可用大车轮制作镇压用橛形重物。车上露之于外之支柱长一丈二尺。所有抛石车皆用铁叶加以包封。如车体倾覆，则将其扶正。

【馀论】

此章详述抛石车(机)之规制。

《备城门》篇中，“藉车”之记述凡四：其一，20 章“城上二十步一藉车，当队者不用此数”；其二，43 章“五十步一藉车，藉车必为铁纂”；其三，57 章“城上三十步一藉车，当队者不用此数”；其四，此章“诸藉车皆铁鍱”至“覆车者正之”。然仅能由此章略窥藉车规制之梗概。

此章所述，大致可晓，然个中疑问亦多有之。文句前后重出，器件尺寸不尽一致，乃其荦荦大者。孙诒让疑有“旧注之错入正文者”。岑仲勉谓“趺四分之三在上”以上是正文，其后是注，各有说辞，足资参酌。笔者因而认为“藉车趺长三丈，四之三在上”、后“马颊长二尺八寸”、后“诸藉车皆铁什”，当视为重出文句。又删“藉车桓长丈二尺半”之“半”字，以足“支柱和腿架露出地上部分皆为四分之三”之意。然未敢自必，谨以请教于同行专家。

【原文 79】

寇闉[①]池来，为作水甬[②]，深四尺，坚慕[③]貍[④]之。十尺一，覆以瓦而待令。以木大围长二尺四分而早[⑤]凿之，置炭火亓中而合慕之，而以藉车投之。为疾犁投[⑥]，长二尺五寸，大二围以上。涿弋[⑦]，弋长七寸，弋閒六寸，剡[⑧]亓末。狗走[⑨]，广七寸，长尺八寸，蚤[⑩]长四寸，犬耳[⑪]施之。”

【校注】

①闉：毕沅云：“‘闉’，或‘闉’字。”按之上文“求闉池者，以火与争，鼓橐”，毕校是，今从之。“闉”，通堙，填塞也。“闉池”，即堙池，填塞隍池。详 29 章注①。

②甬：同桶。甲骨文作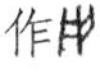(合集 · 20015)，金文作(毛公鼎)，象有把手之桶形，即“桶”之初文。“用”、“甬”、“桶”乃一字之孳乳。《正字通 · 马部》：“甬，与桶同。”《礼记 · 月令》：“角斗甬。”郑玄注：“甬，今斛也，中空通水者。”

③慕：孙诒让云：“‘慕’，当作‘幂’。”按：“慕”、“幂”形近而讹。上文“诸

门户皆令凿而慕孔之","慕"亦"幂"之讹字。孙校是,今从之。下"慕"字同。"幂",覆盖。详3章注⑪。"坚幂",坚牢覆盖。

④狸:即"薶",亦即"埋"。详14章注②。

⑤早:孙诒让云:"'早',疑'中'之误。"按:"早"、"中"形近而讹。上文"辒长二尺中凿跌二为通臂",亦言"中凿(跌二)"。孙校是,今从之。

⑥疾犁投:用以从城上投掷蒺藜之机具。"疾犁",同蒺藜。《备梯》"蒺藜投必当遂而立,以车推引之","蒺藜投"同。

⑦涿弋:即椓杙,端尖身圆之小木橛。详31章注⑥。上文"一寸一涿弋,弋长二寸,间一寸,相去七寸",与此处规格有异。

⑧剡:削而使锐。详27章注③。

⑨狗走:孙诒让云:"此当即上文之'狗屍',惟尺度异耳。又名狗犀。"按:"犀",通棲。《说文·牛部》:"犀,南徼外牛,一角在鼻,一角在顶,似豕。"朱骏声通训定声:"犀,假借为棲,瓠瓣棲于瓠中者也。"《经籍纂诂·齐韵》:"《诗·卫风·硕人》:'齿如瓠犀。'"《尔雅·释草》:"瓠棲,瓣也。""犀"作"棲"。"棲",或省作妻。《群经平议·毛诗三》:"六月棲棲。"俞樾按:"棲,犹妻也,妻之言齐也。""妻"与"走"上部形近,讹而为"走"。由"狗犀",而"狗棲",而"狗走",或通或讹致之也。又上文"狗屍……锐其端",此处"狗走……蚤(爪)长四寸",意相应合。孙说是,今从之。

⑩蚤:读为叉,即爪。详6章注⑨。

⑪犬耳:当为"犬牙",错互置之之状也。详30章注②。

【校文79】

寇堙池来,为作水桶,深四尺,坚幂埋之。十尺一,覆以瓦而待令。以木大围长二尺四分而中凿之,置炭火其中而合幂之,而以藉车投之。为蒺藜投,长二尺五寸,大二围以上。椓杙,杙长七寸,弋间六寸,剡其末。狗走,广七寸,长尺八寸,爪长四寸,犬牙施之。"

【今译】

敌人填塞隍池来攻时,我方须制作水桶,桶深四尺,并坚牢封盖,埋于地下。每十尺埋一只,其上覆盖陶瓦而等待调用命令。用围粗二尺四分之大木,凿空中间部分,装炭火于其中,严密封蒙,用抛石车投向城下之敌。又制作投掷蒺藜之机具，其长二尺五寸，其粗二围以上。城门门钉，其长七寸，其间距六寸，削尖末端，(以利使用。)用于缠缚之狗走，宽七寸，长一尺八寸，爪长四寸，须交错放置。”

【馀论】

此章补述“救堙池”之事。

“狗走”之为物，诸家所释不同。毕沅云：“疑穴之可以出狗者。”孙诒让指斥其非，云：“据下文有蚤(爪)，则非穴明矣。……窃疑此本名狗栖，犹《诗·王风》云‘鸡栖’。……古盖为阑栈以栖狗，守城树杙为藩，似之，故亦谓之狗栖，犹凿穴谓之鼠穴矣。”可备一说。然以鸡栖比拟狗栖，以树杙为藩以守城比拟为阑栈以栖狗，不无臆测之嫌。故未取，录以备考。笔者由“狗犀”而“狗棲”而“狗妻”而“狗走”之论，采孙氏“棲、犀声近字通”之说，撷书证以推理，自以为已说破“狗走”义蕴，然亦未敢自必，谨以就教于同行专家。岑仲勉以“广七寸”之文否定“狗走”即“狗犀”、“狗屍”之说，云：“以余揣之，似属钩曲之器，故有蚤(同爪)长，惜不能考定其如何致用耳。”实则“有爪”应即“锐其端”之意。故未取，录以备考。

【原文 80】

子墨子曰：“守城之法，必数城中之木，十人之所举为十挈[①]，五人之所举为五挈，凡轻重以挈为人数。为薪蘓[②]挈，壮者有挈，弱者有挈，皆称亓任[③]。凡挈轻重所为，吏[④]人各得亓任。城中无食则为大杀[⑤]。”

【校注】

①挈：读为契。《说文·手部》：“挈，悬持也。”段玉裁注：“挈，古假借为契。”“契”，镌刻。《汉书·叙传上》：“妫巢姜于孺筮兮，旦算祀于挈龟。”颜师古注：“挈，刻也。《诗·大雅·緜》之篇曰：‘爰挈我龟。’言刻开之，灼而卜之。挈，音口计反。”按：今《诗·大雅·緜》作“契”。“十挈”，即十契，十刻而有十齿，以记所举之数也。下文“挈”字同。

②蘓：当作蕉，即樵。《集韵·宵部》：“樵，或作蕉。”而“蘓”，同蘸、蕉，音zhuó，药草，附子也。《集韵·觉部》：“蘸，药艸，或从禾。”《广雅·释草》：“蘸，奚毒，附子也。”王念孙疏证：“蘸，《玉篇》作蘓。”与薪蘓(樵)字别。

③称亓任：与其能力相符。“任”，能，胜任。《助字辨略》：“《三国志·吴志·诸葛恪传》：‘卒腹痛不任入。’”刘淇按：“任，犹能也。”《战国策·魏策四》：“是大王筹策之臣无任矣。”姚宏注：“任，能也。”

④吏：读为使。《说文·人部》：“使，令也。”段玉裁注：“《左传》‘吏走问诸朝’，本作‘使走问诸朝’。”孙诒让云：“（‘凡挈轻重所为，使人各得其任’，）此释‘皆称其任’句意，疑亦旧注错入正文。”按：以《杂守》“使人各得其所长，天下事当”观之，此处“使人各得其任”句亦正文，孙氏说恐非是。

⑤杀：减少，降低。详11章注④。

【校文80】

子墨子曰：“守城之法，必数城中之木，十人之所举为十契，五人之所举为五契，凡轻重以契为人数。为薪樵契，壮者有契，弱者有契，皆称其任。凡契轻重所为，使人各得其任。城中无食则为大杀。

【今译】

墨子说：“守城之法，必须计量城中大木之数。十人可搬举之木刻十道记符，五人可搬举之木刻五道记符。（调用此等轻重各异之大木时，）便以其上所刻之记符安排运木人数。薪柴亦需按轻重刻多少不等之记符。强壮者有其一定量之记符，柔弱者亦有其一定量之记符。（记符数目之多寡，）皆与各自之能力相符。总之，为轻重各不相同之大木或柴薪分别刻上数目不等之记符，使守城者人人得以尽其所能。城中无粮供给时，（因体力难支，搬举重量降低，）自然所刻记符数目较平时大为减少。

【馀论】

此章述树木及薪樵计数之事。

“挈”，本义为“提”，借义为“刻”。孙诒让从其后，而岑仲勉从其前，云：“挈者等于每个人力所能举之重量，故木重一挈需一人举之，重十挈需十人举之，木材有挈若干，即需用若干人才能移动。……惟是壮年与弱小，负重之力量不同，大抵材木搬运，必壮者任之，薪樵则弱者亦须担任，故挈量分为两等或数等，总使负重之数，与各个人能力相当。”可备一说。然“挈者等于每个人力所能举之重量”之设定，想必出于臆想，缺乏文献例证之支持。故不取，录以备考。

孙诒让云："自'子墨子曰'，至此一段，与上下文义不相属，疑当在《杂守篇》'斗食终岁三十六石'之上，而误错著于此。"疑而未移，明孙氏之谨慎。前已约定，本书悉遵《閒诂》所订章节、文字先后之次序，不辄动矣。

【原文 81】

去城门五步大堑之，高地三丈下地至①，施贼②亓中，上为发梁而机巧③之，比傅④薪土，使可道行，旁有沟垒，毋可逾越，而出佻且比⑤，适人遂入，引机发梁，适人可禽⑥。适人恐惧而有疑心，因而离。"

【校注】

①高地三丈下地至：王引之云："此本作'高地丈五尺，下地至泉，三尺而止'，今本'丈五尺'讹为'三丈'，'至'下又脱'泉三尺'三字。"按之上文"堑中深丈五"，又《备穴》"高地丈五尺，下地得泉，三尺而止"，王校是，今从之。

②贼：王引之云："'贼'，当作'栈'。"按之下文"上为发梁而机巧(引)之，比傅(敷)薪土"，盖为设栈而敷薪土，以为假象，意在陷敌于堑。王校是，今从之。

③巧：孙诒让云："'巧'盖'引'之误。"按之下文"敌人遂入，引机发梁，敌人可禽(擒)"，孙校是，今从之。

④傅：读为敷。《广雅·释言》："傅，敷也。"《大戴礼记·保傅》："傅，傅其德义。"卢辩注："傅，犹敷也。""敷"，即敷，散布。《玉篇·攴部》："敷，布也。亦作敷。"《诗·周颂·赉》："敷时绎思。"郑玄笺："敷，犹遍也。"孔颖达疏："敷训为布，是广及之义，故云'犹遍'也。"

⑤而出佻且比：王引之云："当作'而出挑战且北'。"按之《备穴》"穴中与敌人遇，则皆御而毋逐，且战北"，"佻"，同"挑"。《荀子·强国》："其服不挑。"王先谦集解引卢文弨曰："《周语》：'却至佻天。'《说文》引作'挑天'。是'挑'与'佻'同。""北"以形近讹作"比"。王校是，今从之。

⑥禽：读为擒。禽、擒古今字。《易·井·象传》："旧井无禽。"李鼎祚集解引崔憬曰："禽，古擒字。禽，犹获也。"

【校文 81】

去城门五步大堑之，高地丈五尺，下地至泉，三尺而止，施栈其中，上为发梁，而机引之。比敷薪土，使可道行。旁有沟垒，毋可逾越，而出挑战且北，引机发梁，敌人可擒。敌人恐惧而有疑心，因而离。”

【今译】

在距城门五步处大开沟堑，高地掘一丈五尺，低地掘至见泉后再深三尺为止。堑上架起活动栈桥（即吊桥），桥上安装控制机关，操控吊落，依次铺就柴薪泥土，使之可以作为通道行走。两旁皆有沟垒，不可能横越。然后派兵出城挑战，且佯装败北，敌人被诱前来，开动机关，提起吊桥，来犯敌人自然束手就擒。敌人因恐惧而生疑心，于是引兵撤离。”

【馀论】

此章述城外开堑及机控发梁诱敌取胜之事。

孙诒让云：“‘贼’疑亦‘杙’之误。”亦通。然《杂守》“墙外水中，为竹箭”，作“竹箭”（签），不作“杙”，故未取，录以备考。

二、备高临

【题解】

《备高临》篇系墨子就弟子禽滑厘所问当敌寇利用“羊坽”即“积土为高，以临吾城”之法攻城时，我方应如何进行有效防御一题，作出回答，其法有二：其一，粗说于城上筑台城即行城，以高抑高，压制敌人；其二，细说于城上装备连弩之车，甚至车之诸般构件及其尺寸，皆逐一说明，强调此车每次可射出并收回大矢六十枚，并由十人操作。在我方强弩劲矢迎头痛击之下，敌寇“羊坽”之攻终至溃败。

【原文1】（《备高临》篇计3章）

禽子①再拜②再拜曰：“敢问适人积土为高，以临吾城，薪土俱上，以为羊黔③，蒙橹④俱前，遂属之城⑤，兵弩俱上，为之柰何？”

【校注】

①禽子：即墨子弟子禽滑厘。由尊称“禽子”，知此篇当为禽滑厘弟子或墨家后学所整理。

②再拜：古代隆重礼节之表示，拜而又拜也。“再”，犹二。《说文·冓部》：“再，一举而二也。从冓省。”“冓省”者，“冓”字上下对折之谓也。段玉裁注：“言再者，重复之词。”王筠句读：“再者，两也。”《礼记·玉藻》：“酒肉之赐，弗再拜。”孔颖达疏：“再，犹重也。”“再拜再拜”，极其隆重之拜礼也。

③羊黔：《杂守》作“羊坽”。王念孙云：“‘坽’与上下两‘城’字（按：指‘以临吾城’和‘遂属之城’）为韵，则作‘坽’者是。”按：后世言及此类作战工事，用“羊坽”而不用“羊坅”（黔）。如黄宗羲《玄若高公墓志铭》：“羊坽未拙，云梯

又排。”王校盖是，可信。“羊”，喻其小也。《大戴礼记·曾子天圆》：“诸侯之祭牲，牛，曰太牢；大夫之祭牲，羊，曰少牢。”“太牢”，大牢也；少牢，小牢也，故“牛”喻“大”义，“羊”喻“小”义。如棘之大者曰“牛棘”，车之小者曰“羊车”。“坽”，高岸也。《集韵·青部》：“坽，郎丁切，峻岸也。”“羊坽”，盖指形小而高之攻城工事，即所谓“积土为高”、“薪土俱上”、“以临吾城”之构筑物也。

④橹：大盾。详《备城门》51 章注①。

⑤遂属之城：谓因而逼近于城。“属”（屬），连属，连及，逼近。《说文·尾部》：“属，连也。”《书·禹贡》：“泾属渭汭。”孔颖达疏：“属，谓相连属。”《汉书·沟洫志》：“与东山相属。”颜师古注：“属，连及也。”“遂”，犹因。《仪礼·燕礼》：“遂卒爵。”郑玄注：“遂，犹因也。”“之”，犹于，用为介词。《大学》：“人之其所亲爱而辟焉。”朱熹章句：“之，犹于也。”

【校文 1】

禽子再拜再拜曰：“敢问敌人积土为高，以临吾城，薪土俱上，以为羊坽，蒙橹俱前，遂属之城，兵弩俱上，为之奈何？”

【今译】

禽滑厘再四郑重拜礼于墨子道：“请问如敌寇于城外大量堆积土石，建成高地，居高临下，以监视我城池，柴薪和土石一并运至高地，形成名为“羊坽”之小型土山，又以大盾为掩蔽物，一齐攻上前来，逼近我城池，其干戈弓弩悉数列于阵前，作为守御一方，我将如何应对？”

【馀论】

此段述禽子就敌寇采用“羊坽”之法攻城，守御方应如何抵拒之事，请教于墨子。

“羊黔”，较难索解。“羊黔”，《杂守》作“羊坽”，唯茅坤本作“羊玲”，恐误。王念孙谓“作‘坽’者是”。笔者赞同。其证有四：一、“坽”，《集韵·青部》释义为“峻岸”；二、王氏谓“坽”与前后二“城”字为韵；三、“坽”义为掘坑或坎。《仪礼·既夕礼》：“甸人筑坽坎。”郑玄注：“穿坎之名一曰坽。”引申为坎。《玉篇·土部》“坽”下引《埤苍》曰：“坎也，坑也。”“坎”、“坑”之义大违“积土为高”之意；四、后世引用作“羊坽”，黄宗羲《玄若高公墓志铭》：“羊坽未拙，云梯又排”,可证。张纯一云:“羊玲,似谓高积薪土,周围有阶;如羊字形,便登也。”可备一说。然谓“羊玲”“周围有阶”固可,谓“如羊字形”,则缺书证以明之。岑仲勉云“余谓羊黔犹云基址,言敌人已筑成土山基址”,其意则是,而“羊”“黔”二字未解。故皆不取,录以备考。

【原文 2】

子墨子曰:“子问羊黔之守邪?羊黔[1]者将之拙者也,足以劳卒,不足以害城。守为台城[2],以临羊黔,左右出巨[3],各二十尺,行城三十尺[4],强弩之[5],技机藉之[6],奇器□□之[7],然则羊黔之攻败矣。

【校注】

①黔:此以上五字(“羊黔之守邪”),旧本脱。毕沅注议补“羊黔”二字。王念孙云:“当作‘子问羊黔之守邪?羊黔者将之拙者也。’”按之《备梯》“问云梯之守邪?云梯者重器也,其移动甚难”;《备蛾傅》“子问蛾傅之守邪?蛾傅者将之忿者也”;《杂守》“子问羊坽之守邪?羊坽者攻之拙者也”,王校是,今从之。

②台城:即为台于城上,亦称“行城”,即别为城而加于城上,乃为适应作战之所需,临时于城上搭建之城防设施,编连大木为之。“台城”或“行城”,当即《备城门》“百步一木楼”之“木楼”和“藉车、行栈、行楼”之“行楼”。互详《备城门》48 章注①和 65 章注④。

③巨:通距。《淮南子·氾论》:“体大者节疏,跖距者举远。”高诱注:“距,大也。”“距”,鸡距。《说文·足部》:“距,鸡距也。”《汉书·五行志中之上》:“无距。”颜师古注:“距,鸡附足骨,斗时所用刺之。”“距”,又通拒。《淮南子·本经》:“勾爪居牙戴角出距之兽。”高诱注:“距,读为拒守之拒。”“左右出巨”,即“左右出距”,谓行城编连大木为之,横出左右两旁,形如鸡之距也。

④行城三十尺:《备梯》:“行城之法,高城二十尺,上加堞广十尺。”唯言“堞广十尺”,而未言其高度。按之此处“行城三十尺”,则堞高应为十尺,失记耳。《周书·韦孝宽传》:“乃于城南起土山,欲乘之以入。当其山处,城上先有两高楼,孝宽更缚木接之,令极高峻。”《通典·兵五·守拒法》:“凡敌攻城,多背旺相。起土为台。我于城内薄筑,长高于敌台一丈以上,即自然制彼,无所施力。”亦言筑行城事,均可作比观。

⑤强弩之:"强弩之",殊不辞。下句云"技机藉之",二句当为偶句。按之《备蛾傅》"守为行临射之,校(技)机藉之","强弩"下当脱"射"字,今补。

⑥技机藉之:技巧之机栝承载于弩机机体之上(,经由钩弦,使劲矢疾射飞出)。"技",巧。"机",连弩机之机栝。"藉",承藉。《说文·艸部》:"藉,祭藉也。"段玉裁注:"藉,引申为凡承藉、蕴藉义,又为假藉之义。"

⑦奇器□□之:"之"前缺二字,例以上两句"强弩射之,技机藉之",知后字当为动词,试补"应"字。"奇器□",当为谓语动词"应"之介宾词组状语,试补"以"字,使成介词宾语前置之形式,以强调宾语"奇器"。因介宾词组作谓语动词之状语时,为强调介词之宾语,每前置也。

【校文2】

子墨子曰:"子问羊玲之守邪?羊玲者将之拙者也。足以劳卒,不足以害城。守为台城,以临羊玲,左右出距,各二十尺,行城三十尺,强弩射之,技机藉之,奇器[以][应]之,然则羊玲之攻败矣。

【今译】

墨子答道:"您问如何应对'羊玲'之攻吗?'羊玲'乃攻城主将所出之拙劣攻法。适足以劳损攻方士卒,不足以危害被围城池。守方于城上编木而为台城,从更高处俯临羊玲,台城向左右两旁横出,如鸡距之状,各二十尺长。(台城亦称行城,)行城高三十尺,利用强弩,劲射敌人,灵巧之机栝承载于弩机机体之上。以此种奇妙之器械应对来犯之敌,则其"羊玲"攻法必以失败而告终。

【馀论】

此章述墨子从筑台城和用弩机两方面破敌人"羊玲"之攻,以答禽子之问。

"藉",诸家之释颇异。孙诒让云:"'藉',当读为'笮',声近假借。《说文·矛部》:'矠,读若笮。'《说文·竹部》:'笮,迫也。'谓发机厌笮杀敌也。"岑仲勉云:"余谓('藉')当读如'掷',技机之用,在乎远掷。"吴毓江云:"'藉'读为斮。《文选·东京赋》薛注云:'斮,击也。'"毕沅云:"疑即藉车。"皆可备一说。笔者以为,实则"技机"、"奇器"即下章"备临以连弩之车"之连弩机。墨子答禽子应对敌人"羊玲"之问,其法有二:一曰筑台城,二曰用弩机,而弩机灵巧之机栝装于机体之上，又以机体为承藉，取解直接而中肯。故不取孙、岑、吴三氏之释，录以备考。

缺字补“以应”二字，亦不自信，谨以请教于同行专家。

【原文 3】

备临①以连弩②之车，材大方一方一尺③，长称城之薄厚。两轴三轮④，轮居筐⑤中，重⑥下上筐。左右旁二植⑦，左右有衡⑧植，衡植左右皆圜内⑨，内径四寸。左右缚⑩弩皆于植，以弦钩弦⑪，至于大弦，弩臂⑫前后与筐齐，筐高八尺，弩轴去下筐三尺五寸。连弩机郭同铜⑬，一石三十钧⑭。引弦鹿长奴⑮。筐大三围半⑯，左右有钩距，方三寸，轮厚尺二寸，钩距臂博尺四寸，厚七寸，长六尺。横臂齐筐外，蚤⑰尺五寸，有距，博⑱六寸，厚三寸，长如筐，有仪⑲，有诎胜⑳，可上下。为武㉑重一石，以材大围五寸。矢长十尺，以绳□□㉒矢端，如如戈射㉓，以磨鹿㉔卷收。矢高弩臂三尺，用弩无数，出人㉕六十枚，用小矢无留。十人主此车。遂具寇㉖。为高楼以射道㉗，城上以荅罗㉘矢。”

【校注】

①临：“高临”之省，即“敌人积土为高，以临吾城”之“临”，“羊坽”攻法也。

②连弩：装有机栝可连续强力发矢之弓。《急就篇》卷三：“弓弩箭矢。”颜师古注：“弓之施臂而机发者曰弩。”《史记·秦始皇本纪》：“方士徐市……乃诈曰：‘蓬莱药可得，然常为大鲛鱼所苦，故不得至。愿请善射与俱，见则以连弩射之。”道出连弩车之用途。《通典·兵十三·攻城战具》：“作轴转车(《太白阴经·攻城战具》作‘车弩：为轴转车’)，车上定十二石弩弓，以铁钩绳连(《太白阴经》作‘以铁钩连轴’)，车行轴转，引弩弓持满弦(《太白阴经》作‘引弩持满弦挂牙上’)。牙上弩为七衢(《太白阴经》作‘弩为七衢’)，中衢大箭一，镞刃长七寸(《太白阴经》作‘簇长七寸’)，广五寸(《太白阴经》作‘围五寸’)，箭簳长三尺，围五寸(《太白阴经》作‘箭笴长三尺’)，以铁叶为羽；左右各三箭，次小于中箭(《太白阴经》作‘次差小于中箭’)，其牙一发，诸箭齐起，及七百步。所中城垒，无不摧陨(《太白阴经》作‘无不崩溃’)，楼橹亦颠坠。谓之车弩。”道出连弩车之构造与操作方法，可作比观。

③材大方一方一尺：苏时学云：“‘方一’误重。”按之下文“筐大三围

半”,此句当作“材大方一尺”。苏校是,今从之。“材大方一尺”,“材大一尺见方”之谓也。连弩之车,强劲发矢,后坐力大甚,用作车体之木必大且重而后可。

④三轮:俞樾云:“‘三’当为‘四’。”按:制轴轮之例,一轴必连两轮。既言两轴,应连四轮。甲骨文、金文于二、三、四等数字,皆累画为之,作二、三、亖,累画而像手指或木枝草棒之类,致有亖、三之误。俞校是,今从之。

⑤筐:同“匡”,“匡”又通“框”。《说文·匚部》:“匡,饮器,筥也。筐,匡或从竹。”又《木部》:“梱,匡当也。”段玉裁注:“匡当,今俗有此语,谓物之腔子也。”是“匡当即边框,如门之边框名门匡(框)当。此处,“筐”(框)指框架,即车体底架也。“轮居筐中”,即“轮居匡中”,亦即“轮居框中”,谓轮子置于车体底架之中也。下文诸“筐”字同。

⑥重:重迭。“重下上筐”,即“重下上框”,谓底架为上下两部分,成重迭之式也。

⑦植:柱。详《备城门》15章注①。

⑧衡:读为横。《释名·释车》:“衡,横也,横马颈上也。”《蛾术编》卷二十二:“衡之本义是横大木,以音同,借为权衡之衡、纵横之横。”《论语·卫灵公》:“则见其倚于衡也。”刘宝楠正义:“衡之言横也,谓横于车前。”“衡植”,横柱也。

⑨圜内:读为圆枘。《说文·口部》:“圜,天体也。”段玉裁注:“许书圆(按:《说文·口部》:‘圆,圜全也’)、圜、圓(按《说文·口部》:‘圓,规也’)三字不同。今字多作方圆、方员、方圜,而圓字废矣。依许则言天当作圜,言平圓当作圓,言浑圆当作圆。”浑圆者,今立体几何之球体也,平圓(圆)者,今平面几何之圆也。圓字既废,则圆并指球体与平面圆矣。“内”,读为枘,内、枘古今字。《广雅·释器》:“锟,釭也。”王念孙疏证:“《新序·杂事篇》:‘淳于髡谓邹忌曰:“方内而员釭。”’内,与枘同。”“圜内”,即圆枘,谓圆榫头也。

⑩縳:孙诒让云:“‘縳’,当为‘缚’。”按:下文“博六寸”,“博”,旧本作“傳”。“傳”、“博”形近而讹。宝历本、堂策槛本、四库本正作“缚”。《备穴》:“穴土而入,缚柱施火,以坏吾城。”“缚”,旧本亦讹作“縳”,而唐本、宝历本、堂策槛本、四库本正作“缚”,皆同其例也。“左右缚弩皆于植”,谓从左右两边将连弩车臂缚于立柱之上也。

⑪以弦钩弦:用弩牙将数支弓弦钩至发箭之主弦上。《释名·释兵》:“弩,

其柄曰臂,似臂也。钩弦者曰牙,似齿牙也。牙外曰郭,为牙之规郭也。下曰悬刀,其形然也。合名之曰机,言如机之巧也,亦言为门户之枢机,开阖有节也。"由是可知弩机之制:四周有"郭","郭"中有"牙","牙"所以钩弦,"牙"下连"悬刀"(即扳机)。"郭"上有"规"。(即沈括《梦溪笔谈·器用》"穿地得一弩机,其望山甚长"之"望山",瞄准器也)发射时,以规搜得目标后,扳动"悬刀","牙"即缩下,而"牙"所钩之弦强力弹起,矢因弦之弹力飞出。[1]《淮南子·氾论》:"连弩以射。"高诱注:"连车弩通一弦,以牛挽之。"《文选·潘岳〈闲居赋〉》:"谿子巨黍,异絭同机。"李贤注引《汉书音义》张晏云:"连弩三十絭共一臂。"似谓连弩以牙钩数支弓弦于一大弦,而以牛或人挽之,而诸支弦连通主弦,同时可发数矢。

⑫臂:弩柄。《说文·弓部》:"弩,弓有臂者也。"《释名·释兵》:"弩……其柄曰臂,似人臂也。"下文"横臂齐框外","矢高弩臂三尺","臂"字皆同。

⑬机郭同铜:当作"机廓用铜"。谓枢机外郭用铜制作也。"机",枢机,制动枢纽。《慧琳音义》卷八十四"枢机"注引韩康伯云:"枢机,制动之主也。""郭",通廓,围廓。《慧琳音义》卷二十一"城郭"注引《风俗通》:"郭之言廓也。"《汉书·尹赏传》:"穿地方深各数丈,致令辟为郭。"颜师古注:"郭,谓四周之内也。"此处"郭"指"牙"之外郭。《释名·释兵》:"牙外曰郭,为牙之规郭也。""同",孙诒让云:"当为'用'。"按:"同铜",殊不辞,"用"、"同"形近而讹。孙校是,今从之。

⑭钧:当作"斤"。《说苑·辨物》:"三十斤为钧,四钧为石。"度量衡之制,大小单位连言时,恒大前小后。"三十钧"计七石有半,谓"一石三十钧",失次。铜制牙廓,一石三十斤,即一百五十斤,其重可知,尚属可信。若七石有半,即一千有二十斤,则不可信矣。

⑮鹿长奴:孙诒让云:"此疑当作'鹿卢收'。"按之下文"以磨鹿(即'鹿卢')收","卢(盧)收",讹作"长(長)奴"。孙校是,今从之。"鹿卢",即辘轳。《别雅》卷五:"鹿卢,辘轳也。"《古文苑·王褒〈僮约〉》:"削治鹿卢。"章樵注:"鹿卢,引绠以汲井。"

⑯筐大三围半:谓框架周长三围有半也。

---

〔1〕 详徐中舒《弋射与弩之溯源及关于此类名物之考释》,《历史语言研究所集刊》四本四分,第417~439页。

⑰蚤:读为叉,亦即爪。详《备城门》6 章注⑨。

⑱博:宽。《左传·桓公六年》:"博硕肥腯。"杜预注:"博,广也。"《仪礼·聘礼记》:"博三寸。"胡培翚正义:"博,言其宽也。"下文"爪尺五寸,有距,博六寸,厚三寸,长如框","博"字同。

⑲仪:准,仪器也。《国语·周语下》:"不仪生物之则。"韦昭注:"仪,准也。"《后汉书·明帝纪》:"正仪度。"李贤注:"仪,谓浑仪,以铜为之。置于灵台,王者正天文之器也。"此处,"仪"指弩机之瞄准器。于省吾云:"'仪'即弩机牙后之上出者,《梦溪笔谈》所谓'望山'。以'仪'为准,可窥弦矢之高下。"所言极是。

⑳诎胜:即屈伸。《说文·言部》:"诎,诘诎也。一曰屈襞。"又《尾部》:"屈,无尾也。"段玉裁注:"今人屈伸字,古作诎申,不用屈字,此古今字之异也。"《管子·国蓄》:"其兵不诎。"尹知章注:"诎,与屈同。""胜"、"伸"一声之转。《庄子·盗跖》:"胜子自理。"陆德明释文:"本又作'申子自理'。""胜"音转为"申"也。"屈伸"应即《通典》"屈胜(伸)梯"也。《汉书·王莽传下》:"莽乃造华盖九重,高八丈一尺,金瑵(按:读为爪)羽葆,载以秘机四轮车。"服虔注:"盖高八丈,其杠皆有屈膝,可上下屈伸也。"颜师古注:"言潜为机关,不使外见,故曰秘机也。"按:"屈膝",疑屈胜(勝)之讹也。《通典·兵五·守拒法》:"台内通暗道,安屈膝梯,人上便卷收。""屈膝梯",亦当为"屈胜(勝)梯"之讹也。

㉑武:孙诒让云:"'武',疑'趺'之声误。"按:"武",上古明母鱼部字;"趺",上古帮母鱼部字,声相近,韵相同,例可通假。孙校盖是,可信。"趺",机具之腿架。详《备城门》15 章注④。

㉒□□,吴毓江云:"此文疑当作'以绳系矢端,如弋射'。"补一缺文"系"字。以文意揣之,吴校可取,因有二字之缺,故"系"后应再补一"于"字。

㉓如如戈射:孙诒让云:"'如'不当重,疑衍。'戈'当为'弋'。"按:就文意而言,"矢长十尺,以绳系于矢端,如弋射",顺畅至极。二"如"重其一,无疑。吴抄本、陆本、宝历本皆不作"戈"而作"弋"。孙校是,今从之。"弋",读为隿,缴射。《说文·隹部》:"隿,缴射飞鸟也。"《非命中》:"外之驱骋田猎毕弋。"孙诒让云:"弋,即隿之假字。"

㉔磨鹿:王引之云:"'磨鹿'当为'磿鹿'。上文云:'备临以连弩之车',则此谓车上之磿鹿,转之以收绳者也。故曰:'以磿鹿卷收',磿鹿犹鹿卢,语之转

耳。”按:《方言》卷五:“維车,赵魏之间谓之轣辘车。”《广雅·释器》:“維车谓之厤鹿。”王念孙疏证:“‘轣辘’与‘厤鹿’同。”“轣”“辘”、“辘”“轳”,皆一声之转,故“厤鹿”、“磿鹿”,即辘轳,收绳之器也。《六韬·虎韬·军用》:“着转关辘轳。”作“辘轳”。王校是,今从之。

㉕出人:当作“出入”。“人”、“入”形近而讹。发矢曰“出”,收矢曰“入”。

㉖遂具寇:乃备寇。“遂”,犹乃,连词。《春秋·襄公十年》:“遂灭偪阳。”孔颖达疏:“遂,因上事生下事之词。”“具”,备也。《孙子·谋攻》:“具器械。”曹操注:“具,备也。”

㉗射道:孙诒让云:“(‘道’,)疑当作‘适’。”按:“道”、“适”(適)形近而讹。“射适”,即“射敌”也。

㉘罗:网罗,罗致。《说文·网部》:“罗,以丝罟鸟也。”《玄应音义》卷十“罝罗”注:“鸟网曰罗。罗,截也。”《备蛾傅》“罗石悬荅”,“罗”字同。

【校文3】

备临以连弩之车,材大方一尺,长称城之薄厚。两轴四轮,轮居框中,重下上框。左右旁二植,左右有横植,横植左右皆圆枘,内径四寸。左右缚弩于植,以弦钩弦,至于大弦。弩臂前后与框齐,框高八尺。弩轴去下框三尺五寸。连弩机廓用铜,一石三十斤。引弦辘轳收。框大三围半,左右有钩距,方三寸。轮厚尺二寸,钩距臂博尺四寸,厚七寸,长六尺。横臂齐框外,爪尺五寸,有距,博六寸,厚三寸,长如框,有仪,有屈伸,可上下。为趺重一石,以材大围五寸。矢长十尺,以绳[系][于]矢端,如弋射,以磿鹿卷收。矢高弩臂三尺,用弩无数,出入六十枚,用小矢无留。十人主此车。遂具寇,为高楼以射敌,城上以荅罗矢。”

【今译】

防备敌寇居高临下之“羊坽”攻势,必用连弩之车。(装备连弩车,)用一尺见方之大木,(以尽量减少强劲发矢时对机体所产生之后坐力。)其长度视城垣厚度而定。弩车底部安装两轴四轮,而车轮置于底架中,底架为两层,上下重迭。左右两旁各有两根立柱,又有横梁,横梁左右两端皆为圆形榫头,榫头内径为四寸。将弩车(有臂之弓)从左右两边固缚于立柱,以弩牙钩连数支弓弦至于发矢之主弦上。弓臂前后与上层底架齐平,底架高八尺。弩轴距下层底架三尺五寸。弩车钩牙外廓用铜铸成,重一百五十斤。用辘轳收引弓弦。底架周长三围半,左右皆装有作钩距用之弩牙,其大为三寸见方。车轮厚一尺二寸,弩牙臂宽一尺四寸,厚七寸,长六尺。横臂与底架外沿齐平,其末端刻细似爪之处长一尺五寸,有旁歧之距,宽六寸,厚三寸,长与底架相同,有瞄准仪,(可供搜寻目标,)有屈伸装置,可作上下调节。制作弩车腿架(底座),要求重一百二十斤,用周长一围五寸之大木。大矢长十尺,以绳索系于矢尾,有如弋射一般,(因大矢既长且重,)须用辘轳卷而收之。大矢高出弩臂三尺,用弩车放大矢无须记数,每次可以射出并收回六十枚,而用小矢则不必系绳收回。一架弩车需十人操作方可。因此,为有效防备敌寇来犯,必建高楼,以便凭高射敌,城上遍置渠荅,以抵挡并收罗敌矢。"

【馀论】

此章述连弩车之构造及操作人员配备之事。

原文所述弩车之制虽颇详赡,然因构件古今异名异制,又无图绘标示,故殊难臻于了然于胸之境,如"武"究为何物,"以弦钩弦"究作何解,每多扑朔迷离之感。诸家所释,难免就文字表面予以牵合之弊。笔者"校注"与"今译"亦未敢过于自信。今特摘录美国哈佛大学叶山教授《攻守城器械及东周军事技术》相关节段如次,庶可于理解原文内容有所裨益。其文云:"连弩车的结构本身长度超过一丈长的箭,置于两根轴上,每轴有三个轮子(俞樾认为原文'三'应校正为'四'才对)。轮子安置在底架里。上架离地八尺,弩臂与上架相平。架子的两部分由柱和四寸内径圆榫连接起的横杆组成。弩用绳或弦系在柱上。中心钩弦,也叫'牙',固定于发箭的主弦。原文中有一项叫做'轴'的……或是扳机的名称(按:'弩轴'之'轴',当指弩钩内连接附件,即使转动自如之铜轴,而非'悬刀',即扳机)……安在离底架三尺半的地方。铸造机郭需用一石三十斤(36 公斤)以上的铜。弩用辘轳拉开,辘轳使用左右爪——三寸见方的钩距,弩机配备观测器,叫'仪',还有上升下降的调节装置可使准确瞄向目标。还提到其他部分:一个木'武'(字义为'武将'),重一石(29.3公斤),此物可能用作平衡器,起稳定作用。还有一种'距'(字义为'爪'),六寸宽,三寸厚,与筐等长,用途、功能不详。十尺长的大箭用绳缚住箭杆,这样,发射之后箭杆可由大绞盘卷回。每架机器配备六十支大箭,外加无数小箭,由同一架弩机发射,或许是大小箭同时齐发。《墨子》末了提到每架弩车由十个弩车兵负责操纵。"[1]当然,叶氏诠解亦未必皆真,如谓"武"义为"武将","弩轴"的"轴"或是"扳机",等等,显系误释。但将诸家诠释相互参验,去粗取精,去伪存真,总会渐次晓悟墨子所论之真谛。

孙诒让于篇末"城上以荅罗矢"下注"下有脱简",显然虑及"遂具寇"下仅"为高楼以射敌,城上以荅罗矢"两句,便戛然而止,实觉意犹未尽。即使如此,惜乎无以为补,不妨视同结句。

〔1〕 详叶山《攻守城器械及东周军事技术》,载《中国科技史探索》第425～426页,上海古籍出版社1986年版。

三、备梯

【题解】

《备梯》篇系墨子就禽滑厘所问当敌寇利用云梯攻城时，我方应如何进行有效防御一题，作出回答，其法有三：其一，建行城、杂楼，辅以诸般军械，济以沙、石、汤、火等；其二，建行堞；其三，置栅篱；其四，举悬火、燀火。能如此，则敌寇梯攻必败无疑。

【原文1】(《备梯》篇计4章)

禽滑厘子事子墨子三年，手足胼胝[①]，面目黧[②]黑，役身给使，不敢问欲。子墨子其[③]哀之，乃管酒块脯[④]，寄于大山[⑤]，昧菜[⑥]坐之，以樵[⑦]禽子。禽子再拜而叹。子墨子曰："亦何欲乎?"禽子再拜再拜[⑧]曰："敢问守道。"子墨子曰："姑亡[⑨]，姑亡。古有亓术者，内不亲民，外不约治，以少閒多，以弱轻强，身死国亡，为天下笑。子亓慎之，恐为身薑[⑩]。"禽子再拜顿首[⑪]，愿遂问守道。曰："敢问客众而勇，烟资[⑫]吾池，军卒并进，云梯既施，攻备已具，武士又多，争上吾城，为之奈何?"子墨子曰："问云梯之守邪？云梯者重器也，亓动移甚难。守为行城[⑬]，杂楼[⑭]相见[⑮]，以环亓中。以适广陜[⑯]为度，环中藉幕[⑰]，毋广亓处。行城之法，高城二十尺，上加堞，广十尺，左右出巨[⑱]各二十尺，广高如行城之法。为爵穴[⑲]煇偏[⑳]，施荅亓外，机、冲、钱[㉑]、城，广与队[㉒]等，杂亓閒以鐫、劒[㉓]，持冲十人，执劒五人，皆以有力者。令案目[㉔]者视适，以鼓发之，夹而射之，重而射[㉕]，披机藉之[㉖]，城上繁下矢、石、沙、炭[㉗]以雨[㉘]之，薪火、水汤以济之，审赏行罚，以静为故[㉙]，从之以急，毋使生虑。若此，则云梯之攻败矣。

【校注】

①胼胝:手足皮厚,即茧巴。《玉篇·肉部》:“胼,胼胝,皮厚也。”《广韵·先韵》:“胼,胼胝,皮上坚也。”《荀子·子道》:“耕耘树艺,手足胼胝,以养其亲。”杨倞注:“谓手足劳骈併也。”

②黧:黑黄色。《广韵·齐韵》:“黧,黑而黄也。”《集韵·脂韵》:“黧,黑而黄也。”《楚辞·九怀·蓄英》:“葝蕴兮霉黧,思君兮无聊。”洪兴祖补注:“黧,黑黄也。”《兼爱中》:“朝有黧黑之色。”“黧”字同。

③其,读为綦。《广雅·释诂三》:“綦,蹇也。”王念孙疏证:“《书·大传》:‘禹其跳,汤扁。其跳者,踦也。’按:其、綦古通用。”“綦”,极也。《荀子·宥坐》:“尚贤以綦之。”杨倞注:“綦,极也。”

④管酒块(塊)脯:当作“管酒怀脯”,谓以管盛醴酒,以怀揣干肉也。“塊”,当作槐。道藏本、吴抄本皆作槐,可证。“槐”,通褢。《广雅·释艸》:“褢,续断也。亦名槐。”是其证也。“褢”,挟,怀藏。《说文·衣部》:“褢,侠也。”段玉裁注:“褢,褢藏之意也。在衣曰褢,在手曰握。”“褢”,同懷。《汉书·地理志上》:“褢山襄陵。”颜师古注:“褢字与懷字同。”“脯”,干肉。《说文·肉部》:“脯,干肉也。”《仪礼·士冠礼》:“北面取脯见于母。”郑玄注:“干肉,生体之脯。”贾公彦疏:“脯,干肉也。”

⑤大山:即太山,亦即泰山。《非攻中》:“大败齐人而葆之大山。”苏时学云:“大山,即太山。篇中‘太’字多作‘大’。《鲁问篇》齐太王作大王,是也。”《文选·司马相如〈难蜀父老〉》:“方将增太山之封。”旧校:“五臣本太作泰。”

⑥昧菜:当作“眛茅”,读作“搣茅”。“眛”以形近讹作“昧”。“眛”,读为搣。“眛”、“搣”上古皆明母月部字,音同,例可通假。“搣”,拔除。《广雅·释诂三》:“搣,捽也。”《广韵·薛韵》:“搣,除也。”“菜”,当为“茅”之讹字。古书“矛”每混为“柔”。《淮南子·氾论》:“古之兵,弓剑而已矣。槽柔无击,修戟无刺。”高诱注:“槽柔,木矛也。”《说苑·谈丛》:“言人之善,泽于膏沐;言人之恶,痛于柔戟。”《荀子·荣辱》:“与人善言,暖于布帛;伤人之言,深于矛戟。”卢文弨据以改“柔”为“矛”。“搣茅”,拔除茅草也。

⑦樵:读为醮。“樵”、“醮”二字同以“焦”为声符,例可通假。“醮”,独饮而无酬酢也。《集韵·效韵》:“醮,酌而无酬酢。”《礼记·昏义》:“父亲醮子而命之迎。”郑玄注:“酌而无酬酢曰醮。”此处,“醮”指饮酒、酬谢。

⑧再拜再拜:极其隆重之拜礼。详《备高临》1 章注②。

⑨姑亡：即姑毋，暂且毋问也。“姑”，且也。《诗·周南·卷耳》：“我姑酌彼金罍。”陈奂传疏：“姑者，词之且也。”“亡”，通毋，禁戒之词。《资治通鉴·秦纪三》：“所过亡得卤掠。”胡三省注：“亡，古毋、无二字通。”

⑩薑，读为僵。“薑”、“僵”二字同以“畺”为声符，例可通假。毕沅云：“同‘僵’。”是也。“僵”，死。《文选·张衡〈西京赋〉》：“僵禽毙兽。”吕向注：“僵，死。”

⑪顿首：头叩地而拜。《周礼·春官·大祝》：“辨九拜，一曰稽首，二曰顿首。”郑玄注：“顿首，拜头叩地也。”孙诒让正义：“顿首与稽首俱头至地，但顿首以叩颡为异。”

⑫煙资：读为堙薋（茨），填塞聚积也。“煙”，读为堙。“资”，“薋”之省。《墨子》书用字亦时或用其省。《备城门》：“为疾犁投。”“疾犁”即“蒺藜”。“煙”“堙”、“资”“薋”，各同声符，例可通假。“堙”，填塞，详《备城门》1章注⑩。“薋”，又同茨。《尔雅·释草》：“茨，蒺藜。”陆德明释文：“茨，或作薋，同。”“茨”，积，聚。《广雅·释诂三》：“茨，聚也。”《淮南子·泰族》：“茨其所决而高之。”高诱注：“茨，积土填满之也。”

⑬行城：即台城。详《备高临》2章注②。

⑭杂楼：多种形式、多种用途之楼屋。此处指为适应御敌守城之需要而在城墙上所建之各种楼屋。

⑮相见：“见”，读为“间”。详《备城门》31章注⑦。

⑯陕：即狭（狭）。详《备城门》77章注⑦。

⑰藉幕：以布、席等制成之幕幔。详《备城门》19章注①。

⑱巨：读为距。详《备高临》2章注③。

⑲爵穴：即雀穴，城堞间之孔穴也。详《备城门》65章注⑬。

⑳煇㒎：读为熏鼠，指小孔洞。以烟熏孔穴而除鼠，故孔穴亦谓之“熏鼠”。“煇”，读为熏。《说文·火部》：“煇，光也。”段玉裁注：“《史记·吕太后本纪》：‘（太后遂）断戚夫人手足，去眼，煇耳。’此假‘煇’为‘熏’也。”“熏”，熏灼。《说文·屮部》：“熏，火烟上出也。”《汉书·杜钦传》：“欲以熏轑天下。”颜师古注：“熏，言熏灼也。”“㒎”，同鼠。孙诒让云：“‘㒎’，即‘鼠’之变体。”是也。《墨子》书每用僻字，多于原字加人旁，如“仮”之同“反”，“仳”之同“比”，“㒨”之同“縣”，“㑣”之同“虎”。“㒎”之同“鼠”，亦同此例。

㉑钱：王引之云：“‘钱’当为‘栈’字之误。”按：“施荅其外，机、冲、钱、城”，“钱”，共“荅、机、冲、城”之列，显误。按之《备城门》“城上之备：渠荅、藉车、行

栈、行楼……”,“钱”,当为“栈”之形近讹字。“栈”,伸出楼外,遇急施救之桥道。详《备城门》59 章注⑤。

㉒队:队列,编队,布阵。详《备城门》75 章注⑩。

㉓鐫、劍:琢凿器镌与斫削器剑。《说文·金部》:“鐫,穿木鐫也。”“鐫”,即镌。“劍”,即剑。《说文·刃部》:“劍,人所带兵也。从刃,佥声。剑,籀文劍从刀。”

㉔案目:止目,注意,欲求详审也。“案”,同按。按,止也。《说文·手部》:“按,下也。”段玉裁注:“按,以手抑之使下也。”《尔雅·释诂下》:“按者,抑也。”《诗·大雅·皇矣》:“以按徂旅。”毛传:“按,止也。”

㉕重而射:孙诒让云:“(‘射’下,)疑脱‘之’字。”按之上文“以鼓发之,夹而射之”和下文“技机藉之”,“重而射”似当作“重而射之”。孙校盖是,可信。

㉖披机藉之:当作“技机藉之”。“披”为“技”之形近讹字。《备高临》正作“技机藉之”。

㉗炭:王引之云:“‘炭’当作‘灰’。”按之《备城门》“灰、糠、粃、秠、马矢皆谨收藏之”,王校是,今从之。

㉘雨:音 yù,下雨。名词用为动词。《春秋·隐公九年》:“大雨雪。”孔颖达疏:“雨者,天上下水之名。”

㉙故:本,要务。《荀子·性恶》:“非故生于人之性也。”杨倞注:“故,犹本也。”《号令》:“谨令信人守卫之,谨密为故。”“故”字同。

【校文 1】

禽滑厘子事子墨子三年,手足胼胝,面目黧黑,役身给使,不敢问欲。子墨子綦哀之,乃管酒怀脯,寄于泰山,搣茅坐之,以醮禽子。禽子再拜而叹。子墨子曰:“亦何欲乎?”禽子再拜再拜曰:“敢问守道。”子墨子曰:“姑毋,姑毋。古有其术者,内不亲民,外不约治,以少閒众,以弱轻强,身死国亡,为天下笑。子其慎之,恐为身僵。”禽子再拜顿首,愿遂问守道,曰:“敢问客众而勇,堙茨吾池,军卒并进,云梯既施,攻备已具,武士又多,争上吾城,为之奈何?”子墨子曰:“问云梯之守邪?云梯者重器也,其动移甚难。守为行城,杂楼相间,以环其中。以适广狭为度,环中藉幕,毋广其处。行城之法,高城二十尺,上加堞,广十尺,左右出距各二十尺,高、广如行城之法。为雀穴熏鼠,施苔其外,机、冲、栈、城,广与队等,杂其间以镌、剑,持冲十人，执剑五人，皆以有力者。令按目者视敌，以鼓发之，夹而射之，重而射之，技机藉之，城上繁下矢、石、沙、灰以雨之，薪火、水汤以济之，审赏行罚，以静为故，从之以急，毋使生虑。若此，则云梯之攻败矣。

【今译】

禽滑厘师事墨子三年，手足遍磨厚茧，面庞黑中透黄，劳苦自身以供遣使，从不敢问及本人之所想。墨子极其哀怜他。于是竹管盛酒，衣揣干肉，暂时寄身于泰山，拔除茅草，坐于其上，以表酬谢之意。禽滑厘恭拜两次，不免叹息。墨子问道："何所想（，请告我）。"禽滑厘再四郑重拜礼，答道："可以问守城之道吗？"墨子道："暂且毋问此道，暂且毋问此道。古时有善守御之人，对内不亲近民众，对外又不缔约求睦，自己原本人口较少，却疏隔人口众多之大国，自己原本国力较弱，却轻慢国势强盛之大国，终致丧身亡国，为天下人所嗤笑。君须谨慎行事，（不然）恐有殒身之祸。"禽滑厘又恭拜两次，且伏于地上叩首，希望实现请教守道之夙愿，便道："请问敌人众多且勇猛，聚土填塞我隍池，军士一齐向前推进，云梯业已架于城垣之上，攻城装备业已安排停当，英勇之士又多，争相攀缘城垣。（此时，）当如何应对？"墨子答道："你问如何守御敌寇梯攻吗？云梯为重型攻城战具，移动极为困难。守城一方须在城上修筑行城，而有多种用途之各式楼屋与行城错杂相间，并将行城环绕于其中。二者之间距（并无定制，）取其适度而已。被环绕之行城应设蔽敌矢石之幕幔，而其宽度不必太大。修筑行城之方法：高出城垣二十尺，其上又砌女墙，宽十尺，左右两边皆编连大木，横向歧出各二十尺，高度与宽度一如建造行城之标准。（在女墙上）凿出名曰'雀穴'和'熏鼠'之小孔洞，悬张抵挡并收罗敌矢之渠答于其外，强力发矢之弩机、撞击犯敌之冲车、临时救援之行栈和应对梯攻之行城，（安置齐备，）其排列宽度与敌寇进攻编队之宽窄相等，并将镌和剑参杂于其间，（以供琢凿和斫削敌梯之用。）配备操控冲者十人，握持剑者五人，皆选膂力巨大者担当此任。派遣目力绝佳者注意敌人动向，（一旦有警，）以击鼓发令出击，或从左右两面同时夹射敌人；或选定目标，重复射击敌人，而固住底座，开动机弩，（最能使敌人闻风丧胆，）加以城上如雨般不辍放箭、抛石、撒沙、扬灰，更有投掷薪火、倾倒热水予以配合，（增加杀伤力。）此时，主将必审慎实施赏罚，坚持冷静为本，又须以速战速决原则行事，不使士卒产生疑虑而动摇军心。如此，则敌人云梯之攻必败无疑。

【馀论】

此章述禽滑厘问何以应对敌寇以云梯攻城，而墨子答以建行城、杂楼，兼以轻重军械以及诸般辅助方法，予以击破。

“子墨子其哀之”，毕沅云：“‘其’，‘甚’字。”可备一说。然视为讹字，恐非是。故不取，录以备考。

“管酒塊脯”，孙诒让云：“此疑当作‘澄酒搏脯’，‘澄’省作‘登’，与‘管’形近而误。‘搏’与‘槐’、‘塊’形亦相似。《春秋繁露·求雨篇》云：‘清酒膊脯’，澄即清，搏即膊也。《释名·释饮食》云：‘膊，迫也。薄椓肉迫著物使燥也。’《说文·肉部》云：‘膊，薄脯，膊之屋上也。’”亦可备一说，然迂曲为解，未若解“塊”为“怀”之明快也。故亦不取，录以备考。

“环中藉幕”，诸家所释不同。岑仲勉云：“距离之中间有遮幕。”按：《备城门》：“为楼加藉幕，栈上出之以救外。”彼处，“楼”虽为“土楼”，“加藉幕”之目的亦为蔽敌矢石。此处“藉幕”之功用同土楼，而被环绕于其中者应为“行城”，即“行楼”、“木楼”，需加藉幕者即“行城”（行楼、木楼），而非“距离之中间”。故不取，录以备考。

【原文 2】

守为行堞①，堞高六尺而一等②，施剑亓面，以机发之，冲至则去之，不至则施之③。爵穴三尺而一，蒺藜投④必遂而立⑤，以车推引之。

【校注】

①行堞：加筑于行城上之女墙，即上文“行城之法：高城二十尺，上加堞，广十尺，左右出距各二十尺，高、广如行城之法”之“堞”。垛口间有望敌、射箭之方孔。

②等：齐等，一致。《说文·竹部》：“等，齐简也。”又，《人部》：“侪，等辈也。”段玉裁注：“‘等，齐简也。’故凡齐皆曰等。”《周礼·春官·大宗伯》：“以等邦国。”郑玄注：“等，犹齐也。”“一等”，一齐，一致。

③冲至则去之，不至则施之：谓敌寇冲车既至，则撤去机剑，不至则用之。盖行堞以机剑破梯，然机剑不可对当敌寇冲车也。

④蒺藜投：亦作“疾犁投”，用以从城上投掷蒺藜之机具。详《备城门》79

章注⑥。

⑤必遂而立：孙诒让云："疑当作'必当队而立'。"按之《号令》："当遂材木不能尽纳"，孙校是，今从之。"遂"，读为队。"队"，敌寇之队列（布阵）也。详《备城门》75 章注⑩。

【校文 2】

守为行堞，堞高六尺而一等，施剑其面，以机发之，冲至则去之，不至则施之。雀穴三尺而一。蒺藜投必当队而立，以车推引之。

【今译】

守城者在行城上加筑女墙，女墙高度以六尺为统一标准。女墙外表面装有剑刃，以机械发射，（如弋射者然。）如敌寇冲车既至，则撤去；如不至，则照用。女墙上之小孔洞'雀穴'，每三尺凿一个。投掷蒺藜之机具，必须对齐敌寇进攻队列而放置，用车推向面敌之所，并于用毕后将其拉回原处。

【馀论】

此章述行城上加筑女墙之规制及使用配套设施之要求。

上章"杂其间以镌、剑"、"执剑五人"，此章"施剑其面"，"剑"字凡三见。孙诒让皆云："疑当为'䂺'。"讹字容或有之，然三连讹，不经见也。故不取，录以备考。

"守为行堞……施剑其面，以机发之"，与弋射飞矢同其机理，古兵书唯见于此，弥足珍贵，所惜未知其详。

【原文 3】

裾[①]城外，去城十尺，裾厚十尺。伐裾[②]，小大尽本[③]断之，以十尺为传[④]，杂[⑤]而深埋之，坚筑[⑥]，毋使可拔。二十步一杀[⑦]，杀有一鬲[⑧]，鬲厚十尺。杀有两门，门广五尺。裾门一，施浅埋，弗筑，令易拔。城希裾门而直桀[⑨]。

【校注】

①裾：孙诒让云："'裾'上当有'置'字。"按之《备城门》"治裾诸（者）"和

《备蛾傅》“置薄(按:‘薄’,义同‘椐’,柴木藩篱也)城外”,孙校是,今从之。“裾”,通椐,柴木藩篱也。详《备城门》13 章注①。下“裾”字皆同。

②伐裾:即伐椐。毕沅云:“《备蛾傅》此下有‘之法’二字。”按:《备蛾傅》作“置薄城外,去城十尺,薄厚十尺。伐薄之法,大小尽木断之,以十尺为断,离而深埋坚筑之,毋使可拔”。毕校是,今从之。“伐椐之法”,伐木为椐之方法也。

③本:根。《说文·木部》:“本,木下曰本。”《周礼·天官·醢人》:“昌本。”贾公彦疏:“本,根也。”“本断之”,从根部截断大木也。

④传(傳):毕沅云:“《备蛾傅》作‘断’,此‘傳’字当为‘𠕷’之讹也。”按之《说文·斤部》:“斷,截也。从斤从𢇍。𢇍,古文绝,㫁,古文斷,从㔾。㔾,古文叀字。《周书》曰:‘㫁㫁猗无他技。’𠕷,亦古文。”毕说是,今从之。

⑤杂(雜):毕沅云:“《备蛾傅》‘雜’作‘離’。”按:此处“雜而深埋之,坚筑”,《备蛾傅》作“離而深埋,坚筑之”。毕校是,今从之。

⑥筑:捣。《说文·竹部》:“筑,捣也。”《楚辞·离骚》:“说操筑于傅岩兮。”洪兴祖补注:“筑,捣也。”

⑦二十步一杀:谓每二十步设置一个预备投掷敌人之掩体也。“杀”,由“杀伐”义演化为杀敌之所,犹“洗”由“洗涤”义演化为盥洗之器、“隔”由“隔断”义演化为隔断之物者然。此处指预备投掷敌人之掩体。岑仲勉云:“裾(椐)之制系筑在缘城十尺以外之地面,此之二十步(十二丈)乃指城垣距离,故能设两门。换言之,彼(按:指‘椐’)在城外,此(按:指‘杀’)在城身,其地位绝不相连也。”所言甚是。

⑧鬲:读为隔。以将杀与杀隔开,故名,用以贮止守备军士与投掷器物也。《号令》“人自大书版,著之其署隔(按:署隔,行政处所间隔也)”、“城上吏、卒、养皆为舍道内,各当其隔部(按:隔部,辖域也)”,均作“隔”,同。

⑨城希裾门而直桀:当作“城上睎椐门而置桀”,谓在城上可对望篱门处用以贮放举而投掷敌人之物品也。王引之云:“‘城’下当有‘上’字。”按之《备蛾傅》“城上希薄门而置楬”,王校是,今从之。“希”,读为睎。“希”为“睎”之声符,例可通假。“睎”,望。《说文·目部》:“睎,望也。海岱之间谓眄曰睎。”段玉裁注:“古多假希为睎。”王筠句读:“《养生论》引《说文》:‘希,望也。’即此希。”《后汉书·班固传》:“于是睎秦岭。”李贤注:“睎,望也。”“直”,读为置,“直”为“置”之声符,例可通假。《读书杂志·墨子第五·备梯·脱文一》:“城

希椐门而直桀。”王念孙按引王引之曰:“直与置同。”是也。“桀”,通“榻”。“桀”、“榻”上古同为群母月部字,例可通假。“桀”,举也。《左传·成公二年》:“齐高国桀石以投人。”杜预注:“桀,担也。”洪亮吉诂:“桀、揭、担,并举也。”举而投之为桀,故举而投之之物亦为桀也。

【校文 3】

置椐城外,去城十尺,椐厚十尺。伐椐之法,小大尽本断之,以十尺为断,离而深埋之,坚筑,毋使可拔。二十步一杀,杀有一隔,隔厚十尺。杀有两门,门广五尺。椐门一,施浅埋,弗筑,令易拔。城上睎椐门而置桀。

【今译】

在城门设置木藩篱,距城墙十尺之远,其厚度为十尺。砍伐树木制作藩篱之方法为,树木不分大小皆从根部截断,以十尺为一截,将断木分隔而深埋土中,舂捣坚实,使之不能拔起。每二十步设置一个预备投掷敌人之掩体名‘杀’,而‘杀’有一用于贮留守备士卒与投掷器物之处所名‘隔’,隔厚十尺,杀设两门,门宽五尺。藩篱亦设一门,用断木施以浅埋,不需舂捣,使之易于拔出,(以便守备士卒应急由此出击。)在城上可对望篱门近旁贮放用以举而投掷敌人之物品。

【馀论】

此章述在城外设置木藩篱之若干要求。

《墨子》城守“杀”字再出,一为《备城门》“置器备,杀沙砾铁”,“杀”,通“粲”,义为撒布,动词;一为此处“二十步一杀”,“杀有一隔”,“杀有两门,门广五尺”,“杀”义为预备投掷敌人之掩体(此为岑仲勉之说,孙诒让云:“杀,拥椐左右,横出为之”,说亦近之,然未若岑确),名词。不可不详予区分也。

王引之云:“(‘城上睎椐门而置桀’,)言城上之人望椐门而置榻也。”孙诒让云:“‘望椐门而置榻’者,所以为识别,以便出击敌也。”二氏释“桀”同“榻”,“榻”,榻櫫,表识义也。可备一说。然而,诚如岑氏所说:“椐门,在城外,开城门而出,便先经椐门,何须作识别? 且更何须于城上作识别?”故未取王、孙说,录以备考。

《备蛾傅》:“凡杀蛾傅而攻者之法,置薄(按:当为‘椐’)城外,去城十尺,薄厚十尺，伐操（按：当为‘薄’）之法，小大尽木（按：当为‘本’）断之，以十尺为断，离而深埋，坚筑之，毋使可拔。二十步一杀，有壉（按：当为‘鬲’），厚十尺。杀有两门，门广五步（按：当为‘尺’），薄门、板梯埋之，勿筑，令易拔。城上希（按：读为‘睎’）薄门而置搗（按：当为楬，通‘桀’）。”与此章文字大略相同。就内容而言，似与《备梯》篇旨意无涉，应为《备蛾傅》文。然前已约定，本书暂悉遵《閒诂》所订文字章节、前后之次序，不辄动矣。

【原文 4】

县火①，四尺一钩樴②。五步一灶，灶门有鑪炭③。令适人尽入，煇④火烧门，县火次之。出载⑤而立，亓广终队⑥。两载之间⑦一火，皆立而待鼓而然⑧火，即具⑨发之。适人除火而复攻，县火复下，适人甚病，故引兵而去，则令我死士⑩左右出穴门击遗师⑪，令贲士⑫、主将皆听城鼓之音而出，又听城鼓之音而入。因素⑬出兵施伏，夜半城上四面鼓噪⑭，适人必或⑮，有此必破军杀将。以白衣为服，以号相得，若此，则云梯之攻败矣。”

【校注】

①县火：即悬火，城上所悬掷向敌寇之火具。“县”、“悬”，古今字。“火”，火器。下文“令敌人尽入，熏火烧门，悬火次之”，“悬火”同。

②钩樴：即钩杙，钩曲状木橛也。“樴”，一名杙，木橛也。《说文·木部》：“樴，弋也。”《尔雅·释宫》：“樴谓之杙。”邵晋涵正义：“凡木采于山，去其枝条以待用者，俗称为木料，古谓之橛，又谓之樴，又谓之杙。”《玄应音义》卷十七“弋轮”注：“樴，关中言阿樴，江南言椓杙。”《周礼·地官·牛人》：“以授職人而刍之。”郑玄注：“職，读为樴。樴谓之杙，可以系牛。”

③灶门有鑪炭：毕本“灶”下脱“门”字。吴抄本、道藏本皆有，《备蛾傅》正作“灶门有炉炭”。今据补。《墨子》城守诸篇多用“鑪”字，本章如此，《备穴》“满炉而盖之，毋令气出”、“以须炉火之燃也，即去而入拥穴”，亦如此。唯《备蛾傅》“灶门有炉炭”，炉作“爐”。“鑪”、“爐”同。

④煇：读为熏，熏灼也。详 1 章注⑳。

⑤载：车船等交通运输工具。《说文·车部》：“载，乘也。”《书·益稷》：“予乘四载。”孔安国传：“所载者四，谓水乘舟，陆乘车，泥乘輴，山乘樏。”南朝宋刘敬叔《异苑》卷五：“县人树伯道为吏，得假将归，于汝南湾觅载，见一朱

舸。”是其例也。“载”，此处盖指战车。

⑥亓广终队：谓其宽度与敌寇队列相尽也，即上文“广与队等”之意。“终”，尽。《礼记·儒行》：“遽数之不能终其物。”孔颖达疏：“终，尽也。”

⑦间：毕沅云：“‘间’下旧有‘载之门’三字，当是上三字（按：指‘载之间’）重文之讹。”按之《备蛾傅》“两载之间一火”，“间”下无“载之门”三字。毕校是，今从之。

⑧然：读为燃。“然”、“燃”，古今字。《说文·火部》：“然，烧也。”徐铉注：“今俗别作燃。”《大戴礼记·武王践阼》：“其祸将然。”王聘珍解诂：“然，烧也。”

⑨具：读为俱。“俱”以“具”为声符，例可通假。《说文·収部》：“具，共（供）置也。从廾，从贝省。”朱骏声通训定声：“具，假借为俱。”《诗·大雅·行苇》：“莫远具尔。”郑玄笺：“具，犹俱也。”《备蛾傅》“即俱发之”，正作“俱”。

⑩死士：敢死之士。《战国策·秦策一》：“厚养死士。”鲍彪注：“死士，敢死之士也。”

⑪遗师：所余师旅。

⑫贲士：虎贲之士，即如虎奔走之军士。《书·大诰》：“敷贲。”孙星衍古今文注疏：“贲者，《风俗通》云：‘虎贲，犹言虎之奔。’是贲与奔同。”

⑬素：素来，故常也。《仪礼·丧服传》：“饭素食。”郑玄注：“素，犹故也。”“因素出兵”，即“因故出兵”，犹言依故常出兵也。

⑭鼓噪：擂鼓呼叫。“噪”，呼噪。《慧琳音义》卷三十三“众噪”注引《说文》：“噪，群鸟鸣也。”“噪”，本作“喿”，同“譟”。《左传·成公五年》：“（子灵）请鼓噪以出，鼓噪以复入。”是其例也。

⑮或：读为惑。或、惑，古今字。《玉篇·戈部》：“或，有疑也。”《孟子·告子上》：“无或乎王之不智也。”朱熹集注：“‘或’，与‘惑’同，疑怪也。”

【校文4】

悬火，四尺一钩樴。五步一灶，灶门有炉炭。令敌人尽入，熏火烧门，悬火次之。出载而立，其广终队。两载之间一火，皆立而待鼓而燃火，即俱发之。敌人除火而复攻，悬火复下，敌人甚病，故引兵而去，则令我死士左右出穴门击遗师，令贲士、主将皆听城鼓之音而出，又听城鼓之音而入。因素出兵施伏，夜半城上四面鼓噪，敌人必惑，有此必破军杀将。以白衣为服，以号相得，若此，则云梯之攻败矣。”

【今译】

城上悬挂火具名‘悬火’者于钩曲状木桩上，每四尺设一个。每五步设一灶，灶门前备足炉炭。先让敌人全数进入城内，然后用烟火烧门，悬挂之火具亦随之投掷而下。派出战车，面向敌人排立阵前，其宽度与敌人队列相始终。战车两两之间各有一枚火具，持火具军士皆站立等待击鼓之声而点火，且一同掷向攀城之敌。如敌人将火灭除，再次发动攻击，则悬挂之火具亦再次掷下，敌人遭受重创，必将收兵撤离而去，于是命令我勇猛敢死之士，从左右两面出穴门追击残余敌兵，既而命令神勇无比之士卒和主将，皆于听得城上击鼓之音后而进击，又于听得城上击鼓之音后而收兵。更须按素常出兵迎敌之例设伏于隐蔽之地，夜半时分，（士卒们为迷惑敌人，）于城上四处击鼓呼叫，敌人必定疑惧而不知所措，有此等应对措施，必能击破敌人攻势，擒杀敌人将领。（捍城之役，）以白衣为军服，口号传命令，彼此配合，深相默契。如此，敌寇云梯之攻必为我挫败无疑。”

【馀论】

此章述利用“悬火”、“燀（熏）火”破敌梯攻之具体部署。

王引之云：“（‘令贲士、主将’）‘贲’字义不可通，‘贲’当为‘者’，字之误也。‘者’与‘诸’同，秦《诅楚文》‘者侯’即‘诸侯’，《泰山刻石》‘者产得宜’即‘诸产得宜’……上文已令死士出击矣，故诸士及主将皆听城鼓之音而出，即可胜也。”按：“贲”，“虎贲”之省文。“贲士”，虎贲之士，如虎奔走之士。《宋书·百官志》：“虎贲，旧作虎奔，言如虎之奔走也。”“（虎）贲（之）士”，言士卒之疾猛，与“（敢）死（之）士”意属两指，并不矛盾。故不取，录以备考。

《备蛾傅》：“悬火，四尺一椅（按：当作‘樴’），五步一灶，灶门有炉炭。传令敌人尽入，车（按：当作‘燀’）火烧门，悬火次之。出载而立，其广终队。两载之间一火，皆立而待鼓而然，即俱发之。敌人辟火而复攻，悬火复下，敌人甚病，故引哭（按：当作‘师’）而榆（按：当作‘去’），则令吾死士左右出穴门击遗师，令贲士、主将皆听城鼓之音而出，又听城鼓之音而入。因素出兵将施伏，夜半而城上四面鼓噪，敌人必惑，破军杀将。以白衣为服，以号相得。”与此章文字大略相同，以内容言之，似与《备蛾傅》篇旨意无涉，应为《备梯》文，然前已约定，本书暂悉遵《閒诂》所订章节、文字前后之次序，不辄动矣。

四、备水

【题解】

《备水》篇叙述如何应对敌寇引水灌城，其方法有二：其一，于城内掘渠排水；其二，并船为临，用作轒辒。必要时，冲决外堤，以解水患。

【原文 1】(《备水》篇计 2 章)

城内堑①外周道②，广八步，备水谨度③四旁高下。城地中偏下④，令耳⑤亓内，及下地⑥，地深穿之令漏泉⑦。置则瓦⑧井中，视外水深丈以上，凿城内水耳。

【校注】

①堑：堑壕，坑沟。详《备城门》3 章注⑦。

②周道：环城之道。"周"，环绕也。或作"州道"。"州"，读为周。详《备城门》6 章注①。《旗帜》"巷术通周道者必为之门"，"周道"同。

③度：音 duò，计度，测量。《左传·文公十八年》："事以度功。"杜预注："度，量也。"《诗·大雅·抑》："不可度思。"朱熹集传："度，测。"《备穴》"使度门广狭，令之入门中四五尺"，"度"字同。

④城地中偏下：孙诒让云："此当作'城中地偏下'。"按：上句既言"城内……备水谨度四旁高下"，则此句言"城中地偏下"（较低）者，必"令巨（渠）亓（其）内"，而下句言"及下地"（最低）者，必"地深穿之令漏泉"，语意正合。孙校是，今从之。"偏"，通徧。《管子·宙合》："言偏环毕。"戴望校正："宋本偏作徧。"《春秋繁露·立元神》："偏见其情。"凌曙注："偏，他本作徧。"《读书杂志·墨子第二·非攻下》："《汉书·郊祀志》：'其游以方偏诸侯'，《张良

传》:‘天下不足以偏对’,《张汤传》:‘偏见老人’,《史记》并作偏。”

⑤耳:孙诒让云:“‘耳’疑当为‘巨’。”按:“耳”,篆文作[illegible],“巨”篆文作巨,形近而讹。孙校是,今从之。既如此,“令耳”(巨,渠)自与《备城门》“令耳属城”之“令耳”(义为属城重楼)异。“巨”,读为渠。《管子·轻重丁》:“则鼃毋雍雍巨翡燕小鸟皆归之。”郭沫若等集校引丁士涵云:“巨,渠假字。”“令巨亓内”,即“令渠其内”,谓令人凿渠于城中地偏下处也。“渠”,名词用为动词,凿渠也。下文“凿城内水耳”,“耳”字同。《通典·兵五·守拒法》:“城若卑地下,敌人壅水灌城,速筑墙壅诸门及陷穴处,更于城内促团周匝,视水高中而阔筑墙。”除凿渠(泄水)与筑墙(挡水)之异而外,大意相似,可作比观。

⑥下地:低地,地势较低处也。“下”,底,低也。《说文·上部》:“下,底也。”《周礼·天官·屦人》:“赤舄乌舄。”郑玄注:“复下曰舄。”贾公彦疏:“下,谓底。”《考工记·磬氏》:“已下则摩其端。”孙诒让正义:“下,犹低也。”此处指最低处,相对于“偏下”(较低)而言。

⑦令漏泉:使井泉互相连通漏泄。“漏”,下渗,漏泄。《易·井》:“甕敝漏。”焦循章句:“漏,下渗也。”《玉篇·水部》:“漏,漏泄也。”“泉”,地下水,井泉。《左传·隐公元年》:“若阙地及泉,隧而相见,其谁曰不然。”《荀子·荣辱》:“短绠不可以汲深井之泉。”皆其例也。《通典·兵五·守拒法》:“精兵备城,不得杂役。如有泄水之处,即十步为一井,井内潜通引泄漏。”亦言井泉泄水事,可作比观。

⑧则瓦:即测瓦,测量水深之瓦。“则”,读为测。“测”以“则”为声符,例可通假。《书·多士》:“不则德义之经。”陆德明释文:“则,或作测。”“置则瓦井中”,即“置测瓦井中”,谓置测水深之瓦于井壁之上也。《太白阴经·水攻具》:“度竿:长二丈,刻作二百寸、二千分,每寸内刻小分。……则水源高下可以分寸度也。”“测瓦”、“度竿”名称虽异,然均测水深之器物则同,可作比观。“测瓦”、“度竿”之功用有似今河道中水位标尺。

【校文1】

城内堑外周道,广八步,备水谨度四旁高下。城中地偏下,令渠其内,及下地,地深穿之令漏泉。置测瓦井中,视外水深丈以上,凿城内水渠。

【今译】

城内堑壕外环城之道，宽八步，防御敌人引水灌城，应谨慎测知四方地势之高低。城中地势偏低处，则令士卒开掘沟渠；而地势最低处，则必深掘若干井泉，使之相互连通、漏泄，又置度量水位之"测瓦"于井壁上。及见城外水深一丈以上，便凿通城内沟渠(，以利排水)。

【馀论】

此章述以于城内凿渠排水、掘井漏泄之法，破敌寇之水攻。

"令耳"、"水耳"，毕沅云："'耳'疑'瓦'字。"按：如依毕说，上"令瓦其内"差可通，然下"凿城内水瓦"不可通。毕校恐非是。

【原文2】

并船以为十临①，临三十人，人擅②弩，计四有方③，必善以船为轒辒④。二十船为一队，选材士有力者三十人共船，亓二十人人擅有方，剑甲鞮瞀⑤，十人擅苗⑥。先养材士为异舍，食亓父母妻子以为质，视水可决，以临轒辒⑦，决外隄⑧，城上为射檨⑨，疾佐之。

【校注】

①并船以为十临：令船两两相并而成十个组合体，以为临高之用。并两船为一组合体曰"方"。《说文·方部》："方，并船也，像两舟总头之形。"此称"临"，用以临高之意。毕沅云："言方舟以为临高之具。"是也。《通典·兵五·守拒法》："城中速造舡(按：舡，船也)一二十只，简募能舟楫者，载以弓、弩、锹、钁，每舡载三十人，自暗门衔枚而出，潜往斫营，决堤堰，觉则疾走，城上鼓噪，急出兵助之。"亦言备水事，可作比观。

②擅：同掸，持也，操也。详《备城门》77章注⑨。"人擅弩"，即人掸弩，谓人皆持弩也。

③计四有方，当作"什四有方"：谓十人中四人持盾，正如《号令》"(诸男女有守于城上者，)什六弩四兵"，守法通律十人中六人持弩四人执兵也。"计"、"什"艸书形近而讹。"方"，楯也。《韩非子·八说》："搢笏干戚，不敌有方铁銛。"王先慎集解引旧注："方，楯也。"

④必善以船为轒辒：必得善驶并船，使其发挥如同陆上用以冲撞城墙或城

门之轒辒车之作用。“轒辒”，外蒙牛皮、内藏士卒、撞城施攻之四轮兵车。详《备城门》1 章注⑯。

⑤鞮瞀：亦作鞮鍪，鞮鍪，即兜鍪，亦即胄，头盔也。《广雅·释器》：“兜鍪谓之胄。”王念孙疏证：“鞮鍪，即兜鍪之转也。”《读书杂志·墨子第五·备水》：“人擅有方，剑甲鞮瞀。”王引之按：“鞮瞀，即兜瞀也。”《汉书·扬雄传下》：“鞮鍪生虮虱。”颜师古注：“鞮鍪，即兜鍪也。”《战国策·韩策一》：“甲盾鞮鍪。”吴师道引韵书：“鞮鍪，首铠也。”

⑥十人擅苗：当作“十人人擅矛”。孙诒让云：“下‘人’字旧本脱。”按：上句既云：“其二十人人擅有方”，则此句“擅”前应有“人”字。孙依王念孙校补“人”字是，今从之。“苗”，读为矛。毕沅云：“苗同矛，犹苗山即茅山。”是也。“十人人擅苗”，即“十人人掸矛”，谓十人人皆执矛也。

⑦临轒辒：并船为“临”，“临”用如“轒辒”，冲破城垣或城门之车名轒辒，冲破堤防之船亦名“轒辒”。为别于陆上，故水上轒辒称“临轒辒”。

⑧隄：同堤，积土为防也。《广韵·齐韵》：“隄，隄防。”《集韵·齐韵》：“隄，或作隄、堤。”

⑨射檥：孙诒让云：“窃疑当为‘射机’。”按之《备城门》“转射机，机长六尺，埋一尺。两材合而为之辒，辒长二尺，中凿跌二为通臂，臂长至垣。二十步一，令善射者佐之”，孙说是，今从之。

【校文 2】

并船以为十临，临三十人，人掸弩，什四有方，必善以船为轒辒。二十船为一队，选材士有力者三十人共船，其二十人，人掸有方，剑甲鞮瞀，十人，人掸矛。先养材士，为异舍，食其父母妻子以为质。视水可决，以临轒辒决外堤，城上为射机疾佐之。

【今译】

并两船为一“临”，需组织十“临”之作战团队，每“临”配备三十人，人皆执弩，此外，十人中四人另配盾牌，必须善于驶临如同陆上轒辒车，（具有极强冲击力。）二十艘船即十临编为一队，挑选勇武有力之士卒三十人共同掌控一船，其中二十人，人皆持盾，佩剑，着甲，戴胄，另十人，人皆执矛。事先蓄养勇武有力之士卒，为其另辟居舍，照料其父母妻小，并作为人质，（把控在手。）视水位高至可以决堤时，即以并船之“临”冲决外堤，而城上士卒疾速开动转射机，放箭予以配合。

【馀论】

此章述以“并船”之“临”作为“轒辒”，冲决水堤，破敌寇之水攻。

“有方”，诸家所释颇异。孙诒让云：“《备蛾傅篇》云：‘令一人操二丈四矛’，‘矛’误作‘方’，则此‘方’亦‘矛’之误。‘有’疑当为‘酋’，音近而误。《韩非子·八说篇》云：‘搢笏干戚，不敌有方铁铦’，‘有方’亦‘酋矛’之误，与此正同。此文疑当云：‘人擅弩什四酋矛’或作‘什六人擅弩四酋矛’。……《号令篇》云：‘诸男女有守于城上者，什六弩四兵’。……此云‘什四酋矛’，即四兵也。”按：“酋矛”讹为“有方”之说，学者多不认同。如陈奇猷《韩非子集释》以为“未可从”。[1] 岑仲勉云：“考粤俗常呼锄为‘鎊’，‘邦’、‘方’古音甚相近，方即锄也，毁堤先锄土，故‘方’为必携之用具。”按：“方”、“邦”古音甚相近，无疑也，可备一说。然“临轒辒”之冲撞力远非锄之刨掘力所可比拟，既备临，则锄将无所施其技。且徒以粤俗“呼锄为鎊”为据，理由不免单薄，未敢遽从。录以备考。

---

〔1〕 详陈奇猷《韩非子集释》第982～983页，上海人民出版社1974年版。

五、备突

【题解】

《备突》篇叙述防御敌寇从城墙“突门”骤攻之方法有二：其一，砌窑灶，备柴艾，用以熏敌；其二，以木束两车轮置于突门之内，用以阻敌。

【原文1】(《备突》篇计1章)

城百步一突门①,突门各为窯灶②,窦③入门四五尺。为亓门上瓦屋④,毋令水潦⑤能入门中。吏主⑥塞突门,用车两轮,以木束之,涂⑦亓上,维⑧置突门内,使度门广狭,令之入门中四五尺。置窯灶,门旁为橐⑨,充灶伏⑩柴艾。寇即⑪入,下轮而塞之,鼓橐而熏之。

【校注】

①突门:守方于城垣上开凿之暗门,遇急,可从此冲出攻击敌寇。《后汉书·窦融传》:“公孙述令守突门。”李贤注:“突门,守城之门。”下文“突门各为窑灶”、“吏主塞突门”、“维置突门内”,“突门”皆同。《六韬·豹韬·突战》:“百步一突门,门有行马,车骑居外,勇力锐士隐伏而处。敌人若至,使我轻卒合战而佯走,令我城上立旌旗,击鼙鼓,完为守备。敌人以我为守城,必薄我城下。吾发伏兵,以冲其内,或击其外。三军疾战,或击其前,或击其后。勇者不得斗,轻者不及走,名曰突战。”《通典·兵五·守拒法》:“城内对敌营,自凿城内为暗门,多少临事,令五六寸勿穿,或于中夜,于敌初来,营列未定,精骑从突门跃出,击其无备,袭其不意。”亦言“突门”事,均可作比观。

②窯灶:即窑灶,窑形之灶也。《说文·穴部》:“窯,烧瓦灶也。”朱骏声通训定声:“窯,字亦作窑。”下文“置窯灶”,《备穴》“斩艾与柴,长尺,乃置窯灶

中”,“窯灶”皆同。

③窦:孔洞。《说文·穴部》:“窦,空也。”段玉裁注:“凡孔皆谓之窦。”此处指灶洞。“窦入门四五尺”,谓窑灶之孔洞在突门内四五尺处也。

④为亓门上瓦屋:于突门上建瓦屋,为避窑灶经雨受潮也。

⑤潦 :音 liǎo,雨水。《慧琳音义》卷十九“潦溢”注引《考声》:“潦,雨落所停水也。”《诗·召南·采蘋》:“于彼行潦。”孔颖达疏引《说文》:“潦,雨水也。”

⑥主:职掌,负责。《孙子·计》:“曲制官道主用也。”李筌注:“主,掌也。”“吏主塞突门”,谓军吏职掌阻塞突门也。

⑦涂:涂泥。详《备城门》8 章注⑥。

⑧维:以绳索悬系。《周礼·夏官·节服氏》:“维王之太常。”郑玄注:“维,维之以缕。”

⑨橐:吹火具,牛皮风箱。详《备城门》29 章注③。

⑩伏:藏。《书·盘庚》:“毋或敢伏小人之攸箴。”孙星衍今古文注疏引《广雅》:“伏,藏也。”

⑪即:犹若,假设连词。详《备城门》26 章注⑤。

【校文 1】

城百步一突门,突门各为窑灶,窦入门四五尺。为其门上瓦屋,毋令水潦能入门中。吏主塞突门,用车两轮,以木束之,涂其上,维置突门内,使度门广狭,令之入门中四五尺。置窑灶,门旁为橐,充灶伏柴艾。寇即入,下轮而塞之,鼓橐而熏之。

【今译】

城垣每百步凿一突门,突门内各砌一口窑形之灶,窑灶孔洞位于突门内四五尺处。在突门之上建瓦屋,使雨水不能入于门中,(以免打湿窑灶。)军吏掌管阻塞突门之任,其方法为,将两个车轮捆于大木,其上涂以泥墙,用绳索悬系轮木于突门之内,更使人测得突门之宽窄尺度,以便将轮木悬系于突门内四五尺之所。门内砌置窑灶,门旁安装牛皮风箱,窑灶内充满柴薪艾草。若敌人突攻而至,立即垂放轮木予以阻塞,并鼓动风箱,用柴艾烟火熏眯敌人。

【馀论】

此章(篇)述以窑灶熏烟和轮木阻塞破敌寇之突攻。

孙诒让云："此篇前后疑有脱文。"岑仲勉云："余按篇名'备突'，而此段所言止城门作突门以备敌，未言敌人如何来攻，其必有脱漏无疑。"孙、岑说是。惜乎无以质定所脱何文也。

岑氏将《备穴》"塞穴门，以车两走为（轒）辒，涂其上，以穴高下广狭为度，令入穴中四五尺，维置之，当穴者客争伏门，转而塞之。为窑容三丸艾者，令其突入伏穴，伏傅突一旁，以二橐守之，勿离"，移入此篇，云："此节实与前节（按：指《备突》）相复，唯详略互有不同。旧本错入《备城门》篇，王移于《备穴》篇，孙、吴从之。"按：《备穴》"塞穴门"至"以二橐守之，勿离"文意与《备突》有相复之处，然一言"穴门"，一言"突门"，强谓《备穴》"穴门"之"穴"为"突"字之讹，而"以穴"、"穴中"及"当穴"三"穴"字为"门"字之讹，而将上述六十五字移入《备突》篇中，借以补"备突"之脱漏，似觉牵强。前已约定，本书暂悉遵《閒诂》所订章节、文字先后之次序，不辄动矣。

六、备穴

【题解】

《备穴》篇系墨子就禽滑厘所问当敌寇利用穴道攻城时，我方应如何进行有效防御一题，作出回答，其法有：楼候敌变，并设罂听，凿井掘穴以迎敌，制瓦缶、挡连版、伏柴艾以熏敌，备轮轀以塞敌，为钩距、斧斤以阻敌，具櫜橐以烛穴，置醯液以涤目，等等。

【原文1】(《备穴》篇计18章)

禽子再拜再拜，曰："敢问古人有善攻者，穴土而入[①]，缚柱施火[②]，以坏吾城，城坏，或[③]中人，为之柰何？"子墨子曰："问穴土之守邪？备穴者城内为高楼，以谨候望适人[④]。适人为变[⑤]，筑垣聚土非常者，若[⑥]彭[⑦]有水浊非常者，此穴土也，急壍[⑧]城内，穴亓土直[⑨]之。穿井城内，五步一井，傅城足，高地，丈五尺；下地[⑩]，得泉三尺而止。令陶者为罂[⑪]，容四十斗以上，固顺[⑫]之以薄鞈[⑬]革，置井中，使聪耳者伏罂而听之，审知穴之所在，凿穴迎之。

【校注】

①穴土而入：谓起土开凿穴道，并凭以攻入城中也。"穴"，名词用为动词，凿穴也。《诗·大雅·緜》："陶复陶穴。"郑玄笺："凿地曰穴。"马瑞辰传笺通释："穴则凿地为之窝。"

②缚柱施火：谓束柴薪柱上，放火烧之也。坑柱支撑穴顶，烧柱则穴道坍之，城郭摧之。《商君书·境内》："穴通则积薪，积薪则燔柱。"《通典·兵十三·攻城战具》："凿地为道，行于地下，用攻其城。往往建柱，积薪于其柱间而烧之，柱折城摧，谓之地道。"《周书·韦孝宽传》："又于城四面穿地作二十一

道，分为四路，于其中各施梁柱，作讫，以油灌柱，放火烧之，柱折，城并崩坏。”亦言燃薪烧柱摧城事，可作比观。

③或：读为域，邦域也。或、域，古今字。《说文·戈部》：“或，邦也。域，或又从土。”《广雅·释诂一》：“或，有也。”王念孙疏证：“或，即邦域之域。”“或中人”，即“域中人”，谓城域中人也。孙诒让云：“此下旧本有‘（三步一）大铤，前长尺’云云，七百余字，今依顾（广圻）校移前《备城门篇》。”

④以谨候望适人：谓（城内建高敞楼屋，）用以严伺敌人动态也。“谨”，严也。《荀子·富国》：“其于礼义节奏也，陵谨尽察。”杨倞注：“谨，严也。言不敢轻慢也。”王引之云：“自‘为之奈何’至‘以谨’，凡二十四字，旧本误入《备城门篇》，今移置于此。”孙诒让从之。前已约定，本书暂悉遵《閒诂》所订章节、文字先后之次序，不辄动矣。

⑤变：改变，异于常态也。《素问·经脉别论》：“凡人之惊恐恚劳动静，皆为变也。”王冰注：“变，谓变易常候。”

⑥若：犹或，选择连词。详《备城门》12 章注④。

⑦彭：读为旁。《易·大有》：“匪其彭，无咎。”焦循章句：“彭，读若旁，谓旁通也。”《韩非子·说林上》：“彭喜谓郑君曰。”王先慎集解引顾广圻曰：“彭，旁同字也。”

⑧壍：同堑，堑沟，壕坑。《说文·土部》：“堑，坑也。”桂馥义证：“堑，字或作壍。”《集韵·艳韵》：“堑，或作壍。”江淹《萧骠骑筑新亭垒埋枯骨教》：“崇沟峻壍。”胡之骥注：“壍，坑也。”“急壍城内”，遽掘壕坑于城内。“壍”，名词用为动词，掘壍（堑）也。

⑨直：读为值，当也。“值”以“直”为声符，例可通假。《管子·山至数》：“冯市门一吏书赘直事。”郭沫若等集校引何如璋云：“直，犹值也。”《史记·樗里子甘茂列传》：“武库正直其墓。”司马贞索隐：“直（值），犹当也。”

⑩下地：低地也。旧本无“下”字。王引之云：“当作‘下地’。”按：“下地”与“高地”相对而言，当有“下”字。《备城门》“高地三丈下地至（按：当作‘高地丈五尺，下地至泉，三尺而止’），亦“高地”、“下地”对文。王校是，今从之。

⑪罂：口小腹大之缶或瓶。详《备城门》38 章注①。

⑫顺：孙诒让云：“‘顺’当作‘幎’。”按：“川”与“巾”、“页”与“冥”均形近而讹。幎，亦作幂，覆蒙。《说文·巾部》：“幎，幔也。”《广雅·释诂二》：“幎，覆也。”王念孙疏证：“幎、幂、鼏、冖并通。”《礼记·礼器》：“牺尊疏布幎。”陆德

明释文:“幎,本又作幂。”

⑬鞈:生革。《说文·革部》:“鞈,生革可以为缕束也。”《广韵·铎韵》:“鞈,生革。”“固幎之以薄鞈革”,谓以薄生革坚冒罂口如鼓状也。《通典·兵五·守拒法》:“地听,于城内八方穿井,各深二丈,以新罂用薄皮裹口如鼓,使聪耳者于井中讬罂而听,则去城五百步内悉知之。审知其处,助凿迎之,与外相遇,即就以干艾一石,烧令烟出,以板于外密覆穴口,勿令烟泄,仍用鞴袋鼓之。又先为桔槔悬铁锁,长三丈以上,束柴苇焦草而燃之,坠于城外所穴之孔,以烟熏之,敌立死。”亦言“地听”事,可作比观。

【校文1】

禽子再拜再拜,曰:“敢问古人有善攻者,穴土而入,缚柱施火,以坏吾城,城坏,域中人为之奈何?”子墨子曰:“问穴土之守邪?备穴者城内为高楼,以谨候望敌人。敌人为变,筑垣聚土非常者,若旁有水浊非常者,此穴土也,急堑城内,穴其土值之。穿井城内,五步一井,傅城足,高地,丈五尺;下地,得泉,三尺而止。令陶者为罂,容四十斗以上,固幂之以薄鞈革,置井中,使聪耳者伏罂而听之,审知穴之所在,凿穴迎之。

【今译】

禽滑厘再四郑重拜礼,问道:“敢问先生,古代有善于攻城之人,掘地道而入城内,缚柴薪于穴道支柱并燃火烧之,以达摧毁围城之目的,今如我城将毁,城域中吏民士卒如何防御?”墨子答道:“君问如何应对敌寇之穴攻吗?防御穴攻,须在城内建造高出城垣之楼屋,严密伺察敌人动态。敌人情况反常,如筑城垣、聚土石,出现异常现象,或周边多有混浊之水流出,异于往常,此则敌人构筑穴道,图谋对我发动进攻之征象。我方应立即在城内起土凿穴,与敌穴正相对当。又须在城内掘井,每五步一口,井宜贴近城根。地势高处,掘深一丈五尺;地势低处,掘至地下水出,再下掘三尺而止。督令陶工烧制盛水具缶、瓶之类,使之可容四十斗以上,用薄质生革坚蒙缶、瓶等水具之口,置之井内,遣听力绝佳者伏于水具之上,仔细辨听,以期准确探知敌穴之所在,然后部署凿穴任务,要求我穴能与敌穴正相对当,以利迎头痛击敌寇。

【馀论】

此章述墨子答禽滑厘应对敌人穴攻之问，即既要于城内筑楼屋以候敌，又要设罂听探敌踪并凿穴以迎敌。

“或中人”之“或”，岑仲勉校为“城”，云：“余按‘或中人’当‘城中人’之误。”按：原字亦通，故不取，录以备考。

【原文2】

令陶者为月明①，长二尺五寸，六围，中判②之，合而施之穴中，偃③一，覆④一。柱之外善周涂，亓傅柱者勿烧。柱者勿烧⑤。柱善涂亓窦际⑥，勿令泄。两旁皆如此，与穴俱前⑦。下迫地⑧，置康若灰⑨亓中，勿满。灰康长五⑩窦，左右俱杂⑪相如⑫也。穴内口为灶，令如窯，令容七八员⑬艾，左右窦皆如此，灶用四橐。穴且⑭遇，以颉皋⑮冲之，疾鼓橐熏之⑯，必令明习橐事者，勿令离灶口。连版⑰以穴高下，广陕为度，令穴者与版俱前。凿亓版令容矛，参⑱分亓疏数⑲，令可以救窦。穴则⑳遇，以版当之，以矛救窦，勿令塞窦，窦则塞，引版而郄㉑，过一窦而塞之，凿亓窦，通亓烟，烟通，疾鼓橐以熏之。从穴内听穴之左右，急绝亓前，勿令得行。若集客㉒穴，塞之以柴涂，令无可烧版也。然则穴土之攻败矣。

【校注】

①月明：王引之云：“‘月明’，当为‘瓦罂’。”按：“瓦”，隶书作（开通褒斜道刻石），“月”，隶书作（睡虎地简一〇·四），形近而讹。“罂”，残坏但留上半“賏”，又以形近讹为“明”。《备城门》“用瓦木罂容十升以上者，五十步而十”，正作“瓦（木）罂”。王校是，今从之。以理推之，此“瓦罂”当无底，以便互相续接，而成管柱。

②判：分。《说文·刀部》：“判，分也。”《左传·庄公三年》：“纪于是乎始判。”杜预注：“判，分也。”

③偃：仰，仰卧，仰置。《说文·人部》：“仰，举也。”朱骏声通训定声：“前覆曰仆，后仰曰偃。”《素问·病能论》：“人之不得偃卧者。”张志聪集注：“偃，仰也。”

④覆：蒙，盖，仆。《说文·襾部》：“覆，覂也。”徐锴系传：“覆，盖覆也。”《楚辞·九叹·逢纷》：“椒桂罗以颠覆兮。”王逸注：“覆，仆也。”

⑤柱者勿烧：毕沅云："四字衍。"按：上句云"其傅柱者勿烧"，疑后学或于侧复写"柱者勿烧"四字，羼入正文。毕校盖是，可信。

⑥窦际：管柱边际，管柱相接处。"窦"，读为渎，沟窦也。"窦"、"渎"同以"卖"为声符，例可通假。《周礼·考工记·匠人》："窦，其崇三尺。"郑玄注："窦，宫中水道。"此处指瓦罂续接而成之管柱，盖通水道为"窦"，通气道亦借"窦"为之也。下文"窦"字皆同。"际"，边际，接口处。《说文·𨸏部》："际，壁会也。"段玉裁注："际，两墙相合之缝也。"王筠句读："际，谓版筑相交之处也。"《左传·昭公四年》："尔未际。"杜预注："际，接也。"《楚辞·天问》："九天之际。"洪兴祖补注："际，边也。"

⑦与穴俱前：谓安放由瓦罂续接而成之管柱与凿穴并行，即凿穴至何处，安放管柱亦至何处，不稍间也。下文"令穴者与版俱前"，同其意也。孙诒让云："自'柱之外'至此三十四字，并说穴柱，与上下文不相蒙，疑当在后文'无柱与柱交者'下，然首尾文义，亦不甚相接，未敢辄移。"

⑧下迫地：谓瓦罂续接而成之管柱贴近地面也。"迫"，近，附。《说文·辵部》："迫，近也。"《广韵·陌韵》："迫，附也。"《楚辞·离骚》："望崦嵫而勿迫。"王逸注："迫，附也。"孙诒让云："此文不属，疑当接上'偃一，覆一'句。"按："（罂）中判之，合而施之穴中，偃一，覆一，下迫地"，语意顺畅。孙校是，今从之。

⑨康若灰：即"糠若灰"，糠与灰也。"康"、糠，古今字。详《备城门》64章注④。"若"，犹与、及，用为并列连词。《经传释词》卷七："若，犹及也、与也。"《仪礼·既夕礼》："朔月若履新。"胡培翚正义："若，及也，与也。"

⑩五：孙诒让云："'五'，疑'互'之误。"按："灰糠长五窦"，不辞之甚，"五"、"互"形近而讹。孙校是，今从之。"互"，竟，终。《后汉书·班固传》："其畴能互之哉。"李贤注："互，犹竟也。"《文选·班固〈答宾戏〉》："互以年岁。"刘良注："互，终也。""灰糠长五窦"，即"灰糠长互窦"，谓灰与糠终满其窦也。下文"户内有两蒺藜，皆长极其户"，同其意也。

⑪杂：集合，混同，错杂。《玉篇·隹部》："杂，同也。"《广韵·合韵》："杂，集也。"《读书杂志·荀子第六·礼论》："并行而杂。"王念孙按："杂，读为集。"《文选·司马相如〈子虚赋〉》："杂纤罗。"刘良注："杂，谓错杂。"

⑫相如：即相若，相当、相等也。详《备城门》3章注③。"杂相如"，谓将灰、糠杂集和拌均匀也。

⑬员：同圆，读为丸。柳宗元《天对》："员丘之国。"蒋之翘辑注："员，与圆同。"《淮南子·原道》："员者常转。"高诱注："员，轮丸之属也。"

⑭且，将也。《庄子·逍遥游》："且适南溟也。"成玄英疏："且，将也。"

⑮颉皋：亦作"桔槔"，或称"桥"，利用杠杆原理所制之汲水具。详《备城门》65 章注⑤。此处，"颉皋"用作冲撞器械，系颉皋之改装物。

⑯疾鼓橐熏之：谓急速鼓动风箱，令出烟气以熏敌也。《通典·兵五·守拒法》："审知穴处，助凿迎之，与外相遇，即就以干艾一石，烧令烟出，以板于外密覆穴口，勿令烟泄，仍用鞴袋鼓之。"亦言鼓橐熏敌事，可作比观。

⑰连版：穴战中用以御敌或挡烟之编连木板。"版"，同板。《说文·片部》："版，判也。"王筠句读："谓判之而为版也。"段玉裁注："凡施于宫室器用者皆曰版。今字作板。"

⑱参：读为三。《论语·述而》："参分天下有其二。"皇侃疏："参，三也。"《迎敌祠》"二参子尚夜自厉"，"参"字同。

⑲数：读为促，密也，与疏相对。详《备城门》3 章注④。

⑳则：犹即，假设连词。详《备城门》75 章注②。

㉑郄：同郤（隙），讹作卻。俗作却。《类篇·邑部》："郤，或作郄。"《说文·邑部》："郤（），晋大夫叔虎邑也。从邑声。"高翔麟《字通》："与卻异。"《庄子·知北游》："若白驹之过郤。"陆德明释文："郤，本亦作隙。隙，孔也。""郤"讹作卻。《玉篇·卩部》："卻，俗作却。"盖讹作，致（卻）讹作（却）。古籍多用"卻"，今"却"字通行。《说文·卩部》："卻，节欲也。从卩，谷声。"朱骏声通训定声："按：（卻，）退也。从卩，节制意，谷声。与从邑之郤别。俗字作却。"卻，退也。《战国策·秦策一》："战慄而卻。"高诱注："卻，退也。"

㉒客：敌人。详《备城门》3 章注⑩。

【校文 2】

令陶者为瓦罂，长二尺五寸，六围，中判之，合而施之穴中，偃一，覆一，下迫地。柱之外善周涂，其傅柱者勿烧。柱善涂其渎际，勿令泄。两旁皆如此，与穴俱前。置糠若灰其中，勿满。灰糠长亘渎，左右俱杂相如也。穴内口为灶，令如窑，令容七八丸艾，左右渎皆如此，灶用四橐。穴且遇，以桔槔冲之，疾鼓橐熏之，必令明习橐事者，勿令离灶口。连版以穴高下、广狭为度，令穴者与版俱前，凿其版令容矛，三分其疏促，令可以救洓。穴则遇，以版当之，以矛救洓，勿令塞洓，窦则塞，引版而却，过一洓而塞之，凿其洓，通其烟，烟通，疾鼓橐以熏之。从穴内听穴之左右，急绝其前，勿令得行。若集客穴，塞之以柴涂，令无可烧版也。然则穴土之攻败矣。

【今译】

使陶工烧制瓦罂，罂长二尺五寸，大二围，从中间剖分为两半，合在一起置于穴中，一半仰承，另一半覆蒙，（前后续接，成为管柱之状，）而管柱下半贴近地面。管柱之外，以泥埴妥为封涂，因为只有涂泥之管柱才不会被火烧毁。又须将管柱接口处妥善涂泥，以使烟气不致外泄。穴之两边皆置此种管柱，而且置管柱与凿穴道同步进行。将糠与灰放置其中，不必过满，（以使糠、灰等物透气可燃。）但灰和糠之长度必与管柱相始终，且左右两边管柱中所装糠灰等物皆应拌匀。在穴道口砌灶，如烧瓦窑之状，使之可容七八个艾草团，左右两边穴道口皆如此，每灶配备四个风箱。当我方所凿之穴与敌穴将要相遇时，用桔槔冲开坚土，旋即鼓动风箱，朝向敌穴燃物烧敌，必派习于鼓风操作之士卒任事，明令其不得离开灶口。拼连木板，使之与穴道高低、宽窄尺度相当，命凿穴士卒顺穴道推连版，一直向前掘进，在连版上凿孔眼，使长矛得以穿过，其疏密宜三分相间，使之可以及时对受损管柱进行修补。如我方所凿之穴与敌穴相遇，便以连版阻敌，并从连版孔眼中伸出长矛，保护管柱，不能使敌人堵塞管柱。一旦管柱被塞，便拖引连版退却，退过一节管柱再行阻敌，（如发现此节管柱亦被塞，）则将其凿开，使烟气顺畅，烟气既畅，旋即鼓动风箱，催烟气以熏敌。从穴道内谛听穴道左右两边传来之声响，（如探得敌人正在朝向我方所凿之穴方向掘进，）旋即施以阻断手段，使敌人不得继续前行。如我方所凿之穴入于敌穴之中，便以涂泥柴抟加以堵塞，使之无法烧我连版。如此，则敌寇之穴攻必败无疑。

【馀论】

此章述烧制瓦罂，接为管柱，用以熏敌，又拼接木板，用以挡烟、阻敌，最终挫败敌寇穴攻之事。

“月明”，显误。孙诒让谓为“瓦罂”（无底而互相续接之管柱）。岑仲勉易为“瓦窦”，云：“下文百余字都未说及‘罂’，而‘窦’字共九见，若上文未说‘窦’，则‘窦’字突如其来。……如果制瓦罂来应用，临时又须除去其底，有种种不方便，故知陶者所制断是‘瓦窦’，必非‘瓦罂’。”然“窦”取“管”义，殊难找到例证。故不取，录以备考。

毕沅以“柱者勿烧”为衍文，岑氏则以“者勿烧柱”为衍文，云：“（孙）云：‘三十四字并说穴柱，与上下文不相蒙，疑当在后文“无柱与柱交者”下。’今细审之，孙说实未尽合。‘柱之外善周涂，其傅柱者勿烧柱’十三字（‘者勿烧柱’四字衍文，非‘柱者勿烧’为衍文，毕说亦须略为修正）确应依孙移正于后，但‘善涂其窦际’以下十七字，仍应承上‘偃一，覆一’言之。”岑氏之校由改“月明”为“瓦窦”而来，笔者既不取“瓦窦”之说，则“者勿烧柱”为衍文之校亦复不取，录以备考。

【原文3】

寇至吾城，急非常也，谨备穴。穴疑有，应寇，急穴[①]。穴未得，慎毋追[②]。

【校注】

①穴疑有，应（應）寇，急穴：谓既疑敌人采用穴攻，必对敌寇加以应对，即尽速凿穴，以穴制穴也。“应”，当，报，应对也。《说文·心部》：“应，当也。”《群经平议·春秋左传一》：“应乃懿德。”俞樾按：“应，犹报也。”《易·乾》：“同声相应。”陆德明释文：“应，应对之应。”

②穴未得，慎毋追：谓敌穴所在尚未得知，为谨慎起见，我方穴道不应一味追随掘进。“追”，逐，随。《说文·辵部》：“追，逐也。”《方言》卷十二：“追，随也。”《楚辞·离骚》：“背绳墨以追曲兮。”王逸注：“追，犹随也。”

【校文3】

同上。

【今译】

敌寇兵临城下，情势非常紧急，此时，宜谨慎防其掘穴对我进行寇掠。如已怀疑敌寇采用穴攻，应即对其进行回应，即尽速凿穴，（以穴制穴。）但尚未确知敌穴之所在，便须谨慎从事，我方穴道切勿盲目追随掘进。

【馀论】

此章述应对敌寇穴攻，既要掘穴，以穴制穴，又要谨慎，不可冒进。

"谨备穴。穴疑有，应寇，急穴"，岑仲勉云："余谓'寇'字应移在'谨备'之下，言敌人既临吾城，慎防其用穴攻也。'应'字连下'急穴'为句，谓既疑敌人用穴攻（'穴疑有'），我方急须掘穴以拒也。"可备一说。然原文亦通。故不取，录以备考。

【原文 4】

凡杀以穴攻者①，二十步一置穴，穴高十尺，凿十尺②，凿如③前，步下三尺。十步拥穴，左右横行，高、广各十尺。

【校注】

①凡杀以穴攻者：按之《备蛾傅》"凡杀蛾傅而攻者"，此疑当作"凡杀穴以攻者"。"杀"，灭，破除。《庄子·大宗师》："杀死者不死。"成玄英疏："杀，灭也。""以"，犹而，连词。详《备城门》2 章注①。《天志中》："撽遂万物以利之。"是其例也。孙诒让云："'以'，吴抄本作'而'。""凡杀以穴攻者"，谓凡破掘穴而攻之法也。

②凿十尺：岑仲勉云："'凿十尺'是'广十尺'之误。"按之下文"十步拥穴，左右横行，高、广各十尺"、"鼠穴高十尺五寸，广、柱间七尺"、"为中橹，高十尺半，广四尺"，皆"高"、"广"对言，岑校是，今从之。

③如：读为而。详《备城门》6 章注⑪。"凿如前"，即"凿而前"，谓凿穴而前行也。

【校文 4】

凡杀以穴攻者，二十步一置穴，穴高十尺，广十尺，凿而前，步下三尺，十步拥穴，左右横行，高、广各十尺。

【今译】

凡破除敌寇穴攻之法，必须每二十步凿一穴道，穴道高十尺，宽十尺，凿就一处而又向前掘进，每掘进一步依例向下低三尺。向前掘进满十步，便于穴道左右两旁各凿名为"拥穴"之横向支道，此支道高宽各十尺。

【馀论】

此章述用以破敌寇穴攻之我方穴道格局。

末句,孙诒让作"高广各十尺,杀",云:"'杀'上疑当有'为'字。此言凡穴直前十步,则左右横行,别为方十尺之穴,谓之杀,以备旁出也。"可备一说。岑仲勉作"高广各十尺",而以"杀"为下章首字,云:"'杀'字如连上读,则在何处埋罂,殊欠分明,故知'杀'应属下方合,即谓每杀应埋两罂,其深度令与城相平。"此种处理,似较孙氏为优,今从之。

【原文5】

杀俚两罂①,深平城,置板亓上,𦗔②板以井听。五步一,密③,用𣏾④若松为穴户,户穴⑤有两蒺蔾⑥,皆长极亓户,户为环,垒石外埻⑦,高七尺,加堞亓上。勿为陛与石,以县陛上下出入,具炉橐,橐以牛皮,炉有两缻⑧,以桥⑨鼓之百十⑩,每亦熏四十什⑪,然炭杜⑫之,满炉而盖之,毋令气出。适人疾近五百⑬穴,穴高若下,不至吾穴,即以伯⑭凿而求通之。穴中与适人遇,则皆圉而毋逐,且战北,以须炉火之然也,即去而入壅穴⑮杀,有鼠𤠐⑯,为之户及关籥,独顺⑰,得往来行亓中。穴垒之中各一狗,狗吠即有人也。

【校注】

①杀俚两罂:谓每一用于预备投掷敌人之掩体皆埋两只小口大腹之瓦瓶也。"杀",预备投掷敌人之掩体。详《备梯》3章注⑦。必须着重说明,此处"杀"与上文"凡杀穴以攻者"之"杀",词性、词义皆异。"俚",通埋、薶。《杂守》"渠长丈五尺,其埋者三尺"作"埋",《备城门》"转射机,机长六尺,貍一尺"作"貍"。"貍"即薶,亦即埋。详《备城门》14章注②。

②𦗔:字书所无。孙诒让云:"'𦗔'疑'聯'之误。"按:"聯"以形近讹为"𦗔"。孙校盖是,可信。"聯板",即连版。"聯"即聯,亦即连。"聯"、"连",古今字。《说文·耳部》:"聯,连也。"段玉裁注:"周人用聯字,汉人用连字,古今字也。""版",同板。详2章注⑰。"置板亓上,𦗔板以井听",即"置板其上,连板以井听",谓埋罂于穴井后,于其上置连板,屏避穴道中之杂音,使聪耳者得专心谛听敌人动静也。

③五步一,密:谓穴井每五步凿一,密集也。此句承上句"𦗔板以井听"句意而来。主词"井"承上省略。

④擡:字书所无。孙诒让云:"'擡',未详,疑当为'枱'。钟鼎古文从台者,或兼从司省,今所见阮元《积古斋钟鼎彝器款识·公姒敦》'始'字作'娟',是其例也。此'擡'字亦当从木。……此疑假为'梓'字。《说文·木部》:'梓,楸也。从木宰省声。''与'枱'古音同部,得相通借。"按之《郐王义楚鍴》"怠"(读为台,我也),亦作"怱",孙说盖是,可信。

⑤户穴:孙诒让云:"'户穴'当作'户内'。"按:"穴"、"内"篆体形近,常见互讹之例。《备城门》"敌人为穴而来",毕沅校云:"'穴'旧作'内'。"是其例也。孙校是,今从之。

⑥蒺梨:即蒺藜。详《备城门》17章注⑤。

⑦墆:孙诒让云:"'墆'疑'埻'字之误……埻,盖即'郭'之异文,与'墩'字别。"按:"埻"(墩),国名。《集韵·铎部》:"墩,国名。《山海经》:'墩端国,在流沙中。'或作埻。"又《陌部》:"墩端,国名。隶作埻。""埻"以形近讹为"墆",孙校是,今从之。然谓"埻"为"郭"之异文,恐非是,应谓"埻"假为"郭"。就古文形体演进过程而言,𩫏,从回,象城郭之重,两亭相对也。《广韵》古博切,音guó 。𦎫,孰也。从亯从羊,读若纯。《广韵》常伦切,音 chún 。《玉篇·土部》:"墩,同埻。"《篇海类编·地理类·土部》:"墩,埻本字。""墩",即准。《说文·土部》:"墩(埻),射臬也。读若准。"统言之,古文"𩫏"、"𦎫"隶变而趋同为"享",字形遂无分别。此处,"埻"乃音guó之"埻"误,而非音chún之"埻"误也。

⑧瓺:同"缶",水罐。详《备城门》24章注①。

⑨桥:即桔槔。详《备城门》19章注②。

⑩百十:鼓动次数多至上百。

⑪每亦熏四十什:孙诒让云:"以文义审之,此当作'毋下重四十斤'。"按:"每""毋"、"亦""下"、"熏""重"、"什""斤",皆形近而讹。又,《备城门》"及持沙毋下千石"、"五十步积薪,毋下三百石"、"百步一积薪,毋下三千石以上",孙校是,今从之。"毋下重四十斤",谓桥重不少于四十斤也。

⑫杜:杜塞,充塞。《小尔雅·广诂》:"杜,塞也。"《战国策·秦策一》:"杜左右之口。"鲍彪注:"杜,亦塞也。""然炭杜之",燃炭而充塞于炉(,生烟气也)。

⑬五百:苏时学云:"'五百'二字乃'吾'之讹。"按之下文"不至吾穴",苏校是,今从之。

⑭伯：孙诒让云："'伯'，疑当作'倚'。"按之下文"内（穴）去窦尺，邪凿之，上（下）穴当心"，盖抄写者写立人后，误将"奇"书作"白"。孙说是，今从之。

⑮壅穴：即拥（擁）穴。"壅"、"擁"同以"雍"为声符，例可通假。《管子·法法》："牵瑕蔽壅之事君者。"戴望校正："宋本壅作擁。"

⑯偭䆒：当作"鼠竄（窜）"。"偭"，同鼠。详《备梯》1 章注⑳。"䆒"，字书所无。孙诒让云："（'偭䆒'）下一字疑即'竄（窜）'之异文，变穴形为自耳。"按："穴"在土中，"自"为土堆，其义相近。古文合体字义近形符常有置换之例。如"口"，所以言、食之器官；"言"，直言之称。其义相近，故合体字"信"亦作"亻口"。"鼠"之头部或讹作，爪部或讹作，尾部或讹作，于是"竄"或讹作䆒。孙说盖是，可信。《说文·穴部》："竄，匿也。从鼠在穴中。""竄（窜）"盖即鼠穴。"偭䆒"，即鼠竄（窜），亦即下文"偭（鼠）穴高七尺"之"鼠穴"，谓穴道两旁小穴也。

⑰关籥，独顺：当作"关籥，独慎。""关籥"，即管钥，锁钥（匙）也。详《备城门》32 章注④。"顺"，读为"慎"。《尔雅·释言》："若，顺也。"郝懿行义疏："顺，又通作慎。"《仪礼·士冠礼》："顺尔成德。"胡培翚正义引朱子云："顺，古与慎通用。""关籥，独顺"，即"管钥，独慎"，谓锁钥必殊谨慎也。

【校文 5】

杀埋两罂，深平城，置板其上，联板以听井，五步一，密。用梓若松为穴户，户内有两蒺藜，皆长极其户，户为环，垒石外郭，高七尺，加堞其上。勿为陛与石，以悬陛上下出入，具炉橐，橐以牛皮，炉有两缶，以桥鼓之百十，毋下重四十斤。燃炭杜之，满炉而盖之，毋令气出。敌人疾近吾穴，穴高若下，不至吾穴，即以倚凿而求通之。穴中与敌人遇，则皆圉而毋逐，且战北，以须炉火之燃也，即去而入拥穴。杀有鼠窜，为之户及管钥，独慎，得往来行其中。穴垒之中各一狗，狗吠即有人也。

【今译】

在预备投掷敌人之掩体附近井下埋入两罂，其深度，使罂口与城中地面齐平即可。以木板置罂口上，且连板（以屏蔽穴道中之杂音，令罂听者得专心）从井中谛听敌人动静。井五步设一，较为密集。用楸木或松木制作穴门，门内置两蒺藜，其长与穴门高度相等。门上安装铁环，穴道外以石垒为墙郭，高七尺，其上又加女墙。墙郭内不砌台阶,亦不堆石,而以悬梯上下与出入。穴道内配备炉灶、风箱之类,风箱须以牛皮制作,(方能鼓风有力,)炉灶旁备两瓦罐,采用桔槔之杠杆原理鼓动风箱,次数当在一百开外,桔槔之重,当不少于四十斤。将燃烧之炭填于炉灶中,(使生烟气,)充满炉膛后,加盖蒙覆,使烟气不得外泄。若敌人掘穴已接近我方穴道,而其穴道或高或低,与我方穴道并不正对,我方则须(向上或向下)斜向开掘,以求打通。若在穴道中遭遇敌人,皆只作抵御而不可强行追击,暂且佯饰败北,借以等待炉火燃烧,(多生烟气,一俟火燃,)便离开原地进入左右两旁称为"拥穴"之支穴道中。预备投掷敌人之掩体近旁设有称为"鼠窜"之较小洞穴,为此种小洞穴安装门户并配备锁钥,而门户锁钥之管理当特别谨慎。如此,士卒可以往来行走于其中。每一穴垒专饲一犬,听犬吠便知有士卒值守于此。

【馀论】

此章述我方穴道内诸般设施及与敌寇穴道相遇时所应采用之战术。

"𨻵"、"𢹇"、"𨻶"三字,皆字书所无。孙诒让疑"𨻵"当为"联"、"𢹇"当为"枱"、"𨻶"当为"竄(窜)",释读差强人意。笔者采信而稍予申说,意在证成孙说。然未敢自必,谨以请教于同行专家。

"𨻵",岑仲勉斥孙诒让"疑联"为非是,云:"余以为𨻵读如册,覆盖之义,此句即对上句'置版其上',再作申明,言盖版于罂上以听取罂内之传声;前文2节(按:指'令陶者为罂,容四十斗以上,固幎之以薄鞈革,置井中,使聪耳者伏罂而听之')系用生皮蒙罂,此则用板盖罂,乃罂听之又一法。"按:"册"无"覆盖"义,故不取,录以备考。

孙诒让云:"'独顺',义不可通。凿(按:当为'独顺')疑当为'绳幎'二字,属'关籥'为句。'绳'从黾,'獨'从蜀,偏旁相似。《史记·仓公传》'肝气濁而静',集解'徐广云:濁一作黾',此'绳'讹作'独',与彼相类。'幎'、'顺'二字,此书亦多互讹。前幎罂'幎'字,今本亦作'顺',是其证也。'关籥绳幎',以为门户启闭系蔽之用,《备城门篇》云'诸门户皆令凿而幂孔孔之,各为二幂,一凿而系绳,长四尺',亦见《杂守篇》。是系绳幂凿,乃守门户之恒制也。"可备一说,然语涉缴绕支离,故不取,录以备考。

【原文6】

斩艾与柴长尺[①],乃置窯灶中,先垒窯壁,迎穴为连[②]。

【校注】

①斩艾与柴长尺：谓斩截艾草和薪柴成一尺之长也。孙诒让云："'此'疑即'柴'之省。"按：《墨子》书用字自有其例。时或繁之，多加"人"旁，亦或加其他偏旁，如《经说上》："民若画俿也。""俿"即虎，《备穴》："㓻穴高七尺。""㓻"即鼠。亦加其他偏旁，如《经说上》："志以天下为芬。""芬"即分。时或省之，如《大取》："暴人为我语天之。""之"(㞢)即志()。《小取》："是犹谓也者，同也。""也"即他。《备穴》："塞穴门以车两走，为蒀。""蒀"即轀(辒)。此处乃后者用例，"柴"作"此"。孙说是，今从之。孙又云："自'斩艾与柴长尺'至'男女相半'，凡三百九十四字，旧本错入《备城门篇》，毕本同。王引之云：'以下多言凿穴之事，当移置于《备穴篇》，然未知截至何句为止。'按：王校甚是，而未及移正。苏时学谓此错文当截至'诸作穴者五十人，男女相半'为止，是也。本篇下文'五十人'三字，前后文义不相属，即错简之踪迹未尽泯者也。今据移著此。"前已约定，本书暂悉遵《閒诂》所订章节、文字先后之次序，不辄动矣。

②迎穴为连：当作"迎穴为连版"。"迎"，向，正面。《孙子·行军》："吾迎之。"杜牧注："迎，面也。"王引之云："'连'下当有'版'字。"按之上文"连版以穴高下、广狭为度"，王校是，今从之。

【校文6】

斩艾与柴长尺，乃置窑灶中，先垒窑壁，迎穴为连版。

【今译】

斩截艾草、柴薪作一尺之长，才置于窑灶中。(建灶时，)先砌石为灶壁，面向穴道拼接连版(，以备拒敌或挡烟之用)。

【馀论】

此章述截艾柴和垒窑灶之具体要求。

毕沅云："'柴'旧作'此'，以意改。"可备一说。不取者，"此"为"柴"之省，读为"柴"也。录以备考。

【原文7】

凿井傅①城足，三丈一，视外之广陕②而为凿井，慎勿失。城卑穴高从③

穴难。凿井城上④,为三四井,内⑤新⿰垂斤⑥井中,伏而听之。审之知⑦穴之所在,穴而迎之。穴且遇,为颉皋,必以坚材为夫⑧,以利斧施之,命有力者三人用颉皋冲之,灌以不洁⑨十余石。

【校注】

①傅:旧本作"傳",吴毓江改"傅"。按:"傳城足"不辞,应是"傅"以形近讹为"傳。"《备城门》"比傳薪土","傳"亦"傅"之讹字。吴校是,今从之。"傅",通附,附着,靠近。详《备城门》1 章注⑮。

②陕:即狭。详《备城门》77 章注⑦。

③从(從):读为蹤,同踪,蹤(踪)迹也。《广韵·钟韵》:"蹤,蹤迹。"《文选·谢灵运〈于南山往北山经湖中瞻眺〉》:"林密蹊绝蹤。"刘良注:"蹤,迹也。"

④城上:当作"城下"。城上凿井,非理之甚。古文"上"作𠄞,"下"作𠄟,易相混。下文"上穴当心","上"亦"下"之讹字。

⑤内:读为纳,内、纳,古今字。详《备城门》77 章注⑪。

⑥⿰垂斤:孙诒让云:"'⿰垂斤',当为'甀'之误。"按:"⿰垂斤",字书所无。以文意观之,系器皿字,应为"甀",形近而讹。"甀",瓮坛类容器。《方言》卷五:"甀,罂也。"钱绎笺疏:"《说文》:'罃,小口罂也。'《周官·凌人》:'春始治鉴。'郑注:'鉴如甀,大口,以盛冰。'疏云:'汉时名为甀,即今之甕。'是也。是罃为小口也。"《墨子》城守诸篇"甀"字,或作"⿰垂斤",如此处。或径以"垂"代之,如《备城门》:"城门上所置以救门火者,各一垂水。"

⑦审之知:当作"审知","之"字衍。上文"审知穴之所在",可证。

⑧夫:读为趺,足。此处指颉皋之腿架。详《备城门》18 章注②。

⑨不洁:不洁之物,如糠、矢之类。

【校文 7】

凿井傅城足,三丈一,视外之广狭而为凿井,慎勿失。城卑穴高踪穴难。凿井城下,为三四井,纳新甀井中,伏而听之。审知穴之所在,穴而迎之。穴且遇,为桔槔,必以坚材为趺,以利斧施之,命有力者三人用桔槔冲之,灌以不洁十余石。

【今译】

靠近城墙根掘井，每三丈一口，须观察城外地面之宽窄而决定井位，必谨慎而不可出现失误。如城低穴高便难于探知敌穴踪迹。于城墙下掘井，在三、四口之数，将蒙有薄皮之新瓮置于井内，令耳聪者瓮上谛听。一俟明确得知敌穴之所在，便从城内掘穴与之正面相近。若即将与敌穴相遇，便设置桔槔，而其腿架须用坚实木材制作，以利斧置于其上，（用于冲穴，）又使强力者三人用桔槔冲撞夹在敌穴与我穴间之土层，冲开后，向敌穴内倾倒糠、屎等不洁之物十数石。

【馀论】

此章再述凿井、地听、掘穴以破敌寇穴攻之方法。

上文已言"罂听""审知穴之所在，凿穴迎之"。此处又言"甀听""审知穴之所在，穴而迎之"。"罂"、"甀"其物不异，特其口一大一小而已。想必墨家弟子各有所记，《墨子》城守诸篇非一人一时之作，此其又一例也。

【原文8】

趣[①]伏此[②]井中，置艾亓上，七分[③]。盆盖井口，毋令烟上泄。旁亓橐口[④]，疾鼓之。

【校注】

①趣：读为促，催促，急速。《汉书·高帝纪下》："因趣丞相急定功行封。"颜师古注："趣，读曰促。"《急就篇》卷四："闾里乡县趣辟论。"颜师古注："趣，谓催速之也。"

②此：读为柴。详6章注①。上文已言"穴内口为灶，令如窑"，此处"趣伏此井中"，即"促伏柴井中"，谓急藏柴于井穴内口之灶中也。所应指出者，此处"井"非汲水用井，而与穴为同物异名，以"地听"为例，上文云："凿井城下，为三四井，纳新甀井中，伏而听之，审知穴之所在，穴而迎之。"下文云："戒庤罂，容三十斗以上，埋穴中，丈一，以听穴者声。"是知"井"者，井穴之谓也。亦犹今之矿山坑道、巷道谓之矿井也。《通典·兵五·守拒法》："天井，敌攻城为地道来返，自于地道上直下穿井以邀之，积薪安井中，加火熏之，敌人自焦灼。"亦言穴中燃薪熏敌事，可作比观。

③七分：孙诒让云："'七分'，疑当作'七八员'三字。"按之上文"令容七八员艾"，孙校是，今从之。"员"，读为丸。详2章注⑬。

④旁亓橐口：即傍于橐口，谓窑灶靠近风箱进口也。"旁"，读为傍。"傍"以"旁"声符，例可通假。"傍"，依附，靠近。《庄子·齐物论》："奚旁日月。"陆德明释文引司马彪云："旁，依也。""亓"（其），犹于，介词。《经词衍释》卷五："其，犹于也。《大学》：'其所厚者薄，而其所薄者厚。'皆言于所也。"

【校文8】

促伏柴井中，置艾其上，七八丸。盆盖井口，毋令烟上泄。傍其橐口，疾鼓之。

【今译】

疾速藏柴薪于井穴内口之灶中，又置艾草团于柴薪之上，必七八个而后可。用瓦盆覆盖井穴之口，以避烟气上泄。使窑灶靠近风箱进口，并立即鼓风（，以烟熏敌）。

【馀论】

此章再述于井穴中以烟熏敌之方法。

毕沅云："'伏'，旧作'状'，以意改。"岑仲勉采"状"为释，校"趣状此井中"为"趣状(装)柴其中"。"旁亓橐口"，岑氏又校作"旁立橐"。皆可备一说。然改"井"为亓，又改"亓"为"立"，更删"口"，改动较多，实则不改亦可。故不取，录以备考。

【原文9】

以车轮轀①，一束樵②，染③麻索涂中以束之。铁锁④县，正当寇穴口。铁锁长三丈，端环，一端钩⑤。

【校注】

①以车轮轀：孙诒让云："（'轀'）上当有'为'字，'以车轮为辒。'"按之《备城门》"两材合而为之辒"、下文"塞穴门以车两走为蒀（辒）"，孙校是，今从之。"以车轮为辒"，即以木结束车两轮为轒辒也。"轀"，同辒，或省作"蒀"。

详6章注①。"辒"或作輐。《广韵·吻韵》:"輐,轒輐,车名。"《古今韵会举要·吻韵》:"轒輐,车名。輐,或作辒。""轒辒",本为外蒙牛皮内藏甲士之四轮战车名。详《备城门》1章注⑯。此处义为悬于井穴中阻敌、压敌之战具。

②一束樵:一束木,以木束连两车轮为一体,即《备突》"用车两轮,以木束之"之意也。"樵",木。《文选·左思〈魏都赋〉》:"樵苏往而无忌。"吕向注:"樵,木也。"

③染:渍,濡,浸泡也。《史记·司马相如列传》:"割鲜染轮。"司马贞索隐引李奇曰:"染,濡也。""染麻索涂中以束之",谓将麻索濡渥于泥涂之后,以之缚两轮于木也。

④锁:铁索,连环系具也。《希麟音义》卷七"枷锁"注引《切韵》云:"锁,铁索也,谓联环也。"《六韬·虎韬·军用》"狭路微径,地陷铁械锁,参连百二十具"、"天罗虎落锁连一部,广一丈五尺,高八尺,百二十具"、"环利铁锁,长二丈以上,千二百枚",皆其证也。"锁",俗作鏁。《广韵·果韵》:"锁,俗作鏁。"

⑤端环,一端钩:谓铁锁一端为环,另一端为钩也。按之《通典·兵五·守拒法》:"又先为桔槔悬铁鏁,长三丈以上,束柴苇焦草而燃之,坠于城外所穴之孔,以烟熏之,敌立死",可知铁锁当以一端之环系于桔槔,而以另一端之钩束以柴苇焦草而燃之也。

【校文9】

以车轮为辒。一束樵,染麻索涂中以束之。铁锁悬,正当寇穴口,铁锁长三丈,端环,一端钩。

【今译】

用两车轮制作用以阻敌、压敌之轒辒,以大木将两车轮结束,连为一体,以在泥埴中浸泡之麻绳将两车轮紧缚于大木上。然后用铁锁链连接于桔槔提吊轒辒,悬于敌穴之进口处。铁锁链长三丈,一端为环,(系于桔槔,)另一端为钩(,提柴苇而燃之)。

【馀论】

此章述制作、悬吊轒辒以阻敌、压敌之事。

岑仲勉云:"'樵染'之'樵',旧无解,余谓此实借作'醮',投于水也。"可备一说。然“樵”如字解亦通。改字为释非不得已不为也。故不取,录以备考。

【原文 10】

偪穴[①]高七尺五寸,广,柱閒也尺[②],二尺一柱[③],柱下傅舄[④],二柱共一员十一[⑤]。两柱同质[⑥],横员士[⑦],柱大二围半,必固亓员士,无[⑧]柱与柱交者。

【校注】

①偪穴:即鼠穴,犹爵(雀)穴,城堞间孔洞。“鼠”、“爵”,极言其小也。详《备城门》65 章注⑬。

②广,柱閒也尺:当作“广,柱閒七尺”。孙诒让云:“‘也’疑亦‘七’之误。”按:“也尺”,殊不辞,盖“七”以形近讹作“也”。孙校是,今从之。“广”,鼠穴之宽。“柱閒”,穴道两边两柱之间距。“广,柱间七尺”,谓鼠穴之宽即穴道两边撑柱之间距七尺也。

③二尺一柱:穴道同边两柱间距二尺也。

④舄:同磶,柱下石也。详《备城门》15 章注②。

⑤员十一:孙诒让云:“‘员十一’,义不可通。下文两言‘员士’,疑‘十一’即‘士’字,传写误分之。然‘员士’亦无义,盖当为‘负土’。《周礼·冢人》贾疏云:‘隧道(则)上有负土。’此为穴,亦为隧道,故有负土。”“负土”,盖指穴道中承载土石之顶板,如今之掘隧道而于顶部撑以水泥托梁也。下“横员士”、“必固亓员士”,两“员士”亦皆“负土”之讹。

⑥质:读为碛。“碛”以“质”为声符,例可通假。《方言》卷五:“陈楚宋魏之间谓之榪,自关东西谓之质。”钱绎笺疏:“质,与磶、碛通。”“两柱同质”,即两柱同碛,谓两柱以同碛为基石也。

⑦横员士:当作“横负土”,谓横向安放承载土石之顶板也。

⑧无:读为毋,禁止之词。详《备城门》73 章注⑩。

【校文 10】

鼠穴高七尺五寸,广,柱间七尺,二尺一柱,柱下傅磶。二柱共一负土,两柱同碛,横负土。柱大二围半,必固其负土,毋柱与柱交者。

【今译】

凿于城堞间之小洞名鼠穴者，其高七尺五寸，其宽即穴道两边坑柱之间距七尺。同边两坑柱之间距二尺，坑柱下皆附着础石。两根坑柱上部共一承载土石之顶板，而其下部以同础为基石，必须横向安放承载土石之顶板。坑柱径大二围半。必使承载土石之顶板安放坚牢稳固，不得出现坑柱与坑柱横直交错之失误。

【馀论】

此章述建造鼠穴之方法。

“负土”，孙诒让引《周礼·春官·冢人》：“及窆，以度为丘隧，共丧之窆器。”贾公彦疏：“则天子有隧，诸侯已下有羡道。隧与羡异者，隧道则（按：孙引脱此字）上有负土，谓若郑庄公与母掘地隧而相见者也。羡道上无负土。”真可谓填补空白之大手笔。孙氏有《周礼正义》之作，而《墨子閒诂》多移《正义》之解以破疑，此其一例也。贾疏“隧道则上有负土”、“羡道上无负土”，明言“隧道上”、“羡道上”，“负土”为坑道上部承载土石之顶板无疑。岑仲勉谓“将一板横地上而支持两柱”，并绘图以两柱础下傅负土（即“横垫”），恐理解有误。

【原文11】

穴二窯[1]，皆为穴月屋[2]，为置吏、舍人[3]，各一人，必置水[4]。塞穴门[5]以车两走为蓋[6]，涂亓上，以穴高下、广陕为度，令入穴中四五尺，维[7]置之。当穴者[8]客争伏门[9]，转而塞之，为窯容三员艾者，令亓突入伏尺[10]。伏傅突一旁，以二橐守之，勿离。穴矛[11]以铁，长四尺半，大如铁服说[12]，即刃之二矛[13]。内去窦尺[14]，邪凿之，上[15]穴当心，亓矛长七尺。穴中为环利率[16]，穴二。

【校注】

①窯：即窑，指窑灶。上文“穴内口为灶，令如窑，令容七八丸艾”，可证。

②皆为穴月屋：王引之云：“‘皆为穴月屋’，当作‘皆为穴门上瓦屋’。”按之《备突》“突门各为窑灶，窦入门四五尺，为其门上瓦屋”，又上文“令陶者为瓦罂”，“瓦”亦讹作“月”。王校是，今从之。

③舍人：小吏之称。其所司职或有不同。《周礼·序官·舍人》：“舍人。”

郑玄注："舍人，主平宫中用谷者也。"《孙子·用间》："舍人之姓名。"张预注："舍人，守舍之人也。"《汉书·高帝纪上》："其舍人陈恢。"颜师古注引文颖曰："舍人，主厩内小吏，官名也。"《汉书·曹参传》："告舍人趣治行。"颜师古注："舍人，犹家人也。"《淮南子·氾论》："舍人有折弓者。"高诱注："舍人，家臣也。"

④置水：备水以供吏、舍人饮用。

⑤塞穴门：岑仲勉将"塞穴门"至"以二橐守之，勿离"六十五字前移至《备突》篇。详《备突》"馀论"。

⑥以车两走为蓖：即"以车两轮为轒辒"。《备突》："吏主塞突门，用车两轮，以木束之，涂其上，维置突门内……寇即入，下轮而塞之。"可证。"轮"，名词用为动词，转也，运也。《广雅·释器》："轪，轮也。"王念孙疏证："轮之言圆也，运也。"《吕氏春秋·大乐》："天地车轮。"高诱注："轮，转也。"此义与"走"为近。故"车两走"即"车两轮"也。"蓖"，即轞、辒，轒辒车也。详9章注①。

⑦维：以绳索悬系。详《备突》1章注⑧。

⑧者：犹之，用如结构助词。《经词衍释》卷九："者，犹之也。《孟子》：'尧舜，性者也。'又曰：'尧舜，性之也。'《礼记·乐记》：'夫乐者，与音相近而不同。'《史记·乐书》'者'作'之'。是'者'与'之'一义也。""穴者客"，即"穴之客"，谓穴攻之敌也。

⑨伏门：设伏之门。《六韬·豹韬·突战》："令我垒上多积强弩，百步一突门，门有行马，车骑居外，勇力锐士隐伏而处。敌人若至……发吾伏兵，以冲其内，或击其外。"亦言设伏突门事，可作比观。

⑩尺：张纯一云："'尺'疑'穴'之误。"按："尺"、"穴"形近而讹。张校盖是，可信。

⑪穴矛：毕沅云："旧作'内予'，以意改。"按："内""穴"、"予""矛"均形近而讹。毕校盖是，可信。"穴矛"，穴中用矛，盖即上文"凿亓版令容矛"、"以矛救窦"之"矛"也。

⑫服说：岑仲勉云："余按'服说'与'铁钺'音甚相近。"按之下文"为铁铁"，岑校盖是，可信。"铁"，读为斧。《说文·金部》："铁，莝斫刀也。"朱骏声通训定声："铁，假借为斧。"《史记·仲尼弟子列传》："铁屈卢之矛。"司马贞索隐："铁，斧也。"

⑬二矛：夷矛与酋矛。《诗·鲁颂·閟宫》："二矛重弓。"朱熹集传："二矛，

夷矛、酋矛也。”

⑭内去窦尺：孙诒让云：“‘内’，亦当为穴。”按：“内”、“穴”形近而讹。《墨子》城守诸篇“内”、“穴”二字常互讹。上文“凿穴迎之”、“穴矛”之“穴”，旧本皆讹作“内”。孙校是，今从之。“内去窦尺”，即“穴去窦尺”，谓在穴中离穴口一尺处也。

⑮上：岑仲勉改作“下”。古文上（古文作丄）下（古文作丅）甚易互乱。详7章注④。岑校是，今从之。“上穴当心”，应为“下穴当心”，谓向下凿穴直至地之当心也。

⑯率：读为綍，粗绳也。《说文·率部》：“率，捕鸟毕也。”朱骏声通训定声引周伯琦曰：“率，即綍字之古文。”《左传·桓公二年》：“藻率鞞鞛。”李富孙异文释：“《东京赋》作藻綍，李善引同。”“綍”，粗绳索也。《玉篇·糸部》：“綍，井索也。”《类篇·糸部》：“綍，索也。”《礼记·檀弓下》：“公室视丰碑。”郑玄注：“下棺以綍绕，天子六綍四碑。”字或作䋿。《尔雅·释水》：“绋，䋿也。”郭璞注：“䋿，索也。”《六韬·豹韬·军用》：“渡沟堑：飞桥一间，广一丈五尺，长二丈以上，着转关辘轳，八具，以环利通索张之。”此处，“环利率”，即环利䋿（索），亦即《六韬》“环利通索”，指连环铁索，如今矿车所用缆索也。

【校文 11】

穴二窑，皆为穴门上瓦屋，为置吏、舍人，各一人，必置水。塞穴门，以车两走为辒，涂其上，以穴高下、广狭为度，令入穴中四五尺，维置之。当穴者客争伏门，转而塞之。为窑容三丸艾者，令其突入伏穴。伏傅突一旁，以二橐守之，勿离。穴矛以铁，长四尺半，大如铁服说，即刃之二矛。穴去窦尺，邪凿之，下穴当心，其矛长七尺。穴中为环利綍，穴二。

【今译】

每一穴道口砌二窑灶，皆在穴道口门上加盖瓦屋，设置小吏及助手各一人主持其事，必须备水饮用。阻塞穴道之门，应以两车轮捆束成轒辒，其上遍涂泥埴，测度穴道高低、宽窄，将轒辒以绳索悬系于穴内四五尺处。当穴攻之敌争相进入我方设伏之门时，便转动悬系轒辒之辘轳（使之落下，）阻塞穴道。砌可容三个大艾草团之窑灶，使敌人突入我方设伏之穴，而我方伏卒匿于穴道所附突门一旁，守住二风箱，守卒不得离位。以铁制成穴道特用之短矛，其长四尺半，其大如铁斧铁钺，即兵刃中之夷矛和酋矛。在穴中离穴口一尺处，横斜掘进，向下凿穴直至地之当心。此时所用之矛长七尺，（与穴内所用短矛不同。）穴道中配置便于使用之连环铁索，每一穴道配备两条。

【馀论】

此章述利用窑灶、轒辒阻敌、御敌之事。

“车两走”，孙诒让云：“义未详。”岑仲勉云：“余按辖、走同韵，止送气不送气小别，辖亦轮也。”可备一说。然苦无书证，故未取，录以备考。笔者释“轮”有“转”、“运”义，与“走”为近。未敢自必，谨以就教于同行专家。

【原文 12】

凿井城上[1]，俟亓身[2]井且通，居版上，而凿亓一偏[3]，已而移版，凿一偏。颉皋为两夫[4]，而旁貍[5]亓植，而数[6]钩亓两端。诸作穴者五十人，男女相半[7]。五十人[8]。攻内为传士之□[9]，受六参[10]，约枲绳以牛[11]亓下，可提而與[12]投，已，则穴七人守退垒之中，为大庑[13]一，藏穴具亓中。难[14]穴，取城外池脣木月散之什[15]，斩亓穴[16]，深到泉。难近穴，为铁鈇[17]，金与扶林[18]长四尺，财[19]自足。客即[20]穴，亦穴而应之。

【校注】

①上：孙诒让云：“疑亦当为‘下’。”按之上文“凿井城上”，“上”亦“下”之讹字，详7章注④。孙校是，今从之。

②身：王念孙云：“‘身’者，‘穿’之坏字也。”按：“身”，隶书作（武梁祠汉画像题字），“穿”，隶书作（武威医简四八），残留下部，以形近误为也。王校是，今从之。

③偏：通徧。详《备水》1章注④。下“凿一偏”，“偏”字同。

④夫：读为“趺”，足，此处指桔槔之腿架。详《备城门》14章注④。

⑤貍：通埋。详《备城门》14章注②。“旁貍亓植”，即“旁埋其植”，谓于趺旁埋其柱也。“植”，柱。详《备城门》15章注①。

⑥数：当作“敷”。“数”、“敷”形近而讹。吴抄本正作“敷”。“敷”，读为傅。详《备城门》10章注⑤。“傅”，通附，附着，靠近。详7章注①。

⑦男女相半：孙诒让云：“‘自斩艾与柴长尺’至此，三百九十四字，并从

《备城门》篇移此。”详6章注①。

⑧五十人：孙诒让云：“此三字上下文义不属，盖即上文‘作穴者五十人’之剩字。今本上文错入《备城门》篇，惟此三字尚未删去耳。”孙校是，今从之。

⑨攻内为传士之□：当作“攻穴为传土之具”。“攻”，读为工。“攻”以“工”为声符，例可通假。《战国策·西周策》：“是攻用兵。”吴师道注：“攻，工字通借。”“内”，当为“穴”之形近讹字。《墨子》城守诸篇“内”与“穴”常因形近互讹。如上文“户穴有两蒺藜”，“穴”为“内”之讹字。又上文“内去窦尺”，“内”为“穴”之讹字。“士”，当为“土”之形近讹字。上文“横员(负)士”、“必固其员(负)士”，两“士”字皆为“土”之讹字，可证。□，空字，位于动宾词组“传土”之后，疑当为“具”字。

⑩参(參)：当作絫(纍)，形近而讹。《备城门》“皆积參石”，“參”亦为“纍”(礧)之讹字，可证。“纍”，读为蔂。《诗·周南·樛木》：“葛藟纍之。”陆德明释文：“纍，本又作虆。”“虆”，盛土筐笼。详《备城门》6章注③。

⑪牛：苏时学云：“‘牛’义未详，疑‘绊’字之误。”按：其上既言“约枲绳”，则“绊其下”可通。“绊”传写失其左偏旁“糸”，而右偏旁又以形近讹而为“牛”。苏校盖是，可信。“约枲绳以牛亓下”，即“约枲绳以绊其下”，谓用麻绳束缚筐笼底部也。“枲”，麻。《说文·木部》：“枲，麻也。”《书·禹贡》：“岱畎丝枲。”孔颖达疏：“枲，麻也。”

⑫舆(舉)：苏时学云：“‘舆’当作‘舉’。”按：苏氏表述未能尽善，当谓“舆”读为“舉”。“舉”以“舆”为声符，例可通假。《经说上》：“力：重之谓。下、舆。重，奋也。”“舆”亦读为“舉”，同其例也。

⑬庑(廡)：读为甒，亦作甒。《方言》卷五：“甒，罂也。”钱绎笺疏：“《仪礼·士丧礼》下篇：‘甒二。’郑玄注：‘甒，瓦器，古文甒皆作庑。庑与甒通。’”

⑭难：阻，拒。《集韵·换韵》：“难，阻也。”《战国策·东周策》：“秦知赵之难与齐战也。”吴师道注：“难，畏阻也。”《书·舜典》：“而难任人。”孔安国传：“难，拒也。”“难穴”，阻拒敌人穴攻也。

⑮取城外池脣木月散之什：孙诒让云：“疑当作‘取城外池脣木瓦散之外’。”按：“月”为“瓦”之形近讹字，上文“令陶者为月明”、“皆为穴月屋”两“月”字皆为“瓦”之讹字，可证。“外”亦以形近讹而为“什”。孙说是，今从之。“脣”，读为漘。《诗·魏风·伐檀》：“寘之河之漘兮。”陆德明释文：“漘，本亦作脣。”《诗经异文释》卷五：“漘、脣同音借字，义亦通。”“漘”，水涯际。《说

文·水部》:“漘,水厓也。”《广雅·释丘》:“漘,厓也。”《后汉书·班固传》:“东澹海漘。”李贤注:“漘,水涯。”“取城外池漘木瓦散之外”,谓拣取城外护城河边木石瓦砾布散于城墙之外也。

⑯穴:当作内。“内”、“穴”互讹又一例也。“斩”,读为堑。详《备城门》11章注①。“斩亓穴”,即“堑其内”,谓于城内开掘堑沟也。

⑰铁:读为斧。详11章注⑫。

⑱金与扶林:当作“鈇与鈇枋。”前“鈇”写失右偏旁“夫”而成“金”,后“鈇”左偏旁“金”又讹为“扌”。“枋”,读为柄。《说文·木部》:“枋,木。可作车。”段玉裁注:“《礼》、《周官》皆以枋为柄,古音方声、丙声同在十部〔按:指《六书音均表》(十七部)第十部〕也。”《仪礼·士冠礼》:“加柶面枋。”郑玄注:“今文枋为柄。”《周礼·春官·内史》:“内史掌王之八枋之法。”孙诒让正义:“古音方声丙声同部,故柄或借枋为之。”

⑲财:读为纔、才,纔(才)适量不过多也。详《备城门》24章注③。下文“为铁钩钜长四尺,财自足”、“为短矛、短戟、短弩、寅矢,财自足”、“为斤、斧、锯、凿、钁,财自足”、“为横穴大橹、蓝、具橐、皋,财自足”,“财自足”皆同。

⑳即:犹若,用为假设连词。详《备城门》26章注⑤。

【校文12】

凿井城下,俟其穿井且通,居版上,而凿其一偏,已而移版,凿一偏。桔槔为两趺,而旁埋其植,而敷钩其两端。诸作穴者五十人,男女相半。工穴为传土之[具],受六蘽,约枲绳以绊其下,可提而举投。已,则穴七人守退垒之中。为大甀一,藏穴具其中。难穴,取城外池漘木瓦散之外,堑其内,深到泉。难近穴,为铁鈇,鈇与鈇枋长四尺,才自足。客即穴,亦穴而应之。

【今译】

在城墙下凿井,待井凿穿将通时,使士卒立于板上,先凿其一边,此边凿毕,再移板凿其另一边。应事先制作桔槔两腿架,于其旁边埋牢立柱,又附着铁钩于立柱两端。各类参与凿穴士卒共计五十人,男女各半。凿穴必先制作所需传运土石之工具,使之可盛土石六筐笼。筐笼底部用麻绳束紧,令筐笼既可提升起来又可举而倾倒。穴既凿毕,则每穴派七人守卫于身后供作休息之洞垒中。洞垒内置一大罂,将凿穴用具一并收藏于其中。如阻拒敌人掘穴进攻,应拣取城外护城河边木石瓦砾布散于城墙之外,又于城内开凿堑沟,其深至见泉水为止。如阻拒临近敌人穴攻,须先制作铁斧,铁斧连同斧柄共长四尺,(其数量)足用即可,(不必过多。)倘若敌人凿穴寇我,我方亦凿穴迎击,作为强而有力之回应。

【馀论】

此章述城下凿井方法与掘穴阻拒敌人穴攻之人员、器物配备情况。

“难穴”之“难”,孙诒让云:“当为‘䧟’,二字形近。古书多互讹。详《耕柱》及《经下》篇。”可备一说。然捣毁敌穴,究非易事,不若以“阻”、“拒”释“难”为顺。故未取,录以备考。

“金与扶林”岑仲勉云:“余疑应作铁与柄(铁字误分为‘金、扶’两字)。”按:谓“铁”分为“金”、“夫”二字可,谓“铁”分为“金、扶”两字,则未可。故不取,录以备考。

“客即穴,亦穴而应之”,与上文“审知穴之所在,凿穴迎之”、“谨备穴,穴疑有,应寇,急穴”意相复。《墨子》城守诸篇非一人一时之作,此其又一例也。

【原文13】

为铁钩钜①长四尺者,财自足。穴彻②,以钩客穴者。为短矛、短戟、短弩、虻③矢,财自足,穴彻以斗。以金剑为难④,长五尺,为銎⑤、木尿⑥,尿有虑枚⑦,以左⑧客穴。

【校注】

①钜:读为距。“钜”、“距”同以“巨”为声符,例可通假。柳宗元《唐铙歌鼓吹曲十二篇》:“钜趯傍。”蒋之翘辑注:“钜,一作距。”“距”,通拒。《集韵·语韵》:“拒,通作距。”《孟子·尽心下》:“来者不拒。”焦循正义:“距、拒古通也。”“钩距”,钩杀敌方掘穴士卒之兵器。《鲁问》:“公输子自鲁南游楚,焉始为舟战之器,作为钩拒(旧本作‘强’,孙诒让谓,凡‘强’字,并当从《太平御览》作‘拒’)之备,退者钩之,进者强(拒)之。”彼“钩拒”盖与此“钩距”为同类之兵,特此钩拒但钩不拒耳。“为铁钩拒长四尺者”,即“为长四尺之铁钩拒”,“长四尺”为“铁钩拒”之后置定语,又加特殊代词“者”作标志词。

②彻(徹):通。《说文·攴部》:“徹,通也。”《国语·楚语上》:“摄而不

彻。”韦昭注：“彻，通也。”

③虿：或作蝱，即虻。“虿矢”，当即飞虿，飞箭也。《广雅·释器》：“飞蝱，箭也。”《文选·潘安仁〈闲居赋〉》：“激矢虿飞。”李贤注引《东观汉记》：“光武作飞虿箭以攻赤眉。”

④以金劒（剑）为难：以金剑作为阻拒敌人之兵器。“金剑”，铜剑，古名铜为吉金。《文选·孔稚珪〈北山移文〉》：“至其纽金章，绾墨绶。”李善注：“金章，铜印也。”“难”，阻也，拒也。详12章注⑪。

⑤銎：斤斧柄孔。《诗·豳风·七月》：“取彼斧斨。”毛传：“斨，方銎也。”陈奂传疏：“斧孔曰銎。”此处指剑柄孔。

⑥屎：柄。《说文·木部》：“屎，篗柄也。”段玉裁注：“篗即络车也，所以转络车者，即屎也。”《广雅·释器》：“屎，柄也。”王念孙疏证：“柄之言秉也，所秉持也。”

⑦虑枚：木柄上所错齿纹密致也。“虑”，读为鑢。《说文·金部》：“鑢，错铜铁也。”徐锴系传：“鑢，摩（磨）错之也。”段玉裁注：“厉（砺）钢铁谓之鑢。”“枚”，犹言枚枚，细密也。《诗·鲁颂·閟宫》：“实实枚枚。”毛传：“枚枚，砻密也。”孔颖达疏：“枚枚者，细密之意。”

⑧左：读为佐。“佐”以“左”为声符，例可通假。《汉书·律历志》：“以左右民。”颜师古注：“左，读曰佐。”“佐”，助也。

【校文13】

为铁钩拒长四尺者，才自足。穴彻，以钩客穴者。为短矛、短戟、短弩、虿矢，才自足，穴彻以斗。以金剑为难，长五尺，为銎、木屎，屎有鑢枚，以佐客穴。

【今译】

制作长四尺之铁钩拒，（其数量）足用即可，（不必过多。）当敌我双方穴道接通时，便可用以钩杀敌方掘穴士卒。另制短矛、短戟、短弩和飞箭之类，足用即可，一俟敌我穴道接通，即用上述种种兵器与敌人搏斗。此处可用铜剑阻拒敌人，剑长五尺，剑首处钻出孔穿，安上木柄，木柄手执处刻有细密齿纹，（以便握持，于是，）铜剑自可成为佐助上述种种兵器阻拒敌人穴攻之利器。

【馀论】

此章述制作铁钩拒、短矛、短戟、短弩、䖟矢及使用金剑阻拒敌人穴攻之事。

孙诒让云:"('以金剑为难',)疑当作'斲以金为斮'。'斲'俗书或作'剅'……《说文·刀部》'劒'籀文作'剑',二形相近。'斮'讹难,与前同。(按上文'难穴',孙云:'"难"当为斮,二字形近,古书多互讹,详《耕柱》及《经下》篇)《说文·斤部》云:'斸,斫也。'斫,击也。《尔雅·释器》云:'斫,谓之鐯。'斮即鐯之俗。详《经下篇》。鐯、斫音义同,此云'斲以金为斮',即谓以铜为斫也。斲,其器之名,斮,即斫,指其刃之首,故以金为之。……凡斧斤之刃,以击伐为用,故通谓之斫矣。"岑仲勉进而云:"战国有木剑,近年长沙曾出土,但挫(按:岑氏改'以左客穴'之'左'为'挫')客穴需要锋利,故特声明用金刃。依此来看,孙改全句为'斲以金为斫',亦非是,似当仿26节(按:指下文'斧以金为斫,屎长三尺,卫穴四'十二字)的句法,改作'剑以金为斫',才合。"二氏改字为释,理亦圆通,均可备一说。然原字为训亦通,故未取,录以备考。

【原文14】

戒[1]持[2]罂,容三十[3]斗以上,貍[4]穴中,丈一[5],以听穴者声。

【校注】

①戒:备也。详《备城门》41章注②。

②持:读为庤,具也。详《备城门》41章注③。"戒持",即"戒庤",系同义并列合成词,"具备"之意。

③三十:"三"当作"四","三"、"四",古文皆积画作☰、☷,易混。且上文"令陶者为罂,容四十斗以上……置井中",正作"四十"。

④貍:读为埋。详《备城门》14章注②。

⑤丈一:孙诒让云:"疑'丈'上当有'三'字。"按之上文"穿井城内,五步(按:一步六尺,五步三丈)一井,傅城足"、"凿井傅城足,三丈一……纳新甀井中,伏而听之",皆作"三丈",可证。

【校文14】

戒庤罂,容四十斗以上,埋穴中,三丈一,以听穴者声。

【今译】

储备瓦罂，容量在四十斗以上，埋入井穴中，每三丈置一具，用以探听敌人凿穴之声。

【馀论】

此章又述"罂听"之事。

"罂听"复记，一证此事之重要，二证《墨子》城守诸篇殆墨家弟子各有所记，且非一人一时之作也。

【原文15】

为穴，高八尺，广①，善为傅置②。具全牛交槖③，皮及坛④，卫⑤穴二，盖陈⑥霾⑦及艾，穴彻熏之以⑧。

【校注】

①广：孙诒让云："'广'下脱'尺'数。"岑仲勉因云："'广'下殆脱'八尺'两字。"按之上文"二十步一置穴，穴高十尺，广十尺"，高、广同长，则此处既言"为穴，高八尺"，则"广"亦当作'广八尺'。孙、岑说是，今从之。

②善为傅置：孙诒让云："疑当作'善为傅埴'。"按之上文"柱之外善周涂，其傅柱者勿烧"，孙校是，今从之。"善为傅置"即"善为傅埴"，谓妥为穴柱遍涂泥埴(，毋令穴攻之敌得烧柱也)。

③具全牛交槖：孙诒让云："疑当作'具鑪牛皮橐'。"按之上文"具鑪橐，橐以牛皮"，"鑪"字残去右偏旁，唯留左偏旁"金"，以形近讹而为"全"。"皮"、"橐"又以形近分别讹为"交"、"槖"。孙校是，今从之。

④皮及坛：孙诒让云："疑当作'及瓦缶'。"按之上文"鑪有两缻"，"缻"两分为"缶"、"瓦"，又倒其次，于是，"及""皮"、"瓦""及"、"缶"("缶"之俗体)"坛"，皆形近而讹。孙校是，今从之。

⑤卫：岑仲勉云："'卫'，旧无解，犹言'每'也。"按之下文"斧以金为斫，尿长三尺，卫穴四"、"为垒(虆)，卫穴四十"、"为铁校，卫穴四"，与此处"具鑪、牛皮橐及瓦缶卫穴二"，率前言器物而后言穴中所备数量，"穴"前"卫"字释为"每"，皆无扞格。岑说盖是，可信。

⑥陈：布，施。《汉书·韦贤传》："陈锡亡疆。"韦昭注："陈，布也。"《汉

书·刘向传》:“用纻絮斮陈漆其间。”颜师古注:“陈,施也。”

⑦藿:读为藿,豆叶也。《说文·艸部》:“藿,尗之少也。”朱骏声通训定声:“藿,尗之嫩叶。”《玉篇·艸部》:“藿,豆叶。”亦作藿。《尔雅·释艸》:“藿,鹿尗。”陆德明释文:“藿,字又作藿。”

⑧熏之以:孙诒让云:“此当作‘以熏之’。”按之上文“疾鼓橐以熏之”,孙校是,今从之。

【校文15】

为穴,高八尺,广八尺,善为傅埴。具炉、牛皮橐及瓦缶,每穴二,盖陈藿及艾,穴彻以熏之。

【今译】

开凿穴道,高八尺,宽八尺,妥善为穴柱遍涂泥埴。备齐炉灶、牛皮风箱及瓦罐等器物,每一穴道中备两套,将豆叶、艾草施之炉膛,并加盖其上,待敌我双方穴道接通时,鼓烟火以熏敌。

【馀论】

此章又述穴道中燃草熏敌事,其稍异者,加藿而已。

岑仲勉云:“(‘藿’,)此当后世所谓霍香之属,与艾同是香草。”可备一说。然熏敌所以眯之、伤之甚或毙之,而非令其有些许郁馥、愉悦之感。故不取,录以备考。

【原文16】

斧金为斫[①],屎长三尺,卫穴四。为垒[②],卫穴四十,属[③]四。为斤、斧、锯、凿、钁[④],财自足。为铁校[⑤],卫穴四。

【校注】

①斧金为斫:孙诒让云:“‘斧’下,疑当有‘以’字。”按之上文“以金剑为难”,“斧以金为斫”亦“以……为……”句式。孙校盖是,可信。“斫”,通斲。《说文·斤部》:“斲,斫也。”王筠句读:“《左传·成公二年》:‘赂之以执斲。’杜预注:‘执斲,匠人。’斲可执,则亦器名也。”此处,“斲”盖指斲刃,以斫击非

锋刃不可也。“斧以金为斫”，即“斧以金为斲”，谓斧之斲刃青铜质也。

②垒：读为蔂（虆），盛土筐笼也。详《备城门》6 章注③。

③属：读为斸，即钏斸，锄类工具。详《备城门》6 章注②。

④钁：戟类兵器。《玉篇·金部》：“钁，军器也。”《书·顾命》：“一人冕执瞿。”孔安国传：“瞿，戟属。”“瞿”，当读为“钁”。

⑤校：栏杆。《集韵·效韵》：“校，木为栏格，军部及养马用之。”《资治通鉴·汉纪四十五》：“帝校猎上林苑。”胡三省注：“校，阑格也。”“铁校”，以铁为阑校，所以御敌也。

【校文 16】

斧以金为斲，庴长三尺，每穴四。为虆，每穴四十，斸四。为斤、斧、锯、凿、钁，才自足。为铁校，每穴四。

【今译】

斧以青铜为其斲刃部，柄部以木为之，其长三尺，每一穴道备四把。制作盛土筐笼，每一穴道备四十只，另备锄头四把。制作斤、斧、锯、凿、戟等工具或兵器，足用即可。制作铁栏杆，每一穴道备四具。

【馀论】

此章述穴道中某些工具或兵器之配备种类及其数量。

孙诒让释“钁”云：“此钁，与凿类举，似非《顾命》之瞿，疑即《韩诗》之銶。钁、銶一声之转。《诗·豳风·破斧》：‘又缺我銶。’《毛诗》传云：‘凿属曰锜，木属曰銶。’陆德明《释文》引《韩诗》云：‘銶，凿属也。’”可备一说。然改字为训，未若原字为训之心安也。故不取，录以备考。

【原文 17】

为中橹①，高十丈②半，广四尺。为横穴八橹③，盖④具槀枲⑤，财自足，以烛⑥穴中。

【校注】

①橹：大盾。详《备城门》51 章注①。“中橹”，大小适中之盾。

②丈：孙诒让云："疑'丈'当作'尺'。"按之《备城门》"百步为橹，橹广四尺，高八尺"，广与此同，高亦应约略相符。若为"十丈半"，则高、广所差过大，"丈"显为误字，改"丈"为"尺"，宜矣。孙校是，今从之。

③八橹：孙诒让云："疑当为'大橹'。"按之《六韬·虎韬·军用》"武翼大橹矛戟扶胥七十二乘"、"提翼小橹扶胥一百四十具"、"橹"有"大橹"、"小橹"之分。此处，"为横穴大橹"之"大橹"盖对上文"为中橹"之"中橹"而言。孙校盖是，可信。

④盖：道藏本、陆稳本、唐尧臣本皆作"蒀"。"蒀"当为"菖"之形近讹字。"菖"，即轒辒。详11章注⑥。

⑤稾枲：禾秆与麻秸。"稾"，禾秆。《说文·禾部》："稾，稈也。"《汉书·萧何传》："勿收稾为兽食。"颜师古注："稾，禾稈也。""枲"，麻。详12章注⑪。此处指麻秸。

⑥烛：照。《吕氏春秋·知度》："若何而为及日月之所烛。"高诱注："烛，照也。"

【校文17】

为中橹，高十尺半，广四尺。为横穴大橹、菖(辒)。具稾枲，才自足，以烛穴中。

【今译】

制作大小适中之盾，高十尺半，宽四尺。又制横置穴道中之大盾和轒辒，(用以阻拒穴攻之敌。)更备禾秆、麻秸，足用而可，以为穴中照明之资。

【馀论】

此章述穴道中，中橹、大橹用于拒敌，而稾、枲(秸)用于照明。

孙诒让云："'盖'(按：道藏本、陆稳本、唐尧臣本均作'蒀'，当为'菖')，当为'益'之误。"可备一说。上文既未言"具"，此处何得言"益"？故不取，录以备考。

【原文18】

盖持甀①，客即②熏，以救目，救目分方鑿③穴，以益④盛甀置穴中，文⑤盆

毋少四斗。即熏,以自[⑥]临醖上,及以洇[⑦]目。

【校注】

①盖持醖:苏时学云:"据文义当作'戒持醖'。"按之上文"戒持罂",苏校是,今从之。俞樾云:"'醖'疑'醯'之坏字。"按:"醯",或作醓。《广韵·齐韵》:"醯,俗作醓。""醖",即"醓"右上"兮"之残为"マ"所致,俞校是,今从之。醯(醓),酸醋,可以解烟之熏。《广雅·释器》:"醓,酢也。"《古文苑·王延寿〈王孙赋〉》:"豁盱阋以琐醓。"章樵注:"醓,酸醋也。"《春秋繁露·郊语》:"人之言,醖去烟。""戒庤醯(醓)",谓储备醯液(,以解烟熏也)。

②即:犹若,用为假设连词。详《备城门》26章注⑤。下文"客即熏","即"字同。

③鑿:宝历本作鑿(凿),今从之。"分方鑿穴",即"分方凿穴",谓分别不同方向凿穴(,所以通泄敌之熏烟也)。

④益:苏时学云:"'益',疑'盆'字之讹。"按"益"、"盆"形近而讹。又下文"大盆毋少四斗"正作"盆"。苏校是,今从之。

⑤文:孙诒让云:"('文',)今案当作'大'。"按:道藏本、吴抄本皆作"丈","丈盆"不辞之甚。容量不少于四斗之盆,既非"文盆",亦非"丈盆",必为"大盆"。"文"、"丈"皆"大"之形近讹字。孙校是,今从之。

⑥自:孙诒让云:"'自'当为'目'。"按之上文"客即熏,以救目",孙校是,今从之。

⑦洇:孙诒让云:"'洇'当作'洒'。"按:"田"、"西"形近而讹。孙校是,今从之。"洒",洗涤。《玉篇·水部》:"洒,今为洗。"《说文·水部》:"洒,涤也。"《汉书·平帝纪》:"洒心自新之意也。"颜师古注:"洒,涤也。"

【校文18】

戒庤醯,客即穴,以救目,救目分方凿穴,以盆盛醯置穴中,大盆毋少四斗。即熏,以目临醯上,及以洒目。

【今译】

储备酸醋液,敌人若用烟熏,酸醋液可用以救治眼睛。救治眼睛之方法,乃是分别不同方向开凿穴道,(以利通泄敌烟,)用大盆盛酸醋置之穴道中,容量不少于四斗。若敌人烧烟施熏，便将眼睛俯临酸醋液盆上，并以酸醋洗目。

【馀论】

此章述以醯液洗目以解烟熏之方法。

"醯"，吴毓江云："以上下文误字校之，则此'醯'字亦当为'醖'。……醖盖一种易挥发之酒类，故下文曰'以自临醖上'，若不易挥发，则以自临醖上亦属无益。"可备一说。然烟熏之害，"目"重于"自"（鼻），且既洗涤以救，"目"获救解之效或立见，而"自"获救解之效则殊少，因烟熏重伤在气管与肺脏，涤之不及也。故未取，录以备考。

七、备蛾傅

【题解】

《蛾傅》篇系墨子就禽滑厘所问敌寇如群蚁般攀缘攻城时，我方应如何进行有效防御一题，作出回答，其法有三：其一，以“悬脾”载人杀敌；其二，以“悬火”、“煇火”等烧敌；其三，建“薄”、“杀”等以防敌。

【原文1】(《备蛾傅》篇计11章)

禽子再拜再拜[①]曰:“敢问适人强弱,遂以傅城,后上先断[②],以为湁[③]程。斩[④]城为基,掘下为室。前上不止,后射既疾,为之柰何?”子墨子曰:“子问蛾傅[⑤]之守邪?蛾傅者,将之忿[⑥]者也。守为行临[⑦]射之,校机藉之[⑧],擢[⑨]之,太氾[⑩]迫之,烧荅[⑪]覆之,沙石雨之,然则蛾傅之攻败矣。

【校注】

①再拜再拜:极其隆重之拜礼,拜而又拜也。详《备高临》1章注②。

②断:截,斩。《说文·斤部》:“断,截也。”《后汉书·杜茂传》:“坐断兵马禀缣。”李贤注:“断,犹割截也。”《汉书·淮南厉王刘长传》:“幸臣有罪,大者立断。”颜师古注:“断谓斩也。”

③湁:王念孙云:“‘湁’者‘法’之误。”按:《龙龛手镜》上声卷收“泎”、“泎”二字,释:“古文法字。”“湁”,当为其变体。王校是,今从之。“湁程”,即法程,法度也。《吕氏春秋·慎行》:“始而相与,久而相信,卒而相亲,后世以为法程。”高诱注:“程,度也。”

④斩:读为堑。详《备穴》1章注⑧。“斩城为基”,即“堑城为基”,谓敌人于城下掘壕堑,筑土石,以为攻城之阶也。

⑤蛾傅：即蚁附，谓如群蚁般缘墙攻城也。详《备城门》1 章注⑮。

⑥忿：狷急，怒恨。《说文·心部》："忿，悁也。"段玉裁注："忿以狷急为义。"《玉篇·心部》："忿，怒也。"《逸周书·大匡》："昭位非忿。"孔晁注："忿，怒也。"《楚辞·九章·怀沙》："惩违改忿兮。"王逸注："忿，恨也。""将之忿者"，敌将情绪狷急怒恨之表现。《孙子·谋攻》："将不胜其忿而蚁附之。"亦言蚁附事，可作比观。

⑦行临：为防御敌寇来攻临时（不固定，可移动）构筑之高台，凭以居高临下，射击敌人。"行"，动也，移也。《易·乾》："天行健。"孔颖达疏："行者，运动之称。"《楚辞·天问》："释舟陵行。"蒋骥注："行，移也。""临"，"高临"之省。详《备高临》3 章注①。

⑧校机藉之：当作"技机藉之"。《备高临》"强弩射之，技机藉之"，可证。"技机藉之"，谓精巧之连弩机栝承藉于机身之上（，而弩矢疾飞射敌也）。

⑨擢：拔，拔除。《说文·手部》："擢，引也。"徐锴系传："擢，谓拔擢也。"《庄子·胠箧》："擢乱六律。"成玄英疏："擢，拔也。""擢之"，拔除敌人凭以攀城之依托物也。

⑩太氾：孙诒让云："'太氾'，当为'火汤'。"按之《备梯》"城上繁下矢、石、沙、灰以雨之，薪火、水汤以济之"，孙校是，今从之。

⑪苔：于木制框架中塞以秸草等物，用以拒蔽或收罗敌矢之战具。详《备城门》18 章注①。

【校文 1】

禽子再拜再拜曰："敢问敌人强弱，遂以傅城，后上先断，以为法程。堑城为基，掘下为室。前上不止，后射既疾，为之奈何？"子墨子曰："子问蛾傅之守邪？蛾傅者将之忿者也。守为行临射之，技机藉之，擢之，火汤迫之，烧苔覆之，沙石雨之，然则蛾傅之攻败矣。

【今译】

禽滑厘再四郑重拜礼道："请问先生，敌人恃强大欺凌弱小，于是攀爬我城墙，对迟后爬上者先行斩首，且以此作为军中法令。又掘壕堑，筑土石，凿地为穴室。前面士卒攀爬不停，后面弓箭急疾发射，（在此种情势下，）我方应如何应对？"墨子答道："君问敌人如群蚁般缘墙攻城之守备方法吗？应知采用此种攻城之法,乃敌将情绪狷急怒恨之表现。此时守方须于城上临时构筑利于射敌之高台,居高临下射击敌人,更以精巧之连弩机栝承藉于机身之上,(急发弩矢,)拔除可资敌人作为依托之器物,以柴火、热水攘迫敌人,以已燃之渠荅压覆敌人,以沙土砾石如雨般扬眯敌人。如此,则敌人蚁附之攻必败无疑。

【馀论】

此章述墨子答禽滑厘破敌蚁附进攻之问,其法不外"行临射之,技机藉之,擢之,火汤迫之,烧荅覆之,沙石雨之"。

"强弱",解为以强凌弱,甚畅。吴毓江云:"'弱'当为'朋',形近而讹……强朋即强凭。《战国策·韩策》:'王不如资韩朋,与之逐张仪于魏。'《史记·田完世家》作'韩凭'。'淜河',经典作'凭河'。皆其例也。"王闿运又校"弱"为"梁"。皆可备一说。然不改亦通,故不取,录以备考。

【原文2】

备蛾傅为县脾[①],以木板厚二寸,前后三尺,旁广五尺,高五尺,而折为下磨车[②],转[③]径尺六寸。令一人操二丈四方[④],刃其两端,居县脾中,以铁璅[⑤]敷[⑥]县二[⑦]脾上衡,为之机[⑧],令有力四人[⑨]下上之,弗离。施县脾,大数[⑩]二十步一,攻队[⑪]所在六步一。

【校注】

①县脾:即悬陴,悬于空中之似城木屋。《说文·𨸏部》:"陴,城上女墙俾倪也。""俾倪",或作"睥睨"。《释名·释宫室》:"城上垣曰睥睨,言其于孔中睥睨非常也。亦曰陴,陴,裨也,言裨助城之高也。""睥"以形近讹作"脾"。此处,"陴"指城。《左传·宣公十二年》:"守陴者皆哭。"洪亮吉诂引贾逵云:"陴,城也。"又指城上女墙。《国语·晋语四》:"反其陴。"韦昭注:"陴,城上女垣。"如用此义,则陴堞、俾倪、短墙、短垣、女墙,皆一物也。下文云"以木板厚二寸,前后三尺,旁广五尺,高五尺",则此似城之屋长、宽、高分别为三尺、五尺、五尺,容间为七十五平方尺也。

②折为下磨车:当为"制为下磿车"。"折",读为制。《说文·艸部》:"折(折),断也。"段玉裁注:"古多假折为制。"《书·吕刑》:"制以刑。"刘逢禄今古文集解:"《墨子》引《吕刑》'制以刑'作'折以刑'。""磨",磿之讹字,详《备城

门》3 章注⑬。《周礼·地官·遂师》:“及窆,抱磨,共丘笼及蜃车之役。”郑玄注引郑司农曰:“抱磨,磨下车也。”孙诒让云:“(‘磨下车’,)当即此‘下磨车’,亦即《备高临》篇之‘磨鹿’。”孙说甚是。“磨鹿”,即辘轳,或称滑车。详《备高临》3 章注㉔。

③转:苏时学云:“‘转’当作‘轮’。”按:“转”,无所谓径若干,“轮”之大小乃以径长短明之。苏校是,今从之。

④方:毕沅云:“(‘方’,)疑‘矛’字。”按:《周礼·考工记·庐人》:“戈柲六尺有六寸,殳长寻又四尺,车戟常,酋矛常又四尺,夷矛三寻。”郑玄注:“八尺为寻,倍寻为常。”“三寻”,二丈四尺,正与此处“二丈四(尺)”数同。毕校是,今从之。

⑤璅:同锁、锁。《说文·玉部》:“璅,石之似玉者。”(按:《广韵·晧韵》音子晧切)“铁璅”之“璅”非此义。朱骏声通训定声:“璅,假借为琐。”(按:《集韵·果韵》音损果切)《礼记·檀弓上》:“县子璅曰:‘吾闻之,古者不降,上下各以其亲。’”陆德明释文:“依字作琐。”《说文》无“锁”字,经典或以琐同锁。《资治通鉴·晋纪一》:“遂琐德钧。”胡三省注:“琐,与锁同。”

⑥敷:读为傅,附着,靠近。详《备城门》10 章注⑤。

⑦二:岑仲勉云:“余疑‘二’字应乙在‘铁琐’之下。”按:此章“铁琐”之出凡四,他三出皆“悬”“陴”连言,独此句“悬”“陴”为“二”字间开,于理不合。又“铁琐”必“二”,以利牵引“悬陴”上下,而非“悬陴”有“二”。岑校盖是,可信。

⑧机(機):发动,制动。《说文·木部》:“機,主发谓之機。”段玉裁注:“機之用主于发,故凡主发者,皆谓之機。”《慧琳音义》卷十一“循機”注:“機,制动也。”“为之机(機)”,为之发动也。

⑨令有力四人:疑当作“令有力者四人”,脱“者”字。《备水》“选材士有力者三十人共船”,《备穴》“命有力者三人用桔槔冲之”,皆可证。

⑩大数:大概,概略。《六韬·虎韬·军用》:“凡用兵之大数。”即其证。《杂守》:“渠、荅大数,里二百五十八步,渠、荅百二十九。”“大数”同。

⑪攻队:敌攻队伍(或敌人进攻隧道),即敌进攻所布之阵线。详《备城门》7 章注②。

【校文2】

备蛾傅为悬障，以木板厚二寸，前后三尺，旁广五尺，高五尺，而制为下磿车，轮径尺六寸。令一人操二丈四矛，刃其两端，居悬障中，以铁锁二附悬障上衡，为之机，令有力者四人下上之，弗离。施县障，大数二十步一，攻队所在六步一。

【今译】

防备、抵御敌人如群蚁般缘墙攻城，须制作可悬于空中之如城木屋，所用木板厚二寸，木屋前后长皆三尺，左右宽皆五尺，高五尺，又要制作辘轳（滑车），滑车车轮圆径一尺六寸，派一士卒手持二丈四尺且两端皆有锋刃之大矛，居于木屋之中，用两条铁锁牵系木屋上部横梁（两端之滑车），发动滑车机关，使膂力极大之四名士卒操控木屋上下动作，不得擅离。装备此种木屋，大约二十步一具，但在敌人所布进攻队列处六步一具。

【馀论】

此章述悬障制作规制与使用方法。

孙诒让云："（'以铁璅敷县二脾上衡'，）'二'，疑当为'县'之重文，谓铁璅傅著（按：即'附着'）县，系县脾之上衡也。"按："铁锁附着悬"，"悬"究为何物，表义未明。故不取，录以备考。

【原文3】

为纍①苔，广从丈各二尺②，以木为上衡，以麻索大徧之③，染其索涂中。为铁鏁④，钩其两端之县。客则⑤蛾傅城，烧苔以覆之，连筵⑥抄大⑦皆救之。以车两走⑧，轴间广大，以圉⑨犯⑩之，融⑪其两端以束轮，徧徧⑫涂其上，室⑬中以榆若⑭蒸⑮，以棘为旁，命曰火捽⑯，一曰传汤，以当队⑰。客则乘⑱队，烧传汤，斩维而下之，令勇士随而击之，以为勇士前行⑲，城上辄⑳塞坏城。

【校注】

①纍：连缀，系纍。《说文·糸部》："纍，缀得理也。"段玉裁注："合箸得其理，则有条不紊，是曰纍。"《广雅·释器》："纍，索也。"王念孙疏证："纍之言系纍也。"《左传·成公三年》："两释纍囚。"杜预注："纍，系也。""为纍苔"，谓制

作缀荅也。“荅”，于木制框架中塞以秸草等物，用以拒蔽、收罗敌矢之战具。详《备城门》18 章注①。

②广从丈各二尺：王引之云：“（‘广从丈各二尺’，）义不可通。‘丈各’，当为‘各丈’，言荅之广从各丈二尺也。”按之下文“荅广丈二尺”，王校是，今从之。“从”，读为“纵”，长也。详《备城门》8 章注⑤。

③以麻索大徧之：当作“以麻索大编之”。“大”，重也。《荀子·性恶》：“大齐信焉而轻货财。”杨倞注：“大，重也。”“徧”，读为编。“徧”、“编”皆以“扁”为声符，例可通假。“编”，编连，缚紧。《说文·糸部》：“编，次简也。”《文选·张衡〈西京赋〉》：“编町成篁。”薛综注：“编，连也。”“以麻索大徧之”，即“以麻索大编之”，谓用麻绳重编于其上之横梁也。

④鏁：同琐，即锁，锁链。《字汇·金部》：“鏁，同锁。”《广韵·果韵》：“鏁，锁之俗。”刘禹锡《西塞山怀古》：“千寻铁鏁沉江底，一片降幡出石头。”是其例也。“为铁鏁，钩其两端之县”，即“为铁锁，钩其两端之悬”，谓制作铁锁链，用以钩系繫荅上部横木之悬环。《六韬·虎韬·军用》：“环利铁锁长二丈以上，千二百枚。环利大通索，大四寸，长四丈以上，六百枚。环利中通索，大二寸，长四丈以上，二百枚。”亦言铁锁事，可作比观。

⑤则：犹若。用为假设连词。详《备城门》75 章注②。下文“客则乘队”，“则”字同。

⑥筵：吴毓江云：“‘筵’，疑‘筳’之误字。‘连筳’即‘连梃’。”按：“筳”以形近讹为“筵”。吴校盖是，可信。“筳”读为梃。“筳”、“梃”同以“廷”为声符，例可通假。“连梃”，木柄前端接以一组短杆，或木或铁，可以连续击打之军械。详《备城门》34 章注①。

⑦抄大：岑仲勉改“抄大”为“沙灰”。按之《备梯》：“城上繁下矢、石、沙、灰以雨之，薪火、水汤以济之”，岑校是，今从之。

⑧车两走：即“车两轮”，轒辒也。详《备穴》11 章注⑥。

⑨圉：孙诒让云：“（‘圉’，）当作‘围’。”按之下文“大圉半以上”，“围”亦讹作“圉”。又宝历本正作“围”，孙校是，今从之。

⑩犯：于省吾云：“‘犯’，应读作‘范’。《列子·汤问》：‘周犯三万里。’殷敬顺释文：‘犯，一本作范围字。’围范，即范围也。”按之《说文·车部》：“范（範），范軷也。读与犯同。”于说是，今从之。“范围”，界划，拘限。“轴间广大，以圉犯之”，即“轴间广大，以围范之”，谓车轴间距较大，（轮易滑脱，）故须

拘限之也。

⑪鰊:字书所无。岑仲勉作“融”。按:宝历本正作“融”。岑校是,今从之。“融”,融合,调适。《文选·颜延之〈宋文皇帝元皇后哀策文〉》:“太和既融。”李善注引《广雅》曰:“融,和也。”“融其两端以束轮”,谓调适两端之尺寸以捆束车轮也。

⑫偏偏:当作“偏”,即遍。后“偏”误重,当删。《诗·邶风·北门》:“交偏谪我。”陆德明释文:“偏,古遍字。”

⑬室:读为窒。“窒”,塞也。详《备城门》11章注⑥。

⑭若:犹与、及,用为并列连词。详《备穴》2章注⑨。

⑮蒸:细薪,小薪。《淮南子·主术》:“冬伐薪蒸。”高诱注:“大者曰薪,小者曰蒸。”《诗·小雅·无羊》:“以薪以蒸。”郑玄注:“粗曰薪,细曰蒸。”

⑯捽:击。《玉篇·手部》:“捽,击也。”《慧琳音义》卷九十五“捽头”注引贾逵注《国语》:“捽,击也。”此处,“捽”用为投击。

⑰当队:正对敌人进攻队阵。“当”,正对。《群经平议·春秋左传一》:“则天子当阳诸侯用命也。”俞樾按:“当,犹对也。”

⑱乘:升,登。《诸子平议·墨子二》:“汤乘大赞。”俞樾按:“乘,即升也,登也。”《诗·豳风·七月》:“亟乘其屋。”毛传:“乘,升也。”

⑲以为勇士前行:孙诒让云:“当作‘以勇士为前行’。”按之《号令》“以勇敢为前行”,孙校是,今从之。

⑳辄:犹则,连词。《助字辨略》卷五:“《汉书·食货志》:‘地方百里之增减,辄为粟百八十万石矣。’此‘辄’字,犹‘则’也。”

【校文3】

为纍荅,广纵各丈二尺,以木为上衡,以麻索大编之,染其索涂中。为铁锁,钩其两端之悬。客则蚁附城,烧荅以覆之,连梃、沙灰皆救之。以车两走,轴间广大,以围犯之,融其两端以束轮,遍涂其上,窒中以榆若蒸,以棘为旁,命曰火捽,一曰传汤,以当队。客则乘队,烧传汤,斩维而下之,令勇士随而击之,以勇士为前行,城上辄塞坏城。

【今译】

制作缀荅,长、宽各一丈二尺,以木为上部横梁,用浸过泥埴之麻绳将横梁严实缠束。又制铁锁链钩系横梁两端之悬环。若敌寇如群蚁般缘墙攀城，便燃缀荅掷下，予以压覆，又用摇连梃、扬灰沙等方法予以阻拦。更将轴间距离比较宽大之两车轮，按照既不滑脱而又调适轮间尺寸之原则，限定其两端范围，捆束为一体，并于其上遍涂泥埴，中间充塞榆枝和细薪，两旁附插荆棘之类。此种从城上投向敌人之军械，取名为“火捽”，又名“传汤”，安置于正对敌人进攻队阵之所。敌人结队登城，便燃烧“传汤”，斩断其牵索，令坠城下，以火烧敌，使勇士紧随其后反击来敌，使勇士成为开路先锋，而城上则立即遣士卒填塞、修补被敌人损毁之城墙。

【馀论】

此章述制纍荅、火捽破敌“蚁附”攻法之具体要求。

“𧊱”存异解。孙诒让云：“‘𧊱’，疑当为‘矠’之变体。《广雅·释诂》云：‘矠，刺也。’《玉篇·矛部》：‘矠，刺矛也。’经典从矛字或变从鹵。《尔雅·释诂》：‘矜，苦也。’《释文》‘矜’作‘鹶’。是其例也。‘𧊱其两端’，犹上云‘二丈四矛，刃其两端’矣。”按：为纍荅，为火捽，皆城上掷下压敌烧敌之具。似与“刺矛”无涉。故不取，录以备考。

【原文4】

城下足为下说镵杙[1]，长五尺，大圉[2]半以上，皆剡[3]其末，为五行，行閒广三尺，貍三尺，大耳[4]树之。为连殳[5]，长五尺，大十尺[6]。梃，长二尺，大六寸，索长二尺。椎，柄长六尺，首长尺五寸。斧，柄长六尺，刃必利，皆葬其一后[7]。荅，广丈二尺，□□[8]丈六尺，垂前衡四寸[9]，两端接尺相覆[10]，勿令鱼鳞三[11]，著其后行[12]中央，木[13]绳一，长二丈六尺。荅楼不会者以牒[14]塞，数暴[15]干，荅为格，令风上下[16]。堞恶疑坏[17]者，先貍木十尺一枚一[18]，节[19]坏，斲植以押虑卢薄于木[20]，表[21]八尺，广七寸，经[22]尺一，数施一击而下之，为上下釫[23]而斲之。

【校注】

①城下足为下说镵杙：读作“城下足为下锐镵杙”，谓于城外墙根遍满楗树（竖）下端尖锐之木桩也。“说”，读为锐。《史记·鲁仲连邹阳列传》：“下养百姓以资说士。”司马贞索隐引刘氏云：“读‘说士’为‘锐士’。”“镵”，亦锐也。

《说文·金部》:“镵,锐也。”“说(锐)镵”,同义并列合成词。“杙”,即戈,端尖身圆之木桩。详《备城门》31 章注③。

②围:毕沅云:“‘围’,疑‘围’。”按之《备城门》“大一围”、“大二围以上”、“大二围以上者五十枚”、“木大二围”,《备穴》“柱大二围半”,此处“大围半以上”之“围”,应为表尺寸且与“围”形近之“围”字,毕校是,今从之。

③剡:削之使锐。详《备城门》27 章注③。

④大耳:孙诒让云:“‘大耳’,疑‘犬牙’之误。”按之《备城门》“火耳施之”、“犬(或作‘大’)耳施之”,均当作“犬牙施之”,孙校是,今从之。“犬牙树之”,谓树(竖)桩犬牙交错也。

⑤殳:以竹或木所制长丈二尺之八棱无刃杖。《文选·张衡〈西京赋〉》:“竿殳之所揘毕。”薛综注:“殳,杖也,八棱,长丈二而无刃,或以木为之,或以竹为之。”“连殳”,当为以索系连之殳。

⑥大十尺:王闿运改为“大一尺”。按:“连殳”,其大十尺,显误。数“一”误写为“十”。王校盖是,可信。

⑦皆葬其一后(後):岑仲勉云:“字书无‘葬’字。‘皆葬其一後’,殆下节(按:依岑氏所次,自“椎柄长六尺”至“皆葬其一後”为午篇 9 节,而自“苔广丈二尺”至“令风上下”为 10 节,即“下节”)“皆著其後衡”之复文。按:“著”与“葬”、“衡”与“後”皆形近而讹,“後”又误作“一”。岑校盖是,可信。

⑧□□:岑仲勉云:“本节(按:指午篇 10 节,详上条)空格当是‘其长’二字。”按之上句“苔广丈二尺”,下句当言“长”若干尺,且依常例,“长”应大于“广”。今下句已出“丈六尺”,而《备城门》正作“渠长丈六尺”,岑校是,今从之。

⑨垂前衡四寸:岑仲勉云:“(‘四寸’,)当为‘四尺’之讹。”按之《杂守》“渠之垂者四尺”,岑校是,今从之。“垂前衡四尺”,谓悬垂于前横梁四尺处也。

⑩两端接尺相覆:谓两端接迭一尺,使无缝隙也,犹《备城门》“门扇促令相接三寸”也。

⑪三:读为参。《说文·三部》:“三,天地人之道也。”朱骏声通训定声:“三,假借为参。”《韩非子·说林下》:“语必可与太宰三坐乎?”王先慎集解引顾广圻曰:“三,读为参。”“参”,参错,无序也。《左传·庄公四年》:“授师孑焉。”杜预注:“然则楚始于此参用戟为陈。”孔颖达疏:“参用之者,参杂用之。”

“鱼鳞三”,即“鱼鳞参”,谓如鱼鳞之杂错不齐也。

⑫著其后(後)行:孙诒让云:“此疑当作‘後衡’。”按:“行”读为“衡”。《文选·王粲〈赠蔡子笃诗〉》:“济岱江行。”旧校:“行,五臣作衡。”此“後衡”与上文“垂前衡四寸”之“前衡”对言,谓后梁也。岑仲勉云:“‘著’上应有‘皆’字,苔之构成,不止一片……前节‘皆莽其一后’殆即‘皆著其后衡’之复误。”已详注⑦。“皆著其后衡中央”,谓皆附着于后横梁中央部位也。

⑬木:孙诒让云:“‘木’,当为‘大’。”按:“木”不可为“绳”,系“大”之形近讹字,孙校是,今从之。

⑭牒:木片。《说文·片部》:“牒,札也。”《左传·昭公二十五年》:“受牒而退。”孔颖达疏:“牒,札也。”“苔楼不会者以牒塞”,谓苔楼不密合处以木片塞其隙也。

⑮暴:读为曝。暴、曝,古今字。曝,晒,晞。《广韵·号韵》:“暴,晞也。”《晏子春秋·内篇杂上》:“虽有槁暴,不复赢矣。”孙星衍音义引杨倞注:“暴,干也。”“数暴干”,即“数曝干”,多次曝晒令干燥、易点燃也。

⑯令风上下:使风得上下流通,利助苔燃也。

⑰坏:苔不坚实,将塌坏也。

⑱一枚一:岑仲勉云:“余以为当作‘一步一’。”按:“一枚一”,不辞。按之《备城门》“转射机三十步一”,下文“土五步一”,岑校是,今从之。

⑲节(節):读为即。详《备城门》35 章注②。“即”,犹“若”,用为假设连词。详《备城门》26 章注⑤。

⑳斲植以押虑卢(盧)薄于木:当作“斲植以押卢薄于木。”毕沅云:“唐大周长安三年石刻》云:爰刻爰斲,即斲字。”按:《龙龛手镜·斤部》:“劅、斵、斲,三俗;斲,或作斲;斲,正,竹角反,削也,亦斫属也,五。”亦以“斲”为“斲”、“斲”之俗字。毕校是,今从之。“斲”,斫削。《说文·斤部》:“斲,斫也。”《谷梁传·庄公二十四年》:“斲之砻之。”陆德明释文:“斲,削也。”“斲植”,斫削木柱也。“押”,即压。《慧琳音义》卷二十六“打搩埳押”注:“押,正体作压,乌狎反,镇也。”《别雅》卷五:“押城,压城也。韩昌黎〈游太平公主山庄诗〉:‘故将台榭押城闉。’注云:‘押,一作压;盖借押作压也。’”孙诒让云:“‘虑’即‘盧’之误衍。”按:虑字无义,以形近“盧”而误出,当删。孙校是,今从之。“卢薄”,应作“薄卢”,即“欂栌”,或作“薄栌”、“欂卢”,斗栱也。《文选·司马相如〈长门赋〉》:“施瑰木之欂栌兮。”张铣注:“欂栌,斗栱之属。”此处“卢薄”指柱上横

木。"斲植以押卢薄于木",即"斲植以压欂栌于木",谓斫削木柱适压斗栱上也。

㉑表:孙诒让云:"'表',当作'衺'。衺,长也。"按之《备城门》"凿广三尺、表二尺为门","表"亦"衺"之讹字。孙校是,今从之。

㉒经:读为径。"经"、"径"同以"𢀖"为声符,例可通假。《义府·经营》:"径直为经。"《春秋繁露·重政》:"经传,大本也。"凌曙注引《逸雅》:"经,径也。常典也,如径路无所不通,可常用也。"

㉓釪:岑仲勉云:"'釪',余颇疑为'钉'之讹。"按:"釪"(杅)或作釫。《说文·木部》:"茉(铧),两刃臿也。釪,或从金从于。"是其证。"钉"以形近讹作"釪"。岑校盖是,可信。

【校文4】

城下足为下锐鑱杙,长五尺,大围半以上,皆剡其末,为五行,行间广三尺,埋三尺,犬牙树之。为连殳,长五尺,大一尺。梃,长二尺,大六寸,索长二尺。椎,柄长六尺,首长尺五寸。斧,柄长六尺,刃必利,皆著其后衡。荅,广丈二尺,其长丈六尺,垂前衡四寸,两端接尺相覆,勿令鱼鳞参,皆著其后衡中央,大绳一,长二丈六尺。荅楼不会者以牒塞,数暴干,荅为格,令风上下。堞恶疑坏者,先埋木十尺,一步一,即坏,斲植以压欂栌于木,欂栌衺八尺,广七寸,径尺一,数施一击而下之,为上下钉而斲之。

【今译】

于城外墙根遍满植竖下端尖锐之木桩,桩长五尺,大一围半以上,皆将末端削尖,共树五行,行间宽三尺,埋入土中三尺,宜作犬牙齿互状树之。制作连殳,殳长五尺,大一尺。梃,长二尺,大六寸,绳长二尺。椎,柄长六尺,首长一尺五寸。斧,柄长六尺,锋刃须锋利。(皆著其后衡。)荅,宽一丈二尺,其长一丈六尺,悬垂于前横梁四尺处,两端接迭一尺,(使无缝隙,)不可使之如鱼鳞般错杂不齐,皆在后横梁中央部位,系一条大绳,(以备牵垂之用,)绳长二丈六尺。凡荅楼不密合处,便用木片塞其缝隙,经过多次曝晒,使之干燥,(易于点燃。)荅应制成格栅形,以利空气上下流通。城上女墙受损而有坍塌之虞者,必先埋下长十尺之木柱,一步埋一根,一旦坍塌,便斫削木柱,(力求卯榫相洽,)使木柱正压在斗栱上,(从而可以达到支撑女墙之目的。)斗栱长八尺,宽七寸,径一尺一寸。当然，此一过程须多次施以击打，使木柱渐而下移，直至斗栱与木柱横竖直交，再上下钉入木楔，使整体结构愈加牢实，并斫削楔入处，至平整无碍为止。

【馀论】

此章述槌竖木桩、制作连殳、梃、椎、斧、苔之规格以及修补城堞之要求。

“皆葬其一后”，尹桐阳云：“葬，即羿，羽骞风而上也。其，箕也。羿箕者，盖城上守械之名。《山海经·海内西经》：‘赤水之际，非仁羿莫能上冈之岸。’”按：但谓“葬其”为守械之名，然未能究其为何种军械，使人终感迷离。故不取，录以备考。

“斱”，岑仲勉云：“斱，余按即《诗经》‘椓之丁丁’之‘丁’，后世作‘钉’，打或击也。”然字书明记其为“斲”之俗字，无可否认。故不取，录以备考。

“击”，孙诒让云：“‘击’，疑即‘桔槔’之‘桔’。详《备城门》篇。”按：《备城门》“为薪，二围，长四尺半，必有潔皋”，字作“潔”［毕沅云：“（‘潔’，）当为‘挈’。”］，与“击”无涉。故不取，录以备考。

【原文5】

经一①钩②、禾楼③、罗石④，县苔，植⑤内，毋植外。

【校注】

①经一：岑仲勉云：“‘经一’或上文‘经（径）一尺’（按：当为‘经尺一’）之复出。”按：“经一钩”，不辞之甚。“经一”涉上文而衍，岑校盖是，可信。

②钩：孙诒让云：“疑当作‘钩’。”按：“钩”、“钩”形近而讹。下文“禾（木）楼”、“罗（絫）石”，皆器物名，“钩”亦器物。孙校是，今从之。

③禾楼：孙诒让云：“‘禾’当作‘木’。”按：“禾”、“木”形近而讹。又，《备城门》“百步一木楼”，正作“木”。孙校是，今从之。

④罗石：孙诒让云：“‘罗’，疑当作‘絫’，声之转。”按：《备城门》“皆积参（絫）石”，“絫石”即“礌石”。“罗”、“絫”一声之转，犹“栝楼”之于“果赢”也。孙校是，今从之。

⑤植：柱。详《备城门》15章注①。

【校文 5】

钩、木楼、絫石。悬荅，植内毋植外。

【今译】

（守城器具与设施有：）钩、木楼、礌石等。悬荅宜在荅楼四柱之内而毋在四柱之外。

【馀论】

此章述守城器具、设施之一部分与悬荅之位置。

孙诒让云："'经一钩'……上疑有脱字。"岑仲勉亦云："此节（按：指午篇 12 节'经一钩、木楼、罗石'）必有脱误。"兹但就所遗之文为解。原貌之复，有俟来者。

【原文 6】

杜格[①]，貍四尺，高者十丈[②]，木长短相杂，兑[③]其上，而外内厚涂之。

【校注】

①杜格：孙诒让云："'杜格'义难通，疑当作'柞格'。"按："柞"以形近讹为"杜"。孙校是，今从之。"柞格"，在陷阱中嵌以柞木格，捕兽装置也。《国语·鲁语上》："水虞于是禁罝罜麗设阱鄂。"韦昭注："鄂，柞格，所以误兽也。"柞格，亦称柞鄂。《集韵·陌韵》："柞鄂，捕兽槛中机也。"《周礼·秋官·雍氏》："春令为阱。"郑玄注："坚地阱浅，则设柞鄂于其中。"贾公彦疏："柞鄂者，或以为竖柞于中，向上鄂鄂然，所以载禽兽，使足不至地，不得跃而出，谓之柞鄂也。"此处，"柞格"指木制格状阻碍军行之栅栏。

②丈：当作"尺"。阻碍军行之木制栅栏竟高十丈，实不可能，更无必要。改"丈"为"尺"，合宜也。

③兑：读为锐。详《备城门》6 章注⑫。

【校文 6】

柞格，埋四尺，高者十尺，木长短相杂，锐其上，而外内厚涂之。

【今译】

木制格状阻碍军行之栅栏名杵格者，埋入土中四尺，露出地面部分最高以十尺为限。其木桩长短错杂放置，上端削尖，而外内两面皆须厚涂泥埴。

【馀论】

此章述杵格制作方法。

岑仲勉云："（'而外内厚涂之'，）柱止可外涂，'内'疑'周'误。"可备一说。然文中"外内"盖指外面、内面而言，涂柱为防火，内面外面皆涂且厚，方保无虞，但外面涂之，非所宜也。且改字为训，以辅己说，故不取，录以备考。

【原文7】

为前行行栈①、县荅，隅为楼②，楼必曲里③。土五步一，毋其二十畾④。爵穴⑤十尺一，下堞三尺，广其外。转牖⑥城上。楼及散⑦与池、革盆。若转攻⑧，卒击其后，煖失治⑨。车革火⑩。

【校注】

①行栈：木棚，或栈道，或栈桥。详《备城门》59章注⑤。此处，指行城上可伸可收之桥道。"为前行行栈"，谓制作供先遣者使用之行栈也。

②隅为楼：于城隅营建楼屋。《号令》"外环隅为之楼"，可证。

③曲里（裏）：苏时学云："'曲裏'，疑'再重'二字之误。"按之《备穴》"为再重楼"，苏校盖是，可信。

④毋其二十畾：孙诒让云："疑当作'毋下二十畾'。""其"，《墨子》城守诸篇中多作"亓"，自《备蛾傅》起作"其"，或有作"亓"者，"亓"、"下"形近而讹。孙校是，今从之。"畾"，读为蘲，或作虆，盛土筐笼也。详《备城门》6章注③。

⑤爵穴：即雀穴，城堞间孔洞。详《备城门》65章注⑬。《备城门》"爵穴三尺而一"、"五步一爵穴"，《备梯》"爵穴三尺而一"，与此处"爵穴十尺一"并异。想必墨家弟子各有所记，《墨子》城守诸篇非一人一时之作，此其又一例也。

⑥牖：王闿运云："牖，壅也，以所穴土壅城上。"按："牖"，字书所无，当从肉甬声。"甬"，上古喻母东部字；"壅"，上古影母东部字，声相近，韵相同，例可通假。王校盖是，可信。

⑦散：孙诒让云："'散'当作'杀(殺)'。"按："散"，古酒器名，与守城器无涉。"殺"以形近讹为"散"，孙校盖是，可信。"杀"，预备投掷敌人之掩体。详《备梯》3章注⑦。"楼及散与池、革盆"，即"楼及杀与池、革盆"，谓城上守御设施有行楼、杀、蓄水池和皮革水盆也。

⑧转攻：吴毓江云："当作'傅攻'。"按："转"通"传"。《说文·车部》："转，运也。"朱骏声通训定声："转，假借为传。"《淮南子·氾论》："浊之则郁而无转。"高诱注："转，读传译之传。""傅"，以形近讹作"傅(传)"。《备城门》："比传薪土。""传"亦"傅"(通敷)讹字。吴校是，今从之。"傅"，指"蛾傅"。"傅攻"，蛾傅之攻。《旗帜》："寇傅攻前池外廉。"可证。

⑨煖失治：当作"缓失治"。"缓"，以形近讹作"煖"。"缓失治"，士卒虽击敌其后，而行动迟缓，尽失战机，依军法必究治之也。

⑩车革火：岑仲勉云："'车革火'当是'熏火'。"按："革"，系涉上文"革盆"而衍，应删。《备城门》"救车火"之"车火"亦"熏火"之误。岑校是，今从之。惟"熏火"与上文文意不相连属，疑当为下文"车火烧门"中"车火"复记于此。然前已约定，本书暂悉遵《閒诂》所订章节、文字先后之次序，不辄动矣。

【校文7】

为前行行栈、悬荅，隅为楼，楼必再重。土五步一，毋下二十畾。雀穴十尺一，下堞三尺，广其外，转壅城上。楼及杀与池、革盆。若傅攻，卒击其后，缓失治。熏火。

【今译】

制作供先遣者使用之行栈，悬起渠荅，于城隅建楼，楼必两层方可。积土五步一堆，每堆不少于二十筐笼。城堞间雀穴每十尺凿一个，位于堞下三尺处，穴口宜稍宽大，开凿雀穴之土转而壅于城上。事先备好行楼、杀、蓄水池等工事和皮革水盆等用具。如敌寇蚁附攻城，士卒则应攻击其后，但如行动迟缓，以致错失战机，必以军法惩治。以火熏敌。

【馀论】

此章又述城上守御设施、器具以及对贻误战机士卒之惩治。

岑仲勉云："('为前行',)疑即前5节(按：岑氏以自'以车两走'至'城上辄塞坏城'为午篇第5节)'以为勇士前行'之复文。"可备一说。不取者,"为前行行栈"之"为"、"悬荅"之"悬"、"隅为楼"之"为",皆谓语动词,大致动宾句式也。此其一也。"先行"解作"先遣者"亦通,此其二也。

"车革火",孙诒让云:"未详。此数语(按:指'转膈其上,楼及散与池、革盆。若转攻,卒击其后,煖失治,车革火')与上下文义不相属,疑有讹脱。"按:"车革火"(熏火),疑当为下文"车火(熏火)烧门"中"车火"(熏火)复记于此。而自"转膈(壅)其上"至"煖(缓)失治",亦皆续前述备敌蛾傅攻之事,文尚晓畅,似无讹脱。孙说恐非是。

【原文8】

凡杀①蛾傅而攻者之法,置薄②城外,去城十尺,薄厚十尺,伐操③之法,大小尽木④断之,以十尺为断,离而深貍,坚筑⑤之,毋使可拔。

【校注】

①杀:剪灭,破除。详《备穴》4章注①。

②薄:读为欂,木桩编连而成之栅栏。《备城门》"治裾者,延堞,高六尺",《备梯》"置裾城外,去城十尺,裾厚十尺。伐裾之法,小大尽本断之",均作"裾","裾"通椐,柴木藩篱也。详《备城门》13章注①、《备梯》3章注①。

③操:当为薄。《备梯》"伐椐之法,小大尽本断之",可证。

④木:当为本。《备梯》"小大尽本断之",可证。

⑤筑:捣。详《备梯》3章注⑥。

【校文8】

凡杀蚁附而攻者之法,置欂城外,去城十尺,欂厚十尺。伐欂之法,小大尽本断之,以十尺为断,离而深埋,坚筑之,毋使可拔。

【今译】

大凡破除敌寇如群蚁般缘墙攻城之法,无非于城外设置木藩篱,距离城墙十尺之远,其厚度亦为十尺。砍伐树木制作藩篱之法为,树木不分大小皆从根部截断,以十尺为一截,将断木分隔而埋土中,舂捣坚实,使之不能拔起。

【馀论】

此章再述破除敌寇蚁附攻城之方法。

此章文字与《备梯》3 章上半部文字几乎全同。唯首句"凡杀蛾傅而攻者之法"指明此章确为《备蛾傅》内容，而《备梯》相关部分重出。前已约定，本书暂悉遵《閒诂》所订章节、文字先后之次序，不辄动矣。

【原文 9】

二十步一杀[①]，有壝[②]，厚十尺。杀有两门，门广五步[③]，薄门、板梯貍之，勿筑，令易拔。城上希薄门而置搗[④]。

【校注】

①杀：预备投掷敌人之掩体。详《备梯》3 章注⑦。

②壝：孙诒让云："当作'鬲'。"按："鬲"，即隔。古文字形旁"阝"、"土"有时通借，如"阯"亦作"址"，"附"亦作"坿"等。然非绝对如此。浅人不识此非通例，竟书"隔"为"塥"，而"塥"又以形近讹为"壝"。实则"塥"同"碣（塥）"。《说文·石部》："碣（塥），石地恶也。""碣（塥）"自非"隔"。《备梯》"杀有一鬲（隔）"，正作"鬲"。孙校是，今从之。

③步：孙诒让云："当从'尺'为是。"按："门广五步"，一步六尺，门宽三丈，不伦之甚。"尺"涉上文"二十步一杀"讹作"步"。《备梯》"门广五尺"，正作"尺"。孙校是，今从之。

④城上希薄门而置搗：当作"城上希薄门而置楬"。"希"，读为睎，望也。详《备梯》3 章注⑨。"薄"，读为欂，木桩编连而成之栅栏。详 8 章注②。"搗"，当为"楬"之形近讹字。"楬"，举，此处指所举之物。《备梯》"城上希（睎）裾（椐）而直（置）桀（楬）"，正作桀（楬）。详《备梯》3 章注⑨。

【校文 9】

二十步一杀，有隔，厚十尺。杀有两门，门广五尺，欂门、板梯埋之，勿筑，令易拔。城上睎欂门而置楬。

【今译】

每二十步设一杀，（作为预备投掷敌人之掩体。）杀有一隔，（用于贮置守备士卒与投掷器具,)隔厚十尺。杀设有两门,门宽五尺,藩篱门和板梯俱埋土中,勿需捣实,令易于拔起,(以便守备士卒应急由此出击。)在城上可对望藩篱门近旁贮置用以举而投掷敌人之物品。

【馀论】

此章述敌寇实施傅攻时,设置"杀"、"隔"予以应对之具体要求。

此章与《备梯》3 章下半部文字几乎全同,盖《备蛾傅》文字于《备梯》重出。然前已约定,本书暂悉遵《閒诂》所订章节、文字先后之次序,不辄动矣。

【原文 10】

县火[1],四尺一椅[2],五步一灶,灶门有炉炭。传令敌人尽人,车火[3]烧门,县火次之,出载[4]而立,其广终队[5],两载之间一火,皆立而待鼓音而然[6],即俱发之。敌人辟[7]火而复攻,县火复下,敌人甚病。

【校注】

①县火:即悬火,城上所悬投向敌人之火具。详《备梯》4 章注①。

②椅:孙诒让云:"当作'檝'。"按之《备梯》"四尺一钩檝",孙校是,今从之。

③车火:《备梯》"煇火烧门"作"煇"。"车"、"煇"皆"熏"之讹字。详《备梯》1 章注⑳。

④载:车船等交通运输工具,此处盖指战车。详《备梯》4 章注⑤。

⑤终队:(其宽度)与敌人进攻队列相始终。详《备梯》4 章注⑥。

⑥然:读为燃。"然"、"燃",古今字。详《备梯》4 章注⑧。

⑦辟:除。《小尔雅·广言》:"辟,除也。"《诗·大雅·江汉》:"式辟四方。"王先谦三家义集疏引韩说曰:"辟,除也。"《备梯》"敌人除火而复攻",正作"除"。

【校文 10】

悬火,四尺一檝(杙),五步一灶,灶门有炉炭。传令敌人尽入,熏火烧门,悬火次之。出载而立,其广终队,两载之间一火,皆立而待鼓音而燃,即俱发之。敌人辟火而复攻,悬火复下,敌人甚病。

【今译】

悬挂于木桩上之火具名“悬火”者，每四尺设一。每五步置一灶，灶门前备有炉炭。传命下去，必使敌人尽入城内，然后用烟火烧门，悬挂之火具亦随之投掷而下。派出战车，面向敌人排立阵前，其宽度与敌人进攻队列相始终。战车两两之间各有一悬挂之火具，持火士卒皆站立静待击鼓之声而点火，且一同掷向攀城之敌。如敌人将火灭除而再次发动进攻，则悬挂火具亦再次掷下，如此敌人必遭重创。

【馀论】

此章述以“悬火”、“煇(熏)火”投掷敌人以破其蚁附之攻之具体部署。

此章文字与《备梯》“县火”至“敌人甚病”部分几乎全同。揣度文意，盖为《备梯》文字于《备蛾傅》重出。然前已约定，本书暂悉遵《閒诂》所订章节、文字先后之次序，不辄动也。

【原文 11】

敌引哭而榆[①]，则令吾死士左右出穴击遗师，令贲士、主将皆听城鼓之音而出，又听城鼓之音而入。因素[②]出兵将施伏，夜半，而城上四面鼓噪，敌人必或[③]，破军杀将。以白衣为服，以号相得。

【校注】

①敌引哭而榆：当作“敌引师而去”。俞樾云：“‘哭’，当作‘师’。”按：“師”，古文作“帀”。《字汇补 · 巾部》：“帀，古文師字。《石鼓文》：‘六帀既简。’”考其字形演变之轨迹，盖𠂤讹为㠯，又横置断裂为吅，于是左右结构之“師”成上下结构之“帀”。“帀”以形近讹为“哭”。又，《备梯》“敌引兵而去”，“兵”，指戎兵，与“师”同义。《大戴礼记 · 盛德》：“诸侯无兵而正。”王聘珍解诂：“兵谓戎兵。”俞校盖是，可信。“榆”，当作“去”，已详上。

②素：素来，故常。详《备梯》4 章注⑬。

③或：读为惑，疑怪也。详《备梯》4 章注⑮。

【校文 11】

敌引师而去，则令吾死士左右出穴门击遗师，令贲士、主将皆听城鼓之音而出，又听城鼓之音而入。因素出兵将施伏，夜半，而城上四面鼓噪，敌人必惑，破军杀将。以白衣为服，以号相得。

【今译】

敌人收兵撤去，于是命令我方勇猛敢死之士从左右两面出穴门追击残留敌兵，继而命令神勇无比之军士和纵横捭阖之主将，皆于闻城鼓之音后而出击，又于闻城鼓之音后而收兵。又按素常出兵迎敌之例将设伏于隐蔽之所，夜半时分，（军士们为迷惑敌人，）于城上东西南北四面击鼓呐喊，敌人必定疑惧而不知所措，如此，必可击破敌方攻势，擒杀其将领。扞城之役皆以白衣为军服，以口号传军令，做到彼此配合，深相默契。

【馀论】

此章述悬火、煇（熏）火迫使敌人退兵之际，更以设伏配合城鼓之音破军杀将，彻底挫败敌寇蚁附之攻。

此章文字与《备梯》“故引兵而去”至“以号相得”部分几乎全同，揣度文意，盖为《备梯》文字于《备蛾傅》重出。然前已约定，本书暂悉遵《閒诂》所订章节、文字先后之次序，不辄动矣。

八、迎敌祠

【题解】

《迎敌祠》篇先叙迎敌前之祭祀、望气以及任用巫、医、卜等专司人员之要求，再叙城防将士之职守、兵力之配置以及清野之部署，后叙临战前祝、史祭告山川、社稷与诸侯率众誓师于太庙之隆仪。其中“再叙”部分与迎敌祠无甚关联，当为别篇误入。

【原文1】(《迎敌祠》篇计4章)

敌以东方来，迎之东坛[1]，坛高八尺[2]，堂密[3]八。年八十者八人，主祭青旗[4]。青神[5]长八尺者八，弩八，八发[6]而止。将服必青[7]，其牲以鸡[8]。敌以南方来，迎之南坛，坛高[9]七尺，堂密七。年七十者七人，主祭赤旗[10]。赤神[11]长七尺者七，弩七，七发而止。将服必赤[12]，其牲以狗[13]。敌以西方来，迎之西坛，坛高九尺[14]，堂密九。年九十者九人，主祭白旗[15]。素神[16]长九尺者九，弩九，九发而止。将服必白[17]，其牲以羊[18]。敌以北方来，迎之北坛，坛高六尺[19]，堂密六。年六十者六人，主祭黑旗[20]。黑神[21]长六尺者六，弩六，六发而止。将服必黑[22]，其牲以彘[23]。从[24]外宅诸名大祠，灵巫或[25]祷焉，给[26]祷牲。

【校注】

①坛：用以举行祭祀、誓师等典礼之土石方台。《说文·土部》：“坛，祭场也。”《广雅·释天》：“坛，祭先祖也。”《国语·吴语》：“王乃之坛列。”韦昭注：“坛，在野所以讲列士众誓告之处。”“坛”，犹堂也。《礼记·祭法》：“设庙祧坛墠而祭之。”朱彬训纂引蔡邕《独断》曰：“坛，谓筑土起堂也。”《文选·左思〈蜀

都赋〉》："坛宇显敞。"刘渊林注引王逸曰："坛，犹堂也。"

②坛高八尺：疑《迎敌祠》首章文字类于《礼记·月令》，而《月令》文字与阴阳五行观念密切相关。按五行与事物相配之例，"木"当"四季"中之春，当"五方"中之东，当"五畜"中之鸡，当"五谷"中之麦，当"五色"中之青，当"五帝"中之太皞，当"五神"中之句芒，当"天干"中之甲乙，当"五虫"中之鳞，当"五音"中之角，当"五味"中之酸，当"五臭"中之膻，当"五祀"中之户，当"五脏"中之脾。《月令》："孟春之月，日在营室，昏参中，旦尾中。其日甲乙，其帝太皞，其神句芒，其虫鳞，其音角，律中太蔟。其数八，其味酸，其臭膻，其祀户，祭先脾。……天子居青阳左个（按：'左个'，指东向明堂之北侧室），乘鸾路，驾苍龙，载青旂，衣青衣，服青玉，食麦与羊。……立春之日，天子亲率三公、九卿、诸侯、大夫，以迎春于东郊。"孙希旦礼记集解云："天一地二，天三地四，天五地六，天七地八，天九地十，此天地之数也。一与六合，二与七合，三与八合，四与九合，五与十合。故天一生水，地六成之；地二生火，天七成之；天三生木，地八成之；地四生金，天九成之；天五生土，地十成之。盖木火土金水者，五行运行之次序也；水火木金土者，五行生成之次序也。四时皆以成数言者，木火土金水既成而后功用著也。"墨家用《月令》阴阳五行之理，既言"东方"，则必属"五行"之木，木生数三，成数八，而言八者，举其成数也。

③密：深，幽深。《玉篇·宀部》："密，深也。"《易·系辞上》："退藏于密。"韩康伯注："言其道深微，万物日用而不能知其原，故曰'退藏于密'。""堂密八（尺）"，堂之进深八尺也。不言"尺"者，蒙上"坛高八尺"而省也。"堂密八"，以从《月令》"其数八"也。

④主祭青旗：按五行与"五色"相配之例，木当"五色"中之青色，故春天所用器物概以青色命名。如鸾（青凤曰鸾）路、苍龙（按：马八尺以上曰龙）、青旂、青衣、青玉等，皆顺木之色也。历来所谓出师之前行祭旗之誓师礼，不为虚言也。

⑤青神：按五行与"五帝"、"五神"相配之例，木当"五帝"中之太皞，当"五神"中之句芒。"青神长八尺"，亦以从"其数八"也。

⑥发（發）：射发（矢、箭）。《说文·弓部》："发，䠶发也。"《礼记·射仪》："循声而发。"郑玄注："发，或作射。""八发而止"，弓弩手射发矢箭八支而止。"弩八"、"八发而止"，亦以从"其数八"也。

⑦将服必青：将帅之甲胄必皆青色。详注④。

⑧其牲以鸡:按五行与“五畜”相配之例,木当“五畜”中之鸡。《月令》:“孟春之月,……食麦与羊。”与此异,孙希旦《礼记集解》云:“‘食麦与羊’者,盖以麦为木谷,羊为木畜也。《淮南子·时则》‘春,其畜羊’,是也。《月令》四时所食之谷与牲,盖亦以五行分配之。然五牲则惟牛之属土,犬之属金,彘之属水,与《周礼》合。若羊,则《周礼》属火,而《月令》属木,鸡则《周礼》属木,而《月令》属火,孔疏所谓‘阴阳之说多涂’者。至五谷所配,其义尤多不可晓。”此处以鸡属木,乃《周礼》之制。由是知《迎敌祠》之所资,《月令》而外,亦杂《周礼》也。今就其可释者释之,其余置之,不深究也。

⑨坛高七尺:按五行与事物相配之例,火当“四季”之夏,当“五方”之南,当“五畜”之羊,当“五谷”之黍,当“五色”之赤,当“五帝”之炎帝,当“五神”之祝融,当“天干”之丙丁,当“五虫”之羽,当“五音”之徵,当“五味”之苦,当“五臭”之焦,当“五祀”之灶,当“五脏”之肺。《礼记·月令》:“孟夏之月,日在毕,昏翼中,旦婺女中……其数七。……天子居明堂左个,乘朱辂,驾赤骝,载赤旂,衣赤衣,服赤玉,食菽与鸡。……立夏之日,天子率三公、九卿、诸侯、大夫,以迎夏于南郊。”地生火之数为二,天地相配成火之数为七,举其成数,但言七耳。

⑩主祭赤旗:按五行与“五色”相配之例,火当赤色,故夏天所用器物概以赤色命名,如朱辂、赤骝、赤旂、赤衣、赤玉等,皆顺火之色也。

⑪赤神:按五行与“五帝”、“五神”相配之例,火当“五帝”之炎帝,当“五神”之祝融。“青神长七尺”,亦以从“其数七”也。

⑫将服必赤:将帅之甲胄必皆赤色,亦顺火之色也。

⑬其牲以狗:按五行与“五畜”相配之例,火当“五畜”之羊。《礼记·月令》:“孟夏之月……食菽与鸡。”与此异。《礼记集解》云:“食菽与鸡,盖以菽为火谷,鸡为火畜也。《淮南子·时则》曰‘夏,其畜鸡’,是也。”今姑置之,不深究也。详注⑧。

⑭坛高九尺:按五行与事物相配之例,金当“四季”之秋,当“五方”之西,当“五畜”之犬,当“五谷”之麻,当“五色”之白,当“五帝”之少皞,当“五神”之蓐收,当“天干”之庚辛,当“五虫”之毛,当“五音”之商,当“五味”之辛,当“五臭”之腥,当“五祀”之门,当“五脏”之肝。《礼记·月令》:“孟秋之月,日在翼,昏斗中,旦毕中……其数九。……天子居总章左个,乘戎路,驾白骆,载白旂,衣白衣,服白玉,食麻与犬。……立秋之日,天子率三公、九卿、诸侯、大夫,以

迎秋于西郊。”地生金之数为四，天地相配成金之数为九，举其成数，但言九耳。

⑮主祭白旗：按五行与“五色”相配之例，金当白色，故秋天所用器物，概以白色命名，如白骆、白旂、白衣、白玉等，皆顺金之色也。

⑯素神：即白神。按五行与“五帝”、“五神”相配之例，金当“五帝”之少皞，当“五神”之蓐收。“素神长九尺”，亦以从“其数九”也。

⑰将服必白：将帅之甲胄必皆白色，亦顺金之色也。

⑱其牲以羊：按五行与“五畜”相配之例，金当“五畜”之犬。《礼记·月令》：“孟秋之月……食麻与犬。”与此异。《礼记集解》云：“麻，金谷。犬，金畜也。”《淮南子·时则》：“秋，其畜狗。”与《月令》同。今姑置之，不深究也。详注⑧。

⑲坛高六尺：按五行与事物相配之例，水当“四季”之冬，当“五方”之北，当“五畜”之豕，当“五谷”之菽，当“五色”之黑，当“五帝”之颛顼，当“五神”之玄冥，当“天干”之壬癸，当“五虫”之介，当“五音”之羽，当“五味”之咸，当“五臭”之朽，当“五祀”之行，当“五脏”之肾。《礼记·月令》：“孟冬之月，日在尾，昏危中，旦七星中。……其数六。……天子乘玄辂，驾铁骊，载玄旂，衣黑衣，服玄玉，食黍与彘。……立冬之日，天子率三公、九卿、诸侯、大夫，以迎冬于北郊。”天生水之数为一，天地相配成水之数为六，举其成数，但言六耳。

⑳主祭黑旗：按五行与“五色”相配之例，水当黑色，故冬天所用器物概以黑色命名，如玄辂、铁（按：“鐵”，通驖，赤黑色马为驖）骊、玄旂、黑衣、玄玉等，皆顺水之色也。

㉑黑神：按五行与“五帝”、“五神”相配之例，水当“五帝”之颛顼，当“五神”之玄冥。“黑神长六尺”，亦以从“其数六”也。

㉒将服必黑：将帅之甲胄必皆黑色，亦顺水之色也。

㉓其牲以彘：按五行与“五畜”相配之例，水当“五畜”之彘。《礼记·月令》：“孟冬之月……食黍与彘。”与此同。

㉔从（從）：孙诒让云：“‘從’当作‘徙’。”按之《经上》“动，域從也”，《经说上》“动，偏际從者”，《经下》“影不從”，诸“從”皆徙之形近讹字。孙校是，今从之。

㉕或：犹有。《礼记·祭义》：“庶或飨之。”郑玄注：“或，犹有也。”

㉖给：提供，供给。《说文·糸部》：“给，相足也。”《汉书·司马迁传》：“虏救死扶伤不给。”颜师古注：“给，犹供也。”

【校文1】

敌以东方来，迎之东坛，坛高八尺，堂密八。年八十者八人，主祭青旗。青神长八尺者八，弩八，八发而止。将服必青，其牲以鸡。敌以南方来，迎之南坛，坛高七尺，堂密七。年七十者七人，主祭赤旗。赤神长七尺者七，弩七，七发而止。将服必赤，其牲以狗。敌人以西方来，迎之西坛，坛高九尺，堂密九。年九十者九人，主祭白旗。素神长九尺者九，弩九，九发而止。将服必白，其牲以羊。敌以北方来，迎之北坛，坛高六尺，堂密六。年六十者六人，主祭黑旗。黑神长六尺者六，弩六，六发而止。将服必黑，其牲以彘。徙外宅诸名大祠，灵巫或祷焉，给祷牲。

【今译】

如敌人由东方攻来，我方便在东面筑坛设祭迎接神灵，祭坛高八尺，坛堂进深八尺，请八位八十岁老者，主持祭祀青色旗帜之仪式。敬立八尊八尺高之东方青神，派八名弓弩手，人手一张，每一弓弩手发射一支矢箭，计八支则止。将帅甲胄必须皆为青色，祭神供牲为鸡。如敌人由南方攻来，我方便在南面筑坛设祭迎接神灵，祭坛高七尺，坛堂进深七尺，请七位七十岁老者，主持祭祀赤色旗帜之仪式。敬立七尊七尺高之南方赤神，派七名弓弩手，人手一张，每一弓弩手发射一支矢箭，计七支则止。将帅甲胄必须皆为赤色，祭神供牲为狗。如敌人由西方攻来，我方便在西面筑坛设祭迎接神灵，祭坛高九尺，坛堂进深九尺，请九位九十岁老者，主持祭祀白色旗帜之仪式。敬立九尊九尺高之西方白神，派九名弓弩手，人手一张，每一弓弩手发射一支矢箭，计九支则止。将帅甲胄必须皆为白色，祭神供牲为羊。如敌人由北方攻来，我方便在北面筑坛设祭迎接神灵，祭坛高六尺，坛堂进深六尺，请六位六十岁老者，主持祭祀黑色旗帜之仪式。敬立六尊六尺高之北方黑神，派六名弓弩手，人手一张，每一弓弩手发射一支矢箭，计六支则止。将帅甲胄必须皆为黑色，祭神用牲为彘。城外一切住户及各有名大祠之供职者和神主皆迁徙至城内，或有灵验服人之巫师进行祈祷，应提供祈祷活动所需之牺牲。

【馀论】

此章述出师前设坛祭神、祭旗之仪轨。

"密"字诸家解释不一。俞樾云："'密'字无义，疑当作'突'。《说文·穴部》:'突,深也。'谓堂深八尺也。"岑仲勉云:"余疑密者量之总称,包高、广、深三事而言。"孙诒让云:"盖堂为多角形。《尔雅·释山》云:'山如堂者,密。'郭璞注:'形如堂室乎。'并引《尸子·绰子》云:'松柏之鼠,不知堂密之有美枞。'"吴汝纶《点勘墨子读本》云:"《说文·山部》:'密,山如堂者。'《尔雅》郭璞注引《尸子》云:'松柏之鼠,不知堂密之有美枞。'然密之义未闻,疑即陛也。'堂密八尺',堂陛八阶也。"按:孙解似就"密"之本义而言,然实未憭。俞、吴二氏皆改字为训。"密"自有"深"义,不必改字。岑谓"密者量之总称,包高、广、深三事而言"。"坛",犹堂也。《楚辞·大招》:"南房小坛。"王逸注:"坛,犹堂也。"是其证。上句既言"坛高八尺",下句复出"高、广、深"统包在内之"堂密八"尺,岂非多余!故皆不取,录以备考。

吴毓江云:"毕(沅)云:'以上(按:指此章)与《黄帝兵法》说同,见《北堂书钞》。'检《北堂书钞》所引《黄帝兵法》,无与此同者,毕说不知何据。《尚书大传》曰:'东方之极……迎春于东堂,距邦八里,堂高八尺,堂阶八等,青税八乘,旂旐尚青……南方之极……迎夏于南堂,距邦七里,堂高七尺,堂阶七等,赤税七乘,旂旐尚赤……西方之极……迎秋于西堂,距邦九里,堂高九尺,堂阶九等,白税九乘,旌旐尚白……北方之极……迎冬于北堂,距邦六里,堂高六尺,堂阶六等,黑税六乘,旗旐尚黑。"文意与此相类。按:《尚书大传》之文盖亦类于《礼记·月令》,可作比观。

【原文2】

凡望气①,有大将气②,有小将气③,有往气④,有来气⑤,有败气⑥,能得⑦明此者可知成败、吉凶。举⑧巫、医、卜有所,长具⑨药,宫之⑩,善为舍。巫必近公社⑪,必敬神之。巫、卜以请守⑫,守独智巫、卜望气之请而已。其出入为流言,惊骇恐吏民,谨微⑬察之,断⑭,罪不赦。望气舍近守官。牧⑮贤大夫及有方技者若⑯工⑰,弟⑱之。举屠、酤者置厨给事,弟之。

【校注】

①望气:古代占卜方法,望云气以附会人事,预言吉凶祸福。《史记·孝文本纪》:"赵人新垣平以望气见,因说上设立渭阳五庙。"《淮南子·兵略》:"明于奇正,赅阴阳、刑德、五行、望气、候星,龟策禨祥,此善为天道者也。"皆其例也。《通典·兵十五·风云气候杂占》:"太公曰:'凡兴军动众陈兵,天必见其

云气，示之以安危，故胜败可逆知也。’其军中有知晓时气者厚宠之，常令清晨若日午察彼军及吾军上气色，皆须记之。若军上气不盛，加警备守，辄勿轻战。战则不足，守则有余。察气者，军之大要。常令三五人参马登高若临下察之，进退以气为候。”《六韬·龙韬·兵征》：“凡攻城围邑，城之气色如死灰，城可屠。城之气出而北，城可克。城之气出而西，城必降。如城之气出而南，城不可拔。城之气出而东，城不可攻。城之气出而复入，城主逃北。城之气出而覆我军之上，军必病。城之气高而无所止，用兵长久。凡攻城围邑，过旬不雷不雨，必亟去之。城必有大辅。此所以知可攻而攻，不可攻而止。”亦言望气事，皆可作比观。

②大将气：指大将之气。《通典·兵十五·风云气候杂占》：“凡敌上气黄白润泽者，将有威德；或军上气发，渐渐如云，变作山形，将有深谋；或敌上气黑中赤在前者，将精悍；皆不得击。凡气上与天连，军中将贤良。”此或即“大将之气”。茅坤本“有大将气”下有“有中将气”四字，今据补。《通典·兵十五·风云气候杂占》：“凡气如龙如虎，如火烟之形，或如火光之状，或如山林，或如尘埃头尖而卑，或气黑如门上楼，皆猛将气。”此或即“中将之气”。

③小将气：指小将之气。《通典·兵十五·风云气候杂占》：“凡敌上气青而疏散者，将怯弱。前大后小，将怯不明。”此或即“小将气”。

④有往气：指云气由我方出。《通典·兵十五·风云气候杂占》：“或城上气如火烟，主人欲出战，其气无极者，不可攻。或气如杵，从城中向外者，内兵突出，主人胜，不可攻。”此或即“往气”之一。

⑤有来气：指云气由敌方来。《通典·兵十五·风云气候杂占》：“若逆风来，应气旁勃，牙旗折，阴不见日，旌旗激扬，败候也。若云气从敌所来，终日不止，吾军不可出，出则不利。若风气俱来，此为败候。”此或即“来气”之一。

⑥有败气：指有失败之气。《通典·兵十五·风云气候杂占》：“败军之气，如破军，如人无足无臂。”此或即“败气”之一。岑仲勉云：“‘有败气’之上，余疑脱‘有胜气’三字。”《通典·兵十五·风云气候杂占》：“两军相当，上有气如蛇，举头向敌者，战必胜。”此或即“胜气”之一。

⑦能得：同义复词，能够。“得”，亦能也。《韩非子·内储说上》：“我得以斩其首。”王先慎集解引顾广圻曰：“今本得作能。”“能得明此者可知成败、吉凶”，谓能够通晓望气之理者可以逆知战事之胜败与吉凶也。

⑧举：推举，荐举。《慧琳音义》卷八十一“拗举”注引《考声》云：“举，犹荐

也。"《礼记·儒行》:"怀忠信以待举。"郑玄注:"举,见举用也。"《号令》"守之所亲,举吏贞廉、忠信、无害、可任事者","举"字同。"巫",巫师,肃事鬼神以解病请福者。《公羊传·隐公四年》:"于钟巫之祭焉。"何休注:"巫者,事鬼神祷解以治病请福者也。""举巫、医、卜有所",谓举荐巫师、医师、卜师,并使之各有居所也。

⑨具:备具,备办。《说文·収部》:"具,共(供)置也。"《尔雅·释言》:"握,具也。"郭璞注:"具谓备具。"《仪礼·特牲馈食礼》:"宗人告有司具。"郑玄注:"具,犹办也。"《号令》"人亦如此,备不先具者无以安主","具"字同。"具药",谓备办药品也。

⑩官之:孙诒让云:"疑当作'官养之',今本脱'养'字。"按之《号令》"先以候为始,得辄官养之",孙校是,今从之。"官",室。《说文·宀部》:"官,室也。"《史记·五帝本纪》:"象乃止舜官居。"张守节正义:"官即室也。""官养之",辟专室以养之也。

⑪公社:后土之祭所。《淮南子·时则》:"大祷祭于公社。"高诱注:"公社,国社也,后土之祭也。""后土",土神。《周礼·春官·大宗伯》:"先告后土。"贾公彦疏:"后土,土神也。"

⑫巫、卜以请守:王引之云:"此文当作'巫卜以请报守'。"按之《号令》"巫、祝吏与望气者必以善言告民,以请上报守",王校是,今从之。"请",读为情。"请"、"情"同以"青"为声符,例可通假。《荀子·成相》:"明其请。"王先谦集解引卢文弨曰:"请,古与情通。"《墨子》书多以"请"为情。如《明鬼下》"若以众之耳目之请以为不足信也",《大取》"次察声端名因请复",《号令》"守独知其请而已",等等。

⑬微:伺察。《史记·孝武本纪》:"使人微得赵绾等奸利事。"裴骃集解:"微,纤微伺察也。"

⑭断:斩首;论狱。《说文·斤部》:"断,截也。"又《首部》:"𩠐,截也。"又《车部》:"斩,截也。""断",应即"𩠐",皆"斩"也。《汉书·淮南厉王刘长传》:"幸臣有罪,大者立断。"颜师古注:"断即斩也。"此处"其出入为流言,惊骇恐吏民,谨微察之,断,罪不赦","断"字同。历来学界释《墨子》城守诸篇之"断",例皆"斩首"。其实不尽然。1975年发掘湖北云梦睡虎地11号秦墓竹简《法律答问》:"廷行事有罪当䙴(迁),已断已令,未行而死若亡,其所包当诣䙴所。"据李学勤先生考证,此"已断已令"即《汉书·刑法志》之"已论命",意

为已判决。由此可知，此"断"之义同于"论"，意为论罪[1]。显见，在战国晚期以前，"断"亦有"论罪"即"断狱"之义。《号令》"若缚之，不如令及后缚者皆断"、"守案其署，擅入者断"、"诸有罪过而可无断者，令抒厕利之"，等等，"断"字皆同。

⑮牧：孙诒让云："'牧'，当为'收'之误。"按之《号令》"诸吏卒民非其部界而擅入他界，辄收以属司空若候"，"收"旧亦误为"牧"。孙校是，今从之。"收"，拘收也。《说文·攴部》："收，捕也。"《诗·大雅·瞻卬》："女反收之。"毛传："收，拘收也。"

⑯若：犹或，用为选择连词。详《备城门》12 章注④。

⑰工：指百工。《国语·晋语四》："百商食官。"韦昭注："工，百工。"

⑱弟：次弟（第），叙次。《说文·弟部》："弟，韦束之次弟也。"段玉裁注："弟，引申为凡次弟之弟。"《逸周书·大开武》："其惟弟兹命不承。"朱右曾集训校释："弟，次弟也。""弟之"，次弟居之，谓各以工种与技品编户以统制之也。

【校文 2】

凡望气，有大将气，（有中将气，）有小将气，有往气，有来气，（有胜气，）有败气，能得明此者可知成败、吉凶。举巫、医、卜有所，长具药，宫养之，善为舍。巫必近公社，必敬神之。巫、卜以情报守，守独知巫、卜望气之情而已。其出入为流言，惊骇恐吏民，谨微察之，断，罪不赦。望气舍近守官。收贤大夫及有方技者若工，弟之。举屠、酤者置厨给事，弟之。

【今译】

举凡候望云气以占测人事之事，有大将之气，（有中将之气，）有小将之气，有出往之气，有入来之气，（有胜利之气，）有失败之气，能够通晓于此道者，可预知成功与失败、吉祥与凶祸。荐举巫师、医师、卜师并使之各有居所，令医之长掌管备办药物之事，辟专门住区予以供养，妥善安排其居室。巫师居室宜靠近祭祀后土神祠，祭祀之时，必对后土神敬而神之方可。巫师、卜师应将望气

---

〔1〕 详李学勤《秦简与〈墨子〉城守各篇》，载《云梦秦简研究》第 328 ~ 329 页。中华书局 1981 年版。

之实情报告守城主将，守城主将自己了解巫师、卜师所报望气之实情而已，（勿须外传。）如巫师、卜师出入军营，传播流言，惊骇恐吓吏、民，必谨慎伺察之，（一经落实，）立斩，决无宽赦。望气者居室宜靠近守城主将官府。应收纳贤良大夫以及身怀技艺之人或百工，按其工种和技品分别予以编户，以便统一管理。此外，亦应推举屠夫、酒贩等，安置至炊厨间工作，亦按工种和技品分别予以编户，统一管理。

【馀论】

此章述望气之重要性以及对巫、医、卜、贤大夫、有方技者、百工、屠者、酤者之管理方法。

王念孙云："《说文·见部》：'䁹，司也。''司'，今亦作'伺'。'䁹'字亦作'微'。"按：王说是，可备一说。然有纠缭之嫌，实则"微"亦有"伺察"之义。故不取，录以备考。

"望气"之事，今人已不甚憭然。观《通典·兵十五·风云气候杂占》，可知斯事之概貌。然语多支离，信疑互见。个中是非之辨，实非易事。仁智之说，多有所据，莫可究诘也。

【原文3】

凡守城之法，县师[①]受事，出葆[②]，循[③]沟防，筑荐通涂[④]，脩[⑤]城，百官共[⑥]财，百工即[⑦]事，司马视城脩卒伍[⑧]。设守门，二人掌右阖[⑨]，二人掌左阖，四人掌闭，百甲坐之[⑩]。城上步一甲、一戟，其赞[⑪]三人。五步有五长[⑫]，十步有什长，百步有百长，旁有大率[⑬]，中有大将[⑭]，皆有司吏卒长。城上当阶[⑮]，有司守之。移中中处[⑯]，泽[⑰]急而奏之。士皆有职。城之外，矢之所遝[⑱]，坏其墙，无以为客菌[⑲]。三十里之内，薪、蒸、水[⑳]皆入内。狗、彘、豚、鸡，食其宍[㉑]，敛其骸以为醢[㉒]，腹病[㉓]者以起。城之内，薪、蒸、庐、室，矢之所遝，皆为之涂菌[㉔]。令命昏纬[㉕]狗纂[㉖]马，掔[㉗]纬。静夜闻鼓声而譟[㉘]，所以閹客之气也，所以固民之意也，故时譟则民不疾[㉙]矣。

【校注】

①县师：周官名，掌管赋贡稽核之事，若有军事，则受司马所付军事。《周礼·地官·县师》："县师掌邦国都鄙稍甸郊里之地域，而辨其夫家、人民、田莱

之数，及其六畜车辇之稽。……若将有军旅、会同、田役之戒，则受法于司马，以作其众庶及马牛车辇，会其车人之卒伍，使皆备旗鼓兵器，以帅而至。”《左传·襄公三十年》：“以为绛县师。”杜预注：“县师，掌地域，辨其夫家、人民。”

②葆：读为堡。“葆”、“堡”同以“保”为声符，例可通假。《吕氏春秋·疑似》：“周人为高葆祷于王路。”毕沅新校正：“《太平御览》三百三十八‘葆’作‘堡’。”“堡”，小城，堡垒。《广韵·晧韵》：“堢，堢障，小城。堡，上同。”《晋书·苻登载记》：“各聚众五千，据险筑堡以自固。”是其例也。“出葆”，即出堡，谓外出查看堡垒也。

③循：读为巡。《慧琳音义》卷三十一“循环”注引郭（璞）注《尔雅》云：“循为巡行也。”《说文·彳部》：“循，行顺也。”朱骏声通训定声：“循，假借为巡。”《大戴礼记·哀公问五义》：“其莫之能循。”王聘珍解诂：“循，巡也。”“循沟防”，即巡沟防，谓巡视沟堑堤防也。

④筑荐通涂：读作“筑栫通途”，谓筑土壅塞敌人通行之路也。“荐”，读为栫。《说文·木部》：“栫，以柴木壅也。”王筠句读：“以柴木壅人亦曰栫。”《左传·哀公八年》：“栫之以棘。”杜预注：“栫，雍（壅）也。”“涂”，读为途。《论语·阳货》：“遇诸涂。”何晏集解引孔安国曰：“涂，道也。”《晏子春秋·内篇杂上第五》：“息于涂侧者。”孙星衍音义：“《新序》、《太平御览》作途。”

⑤脩：读为修。《说文·肉部》：“脩，脯也。”朱骏声通训定声：“脩，假借又为修。”《周礼·天官·宫人》：“掌王之六寝之脩。”陆德明释文：“脩，本亦作修。”

⑥共：即供。共、供，古今字。《说文·収部》：“具，共（供）置也。”段玉裁注：“共、供，古今字。”《诗·大雅·召旻》：“昏椓靡共。”朱熹集传：“共与供通。”

⑦即：就，从。《说文·皀部》：“即，即食也。”即食者，就食也，后用为凡就。《资治通鉴·汉纪二》：“于是项王乃即汉王。”胡三省注：“即，就也，从也。”“百工即事”，即“百工从事”也。

⑧司马视城脩卒伍：疑当作“司马视脩（修）城卒伍”。上文“脩城”可证。

⑨阉：掩闭。“阉”，读为掩。“阉”、“掩”同以“奄”为声符，例可通假。《尔雅·释天》：“（太岁）在戌曰阉茂。”郝懿行义疏：“《占经》引李巡云：‘言万物皆蔽冒，故曰阉茂。阉，蔽也。茂，冒也。’孙炎云：‘霜阉茂物使俱落也。’是李、孙并以阉为掩。”《管子·幼官》：“（春）行夏政，阉。”尹知章注：“春既阳，夏

又阳，阳气猥併，故掩闭也。”又引申为掩蔽物，指门扇。“二人掌右阉”，旧本“二”误“三”。俞樾云：“左右人数不应有异，疑‘三’人是‘二’人之误。盖门之启闭，皆四人守之。启则有左右之分，故曰‘二人掌右阉，二人掌左阉’，及闭，则无左右之分，故止曰‘四人掌闭’也。”俞校是，今从之。下“阉客”“阉”字同。

⑩百甲坐之：谓百名甲士坐道御非常也。“甲士”，介甲之士，兵士。《荀子·正论》：“庶士介而坐道。”杨倞注：“‘庶士’，军士也。‘介而坐道’，被甲坐于道侧以御非常也。”

⑪赞：佐，佐者。《广韵·翰韵》：“赞，佐也。”《汉书·五行志中之上》：“天赞之也。”颜师古注：“赞，佐助之也。”“城上步一甲、一戟，其赞三人”，谓城上守卒一甲士、一戟士，外佐助之者三人，计五人，分守五步，实一步一人，即《备城门》“城上楼卒，率一步一人”之意也。

⑫五长：即伍长，军中一伍（五人）之长也。“五”，或作“伍”。《左传·昭公元年》：“伍举为介。”洪亮吉诂：“《孙叔敖碑》作‘五举’。”《周礼·夏官·大司马》：“中军以鼙令鼓。”郑玄注：“伍长，一曰公司马。”贾公彦疏：“伍长，主五人。”以例推之，“什长”，统十人之长；“百长”，统百人之长。

⑬率：通帅。《大戴礼记·千乘》：“出可以为率。”王聘珍解诂：“率，读曰帅。”《春秋繁露·王道》：“率师重君之义也。”凌曙注引颜师古曰：“率、帅，古今字。”“大率”，即大帅，将领之称也。“旁有大率”，即“旁有大帅”，《旗帜》“四面四门及左右军之将，分守四旁”之意也。

⑭大将：守城最高军事首长。“中有大将”，《旗帜》所谓“城将”也。

⑮当（當）阶：即常阶，日常所乘梯道也。“当”（當），读为常。《管子·正》：“当故不改曰法。”戴望校正：“当，读为常。”

⑯移中中处：谓转移简册、文书至合宜之所。前“中”，简册，文书。《周礼·春官·天府》：“凡官府乡州及都鄙之治中。”孙诒让正义引江永云：“凡官府簿书谓之中。”后“中”，合宜。《说文·丨部》：“中，内也。”段玉裁注：“中者，合宜之辞也。”

⑰泽：读为择。《说文·水部》：“泽，光润也。”朱骏声通训定声：“泽，假借为择。”《礼记·曲礼上》：“共饭不泽手。”郑玄注：“泽，或作择。”“泽急而奏之”，即“择急而奏之”，谓择其紧急者奏之上司也。

⑱遝：同及。《方言》卷三：“遝，及也。东齐曰迨，关之东西曰遝，或曰

及。”《广雅·释言》：“遝，及也。”《睡虎地秦墓竹简·秦律》：“遝其未遝，谒其更久。”《太尉刘宽碑》：“未遝诛讨，乱作不旋。”皆其例也。下文“矢之所遝”，“遝”字同。

⑲菌：王树枏《墨子勘注补正》：“‘菌’，当为‘囷’字之误。”按：以清野主旨衡之，勿留城外墙垣以为敌人之扞圄掩体，且“菌”、“囷”形近而讹，王校盖是，可信。下文“涂菌”，“菌”字同。

⑳水：孙诒让云：“水无入内之理，当为‘木’，上又脱‘材’字。”按之《杂守》“材木不能尽入者，燔之”，孙校是，今从之。

㉑宍：即肉。《广韵·屋韵》：“肉，俗作宍。”《读书杂志·淮南子内篇第十一·齐俗》：“土积则生自宍之兽。”王念孙按：“宍，肉字异文。”

㉒醢：肉酱。《周礼·天官·醢人》：“醓醢昌本，麋臡菁菹。”郑玄注引郑司农云：“有骨曰臡，无骨曰醢。”又“醢人掌四豆之实”。郑玄注：“臡亦醢也。作醢及臡者，必膊干其肉乃后莝之，杂以粱麹及盐，渍以美酒，涂置瓶中，百日则成矣。”

㉓腹病：肠胃之疾也。王闿运云：“以骨髓和面，止泄利，且饱人也。”“腹病者以起”，谓患肠胃之疾者食醢而愈也。

㉔涂菌：当作“涂囷”。详注⑲。“城之内，薪、蒸、庐、室”，善涂泥埴，所以防火。《备城门》“五十步积薪，善蒙涂，毋令外火能伤”之意也。

㉕纬：系束。《广雅·释诂三》：“纬，束也。”王念孙疏证：“围与束同义。”《释名·释典艺》：“纬，围也。反覆围绕，以成经也。”《大戴礼记·夏小正》：“农纬厥耒。纬，束也。”

㉖纂：系也。《后汉书·张衡传》：“縳幽兰之秋华兮。”李善注：“縳，音租缓反。字书亦‘纂’字也。纂，系也。”

㉗掔：固。《说文·手部》：“掔，固也。”段玉裁注：“掔之言坚也，紧也，谓手持之固也。”《广韵·山韵》：“掔，牢也。”《诗·豳风·狼跋》：“赤舄掔掔。”（按：今《狼跋》作“几几”）是其例也。

㉘譥：即譟。《古文苑·班固〈车骑将军窦北征颂〉》：“九谷谣譥。”章樵注：“譥，一作譟。”“譟”，雷鼓声。《孔子家语·相鲁》：“齐使莱人以兵鼓譥劫定公。”王肃注：“雷鼓曰譥。”下“时譥”，“譥”字同。

㉙疾：患，苦。《说文·疒部》：“疾，病也。”《左传·桓公六年》：“不以隐疾。”杜预注：“疾，患也。”《管子·小问》：“必知其疾。”尹知章注：“疾，谓患苦也。”

【校文3】

凡守城之法，县师受事，出堡，巡沟防，筑桍通途，修城。百官供财，百工即事，司马视修城卒伍。设守门，二人掌右掩，二人掌左掩，四人掌闭，百甲坐之。城上步一甲、一戟，其赞三人。五步有伍长，十步有什长，百步有百长。旁有大帅，中有大将，皆有司吏卒长。城上当阶，有司守之。移中中处，择急而奏之。士皆有职。城之外，矢之所及，坏其墙，无以为客圉。三十里之内，薪、蒸、木皆入内。狗、彘、豚、鸡食其肉，敛其骸以为醢，腹病者以起。城之内，薪、蒸、庐、室，矢之所及，皆为之涂圉，令命昏纬狗纂马，掔纬。静夜闻鼓声而譟，所以掩客之气也，所以固民之意也，故时譟则民不疾矣。

【今译】

举凡守城之方法，县师所任之事，为外出查看堡垒，巡视沟堑堤防，筑土壅塞敌人通行之路，维修城墙等。百官负责提供钱财与物资，百工按照要求完成诸项具体事务。司马检视维修城墙士卒及其工作。专设守备城门人员，使二人掌管右边门扇，二人掌管左边门扇，即四人共担城门启闭之责，另有百名披甲士卒坐守门侧。城上每一步派一披甲士卒、一持戟士卒和三名佐助者轮值。即每步一人充任职守。每五步设一伍长，每十步设一什长，每百步设一百长。城之四面分别有各大帅把守，中央有统领全城守务之大将指挥，且均配备专司之吏和隶卒之长。在日常登城梯道之处，更设专职官员监守。文书简册应转移至合宜场所，（予以保藏，）仅择其紧要须急办者报奏上司。总之，城上士卒各有定责，（无一例外。）城外弓箭可以射及之处，凡墙垣必皆推倒，不能使敌人作为扞御掩体之目的得逞。方圆三十里之内，凡柴薪、细木、大木，皆移入城内。狗、猪、猪仔、鸡悉予宰杀，肉供食用，骨骸收集一处，制成肉酱，有肠胃疾患之士卒，食之或可痊愈。城内柴薪、细木、高庐、平房，凡弓箭可以射及之处皆涂泥埴，（用以防火。）此外，命令全城军民，晚间束狗系马，且必束系牢固，（以免狗马放逸而吠嘶。）静夜中，一俟闻击鼓之声，便齐声呐喊，用以阻遏敌人之气焰，用以坚定民众之意志，所以时常呐喊，将收民众不以敌攻为患苦之功效。

【馀论】

此章述守城过程中，各类职官守士职责、官兵人员配备以及“清野”之具体要求。

“阉”有异解。孙诒让云：“阉，阖之借字。犹《耕柱篇》‘商奄’作‘商盖’。”可备一说。然“奄”作“盍”，当为形近而讹，而“阉”、“阖”通借，苦无书证。故未取，录以备考。

“移中”亦有异解。孙诒让云：“‘移中’不可解，疑当为‘多卒’之误。”亦可备一说。然改字为训，未若原文为训之心安也。故亦未取，录以备考。

【原文 4】

祝、史①乃告于四望②、山川、社稷，先于戎③，乃退。公素服誓于太庙，曰：“其人④为不道，不脩义详⑤，唯乃是王⑥，曰：‘予必怀⑦亡尔社稷，灭尔百姓。’二参子尚夜自厦⑧，以勤⑨寡人，和心比⑩力兼⑪左右，各死而守。”既誓，公乃退食，舍于中太庙⑫之右，祝、史舍于社⑬。百官具御，乃斗⑭，鼓于门，右置旂⑮，左置旌⑯，于隅练⑰名。射参发，告胜，五兵⑱咸备。乃下，出挨⑲，升望我郊。乃命鼓，俄⑳升，役司马㉑射自门右，蓬矢射之，茅㉒参发，弓弩继之，校㉓自门左，先以挥㉔，木石继之。祝、史、宗人㉕告社，覆之以甑㉖。

【校注】

①祝、史：大祝与大史。大祝即太祝。其义有二：（一）主神祀之官。殷代天官六大之一。《礼记·曲礼下》：“天子建天官，先六大，曰大宰、大宗、大史、大祝、大士、大卜，典司六典。”郑玄注：“此盖殷时制也。”孙希旦集解：“自大宗以下皆为事鬼神、治历数之职，盖犹有古之遗意焉。”（二）掌祈祷之官，《周礼》春官之属。《周礼·春官·大祝》：“大祝掌六祝之辞，以事鬼神示，祈福祥，求永贞。一曰顺祝，二曰年祝，三曰吉祝，四曰化祝，五曰瑞祝，六曰策祝。”郑玄注引郑司农云：“顺祝，顺丰年也。年祝，求永贞也。吉祝，祈福祥也。化祝，弭灾兵也。瑞祝，逆时雨、宁风旱也。策祝，远罪疾也。”“大史”，即太史。殷代天官六大之一。主管祭祀、历数、法典等。周代大致相同。《周礼·春官·大史》：“大史掌建邦之六典，以逆邦国之治，掌法以逆官府之治，掌则以逆都鄙之治。”郑玄注：“六典、八法、八则，冢宰所建，以治百官，大史又建焉，以为王迎受其治也。”

②望：遥祭之名。《广雅·释天》：“望，祭也。”王念孙疏证：“望者，遥祭之名。”《管子·小匡》：“望文山。”郭沫若等集校引董增龄云：“望，望而祭之，不

亲至也。”《淮南子·人间》:“郊望禘尝。”高诱注:“望,祭日月星辰山川也。”“四望”之说有二:(一)日、月、星、海也。《周礼·春官·大宗伯》:“国有大故,则旅上帝及四望。”郑玄注引郑司农曰:“四望,日、月、星、海。”(二)五岳。《周礼·春官·小宗伯》:“兆五帝于四郊,四望四类亦如之。”郑玄注:“四望,五岳也。”贾公彦疏:“此四望是五岳之属,山川之大者也。”此处,“四望”与“山川”并出,故其义当为“日、月、星、海”。

③先于戎:义同“于戎先”,谓于战事之先也。“戎”,兵戎,战事也。《说文·戈部》:“戎,兵也。”《孔子家语·弟子行》:“材任治戎。”王肃注:“戎,军旅也。”

④其人:苏时学云:“‘其人’,疑当作‘某人’。”按之《司马法·仁本》“然后冢宰征师于诸侯曰:‘某为国不道,征之’”,苏校是,今从之。“某”,所以代名也。《广雅·释诂三》:“某,名也。”王念孙疏证:“凡言某者,皆所以代名也。”

⑤详:读为祥。“详”、“祥”同以“羊”为声符,例可通假。《易·大壮·象传》:“不详也。”惠栋述:“详,古文祥。”《荀子·成相》:“百家之说诚不详。”杨倞注:“详,或为祥。”

⑥唯乃是王:孙诒让云:“疑当作‘唯力是正’。”按之《明鬼下》:“诸侯力正。”“乃”与“力”、“王”与“正”,皆形近而讹。孙校是,今从之。“唯乃是王”,即“唯力是正(征)”,谓唯恃武力施行征伐也。

⑦怀:思。《说文·心部》:“怀,念思也。”《诗·周南·卷耳》:“嗟我怀人。”毛传:“怀,思也。”

⑧二参子尚夜自厦:当作“二三子夙夜自厉(厲)”。“参”,即“三”。详《备穴》2 章注⑱。“二参子”,即“二三子”,“二三君子”之省称,谓诸位也。《左传·僖公二十四年》:“主晋祀者,非君而谁?……而二三子以为己力,不亦诬乎?”是其例。下文“茅(矛)参发”,‘参’字同。苏时学云:“‘尚’即‘夙’字之讹。”毕沅云:“(‘厦’)当为‘厲’。”按:“尚”与“夙”、“厦”与“厲”,皆形近而讹。苏、毕之校是,今皆从之。

⑨勤:助。《说文·力部》:“勤,劳也。”《国语·晋语二》:“秦人勤我矣。”韦昭注:“勤我,助我也。”

⑩比:合。《诗·大雅·皇矣》:“比于文王。”陈奂传疏:“比,合也。”

⑪兼:同。《说文·秝部》:“兼,并也。”《大戴礼记·千乘》:“兼而爱之。”

王聘珍解诂引《广雅》云:“兼,同也。”“兼左右”,合同左右也。

⑫中太庙:诸侯国太祖之庙。《仪礼·聘礼》:“公揖,入每门,每曲揖。”郑玄注:“每门辄揖者,以相人偶为敬也。”贾公彦疏:“诸侯三门……则应门为中门,左宗庙,右社稷,入大门东行即至庙门。其间得有每门者,诸侯有五庙,太祖之庙居中,二昭居东,二穆居西。庙皆别门,门外两边皆有南北隔墙。”

⑬社:土地神祠。《说文·示部》:“社,地主也。从示、土 。”段玉裁注引《今孝经说》:“社者,土地之主。土地广博,不可遍数,封五土以为社。”《左传·闵公二年》:“间于两社。”孔颖达疏:“王者取五色之土封以为社。”下文“祝、史、宗人告社”,“社”字同。

⑭斗:孙诒让云:“‘斗’,疑‘升’之误。”按:“斗”字,篆作;“升”字,篆作,易混。又,下文云“乃下,出俟,升望我郊”,“乃升”、“乃下”,相对而言,有“升”方有“下”。孙校是,今从之。

⑮旂:古代帛上画交龙,竿头系众铃之旗。《说文·㫃部》:“旂,旗有众铃以令众也。”《尔雅·释天》:“有铃曰旂。”郭璞注:“悬铃于竿头,画交龙于旒。”《诗·大雅·韩奕》:“王锡韩侯,淑旂绥章。”毛传:“交龙为旂。”亦为旗之通称。此处盖指前者。

⑯旌:古代旗杆上端饰有旄牛尾或兼饰有五色鸟羽之旗。《说文·㫃部》:“旌,游车载旌,析羽注旄首,所以精进士卒。”《尔雅·释天》:“注旄首曰旌。”郭璞注:“载旄于竿头,如今之幢,亦有旒。”《周礼·春官·司常》:“全羽为旞,析羽为旌。”郑玄注:“全羽、析羽皆五采系之于旞、旌之上,所谓注旄于竿首也。”亦为“旗”之通称。此处盖指前者。

⑰练:白色熟帛名。《说文·糸部》:“练,湅缯也。”段玉裁注:“已湅之帛曰练。”李白《秋浦歌十七首》:“水如一匹练。”王琦辑注:“练,熟素缯也。”“练名”,谓以练为旌旂之旒而书名其上也。《仪礼·士丧礼》:“为铭各以其物,亡则以缁,长半幅,䞓末,长终幅,广三寸,书铭于末曰:某氏某之柩。”郑玄注:“铭,明旌也。……今文铭皆为名也。”

⑱五兵:即五刃。“五兵”所指,书多分歧。《周礼·夏官·司兵》:“军事建车之五兵。”郑司农注:“五兵者,戈、殳、戟、酋矛、夷矛。”郑玄注:“步卒之‘五兵’,则无夷矛而有弓矢。”《谷梁传·庄公二十五年》:“陈五兵五鼓。”范宁注:“五兵,矛、戟、钺、楯、弓矢。”《国语·齐语》:“隐五刃。”韦昭注:“‘五刃’,刀、剑、矛、戟、矢也。”

⑲挨:毕沅云:"('挨',)当为'俟'。"按:"出挨"不辞。盖"俟"以形近讹为"挨"。文曰"乃下,出俟,升望我郊",意甚晓畅。毕校是,今从之。

⑳俄:犹言"俄而",须臾之间也。《公羊传·桓公二年》:"俄而可以为其有矣。"何休注:"俄者,谓须臾之间,制得之顷也。"

㉑役司马:当为军中掌管刑徒服役之官。司马,掌军大夫。《国语·晋语五》:"以为司马。"韦昭注:"司马,掌军大夫。""役",使。《玉篇·彳部》:"役,役使也。"《周礼·春官·瞭瞽》:"以役大师。"郑玄注:"役,为之使。"

㉒茅:孙诒让云:"'茅',当读为'矛'。"按:"茅"以"矛"为声符,例可通假。"茅(矛)三发",以矛向空刺之,凡三。

㉓校:校尉,军吏。《集韵·效韵》:"校,木为栏格,军部及养马用之,故军尉马官皆以校为名。"《后汉书·顺帝纪》:"癸卯,诏大将军,三公选武猛试用有效验任为将校者各一人。"是其例也。

㉔挥:读为煇。"挥"、"煇"同以"军"为声符,例可通假。《说文·手部》:"挥,奋也。"朱骏声通训定声:"挥,假借又为煇。""煇",熏也。详《备梯》1章注⑳。

㉕宗人:主管祭祀之官。《说文·宀部》:"宗,尊祖庙也。"桂馥义证:"职宗庙祭祀者曰宗人。"《礼记·文王世子》:"宗人授事。"郑玄注:"宗人,掌礼及宗庙也。"

㉖甑:古代陶制蒸食炊具。《说文·瓦部》:"甑,甗也。"段玉裁注:"甑者,蒸饭之器。"《方言》卷五:"甑,自关而东谓之甗。"钱绎笺疏:"甑之言蒸也,蒸饭之器也。""覆之以甑",孙诒让云:"此盖厌胜之术。""厌胜",古代民间以诅咒制胜之方术。《汉书·王莽传下》:"莽亲之南郊,铸作威斗。威斗者,以五石铜为之,若北斗,长二尺五寸,欲以厌胜众兵。""厌",通压。"厌胜"即"压胜"。彼以"威斗",此以"甑",用物虽异,而理则同也。《孙子·计篇》:"夫未战而庙算胜者,得算多也;未战而庙算不胜者,得算少也。多算胜,少算不胜,而况于无算乎!吾以此观之,胜负见矣。"《尉缭子·将令》:"将军受命,君必先谋于庙,行令于廷。君身以斧钺授将,曰:'左、右、中军皆有分职,若逾分而上请者死。军无二令,二令者诛,留令者诛,失令者诛。'将军告曰:'出国门之外,期日中,设营表,置辕门,期之,如过时,则坐法。'"《司马法·仁本》:"贤王制礼乐法度,乃作五刑,兴甲兵,以讨不义。巡狩省方,会诸侯,考不同,其有失命、乱常、背德、逆天之时,而危有功之君,遍告于诸侯,彰明有罪。乃告于皇天上帝,

日月星辰，祷于后土四海神祇山川冢社，乃造于先王，然后冢宰征师于诸侯曰：'某国为不道，征之。以某年月日师至于某国，会天子正刑。'冢宰与百官布令于军曰：'入罪人之地，无暴神祇，无行田猎。无毁土功，无燔墙屋，无伐林木，无取六畜、禾黍、器械；见其老幼，奉归勿伤，虽遇壮者，不校勿敌；敌若伤之，医药归之。'既诛有罪，王及诸侯，修正其国，举贤立明，正复厥职。"《太白阴经·授钺》："经曰：国有疆场之役，则天子居正殿命将军，诏之曰：'朕以不德，谬承大运，致寇敌侵扰，攻掠边陲，日旰忘食，忧在寤寐。劳将军之神武，帅师以应之。'将军再拜受诏。乃令太史卜斋三日，于太庙拂龟，太史择日以授钺。君入太庙，西面立，亲操钺以授将军，曰：'从此以往，上至于天，将军制之。'复操斧柄授将军，曰：'从此以往，下至于泉，将军制之。'将军既受命，跪而答曰：'臣闻国不可从外治，军不可从内御；二心不可以事君，疑志不可以应敌。臣既受命专斧钺之威，臣不愿生还，请君亦垂一言之命于臣。君不许臣，臣不敢将。'君许臣，乃辞而行。三军之事，不闻君命，皆由于将。将出。临敌决战，无有二心。若此，无天于上，无地于下，中无君命，傍无敌人，是故智者为之虑，勇者为之斗。气厉青云，疾若驰骛，兵不接刃，而敌降伏，战胜于外，功立于内。于是，将军乃缟素避舍，请于君，君命舍之。"亦言厌胜或庙算事，俱可作比观。

【校文 4】

祝、史乃告于四望、山川、社稷，先于戎，乃退。公素服誓于太庙，曰："某人为不道，不修义祥，唯力是征，曰'予必怀亡尔社稷，灭尔百姓。'二三子夙夜自厉，以勤寡人，和心比力兼左右，各死而守。"既誓，公乃退食，舍于中太庙之右，祝、史舍于社。百官俱御，乃升，鼓于门，左置旂，右置旌，于隅练名。射三发，告胜，五兵咸备。出俟，升望我郊。乃命鼓，俄升，役司马射自门右，蓬矢射之，矛三发，弓弩继之，校自门左，先以煇，木石继之。祝、史、宗人告社，覆之以甑。

【今译】

太祝、太史于战事发生之前，即举行告祭于日月星海、山川和社神谷神之仪式，(祭祀已毕，)退出。于是，诸侯王身穿白色礼服至太庙当众誓师，道："某人行事大逆不道，不修仁义福祥，而唯恃武力施行征伐，声称：'我常思必毁灭尔等国家，翦除尔等人民。'希望诸大臣咸能夙夜自励，勉力辅佐寡人，上下勠力同心，和合尽忠，左右共赴，各守职任，誓死扞城。”誓师毕，诸侯王遂退而用餐，暂住在中太庙右边寓所中。太祝、大史暂住在土地神祠所备止息之处。百官各执其事，随时听候使役。遂上庙堂，于庙门口击鼓，在门左侧插上绘有交龙、系有众铃之旂旗，在门右插上饰以牛旄尾和五彩鸟羽之旌旗，并在门隅旌旗练旒上题识名记。士卒按规定连射三箭，并祝告得胜。刀、剑、矛、戟、矢等诸般兵刃摆列齐备。于是，与祭者以次退下，出太庙外等候。登上庙外门台眺望城郊。随即下命击鼓，须臾之间，(发令者)登上门台，命役司马从庙门右侧依礼射发束有蓬蒿之矢箭，并以矛刺空三下，继之以士卒弓弩齐发。又命校尉从庙门左侧依礼射发，先以熏火射发，继以木石投掷。太祝大史和宗人共向社神祝告，然后覆盖甑器，用以压胜。

【馀论】

此章述战前祭庙誓师之仪。

“役司马”，孙诒让云：“盖官名，掌徒役者。”可备一说。然苦无书证。故不取，录以备考。张纯一云：“‘俄升旌，(司马射自门右’，)‘旌’，旧作‘役’。王本尹本并作旌。”以“旌”属上句，亦可备一说。然上文已言“左置旂，右置旌”，如此处但言“俄升旌”而无“旂”，似有不顺，故亦不取，录以备考。

九、旗帜

【题解】

"旗帜",本作"旗识",析言之,"旗"为标旗,"识"为徽识。"旗"色或图样标明物类,亦以数量标定敌寇进逼之远近。"识"区别官吏衔阶、士卒分职、男女性别等。浑言之,识亦旗也。至于所需物资之贮积,恐系别篇错入。

【原文1】(《旗帜》篇计9章)

守城之法,木为苍旗①,火为赤旗②,薪樵为黄旗,石为白旗,水为黑旗③,食为菌④旗,死士为仓英⑤之旗,竟士⑥为雩⑦旗,多卒为双兔之旗,五尺童子⑧为童旗,女子为梯末⑨之旗,弩为狗旗,戟为菲⑩旗,剑盾为羽旗⑪,车为龙⑫旗,骑⑬为鸟旗。凡所求索旗名不在书者,皆以其形名为旗。城上举旗,备具之官致财物,之⑭足而下旗。

【校注】

①木为苍旗:城上需用木材,则升青旗。"苍旗",青色之旗。"苍",青黑色。《说文·艸部》:"苍,艸色也。"段玉裁注:"苍,引申为凡青黑色之称。"《诗·郑风·出其东门》:"缟衣綦巾。"毛传:"綦巾,苍艾色。"孙颖达疏:"苍即青也。"《素问·阴阳应象大论》:"在色为苍。"张志聪集注:"苍,薄青色,东方木色也。""旗",以染色、绘图之帛与众相期。《说文·㫃部》:"旗,熊旗五游,以象罚星,士卒以为期。"朱骏声通训定声:"常、旂、旜、物、旗、旟、旐、旞、旌皆得称旗也。"《释名·释兵》:"熊虎为旗。旗,期也,言于众期于下。军将所建,象其猛如熊虎也。"毕沅疏证:"《周礼·夏官·大司马》:'田之日,司马建旗于

后表之中,群吏以旗物鼓铎镯铙,各帅其民而致。'”按五行与事物相配之例,“木”当“五方”之东,当“四季”之春,当“五色”之青,故曰:“木为苍旗。”详《迎敌祠》1 章注②。本篇旗色之制,因物而异。其能合于五行与事物相配之例者固有之,如“木为苍旗”、“火为赤旗”、“水为黑旗”等。其不能合于五行与事物相配之例者亦有之,如“薪樵为黄旗”、“石为白旗”、“食为菌(茜)旗”等。今就其可释者释之,其余置之,不深究也。互参《迎敌祠》1 章注⑧。

②火为赤旗:城上需用烟火,则升赤旗。按五行与事物相配之例,火当“五方”之南,当“四季”之夏,当“五色”之赤,故曰:“火为赤旗。”详《迎敌祠》1 章注⑩。

③水为黑旗:城上需用水,则升黑旗。按五行与事物相配之例,水当“五方”之北,当“四季”之冬,当“五色”之黑,故曰:“水为黑旗。”详《迎敌祠》1 章注⑳。

④菌:孙诒让云:“自‘仓英’以上七旗,并以色别,菌非色名,疑当为‘茜’。”按《说文·艸部》:“茜,茅蒐也。”《广韵·霰韵》:“茜,草名,可染绛色。”“茜”,或作“蒨”。《尔雅·释草》:“茹藘,茅蒐。”郭璞注:“食之蒨也,可以染绛。”陆德明释文:“蒨,本或作茜。”《文心雕龙·通变》:“夫青生于蓝,绛生于蒨。”可证。孙校是,今从之。“菌旗”,当作“茜旗”,绛色之旗。

⑤仓英:苏时学云:“‘仓英’,当即‘苍鹰’。”按:‘仓’通苍。《诗·王风·黍离》:“悠悠苍天。”陆德明释文:“苍,本亦作仓。”“英,上古影母阳部字;“鹰”,上古影母蒸部字,声同韵近,例可通假。苏校盖是,可信。“苍鹰”(仓英),物也。

⑥竟士:即竞士,争胜士卒也。“竟”,读为竞。《逸周书·度训》:“扬举力竟。”朱右曾集训校释:“竟,读为竞。”柳宗元《唐铙歌鼓吹曲十二篇》:“竟野如春华。”蒋之翘辑注:“竟,一作竞。”

⑦雩:毕沅云:“‘雩’,‘虎’字假音。”按:“雩”,上古晓母鱼部字;“虎”,亦上古晓母鱼部字,声韵俱同,例可通假。抄本《北堂书钞·武功部》八,引此作“虎旗”,上虽脱两字而“虎”字不误。《通典·兵五·守拒法》:“须战士锐卒,举熊虎旗。”毕校是,今从之。

⑧五尺童子:指十四岁以下男童。《周礼·地官·乡大夫》:“国中自七尺以及六十,野自六尺以及六十有五,皆征之。”郑玄注引郑司农云:“征之者,给公上事也。”贾公彦疏:“七尺谓年二十。知者,案《韩诗传》‘二十行役’,与此

‘国中’‘七尺’同，则知‘七尺’谓‘年二十’。‘六尺’谓年十五，故《论语·泰伯》云：‘可以托六尺之孤。’郑玄注云：‘六尺之孤，年十五以下。’彼‘六尺’亦谓‘年十五’。郑言‘以下’者，正谓十四以下亦可以寄托，非谓‘六尺’可通十四以下。……《大司徒》‘保息六，一曰慈幼’，注云：‘十四以下不从征。’是郑意十四以下为五尺以下，则十五以上为六尺矣。《论语·泰伯篇》六尺以孤言，故彼注云‘十五以下’，明有不及六尺之孤，即十四以下也。”

⑨梯末：岑仲勉云：“按‘姊妹’旧作‘梯末’，不可通……兹校改。”按：“弟”与“朩、“末”与“未”，皆形近而讹。又，“五尺童子为童旗，女子为姊妹之旗”，义皆顺适。岑校是，今从之。

⑩菇：孙诒让云：“‘菇’，疑即‘旌’字。”按：“旌”，隶书或作“梐”，以形近讹为“菇”。孙校盖是，可信。“旌”，析羽注旄首。详《近敌祠》4章注⑯。

⑪羽旗：即旞。《周礼·春官·司常》：“司常掌九旗之物名，各有属，以待国事。日月为常，交龙为旂，通帛为旜，杂帛为物，熊虎为旗，鸟隼为旟，龟蛇为旐，全羽为旞，析羽为旌。”

⑫龙：旧作“垄”。“垄”，非军中所需，显误。据《北堂书钞·武功部》改“龙”。

⑬骑：单骑，兵骑，战马。《广韵·寘韵》：“骑，骑乘。”《史记·项羽本纪》：“于是项王乃上马骑。”张守节正义：“凡单乘曰骑。”

⑭之：孙诒让云：“‘之’当作‘二’，即物之重。”按：上文言“城上举旗，备具之官致财物”，则接以“物足而下旗”，语义顺畅。孙校是，今从之。《尉缭子·经卒令》：“经卒者，以经令分之，为三分焉：左军苍旗，卒戴苍羽；右军白旗，卒戴白羽；中军黄旗，卒戴黄羽。卒有五章（按：章，徽章）：前一行苍章，次二行赤章，次三行黄章，次四行白章，次五行黑章，次以经卒，亡章者有诛。前一五行置章于首，次二五行置章于项，次三五行置章于胸，次四五行置章于腹，次五五行章置章于腰。”《通典·兵五·守拒法》：“城上四队之间，各置八旗：若须木檩拯板，举苍旗；须灰炭稃铁，举赤旗；须擂木樵苇，举黄旗；须沙石砖瓦，举白旗；须水汤不洁，举黑旗；须战士锐卒，举熊虎旗；须戈戟弓矢刀剑，举鸷旗；须皮毡麻鏁锹䦆斧凿，举双兔旗。城上举旗，主当之官随色而供。城内老小丁女，除营食之外，皆令膺役城上，分为八队，使识文者点检常旗，备拟物为八部。”亦言“旗帜”事，皆可作比观。

【校文1】

守城之法，木为苍旗，火为赤旗，薪樵为黄旗，石为白旗，水为黑旗，食为茜旗，死士为苍鹰之旗，竞士为虎旗，多卒为双兔之旗，五尺童子为童旗，女子为姊妹之旗，弩为狗旗，戟为旌旗，剑盾为羽旗，车为龙旗，骑为鸟旗。凡所求索旗名不在书者，皆以其形名为旗。城上举旗，备具之官致财物，物足而下旗。

【今译】

守城所用色旗与物旗之法列述如次：城上需用木材时，升青色之旗示意，需用烟火升赤色之旗示意，需用柴薪升黄色之旗示意，需用沙石升白色之旗示意，需用水升黑色之旗示意，需用食物升绛色之旗示意，需要敢死之士升绘有苍鹰之旗示意，需要争胜士卒升绘虎之旗示意，需要大量士卒升绘有双兔之旗示意，需要五尺男童升童旗示意，需要女子升姊妹之旗示意；需要弓弩升绘狗之旗示意，需用戟矛升析羽之旗示意，需用剑盾升全羽之旗示意，需用车舆升绘龙之旗示意，需用战马升绘鸟之旗示意。凡所需物资，旗名未载之于书者，皆以其形状、名称制旗。一俟城上升旗示需，备办军需之官员负责将所索物资运至城上，足数后便降下色旗或物旗。

【馀论】

此章述守城所需之材料、器物和人员皆可举相关色旗或物旗以示意。

“梯末”，诸家诠释有异。苏时学云：“（‘梯’，）疑当作‘枯杨生稊’之‘稊’”。可备一说。然童子既为童旗，女子自当为女（姊妹）旗，恐与“枯杨生稊”之“稊”无涉。故不取，录以备考。

【原文2】

凡守城之法，石有积，樵薪有积，菅①茅有积，萑②苇有积，木有积，炭有积，沙有积，松柏有积，蓬艾有积，麻脂③有积，金铁④有积，粟米有积，井灶有处，重质有居⑤，五兵⑥各有旗，节各有辨⑦，法令各有贞⑧，轻重分数各有请⑨，主慎道路者有经⑩。

【校注】

①菅:茅之一种。茎长二三尺,叶细长而尖,根坚韧。《说文·艸部》:"菅,茅也。"《诗·陈风·东门之池》:"东门之池,可以沤菅。"孔颖达疏引陆玑曰:"菅似茅而滑泽无毛,根下五寸中有白粉者柔韧宜为索。""菅茅",茅之统称也。

②雚:孙诒让云:"此'雚'当为萑,经典省作'萑'。"按:"雚","萑"(萑)之俗字。《说文·艸部》:"萑,薍也。从艸,萑声。"段玉裁注:"今人多作萑者,盖其始假'雖属'之萑为之,后人又误为'艸多皃'之萑。"徐灏注笺:"萑,隶省作萑,与'艸多皃'之萑、'鸱属'之萑相乱,故别作雚。"《集韵·桓韵》:"萑,艸名。《说文》:'薍也。'或省。""省"字者,萑也。《广韵·桓韵》:"雚,萑苇。《易》亦作萑。"《诗·豳风·七月》:"七月流火,八月萑苇。"孔颖达疏:"初生者为菼,长大为薍,成则名为萑。"又"雚",即鹳,水雀也。俗亦作"雚"。于是,"雚"两读亦两义:其一,雚(萑)音 huán,《广韵》胡官切。《说文·艸部》:"萑,薍也。从艸,萑声。"《汉书·货殖传》:"五谷六畜及至鱼鳖鸟兽雚蒲材干器械之资,所以养生送终之具,靡不皆育。"颜师古注:"雚,薍也,即今之荻也。"《周礼·春官·巾车》:"駹车,雚蔽,然複,髹饰。"郑玄注:"雚,细苇席也。"阮元校勘记:"唐石经原刻雚,后磨改萑。《释文》:'雚,叶钞本作萑。'"其二,雚(雚),音 guàn,《广韵》古玩切。《说文·萑部》:"雚,小(按:钮树玉校录:"小当是水")爵(雀)也。从萑,吅声。《诗·豳风·东山》:'雚鸣于垤。'"段玉裁注:"雚,今字作鹳。"此处,"雚"用前者之义,即"雚苇",苇荻也。

③脂:油脂,油膏。《玉篇·肉部》:"脂,脂膏也。"《国语·越语上》:"勾践载稻与脂于舟以行。"韦昭注:"脂,膏也。"

④金铁:铜与铁。"金",金属总名,又分指金、银、铜、铁等。《正字通》:"金,五色金也。白金银,青金铅锡,赤金铜,黑金铁,黄金为之长。"《书·舜典》:"金作赎刑。"孔颖达疏:"古之金、银、铜、铁总号为金。"《吕氏春秋·怀宠》:"分府库之金。"高诱注:"金,铁也,可以为田器。"《后汉书·班固传》:"擢双立之金茎。"李贤注:"金茎,即铜柱也。"此处,"金铁"之"金",与"铁"并称,指铜无疑。

⑤重质有居:重要人质有其指定居所。"质",质押,作为人质。《战国策·齐策五》:"不相质而固。"鲍彪注:"质,质子也。"

⑥五兵:五种兵器,或指刀、剑、矛、戟、矢也。详《迎敌祠》4 章注⑱。

⑦节(節)各有辨:凡符节皆分判之,两半验合为信。“节”,符节,通行凭信也。《说文·竹部》:“节,竹约也。”段玉裁注:“节,竹节如缠束之状。”《周礼·秋官·掌交》:“掌以节与币巡邦国之诸侯。”郑玄注:“节,犹信也,行者所执之信也。”又《地官·掌节》:“掌守邦节而辨其用,以辅王命。守邦国者用玉节,守都鄙者用角节。凡邦国之使节,山国用虎节,土国用人节,泽国用龙节,皆金也,以英荡(按:“英荡”,画函也)辅之。门关用符节,货贿用玺节,道路用旌节。”“辨”,分判也。《说文·刀部》:“辨,判也。”《尔雅·释器》:“革中绝谓之辨。”陆德明释文:“辨,半分也。”《易·同人》:“君子以类族辨物。”是其证。

⑧贞:定,规定。《群经平议·周书》:“维天贞文王之董用威。”俞樾按:“贞,当训定。”

⑨请:读为诚。《读书杂志·墨子第二·节葬下》:“请可以富贫众寡定危治乱乎?”王念孙按:“古者诚与请通。”

⑩主慎道路者有经:谓负责使道路通顺之有司各有其经常巡视之区域也。“慎”,读为顺。《管子·五辅》:“慎津梁。”郭沫若等集校引洪颐煊云:“慎,读为顺。”“顺”,巡行使通顺也。“经”,常也。《易·屯·象传》:“君子以经纶。”李鼎祚集解引荀爽曰:“经者,常也。”

【校文2】

凡守城之法,石有积,樵薪有积,菅茅有积,萑苇有积,木有积,炭有积,沙有积,松柏有积,蓬艾有积,麻脂有积,金铁有积,粟米有积,井灶有处,重质有居,五兵各有旗,节各有辨,法令各有贞,轻重分数各有情,主顺道路者有经。

【今译】

大凡守城之方法,石头有所贮积,柴薪有所贮积,茅草有所贮积,苇荻有所贮积,木材有所贮积,炭灰有所贮积,沙砾有所贮积,松柏之木有所贮积,蒿艾草属有所贮积,麻枲油脂有所贮积,铜铁有所贮积,粟米有所贮积,水井、炉灶各有定处,重要人质各有定居,刀、剑、矛、戟、弓矢各有代表旗帜,诸般符节皆剖判为二,又必合之以为信验,法令各有定规,轻重等级之数各依实情入计。主管保障道路畅顺通行之官吏各有其经常巡视之区域。

【馀论】

此章述城上各种军需物资之贮积以及某些法令规约之实施。

“樵薪有积”作“樵薪”,而上文“薪樵为黄旗”作“薪樵”,可知同义并列式合成词“樵薪”(或“薪樵”)尚处于未完全定型阶段。

“金铁”,诸家所释不同。王引之云:“‘金铁’当为‘金钱’。”可备一说。然“铜铁”等原材物料,制作、维修器物,皆有其用。《备城门》“门植、关必环锢,以固金若铁鍱之。门关再重,鍱之以铁”,《备高临》“连弩机廓用铜”,皆其例也。故不取,录以备考。

【原文3】

亭尉各为帜①,竿长二丈五、帛长丈五、广半幅者大②。寇傅攻前池外廉③,城上当队鼓三④,举一帜;到水中周⑤,鼓四,举二帜;到藩⑥,鼓五,举三帜;到冯垣⑦,鼓六,举四帜;到女垣⑧,鼓七,举五帜;到大城⑨,鼓八,举六帜,乘大城半以上,鼓无休。夜以火,如此数。寇却解,辄部帜如进数⑩,而无鼓。

【校注】

①亭尉各为帜:亭尉之官各制其旗帜。“亭尉”,城上小吏,其职位盖低于县尉。《备城门》:“百步一亭……亭一尉,尉必取有重厚忠信可任事者。”孙诒让云:“亭尉,即《备城门篇》之帛尉及《迎敌祠篇》之百长也。”按《备城门》“城上十人一什长,属一吏士、一帛尉”,“帛”通百,谓城上十人统制于一什长,什长隶属于一位吏士和一位百长。《迎敌祠》“城上五步有伍长,十步有什长,百步有百长,”自是城上一步一人。因之,“百步一亭”之“亭尉”,应即“百步有百长”之“百长”。孙说甚是,“帜”,旗幡也。《说文新附·巾部》:“帜,旌旗之属也。”《广韵·志韵》:“帜,旗帜。”《汉书·韩信传》:“人持一赤帜。”颜师古注:“帜,旌旗之属也。”

②大:孙诒让云:“‘大’,当作‘六’。”按:“大”、“六”形近,或互讹。下文“到大城”,“大”,旧本作“六”。又,下文由“举一帜”、“举二帜”、“举三帜”、“举四帜”、“举五帜”,直至“举六帜”,盖亭尉之帜凡六也。孙校是,今从之。

③寇傅攻前池外廉:谓敌寇蚁附进攻前方隍池外边也。“池”,隍池,即护城河。详《备城门》29 章注①。“廉”,侧边。《说文·广部》:“廉,仄也。”段玉

裁注："堂之边曰廉。"《仪礼·乡饮酒礼》："设席者堂廉东上。"郑玄注："侧边曰廉。"

④城上当队鼓三：谓城上士卒正对敌寇进攻队列时击鼓三通也。"当队"，正对敌寇进攻队列(阵线)。详《备蛾傅》3章注⑰。"鼓"，军鼓，用于指挥进军、报警或报时之战具。《周礼·夏官·大司马》："鼓人皆三鼓。"郑玄注："鼓，以作其士众之气也。"

⑤周：读为州。《左传·襄公二十三年》："华周对曰。"洪亮吉："('华周'，)《古今人表》作'华州'。"详《备城门》61章注①。"州"即洲，《说文·川部》："州，水中可居曰'州'。"朱骏声通训定声："州，字亦作洲。""洲"，水中沙渚也。《广韵·尤韵》："洲，洲渚也。"《释名·释水》："水中可居者曰洲。洲，聚也，人及鸟兽聚息之处也。"

⑥藩：篱笆，屏障。《说文·艸部》："藩，屏也。"《广韵·元部》："藩，亦藩屏也。"《易·大壮》："羝羊触藩。"孔颖达疏："藩，篱也。"此处，指池内崖岸编竹木为屏墙也。《备城门》"冯垣外内，以柴为藩"，是也。

⑦冯垣：女垣之辅，在池与女墙之间，为城外第一道矮墙。详《备城门》29章注④。

⑧女垣：即俾倪。女垣在冯垣与大城之间，为城外第二道矮墙。详《备城门》8章注⑫。

⑨大城：毕沅云："'大'旧作'六'，以意改。"按之下文"乘大城以上"，毕校是，今从之。"大城"者，大墙也，对小墙(女墙)而言，主城墙之谓也。

⑩部帜如进数：当读为"踣帜如进数"，谓降下旗帜如同敌寇进攻所举旗帜之数也。"部"，读为踣。"部"、"踣"同以"咅"为声符，例可通假。"踣"，同仆，顿，倒也。《说文·亻部》："仆，顿也。"《广韵·候韵》："仆，倒也。踣，同仆。"《战国策·秦策四》："头颅僵仆。"鲍彪注："仆，倒也。"《吴子兵法·论将》："吴子曰：'夫鼙鼓金铎，所以威耳；旌旗麾帜，所以威目；禁令刑罚，所以威心。'"《尉缭子·勒卒令》："金、鼓、铃、旗，四者各有法。鼓之则进，重鼓则击。金之则止，重金则退。铃，传令也。旗，麾之左则左，麾之右则右。奇兵则反是。"又，《应变》："凡战之法，昼以旌旗幡麾为节，夜以金鼓笳笛为节，麾左而左，麾右而右，鼓之则进，金之则止，一吹而行，再吹而聚，不从令者诛。三军服威，士卒用命，则战无强敌，攻无坚阵矣。"《孙子·军争》："《军政》曰：'言不相闻，故为金鼓；视不相见，故为旗帜。'夫金鼓旗帜者，所以一人之耳目也。人既

专一，则勇者不能独进，怯者不能独退，此用众之法也。故夜战多金鼓，昼战多旌旗，所以变人之耳目也。”亦言旗鼓传令事，皆可作比观。

【校文3】

亭尉各为帜，竿长二丈五、帛长丈五、广半幅者六。寇傅攻前池外廉，城上当队鼓三，举一帜；到水中洲，鼓四，举二帜；到藩，鼓五，举三帜；到冯垣，鼓六，举四帜；到女垣，鼓七，举五帜；到大城，鼓八，举六帜；乘大城半以上，鼓无休。夜以火，如此数。寇却解，辄踣帜如进数，而无鼓。

【今译】

亭尉之官各制其旗帜，旗杆长二丈五尺，旗面以长一丈五尺、宽半幅之绢帛制成，共六面。敌寇蚁附攻至前方护城河外边时，城上正对敌人进攻队列之士卒击鼓三通，举旗一面；敌人攻至护城河中洲渚时，击鼓四通，举旗二面；敌人攻至护城河内岸藩篱时，击鼓五通，举旗三面；敌人攻至女墙外辅墙时，击鼓六通，举旗四面；敌人攻至女墙时，击鼓七通，举旗五面；敌人攻至大城城墙时，击鼓八通，举旗六面；敌人攀登至大城城墙半中时，击鼓不辍，无以计数。时至夜间，举火炬以代旗帜，击鼓与举炬一如白昼击鼓与举旗之数。如敌寇退却，城围得解，则递次降下旗帜，其数与敌人进攻递次举上之数全同，惟不击鼓。

【馀论】

此章述敌人进攻（或撤退）时，城上守卒击鼓、举旗（或降旗）之规定数目。

“部帜如进数”，毕沅云：“部署帜如前也。”“部”，如字读，义为“部署”。亦通。不取者，寇攻时，“举帜”，寇却时，理应为“踣（仆）帜”。

《史记·高祖本纪》：“祠黄帝，祭蚩尤于沛庭，而衅鼓旗，帜皆赤。”司马贞索引：“墨翟云：‘帜，帛长丈五，广半幅。’”《玄应音义》卷五：“《墨子》以为长丈五尺、广半幅曰帜也。”失之拘矣。“亭尉各为帜，竿长二丈五、帛长丈五、广半幅”，盖就亭尉之帜而言，非谓凡帜皆“帛长丈五、广半幅”也。下文“城将为绛帜，长五十尺，四面四门将长四十尺，其次三十尺，其次二十五尺，其次二十尺，其次十五尺”，可证。

【原文4】

城为隆[①],长五十尺,四面四门将[②],长四十尺,其次三十尺,其次二十五尺,其次二十尺,其次十五尺,高[③]无下四十五尺[④]。

【校注】

①城为隆:孙诒让云:"疑当作'城将为绛帜'。"按:下文"四面四门将,长四十尺","城"下应有"将"字。"隆",与"降"同,盖为上古有复辅声母[kl-]之证。《读书杂志·荀子第八·赋》:"皇天隆物。"王念孙按:"隆与降同。"《诗·小雅·都人士》:"绸直如发。"郑玄笺:"无隆杀也。"孔颖达疏:"定本隆作降。""降",通绛。《春秋左传异文释》卷五:"《书》:'北过降水。'《水经·河水注》作绛。"《周礼·春官·司常》:"凡九旗之帛皆用绛。"上文言"亭尉各为帜",故此处"绛"下应有"帜"字。孙校盖是,可信。

②四面四门将,指城上东西南北四门之守将,隶属于城守最高统帅城将(即大将),由其帜少城将十尺可知。《号令》"四面四门之将,必选择之有功劳之臣及死事之后、重者","四面四门之将"同。

③高:当作长,由上文"长五十尺"、"长四十尺",可知。

④四十五尺:孙诒让云:"此'四'字衍。"按之上文"其次三十尺,其次二十五尺,其次二十尺,其次十五尺",递次而减,以"十五尺"为最下者,故接以"高(长)无下十五尺"。孙校是,今从之。

【校文4】

城将为绛帜,长五十尺,四面四门将长四十尺,其次三十尺,其次二十五尺,其次二十尺,其次十五尺。长无下十五尺。

【今译】

城守大将特制绛色旗帜,长五十尺,东西南北四门之将旗帜长四十尺,其次一阶官长旗长三十尺,又次一阶官长旗长二十五尺,又次一阶官长旗长二十尺,又次一阶官长旗长十五尺。但无论如何,旗长不少于十五尺。

【馀论】

此章述城守大将、四面四门之将等各级军官所用绛色旗帜之规定长度。

岑仲勉云:“此言帜分六等之制。前3节(按:指‘亭尉各为帜,竿长二丈五、帛长丈五、广半幅者六’段)言亭尉帜长二丈五,属第四等。”按:“帜长二丈五”,恐系误读。“二丈五”者系“竿长”,而非“帛长”,应改为“帜长一丈五”,非第四等,应为第六等,即最卑官阶也。

【原文5】

城上吏卒①置之背,卒于头上,城下吏卒置之肩,左军于左肩②,中军置之胸。各一鼓,中军一三③。每鼓三、十击之④,诸有鼓之吏,谨以次应之,当应鼓而不应,不当应而应鼓,主者斩。

【校注】

①卒:王引之云:“‘卒’字涉下文‘吏卒’而衍。”按之下文,“卒于头上”,“卒”已单列,此处不应并“吏”与“卒”“置之背”。王校是,今从之。“城上吏置之背”,文出突兀,何物“置之背”,令人茫然无所知。孙诒让云:“下文‘城中吏卒民男女,皆辨异衣章徽,令男女可知’十八字,疑即此节首之脱文,传写误错著于后,而此小徽识遂与上旗帜淆混不分矣。”按:孙校可参。然前已约定,本书暂悉遵《閒诂》所订章节、文字先后之次序,不辄动矣。

②左军于左肩:谓左军士卒徽章佩戴于左肩之上也。王念孙云:“下当有‘右军于右肩’五字,而今本脱之。”按之下文“各一鼓,中军三”,对“中军”而言,“各”必指“左”与“右”,而非但指“左”。又参以《尉缭子·兵教上》:“将异其旗,卒异其章,左军章左肩,右军章右肩,中军章胸前,书其章曰:某甲某士,前后章各五行,尊章置首上,其次差降之……自尉吏而下尽有旗,战胜得旗者,各视其所得之爵,以明赏劝之心。战胜在乎立威,立威在乎勠力,勠力在乎正罚,正罚者,所以明赏也。”王校是,今从之。

③中军一三:孙诒让云:“疑当作‘中军三’,言中军之鼓多于左右军。‘一’,衍文。”按之上文,“各一鼓”,即左军、右军各一鼓,中军依例重于左右军,人员军需配备亦必先于或多于左右军,三之,宜也。“一”,盖涉“一鼓”而衍。孙校是,今从之。

④每数三、十击之:谓每击鼓,或三通,或十通,不敢随意也。《号令》“中军疾击鼓者三”,又“昏鼓鼓十,诸门亭皆闭之”,是其证也。

【校文5】

城上吏置之背，卒于头上，城下吏卒置之肩，左军于左肩，（右军于右肩，）中军置之胸。各一鼓，中军三。每鼓三、十击之，诸有鼓之吏，谨以次应之，当应鼓而不应，不当应而应鼓，主者斩。

【今译】

城上军吏之徽章佩于背上，士卒佩于头上，城下军吏和士卒徽章皆佩于肩上，左军佩于左肩，右军佩于右肩，中军佩于胸前。左军、右军各配备一鼓，中军配备三鼓。凡击鼓，非三通，即十通，（不敢随意，）执掌击鼓之官吏，必谨慎而又按次序击鼓回应，该击鼓回应而未予回应，或不该击鼓回应而予以回应，执掌者依例处斩。

【馀论】

此章述城上城下军吏士卒徽章佩戴之部位及军中击鼓之规定。

“各一鼓，中军一三”，岑仲勉作“鼓，中军一”而将“各一”属上，云：“孙云：‘疑当作中军三，言鼓多于左右军，一，衍文。’余按‘各一’两字既非上连左右军，何从知是指左右军之数？况下文又云‘有鼓之吏’，更见除中军外，有鼓者还不止左右军，《墨子》书常用一个字起题，故‘鼓’字实本节之标目，一般号鼓自应从中军发出，故曰‘鼓，中军一’，‘三’字涉下‘三十’而衍。”可备一说，然配鼓事，唯言“中军一”，左右军置之不提，似觉未安。故不取，录以备考。

【原文6】

道广三十步，于城下夹阶者①，各二其井，置铁瓮②。于道之外为屏③，三十步而为之圜④，高丈。为民图⑤，垣高十二尺以上。巷术周道者⑥，必为之门，门二人守之，非有信符，勿行，不从令者斩。

【校注】

①夹阶者：夹阶处，即台阶两侧。“者”，特殊代词。详《备城门》75章注⑬。此处指处所。下文“巷术周道者”，“者”字同。

②瓮：即罐。于省吾云：“瓮，即今罐字。……金文罐作鑵，中鑵、中作旅鑵，罗振玉谓其状如觯，考定为酒器。按此可证古有罐字。”按之上文“各二其井”

接“置铁罐”，文意顺畅，于校盖是，可信。

③屏：屏厕。详《备城门》44 章注①。

④圜：同圆，详《备高临》3 章注⑨。“圆”，指周围圆墙也。《备城门》：“五十步一井屏，周垣之，高八尺。”高八尺之周垣即圆（圜）也。

⑤圂：厕。《说文·囗部》：“圂，厕也。从囗，象豕在囗中也。会意。”“民圂”，公厕也。

⑥巷术（術）周道者：巷道与城周环道处。“术”，邑中道。《说文·行部》：“術，邑中道也。”《急就篇》卷四：“泾水注渭街术曲。”颜师古注：“邑中之道曰术。”“周道”，城墙周围环道。详《备水》1 章注①。

【校文 6】

道广三十步，于城下夹阶者，各二其井，置铁罐。于道之外为屏，三十步而为之圆，高丈。为民圂，垣高十二尺以上。巷术周道者，必为之门，门二人守之，非有信符，勿行，不从令者斩。

【今译】

道宽三十步，在城下台阶两侧处，各掘两口井，井边置铁罐（以备贮水之用。）在道外设厕所，每三十步设一，外加高一丈之圆墙（以为遮蔽。）另建公厕，遮墙高十二尺以上。街巷与城周环道（入口处），必设门以守，每门置守门者两人。如无通行凭证，不得出入，违令者处斩。

【馀论】

此章述城下掘井、道外设厕以及巷术周道为门之事。

“巷术周道者”，孙诒让云：“言巷术通周道者。”可备一说。然揣度原文并无“通向”之义，以解为“街巷与城周环道”为宜。故不取，录以备考。

“三十步而为之圜”应理解为每三十步设一厕，而厕周围加圆墙以蔽之。孙诒让云：“（‘圜’，）亦当作‘圂’。”粗得其意而未为尽确。故亦不取，录以备考。

【原文 7】

城中吏卒民男女，皆葕异衣章微[①]，令男女可知。

【校注】

①皆荮异衣章微：当作“皆辨异衣章微”。王引之云：“‘荮’，当为‘辨’，‘辨异’二字连文。《周礼·秋官·小行人》曰：‘每国辨异之。’”按：“辨”，隶书作（《西狭颂》），以形近讹为荮。王校盖是，可信。“微”，读为徽（黴）。《札迻·六韬·豹韬·敌强四十五》：“微号相知。”孙诒让按：“微，与黴通。”“黴”又通徽。《说文·糸部》：“徽，邪幅也。一曰三纠绳也。”朱骏声通训定声：“徽假借为黴。”《春秋左传异文释》卷九：“《昭公二十一年传》：‘扬徽者，公徒也。’《说文·巾部》引作‘扬黴’。”“章微”，即章徽（黴），亦即章黴，黴（徽）章也。“徽章”即徽识。《墨子》书作“微职”，见《号令》、《杂守》二篇。孙诒让云：“（‘微职’，）正字当作黴识。以微、徽为黴，职为识，皆同声假借字。”其说甚是。

【校文7】

城中吏卒民男女，皆辨异衣章徽，令男女可知。

【今译】

城中官吏、士卒、民众之男女，皆可凭其着不同衣服、佩不同徽章加以辨别，使性别一望而知。

【馀论】

此章述辨衣服徽章之异，以知性别。

此章疑当在5章之首，然前已约定，本书暂悉遵《閒诂》所订章节、文字先后之次序，不辄动矣。详5章注①。

【原文8】

诸守牲格①者，三出却适，守以令召赐食前，予②大旗，署③百户邑若他人财物，建旗其署，令皆明白知之，曰某子旗④。牲格内广二十五步，外广十步，表⑤以地形为度。

【校注】

①牲格：孙诒让云：“此‘牲’亦当作‘柞’。”按之《备蛾傅》“柞格埋四尺，

高者十尺，木长短相杂，锐其上，而外内厚涂之”，“柞”讹为“杜”，此处“诸守牲格者”，“牲”亦当作“柞”，“柞”与“杜”、“柞”与“牲”，并形近而讹。孙校盖是，可信。“柞格”，栅栏。详《备蛾傅》6 章注①。下文“牲格内广二十五步”，‘牲格’同。

②予：即与。《说文·予部》：“予，推予也。”《诗·齐风·鸡鸣》：“无庶予子憎。”马瑞辰传笺通释：“予、与古今字。”“予大旗”，授予大旗，以旌其功也。

③署：旌表，设置，奖赏。《汉书·兒宽传》：“不署曹。”颜师古注：“署，表也，置也。凡言署官，表其秩位，置立为之也。”

④某子旗：某人之旗帜。《尉缭子·兵教上》：“乃为之赏法。自尉、吏而下尽有旗，战胜得旗者，各视其所得之爵，以明赏劝之心。”亦言战胜赏旗事，可作比观。

⑤表：当为“袤”字之讹。“袤”，长也。详《备蛾傅》4 章注⑲。

【校文 8】

诸守柞格者，三出却敌，守以令召赐食前，予大旗，署百户邑若他人财物，建旗其署，令皆明白知之，曰某子旗。柞格内广二十五步，外广十步，袤以地形为度。

【今译】

凡拒守名曰“柞格”之栅栏之将士，如能三次出战击退敌人，太守以传令形式召其前来官署赐予食物，授予大旗，赏予百户城邑，或夺于敌手之财物，将太守所授之旗，竖于其营署之中，标明“某某之旗”字样，使全体官兵皆明白知晓此事。栅栏内面宽二十五步，外面宽十步，而其长度则斟酌地形而定。

【馀论】

此章述以赐食、授旗、赏邑（或物）等方式奖赏拒守柞格得胜将士以及柞格长宽尺度之事。

岑仲勉云：“合观本节，知现代外国授旗之礼，我国自古有之，特后世不常施行耳。”按：授旗以志功，古有之。今之授牌、授匾、颁书、颁表，授旗之变耳。

【原文9】

靳[①]卒，中教，解[②]前后左右。卒劳者更[③]休之。

【校注】

①靳：孙诒让云："'靳'，疑当作'勒'。"按："靳卒"不辞。"靳"当为"勒"之形近讹字。"勒卒"，部勒兵卒也。《尉缭子》有"勒卒令"篇。又，《汉书·晁错传》："士不选练，卒不服习，起居不精，动静不集，趋利弗及，避难不毕，前击后解，与金鼓之音相失，此不习勒卒之过也。"孙校是，今从之。

②解：解悟，知晓。《庄子·天地》："大惑者，终身不解。"成玄英疏："解，悟也。"

③更：更番，轮换。《说文·攴部》："更，改也。"《急就篇》卷四："更卒归诚自诣因。"颜师古注："更，言其去来更代也。"

【校文9】

勒卒，中教，解前后左右。卒劳者更休之。

【今译】

教习士卒，令其行为合乎治军教令，知晓前进、后退、向左、向右之动作规范。如有士卒疲劳，则令其轮番休整。

【馀论】

此章述教习士卒明悉军规。

孙诒让云："'解'字疑误。"按："解"，知晓也，且如作是解，文意通畅无碍。孙校恐非是。

十、号令

【题解】

《号令》篇围绕“凡守城者以亟伤敌为上”之积极防御军事思想，申明军中各种信号之使用、各项禁令之颁行和各类赏罚条令之实施，此乃经武治军、却敌制胜之必要条件。

【原文 1】(《号令》篇计 32 章)

安国之道，道任地始[①]，地得其任则功成，地不得其任则劳而无功。人亦如此，备不先具者，无以安主，吏卒民多心不一者，皆在其将长[②]。诸行赏罚及有治者，必出于王公[③]。数[④]使人行劳[⑤]赐守边城关塞、备蛮夷之劳苦者，举其守率[⑥]之财用有余、不足，地形之当守边者，其器备常多者。边县邑视其树木恶则少用[⑦]，田不辟[⑧]，少食[⑨]，无大屋草盖，少用桑[⑩]。多财，民好食。为内牒[⑪]、内行栈[⑫]，置器备其上。城上吏、卒、养[⑬]，皆为舍道内，各当其隔部[⑭]。养什二人，为符者[⑮]曰养吏一人，辨护[⑯]诸门。门者及有守禁者皆无令无事者得稽留止其旁，不从令者戮。适人但[⑰]至，千丈之城，必郭迎之，主人利。不尽千丈者勿迎也，视敌之居曲[⑱]众少而应之。此守城之大体也。其不在此中者，皆心术与人事参之。凡守城者以亟[⑲]伤敌为上，其延日持久以待救之至，明[⑳]于守者也，不能此[㉑]，乃能守城。

【校注】

①道任地始：从利用土地起始。“道”，犹从，用为介词。《管子·白心》：“今夫来者必道其道。”尹知章注：“(前)道，从也。”“任”，用。《吕氏春秋·察今》：“此任物亦必悖矣。”高诱注：“任，用也。”

②将长：将令与官长。“将”者，《旗帜》“城将为绛帜，长五十尺，四面四门将长四十尺”之“城将”、“四面四门将”是也。“长”者，下文“城外令任，城内守任，令、丞、尉亡得入当，满十人以上，令、丞、尉夺爵各二级；百人以上，令、丞、尉免以卒戍”之“守”（太守）、“令”（县令）、“丞”（县丞）、“尉”（县尉）是也。

③王公：道藏本、吴抄本作“功”，茅本作“公”。孙诒让云：“此对上‘将长’为文，疑当作‘王公’。”按之《节葬下》“此存乎王公大人有丧者”、“使王公大人行此”、“今王公大人为葬埋”及下文“出粟米有期日，过期不出者，王公有之”，孙校是，今从之。

④数：音 shuò，频，屡次。《广韵·觉韵》：“数，频数。”《汉书·贾山传》：“赋敛重数。”颜师古注：“数，屡也。”

⑤劳：音 lào，慰劳、犒劳。《集韵·号韵》：“劳，慰也。”《诗·大雅·旱麓》：“神所劳矣。”朱熹集传：“劳，慰抚也。”

⑥率：读为帅。详《迎敌祠》3 章注⑬。

⑦少用：当作“少用材”，脱“材”字。由下文“无大屋草盖，少用乘”得知。如此，边县邑视其树木恶则少用材；田不辟，少用食；无大屋草盖，少用乘，句法一致，语意顺畅。

⑧辟：读为闢。《孟子·告子下》：“我能为君辟土地。”朱熹集注：“辟，与闢同。闢，开垦也。”

⑨少食：当作“少用食”，由下文“无大屋草盖，少用乘”得知。

⑩少用桑：当作“少用乘”。孙诒让云：“‘少用桑’，当作‘少车乘’。”稍差一间：“桑”，或作“桒”，“桒”、“乗”（乘）形近而讹。且陆本、緜眇阁本、堂策槛本、陈本、四库本皆作“乗”（乘）。以上三句“……少用材……少用食……少用乘”，大类排比句式也。

⑪牒：孙诒让云：“‘牒’，疑‘堞’之误。”按：“牒”，读为堞。“牒”、“堞”同以“枼”为声符，例可通假。“内牒”，即“内堞”，亦即《备城门》“城内有傅堞，因以内堞为外”、“令使守为城内堞外行餐”之“内堞”，内城女墙也。

⑫行栈：木棚，或栈道，或栈桥。此处指栈桥。详《备城门》59 章注⑤。

⑬养：炊仆，厨役。《说文·食部》：“養，供养也。”《汉书·陈馀传》：“有厮养卒。”颜师古注引苏林曰：“养，养人者也。”又《兒宽传》：“尝为弟子都养。”颜师古注：“养，主给烹炊者也。”下文“养什二人”，谓士卒十人有厮养二人也。吉天保《孙子集注》引曹操云：“一车驾四马，养二人，主炊，步兵十人。”亦步卒

十人而有二养，与此同。

⑭隔部：隔分部队，谓城上军吏士卒什人所守分地，皆有其署隔，以明责任区划疆界也。“隔”，分割，界划。《文选·张协〈七命〉》：“越地隔。”吕向注：“隔，界也。”“部”，军之部伍。《文选·扬雄〈羽猎赋〉》：“浸淫蹵部。”李善注：“部，军之部伍也。”《备城门》“为杙：城上隔杙，高二丈，剡其一末”，《号令》“人自大书版，著之其署隔”，可见，城上以木杙搭建署隔，以为戍守官吏士卒划定各自防守范围，此所谓“隔部”也。

⑮为符者：执掌信符之吏。“为”，治。《论语·里仁》：“能以礼让为国乎，何有？”皇侃疏：“为，犹治也。”“为符者曰养吏”，执掌符信之吏名养吏也。

⑯辨护：辨治和监视。“辨”，治。《荀子·礼论》：“治辨之主也。”王先谦集解：“辨，亦治也。”“护”，监视。《汉书·王嘉传》：“使者护作。”颜师古注：“护，监视也。”

⑰但：孙诒让云：“‘但’，疑‘且’字之误。”按：宝历本作‘伹’。《墨子》书每用僻字，其中多为于原字加人旁，如“仮”之同“反”等。“伹”之同“且”亦同此。详《备梯》1章注⑳。

⑱居曲：读为“倨句”，钝锐也。“居”，读为倨。《说文·尸部》：“居，蹲也。”朱骏声通训定声：“居，假借为倨。”《汉书·郅都传》：“丞相条侯至贵居也。”颜师古注：“居，读与倨同。”“曲”，上古溪母屋部字；“句”，上古见母侯部字。“曲”、“句”声相近，韵（阴入）对转，二字音近。《说文·句部》：“句，曲也。”王筠句读：“凡曲皆曰句。”二字义同。《大戴礼记·曾子立事》：“与其倨也，宁句。”王聘珍解诂：“句，曲之也。”孔广森补注：“古曰倨句，今曰钝锐。”“敌人且至，千丈之城，必郭迎之，主人利。不尽千丈者勿迎也，视敌之居曲、众少而应之，此守城之大体也。其不在此中者，皆心术与人事参之”，银雀山竹简《守令》（简783～784）作“……千丈之城，必郭逆之，主人之利也。不……众少裾（倨）袧（句）而应之，此守城之数也。不在此其中者……”地下材料与纸面材料文字大致相同。

⑲亟：急，疾，速。详《备城门》4章注②。“凡守城者以亟伤敌为上”，谓举凡守城之事，必以急疾杀伤敌人为终极目标也。《孙子·九地》：“兵之情主速，乘人之不及，由不虞之道，攻其所不戒也。”亦言“亟伤敌”事，可作比观。

⑳明：当作“不明”，“不”字误移下句，反令“能此”误作“不能此”。上句既言“凡守城者以亟伤敌为上”，则有“延日持久以待救之至”者，自为“不明于

守"者也。

㉑不能此:当作"能此"。详注⑳。

【校文1】

安国之道,道任地始,地得其任则功成,地不得其任则劳而无功。人亦如此,备不先具者,无以安主,吏、卒、民多心不一者,皆在其将长。诸行赏罚及有治者,必出于王公。数使人行劳赐守边城关塞、备蛮夷之劳苦者,举其守帅之财用有余、不足,地形之当守边者,其器备常多者。边县邑视其树木恶,则少用材;田不辟,少用食;无大屋草盖,少用乘,多财,民好食。为内堞、内行栈,置器备其上,城上吏、卒、养,皆为舍道内,各当其隔部。养什二人。为符者曰养吏,一人,辨护诸门。门者及有守禁者皆无令无事者得稽留止其旁,不从令者戮。敌人且至,千丈之城,必郭迎之,主人利。不尽千丈者勿迎也,视敌之据句、众少而应之。此守城之大体也。其不在此中者,皆心术与人事参之。凡守城者以亟伤敌为上,其延日持久以待敌之至者,不明于守者也,能此,乃能守城。

【今译】

安定国家之方法,须从合理利用土地起始,土地可得合理利用必获成功,土地不得合理利用则劳而无功。人亦复如是,战备工作不能预先部署妥当,便不能使国君心安,官吏、士卒、民众各有主张而不能和合同心,责任皆在将帅和官长身上。诸项赏罚与治理措施之颁行,必得听从王公大人之命令。应多次派员巡行犒赏守卫边城关塞、防备蛮夷侵犯而饱尝辛劳之士卒,(并于回府复命时,)报告镇守统帅财用之有余与不足,以及何方边地须派兵驻守,何方守地器械设备经常保持饶益足用。巡行边地县邑,如察知某地树木生长不佳,则须尽量少用木材;如察知某地田地开垦不力,则须尽量少用口粮;如察知某地缺少高大房舍和茅盖屋宇,则须少用车乘,亦有财用充盈之地,民众自可饱食足饮。修筑内城女墙和行栈(栈桥),其上放置器材设备。城上官吏、士卒和厨役,皆各于城道内按守备分划疆界安排住宿,(以便于各行其职守。)厨役,每十人配备两人。执掌符信凭证之"养吏",配备一人,负责治理和监视所有门户。守门人及担任禁卫者,皆不可使身无公事之人任意稽留止息于其附近,不服从命令者,戮之无赦。敌人将至,城周千丈之大城,必于郭外迎击敌人,如此，于守城一方有利。城周不及千丈之中城和小城，则不须于城郭之外迎战敌人，当视敌人军事力量之钝锐和投入士卒之多寡随机应变。此乃守城方法之大要。其不在大要中之事体，则皆须参酌心术智谋和人事缘由机动灵活，便宜行事。大凡守城者，必以疾速杀伤敌人为第一要务，其旷日持久以待救兵到来之统军人，委实为不谙守城之道者。倘能妥善安排以上诸事，方可守城而勿失。

【馀论】

此章述安国治军之总体要求和守城人员、设备之具体部署，提出“凡守城者以亟伤敌为上”之作战原则。

“多财，民好食”句下，孙诒让云：“有脱误。”岑仲勉云：“余以为此句实‘财用有余’之注，今混入正文，故似有脱误。”笔者以为，作为巡行官吏察得情况之一，除“树木恶”、“田不辟”、“无大屋草盖”而外，亦有“多财，民好食”之“边县邑”存在。故不取孙、岑二说，录以备考。

“居曲”，毕沅云：“言所居曲隘。”孙诒让云：“曲，部曲。”皆可备一说。不取者，银雀山出土竹简作“裾（倨）袧（句）”，当释为（军力）钝锐也。

【原文 2】

守城之法，敌去邑百里以上，城将如今①尽召五官②及百长③，与富人重室④之亲，舍之官府，谨令信人守卫之，谨密为故⑤。

【校注】

①如今：毕沅云：“‘今’，当作‘令’。”按：“今”、“令”形近而讹。“如令”，作为动宾式合成词，本篇多次出现，“不如令及后缚者”、“衣服他不如令者”，是也。毕校是，今从之。“如令”，依照相关法令规定也。下文“辅将如今赐上卿”，“如今”亦当作“如令”。

②五官：孙诒让云：“五官，盖都邑之小吏。周制，侯国有五大夫，因之都邑亦有五官。《韩非子·十过篇》云：‘赵襄子至晋阳，行其城郭及五官之藏。’此即都邑之五官，殆如后世吏有五曹之类。”按之下文“丞及吏比于丞者，赐爵五大夫”、“官吏、豪杰与计坚守者士人，及城上吏比五官者，皆赐公乘”，及《汉书·百官公卿表上》“爵：一级曰公士，二上造，三簪袅，四不更，五大夫，六官大

夫，七公大夫，八公乘，九五大夫，十左庶长，十一右庶长，十二左更，十三中更，十四右更，十五少上造，十六大上造，十七驷车庶长，十八大庶长，十九关内侯，二十彻侯，皆秦制，以赏功劳”，可知“公乘”爵级略低于“五大夫”，知“吏比五官者”官阶略低于“丞及吏比于丞者”。孙说是也。

③百长：即《迎敌祠》“五步有伍长，十步有什长，百步有百长”之“百长”，亦即《备城门》“城上十人一什长，属一吏士、一帛尉”之“帛尉”。详《备城门》62 章注③、《迎敌祠》3 章注⑫。

④重室：贵家。详《备城门》3 章注⑭。“与富人重室之亲，舍之官府”，与《备城门》“皆为高磿㯙，使重室子居其上”意略同。

⑤故：本，要务。详《备梯》1 章注㉙。

【校文 2】

守城之法，敌去邑百里以上，城将如令尽召五官及百长，与富人重室之亲，舍之官府，谨令信人守卫之，谨密为故。

【今译】

守城之方法，当敌人在都邑百里以外时，守城将军依照治军相关法令，召集所有都邑小吏及守军百长，（分别委任职事，）将富人、贵家亲眷，皆安置在官府住宿，慎重委派可以信赖之士卒充任守卫，务以谨慎周密为本。

【馀论】

此章述敌人将至，守将乃令五官、百长各司其职，并安置富人和贵家亲眷住入官府。

岑仲勉云：“‘如今’不误，粤中俗语尚偶用之，犹言此时也。”可备一说。不取者，先秦时似尚无“如今”一词也。

【原文 3】

及傅①城，守将营无下三百人，四面四门之将，必选择之②有功劳之臣及死事之后、重者③，从卒各百人。门将并守他门，他门之上，必夹为高楼④，使善射者居焉⑤。女郭⑥、冯垣，一人，一人守之⑦，使重室子。五十步一击⑧。因城中里为八部，部一吏，吏各从四人，以行冲术⑨及里中。里中父老小⑩

不举[11]守之事及会计者，分里以为四部，部一长，以苛[12]往来，不以时行、行而有他异者，以得其奸。吏从卒四人以上有分[13]者，大将必与为信符，大将使人行，守操信符，信[14]不合及号不相应者，伯长[15]以上辄止之，以闻大将。当止不止及从吏卒纵之，皆斩，诸有罪自死罪以上，皆遝[16]父母、妻子、同产[17]。

【校注】

①及傅：旧本讹作“乃传”。俞樾云：“‘乃传’当作‘及傅’，字之误也。上云‘敌去邑百里以上’，此云‘及傅城’，其事正相次。”按：“傅城”，作为动宾式合成词，《墨子》城守诸篇多见。《备穴》“五步一井，傅城足”、“凿井傅城足，三丈一”，《备蛾傅》“敢问敌人强弱，遂以傅城”、“客则蛾傅城，烧荅以覆之”，皆其例。“及傅”二字各以形近讹作“乃传”（傳）。俞校是，今从之。

②之：犹其。《诸子平议·列子》：“观之所变。”俞樾按：“之，即其也。”《韩非子·内储说上》：“使人行之所易。”王先慎集解：“之，犹其也。”“必选择之有功劳之臣及死事之后、重者”，即“必选择其有功劳之臣及死事之后、重者”，谓必定选择彼立有功劳之臣和为国死难者之后代及贵家子弟担当此任也。

③重者：即“重室子”。“死事之后、重者”，谓为国死难者之后代及贵家子弟也。

④高楼：高出之楼屋，即《备城门》“城四面四隅皆有高磿榭，使重室子居其上”之“高磿榭”，大小楼之谓也。详《备城门》3 章注⑬。

⑤焉：犹于之、于此，复词（介词加代词）。详《备城门》2 章注⑨。“使善射者居焉”，即“使善射者居于是”，谓使善射者居于其上也。

⑥女郭：孙诒让云：“‘即女墙’，以其在大城之外，故谓之‘郭’。”按之《旗帜》“到冯垣，鼓六，举四帜；到女垣，鼓七，举五帜”，言“冯垣”、“女垣”，则此处“女郭、冯垣一人”之“女郭”为“女垣”无疑，“郭”，亦“垣”（外垣）也。“郭”、“垣”互出，语采也。孙说是也。

⑦一人，一人守之：吴毓江云：“此疑当作‘（女郭、冯垣）一步一人守之。’”按之《备城门》“城上楼卒，率一步一人，二十步二十人”，《迎敌祠》“城上步一甲、一戟，其赞三人，五步有伍长，十步有什长，百步有百长”，吴校盖是，可信。

⑧击(擊):读为隔。《集韵·锡韵》:“击,古作隔。”《说文·手部》:“击,支也。”段玉裁注:“《咎繇谟》古文‘戛击’,今文《尚书》击为隔,同音假借。”《文选·扬雄〈长杨赋〉》:“拮隔鸣球。”颜师古注引韦昭曰:“古文隔为击。”“隔”(击),隔断,隐蔽士卒与储存兵器之所。

⑨冲(衝)术(術):城邑中通道。“衝”,同衝。《说文·行部》:“衝,通道也。”段玉裁注:“衝,今作衝。”徐锴系传:“衝,谓南北东西各有道相衝。”《方言》卷十二:“衝,动也。”钱绎笺疏:“衝与衝同。”《左传·昭公元年》:“及衝,以戈击之。”杜预注:“衝,交道。”“術”,邑中道,道路。《说文·行部》:“術,邑中道也。”王筠句读:“许君盖谓田间之道曰径,邑中之道曰術,不以为遂上之径也。”《文选·左思〈咏史〉》:“冠盖荫四術,朱轮竞长衢。”张铣注:“術、衢,皆道也。”有必要指出,此处“冲术”(衝術)有别于《备城门》:“为冲术”(冲队、冲隧)之冲术。互详《备城门》51 章注②。

⑩父老小:当作“父老”,“小”字当衍。或言“父老”,下文“与行父老之守及穷巷幽间无人之处”、“正与父老及吏主部者,不得皆斩”、“其正及父老有守此巷中部吏”、“必谨问父老、吏大夫、诸有怨仇雠不相能者”,是其例;或言“老小”(少),下文“丁女子、老少(小),人一矛”、“男女老小无分守者,人赐钱千”,是其例,而无言“父老小”者,“小”字衍文无疑。

⑪举:行,参与。《大戴礼记·虞戴德》:“敛此三者而一举之。”王聘珍解诂:“举,行也。”

⑫苛:苛责,诘问。《方言》卷五:“苛,怒也。”郭璞注:“苛,相苛责也。”《周礼·夏官·射人》:“不敬者苛罚之。”郑玄注:“苛,谓诘问之。”

⑬分:王引之云:“‘分’下当有‘守’字。”按之下文“男女老小无分守者,人赐钱千”,王校是,今从之。“分守”,分工守备之职责也。

⑭信:当作“信符”,脱‘符’字。上文言“大将必与为信符”,“大将使人行,守操信符”,皆言“信符”,此处不当单言“信”而不言“符”。《尉缭子·分塞令》:“非将吏之符节,不得通行。采薪刍牧者,皆成行伍;不成行伍者,不得通行。吏属无节、士无伍者,横门诛之。逾分干地者,诛之。故内无干令犯禁,则外无不获之奸。”亦言持信符通行事,可作比观。

⑮伯长:即百长,“伯”通百。《韩非子·难言》:“伯里子道乞。”王先慎集解引顾广圻曰:“伯,读为百。”“百长”,百人之长也。详《备城门》63 章注④、《迎敌祠》3 章注⑫。

⑯逮:即及。详《迎敌祠》3 章注⑱。

⑰同产:指兄弟。《汉书·龚舍传》:“其上子若孙若同产。”颜师古注:“同产,兄弟也。”

【校文 3】

及傅城,守将营无下三百人,四面四门之将,必选择之有功劳之臣及死事之后、重者,从卒各百人。门将并守他门,他门之上,必夹为高楼,使善射者居焉。女郭、冯垣一步一人守之,使重室子。五十步一隔。因城中里为八部,部一吏,吏各从四人,以行冲术及里中。里中父老不举守之事及会计者,分里以为四部,部一长,以苛往来,不以时行、行而有他异者,以得其奸。吏从卒四人以上有分守者,大将必与为信符,大将使人行,守操信符,信符不合及号不相应者,百长以上辄止之,以闻大将。当止不止及从吏卒纵之,皆斩。诸有罪自死罪以上,皆及父母、妻子、同产。

【今译】

及至敌寇如群蚁般攀城进攻时,守城大将军营之内士卒不能少于三百人,东西南北四门分职将领,必定选择彼立有功劳之臣和为国死难者之后代及贵家子弟担当此任,每位将领统率士卒一百名。门将还须兼守城上其他偏门,偏门之上,必夹门而建高楼。派善射士卒驻守于此。城外第一道矮墙女垣和第二道矮墙冯垣,每步有一人守卫,并使贵家子弟主责其事。每五十步置一隔断,(作隐蔽士卒和储藏兵械之用。)依据城中闾里,将街巷居民划分为八部,每部设置一吏,每吏配随从四名,巡行于城内通衢大道以及闾里街巷中。闾里中父老百姓不参与守备之事与财务管理者,按照其里分再划分为四部,每部设置一长,专司盘查诘问往来行人,凡不按规定时间出行或通行时被发现有其他异常言行者,(通过查问,)得知其违规情实。随从四名以上士卒担负分工守备任务之官吏,守城大将必须颁予信符以为凭证,大将派员巡察路过某处,守门者应持其所携信符至有关部门加以检验,信符不相合和口号不相应者,百长以上军吏有权予以扣留,并报闻守城大将。应当扣留而不扣留,或随从官吏、士卒有意纵逸之,一律处斩。凡触犯死罪以上各种罪行之人,必皆连及其父母、妻小和兄弟。

【馀论】

此章述敌人傅城进攻时,大将对守城将士防御作战之部署及对往来行人实行严格盘查之规定。

“女郭、女垣一人,一人守之”,诸家校注不一。岑仲勉云:“余谓‘一人一人’犹午篇5(按:指《备蛾傅》自‘以车两走’至‘城上辄塞坏城’段)之‘徧徧’,所守不一处,故重言之。”可备一说。然“女郭、女垣一人一人守之”,句法颇涉怪异,古人似无此种表述之例。故不取,录以备考。

【原文4】

诸男女①有守于城上者,什六弩、四兵②。丁女子③、老少④,人一矛。

【校注】

①男女:孙诒让云:“(‘诸男女’,)疑当云‘诸男子’。”按之《备城门》“守法:五十步丈夫十人,丁女二十人,老小十人,计之五十步四十人”,“丈夫”、“丁女”、“老小”分别言之。此处亦当如此。次句既云“丁女子(丁女)、老少(老小)”,则首句“诸男女”当为“诸男子”。孙校是,今从之。

②什六弩、四兵:谓一什(十人)中有六人操弓弩,四人持兵械也。上文“(养,)什二人”,与此异,谓一什(十人)另有养(厨役)二人也,须加以区分。

③丁女子:即“丁女”,成年、壮年女子也。《释名·释天》:“丁,壮也。”详《备城门》74章注②。

④老少:同“老小”。《墨子》城守诸篇多用“老小”,《备城门》“老小十人”、“老小千人”、“使老小不事者,守于城上不当术者”,《号令》“男女老小无分守者,人赐钱千”,皆其例也,而“老少”惟此一例。

【校文4】

诸男子有守于城上者,什六弩、四兵,丁女子、老少,人一矛。

【今译】

所有守卫在城上之男性士卒,每十名中六人操弓弩,四人持兵械,而青壮年女子、老人和儿童,每人执一矛。

【馀论】

此章述城上担当守备任务之男子、女丁、老人和儿童配备兵器之种类与数量。

"丁女"、"丁女子"互出，"老小"、"老少"互出，想必墨家弟子各有所记，《墨子》城守诸篇非一人一时之作，当非虚言。

【原文5】

卒有惊事[①]，中军疾击鼓者三，城上道路、里中巷街，皆无[②]得行，行者斩。女子到大军，令行者男子行左，女子行右，无并行。皆就其守，不从令者斩。离守者三日而一徇[③]，而[④]所以备奸也。里舌[⑤]与皆守宿[⑥]里门，吏行其部，至里门，舌与[⑦]开门内[⑧]吏，与行父老之守及穷巷幽閒[⑨]无人之处。奸民之所谋为外心，罪车裂[⑩]。舌与父老及吏主部者[⑪]，不得，皆斩；得之，除，又赏之[⑫]黄金，人二镒[⑬]。大将使使人[⑭]行守，长夜五循[⑮]行，短夜三循行。四面之吏亦皆自行其守，如大将之行，不从令者斩。

【校注】

①卒有惊（警）事：猝然出现警情。"卒"，读为猝。猝然，遽然。《说文·穴部》："窣，从穴中卒出。"段玉裁注："卒，猝，古今字。"《潜夫论·劝将》："卒然有急。"汪继培笺："卒，读为猝。""驚"，读为警。"驚"、"警"同以"敬"为声符，例可通假。《说文·马部》："驚，马骇也。"朱骏声通训定声："驚，假借为警。"《尔雅·释诂上》："驚，惧也。"郝懿行义疏："驚之言警也。""惊事"，即警事，谓警急之情也。

②无：读为毋，禁止之词。详《备城门》73章注⑩。"无得行"，即毋得行，不得通行也。下文"无并行"，"无"字同。

③离守者三日而一徇：谓擅离职守士卒巡师示众，每三日一次也。"徇"，即彴。《周礼·天官·小宰》："徇以木铎。"孙诒让正义："徇，即彴之俗。""彴"，巡行示众也。《说文·彳部》："彴，行示也。"《广韵·稕韵》："彴，巡师宣令也。"

④而：犹乃。《经传释词》卷七："而犹乃也。《大戴礼记·曾子本孝篇》：'如此而成于孝子也。'言如此乃成为孝子也。"《尚书大传》卷二："是用知不畏而神之怒。"郑玄注："而，乃也。"

⑤𤴓:即正。《集韵·劲韵》:"正,唐武后作𤴓。"唐大周石刻:"投心𤴓觉。""正"作𤴓。《墨子》书"正"多作"𤴓"。《经上》"周长以𤴓相尽也",又"日中𤴓南也",《号令》"务色谩𤴓"等,不一而足。"里𤴓",即"里正",亦即"里长"。"正",长也。《书·说命中》:"昔先正保卫。"孔安国传:"正,长也。"

⑥与皆守宿:当作"与父老皆守宿",脱"父老"二字。下文"正与父老及吏主部者,不得,皆斩"、"其正及父老有守此巷中部吏,皆得救之",可证。

⑦与:犹为。《群经平议·礼记四》:"仁足以与之。"俞樾按:"与,犹为也。古与、为二字通用。"

⑧内:读为纳,内、纳,古今字。详《备城门》77 章注⑪。

⑨幽閒(间):旧本无"幽"字。俞樾云:"'间'上脱'幽'字,幽间二字连文,《明鬼篇》作'幽涧毋人','涧'即'间'之假字。《天志篇》作'幽门无人','门'即'间'之坏字。"按:《墨子》书"幽间"频出,《明鬼下》"是以莫敢幽间"、"不可为幽间广泽",而"虽有深谿博林幽间毋人之所",与此处"穷巷幽间无人之处"句法一致,俞校是,今从之。

⑩车裂:以车撕裂人体,系古代酷刑之一。《战国策·楚策一》:"齐王大怒,车裂苏秦于市。"亦名"车轘"。《周礼·秋官·条狼氏》:"誓驭曰车轘。"郑玄注:"车轘,谓车裂也。"《尉缭子·束伍令》:"战诛之法曰:什长得诛十人,伯长得诛什长,千人之将得诛百人之长,万人之将得诛千人之将,左、右将军得诛万人之将,大将军无不得诛。"又,《兵令下》:"兵戍边一岁,遂亡不候代者,法比亡军。父母、妻子知之,与同罪;弗知,赦之。卒后将吏而至大将所一日,父母、妻子尽同罪。卒逃归至家一日,父母、妻子弗捕执及不言,亦同罪。诸战而亡其将吏者,及将吏弃卒独北者,尽斩之。前吏弃其卒而北,后吏能斩之而夺其卒者,赏。军无功者,戍三岁。三军大战,若大将死,而从吏五百人已上不能死敌者,斩。大将左右近卒,在阵中者,皆斩;余士卒有军功者,夺一级;无军功者,戍三岁。战亡伍人及伍人战死不得其尸,同伍尽夺其功;得其尸,罪皆赦。"亦言军中惩罪之令,均可作比观。

⑪吏主部者:即"主部之吏"。"主部"为"吏"之后置定语,又加特殊代词"者"为后置定语之标志词也。

⑫之:犹其。详 3 章注②。

⑬镒:古代重量单位,二十四两(一说二十两)也。《集韵·质韵》:"二十四两为镒。"《文选·左思〈吴都赋〉》:"金镒磊砢。"刘逵注:"金二十四两为

镒。"又,《玉篇·金部》:"镒,二十两也。"《孟子·公孙丑下》:"于宋,馈七十镒而受。"赵岐注:"古者以一镒为一金,一镒是为二十四两也。"字亦或作"益"。《亲士》:"千益之裘",《贵义》:"待女以千益","千益",即"千镒"也。

⑭使人:孙诒让云:"'使人',当作'信人'。"按之上文"谨令信人守卫之"和下文"大将使信人将左右救之",孙校是,今从之。

⑮循:读为巡,巡视也。详《迎敌祠》3 章注③。"长夜五循行",即"长夜五巡行",谓夜长时,每夜巡视五次也。下文"短夜三循行","循"字同。

【校文 5】

猝有警事,中军疾击鼓者三,城上道路、里中巷街,皆毋得行,行者斩。女子到大军,令行者男子行左,女子行右,毋并行。皆就其守,不从令者斩。离守者三日而一徇,乃所以备奸也。里正与父老皆守宿里门,吏行其部,至里门,正与开门纳吏,与行父老之守及穷巷、幽间无人之处。奸民之所谋为外心,罪车裂。正与父老及吏主部者,不得,皆斩;得之,除,又赏之黄金,人二镒。大将使信人行守,长夜五巡行,短夜三巡行。四面之吏亦皆自行其守,如大将之行,不从令者斩。

【今译】

如猝然出现警急敌情,中军应疾速击鼓三通,城上道路和闾里中街巷,皆不得通行,违章私行者处斩。女子应召至大军后,规定通行时男子在左,女子在右,不得男女并行。所有人员皆就任各自之职守,不服从命令者处斩。擅离职守之士卒,巡师示众,每三日进行一次,(以示惩戒,)乃用以防备奸邪不法之人。闾里长官与父老黎庶皆须各自守宿其里门,部吏巡视其所分治之区段,至里门时,闾里长官应为之开门,迎接部吏,并与部吏一同巡视父老黎庶守卫区域以及僻巷暗隅等无人到达之地。私怀外心,图谋通敌之奸民,罪不容赦,处车裂之刑。里长、担当守卫之父老黎庶以及主责其事之部吏,未能事先察知奸情,并将罪人缉拿归案,皆处斩;如能及时发现并实施抓捕,不仅免除追究,而且赏其黄铜四十八两。守城大将委派可信之人巡视守备情况,夜长时,每夜巡视五次;夜短时,每夜巡视三次。东西南北四方军将与部吏,亦各自巡视所守区域,与守城大将同其要求,不服从命令者处斩。

【馀论】

此章述军中所颁种种治军条例和对违犯者予以严惩之规定。

“离守者三日而一徇”，孙诒让云：“‘而一’二字疑皆衍文。此二句皆蒙上文而著其刑，不从令者斩，即不从男行左女行右之令也。离守者，即不就其守者也，与下文‘离守绝巷救火者斩’，义同。但无故离守罪重于不从令者，故不惟斩之，且肆其尸三日，所谓三日徇也。”可备一说。然原文亦通，改动为训未若原文为训之心安也。故未取，录以备考。

【原文6】

诸灶必为屏[①]，火突[②]高出屋四尺。慎无敢失火，失火者斩，其端[③]失火以为事者，车裂。伍人不得，斩；得之，除。救火者无敢讙[④]譁，及离守绝巷[⑤]救火者斩。其正及父老有守此巷中部吏，皆得救之。部吏亟[⑥]令人谒之大将[⑦]，大将使信人将左右救之，部吏失不言者斩。诸女子有死罪及坐[⑧]失火皆无有所失，逮[⑨]其以火为乱事者如法。围城之重禁。

【校注】

①诸灶必为屏：谓所有炉灶皆必设防火屏障也。“屏”，屏障。《说文·尸部》：“屏，蔽也。”《吕氏春秋·贵直》：“其社盖于周之屏。”高诱注：“屏，障也。”此处，屏用以障火，亦犹《旗帜》“于道之外为屏”，屏用以障厕也。灶设屏，突高出，皆所以防火也。毕沅云：“今江浙人家，有高墙出屋如屏，云以障火，是其遗制。”其说是也。

②突：灶突，烟囱。亦作“堗”。《广雅·释宫》：“窜谓之灶，其窗谓之堗。”王念孙疏证：“堗，通作突。”《汉书·叙传上》：“孔席不暖，墨突不黔。”颜师古注：“突，灶突也。”“突”，或又作突(罙)。《说文·穴部》：“突，深也。一曰灶突。”盖“突”有二音二义，其一，《集韵》式针切(书母侵部字)，深也；其二，《广韵》陀骨切(定母术部字)，灶突也。

③端：毕沅云：“言因事端以害人，若今律故犯。”孙诒让非之，云：“端，似言失火所始以为事者。”按：端，故，故意。《韩非子·饰邪》：“竖谷阳之进酒也，非以端恶子反也。”王先慎集解引旧注：“端，故也。”《睡虎地秦墓竹简·法律答问》：“端为，为诬人；不端，以告不审。”谓故意所为，则作为诬蔑别人处理；不属故意所为，则作为告而不审处理。“端失火”，故意失火，即纵火也。毕近是

而孙非是。

④讙:即“喧”、“諠”,諠譁(喧哗)也。《说文·言部》:“讙,譁也。”徐锴系传:“讙,今人多作喧。”《广雅·释诂二》:“讙,鸣也。”王念孙疏证:“与吅通,亦作諠。”“讙譁”,即諠譁(喧哗)。《孟子·滕文公下》:“众楚人咻之。”赵岐注:“咻之者,讙也。”焦循正义:“讙,即今之諠譁字也。”

⑤绝巷:越过街巷。“绝”,越也,过也。《孙子·行军》:“绝山依谷。”张预注:“绝,犹越也。”《淮南子·地形》:“东流绝汉入海。”高诱注:“绝,犹过也。”

⑥部吏亟:旧作“吏部函”。毕沅云:“‘部吏’二字旧倒。”孙诒让云:“‘亟’,旧本讹‘函’。”按:上文“因城中里为八部,部一吏”,则城中有八部吏,“其正及父老有守此巷中部吏”、“部吏失不言者斩”,皆言“部吏”。而吴抄本正作“部吏”,可证“吏部”当为“部吏”。“函”,又作凾。《字汇·凵部》:“凾,俗函字。”《云笈七签》卷一百二十二:“殿有石凾,长三尺。”而宝历本、堂策槛本、四库本并作“亟”。“凾”、“亟”形近而讹。毕、孙校皆是,今并从之。

⑦谒之大将:谒于大将也。“谒”,白也,告也。《说文·言部》:“谒,白也。”《广韵·月部》:“谒,告也。”《史记·张仪列传》:“臣请谒其故。”司马贞索隐:“谒者,告也,陈也。”“之”,犹于,用为介词。详《备高临》1 章注⑤。

⑧坐:被罪,因某事得罪。《广韵·过韵》:“坐,被罪。”《助字辨略》卷三:“《贾谊传》:‘古者大臣有坐不廉而废者。’此‘坐’字,犹今云缘某事落职也。”

⑨逮,及。《广韵·霁韵》:“逮,逮及也。”《诗·小雅·四月》:“曷云能谷。”毛传:“曷,逮也。”陈奂传疏:“逮者,及也。”

【校文 6】

诸灶必为屏,火突高出屋四尺。慎无敢失火,失火者斩,其端失火以为事者,车裂。伍人不得,斩;得之,除。救火者无敢喧哗,及离守绝巷救火者斩。其正及父老有守此巷中部吏,皆得救之。部吏亟令人谒之大将,大将使信人将左右救之,部吏失不言者斩。诸女子有死罪及坐失火皆无有所失,逮其以火为乱事者如法。围城之重禁。

【今译】

所有炉灶必定设置防火围屏,烟囱高出屋瓦四尺。平时谨慎从事,不敢使失火现象发生,若不慎失火者,处斩。至于故意纵火制造事端者,处车裂之刑。

联保同伍者对纵火犯不作举报或不实施缉捕,处斩;举报或缉捕,免除罪责。参与救火者不得大声喧哗,(若喧哗)及擅离职守,越过街巷去别处救火者,处斩。失火闾里之长、父老以及其他担当守卫此街巷任务之人,如部吏,皆应参与救火行动。部吏应旋即着人谒告于守城大将,大将必派可信之人统率部属前往救火,部吏失职不报者,处斩。至于那些犯有死罪之女子和因失火而得罪,但未造成损失,以及那些借失火扰乱社会秩序者,皆必依法予以惩处。总之,火灾乃为敌人围城所当重禁之事。

【馀论】

此章述防火、救火乃敌寇围城时我方守备之要务。

“端”,诸家所释不同。毕沅解为“事端”,云:“言因事端以害人,若今律故犯。”虽言及“故犯”,然乃“因事端以害人”之推测之词,非解“端”为“故”、“故意”。孙诒让解为“肇端”云:“端,似言失火所始以为事者,据下文当作‘以为乱事者’,此脱‘乱’字。”又解“端”为“端倪”,并未尽合原文之意。故皆未取,录以备考。

【原文7】

敌人卒而至,严令吏民无敢讙嚣[①]、三最[②]、并行、相视、坐泣流涕、若视、举手相探、相指、相呼、相麾[③]、相踵、相投、相击、相靡[④]以身及衣讼駮[⑤]言语及非令也而视敌动移者,斩。伍人不得,斩;得之,除。伍人踰[⑥]城归敌,伍人不得,斩;与伯[⑦]归敌,队吏[⑧]斩;与吏归敌,队将[⑨]斩。归敌者父母、妻子、同产皆车裂。先觉之,除。当术需敌离地[⑩],斩。伍人不得,斩;得之,除。

【校注】

①讙嚣:即喧嚣,喧哗也。《慧琳音义》卷八十一“讙嚣”注引顾野王云:“讙嚣,犹喧哗也。”《礼记·乐记下》:“鼓鼙之声讙,讙以立动,动以进众。”郑玄注:“闻讙嚣,则人意动作。”

②最:聚也。《管子·霸言》:“不最列,不让贤。”郭沫若等集校引孙星衍云:“最,聚也。”“最”,俗作冣。《广韵·泰韵》:“最,俗作冣。”《说文·冖部》:“冣,积也。”王筠句读:“经典中往往借聚为冣。”《史记·周本纪》:“则固有周聚以收齐。”裴骃集解引徐广曰:“一作冣,冣亦古之聚字。”《经义述闻·公

羊》:“《公羊传·隐公元年》:‘会,犹最也。’何休注曰:‘最,聚也。’”王引之按:“正文及注,最字皆当作冣。冣与聚声义皆同。”

③麾:即㧑,旗帜。《说文·手部》:“㧑,旌旗,所以指挥也。”段玉裁注:“俗作麾。”《集韵·寘韵》:“麾,以旌旗示之曰麾。”《史记·魏其武安侯列传》:“至吴将麾下。”张守节正义:“麾,谓大将之旗。”又作“㧑”,亦作挥,指㧑,挥手也。《玄应音义》卷一“指麾”注引《字诂》:“手指曰麾,谓旌旗指麾众也。因以名焉。”《诗·陈风·宛丘》:“值其鹭羽。”郑玄笺:“舞者所持指麾。”陆德明释文:“麾,又作㧑。”《说文·手部》:“撝,裂也。一曰指也。”朱骏声通训定声:“撝,假借又为挥。”《易·谦》:“㧑谦。”李富孙异文释:“晁氏易云:‘京房作挥’。”

④靡:读为摩,摩擦也。《说文·非部》:“靡,披靡也。”朱骏声通训定声:“靡,假借又为摩。”《庄子·马蹄》:“喜则交颈相靡。”郭庆藩集释:“靡,古读若摩,故与摩通。”

⑤駮:读为驳。《说文·马部》:“驳,兽。如马,倨牙,食虎豹。”朱骏声通训定声:“假借为驳。”《诗·豳风·东山》:“皇駮其马。”马瑞辰传笺通释:“駮、驳古通用。”“讼駮”,即讼驳,谓争讼驳难也。

⑥踰:即逾,越也。《说文·足部》:“踰,越也。”《慧琳音义》卷十一“年踰”注:“踰,或作逾,俗字也。”

⑦伯:即伯长,百长也。伯,通百。详3章注⑮。

⑧队吏:盖指百长,由“与伯(百长)归敌,队吏斩”和“与吏归敌,队将斩”可知。盖众人叛逃,首治吏长,则士卒与其百长共投敌,首治百长也。

⑨队将:盖指四面四门之将。《墨子》城守诸篇所见“将”,无非“城将”(大将)、“辅将”(四面四门之将)两种。即云“队将”,则非“城将”(大将),而必为“辅将”(四面四门之将)无疑。士卒、百长与其所在方面之门将共投敌,首治门将也。

⑩当术需敌离地:谓当敌寇攻城之道,表现怯懦而离其守所他去也。“术”(術),道也。详《备城门》75章注⑦。“需”,读为懦,怯懦。《左传·哀公六年》:“需,事之下也。”陆德明释文:“需,懦弱持疑也。”“离地”,擅自离其守所也。《尉缭子·伍制令》:“军中之制,五人为伍,伍相保也;十人为什,什相保也;五十人为属,属相保也;百人为闾,闾相保也。伍有干令犯禁者,揭之,免于罪;知而弗揭,全伍有诛。什有干令犯禁者,揭之,免于罪;知而弗揭,全什有诛。属有干令犯禁者,揭之,免于罪;知而弗揭,全属有诛。闾有干令犯禁者,

揭之，免于罪，知而弗揭，全闾有诛。吏自什长以上，至左右将，上下皆相保也。有干令犯禁者，揭之，免于罪；知而弗揭者，皆与同罪。”并言连保治罪事，可作比观。

【校文7】

敌人猝而至，严令吏民无敢喧嚣、三聚 、并行、相视坐泣、流涕若视、举手相探、相指、相呼、相麾、相踵、相投、相击、相靡以身及衣、讼驳言语及非令也而视敌动移者，斩。伍人不得，斩；得之，除。伍人逾城归敌，伍人不得，斩；与伯归敌，队吏斩；与吏归敌，队将斩。归敌者父母、妻子、同产，皆车裂。先觉之，除。当术懦敌离地，斩。伍人不得，斩；得之，除。

【今译】

敌寇遽然来攻，应严格命令官吏民众不得大声喧哗、三人或三人以上相聚、并肩行走、对坐哭泣、涕泗互视、举手探问、互相指认、互相呼叫、互相挥手、互相接踵、互相投掷、互相击打、互相以身体及衣服摩擦、争论长短，以及非经许可擅自察看敌寇移动情况，（一经发现，）一律处斩。同伍连保而不作举报或不施抓捕者，处斩；举报或抓捕者，免除罪责。如同伍者缒城投敌，同伴不作举报或不施抓捕者，处斩；如士卒与百长一同投敌，百长处斩；如士卒、百长与四面四门之将一同投敌，四面四门之将处斩。投敌者之父母、妻小、兄弟，皆处车裂之刑。事先发觉而作举报或施抓捕者，免除罪责。当敌寇攻城之道，表现怯懦并离守所而他去者，处斩。连保同伍者对此事不作举报或不施抓捕者，处斩；作举报或施抓捕者，免除罪责。

【馀论】

此章述敌寇猝至时，吏民所应遵守之种种禁令，违者必斩，甚至株连家族。

“若视”，似与上文“相视”为重。张纯一云：“视字疑涉上文而衍。”可备一说。然如将“若”当作连词（犹“或”或“与”），则于数项并举时，连词“若”应置于末项之前，而不当置于中间。故不取，录以备考。

“与伯归敌，队吏斩；与吏归敌，队将斩”，诸家所释有异。岑仲勉云：“逾城归敌，除父母、妻子、兄弟三族外，同伍及其最直属之长官，亦须连坐，故百长（即伯）归敌，斩其队吏，队吏归敌，斩其队将。”如此解释，无疑“队吏”之职高于“伯”（百长）而又低于“队将”（四面四门之将）。因“队吏”仅出现一次，无可质证，故未取，录以备考。

【原文8】

其疾①斗却敌于术，敌下终不能复上，疾斗者队二人，赐上奉②。而胜围③，城周里以上，封城将三十里地为关内侯④，辅将⑤如令⑥赐上卿⑦，丞及吏比于丞者，赐爵五大夫⑧，官吏、豪杰与计坚守者十人，及城上吏比五官者，皆赐公乘⑨。男子有守者，爵人二级，女子赐钱五千，男女老小先⑩分守者，人赐钱千，复⑪之三岁，无有所与⑫，不租税。此所以劝吏民坚守胜围也。

【校注】

①疾：壮也，力也。《尔雅·释言》：“疾，壮也。”《吕氏春秋·尊师》：“疾讽诵。”高诱注：“疾，力也。”“疾斗”，力斗，激战也。

②奉：读为俸。《玄应音义》卷二“奉禄”注：“奉，今皆作俸。”《周礼·天官·大宰》：“四曰禄位。”郑玄注：“若今月奉也。”陆德明释文：“奉，本或作俸。”

③而胜围：即“如胜围”，谓如破强敌城围也。“而”，犹如，用为假设连词。《集韵·之韵》：“而，如也。”《古书疑义举例·上下文变换虚字》：“《孟子·离娄下篇》‘望道而未之见’。而，即如也。”

④关内侯：爵位名。《汉书·百官公卿表上》载秦制赏功劳爵二十级，十九为关内侯。详2章注②。《韩非子·显学》：“关内之侯，虽非吾行，吾必使执禽而朝。”《战国策·魏策一》：“王不若与窦屡关内侯。”由是知“关内侯”一官非秦始置，战国已有矣。凡有侯号者，居京畿而无国邑。

⑤辅将：苏时学云：“辅将，城将之次者，犹裨将也。”《墨子》城守诸篇言“将”者凡二：一曰“城将”，即大将也；二曰“四面四门之将”，隶于城将，为城将之次，其为“辅将”无疑，苏说甚是。

⑥令：孙诒让云：“‘令’，旧本误‘今’。”按：”今“、“令”形近而讹，孙校是，今从之。“如令”，与令也。“如”，犹与。《经义述闻·书》：“五玉三帛二生一死贽，如五器。”王引之按：“如者，与也，及也。”《史记·匈奴列传》：“单于自度战不能如汉兵。”《汉书》“如”作“与”。

⑦上卿：官爵名。周制：宗周及诸侯皆有卿，且有上、中、下之别。上卿，诸

侯臣之尊贵者。《国语·晋语一》:“令子为上卿。”韦昭注:“上卿,执政命于天子者也。”

⑧五大夫:爵位名。《汉书·百官公卿表上》:“爵……九五大夫。”详2章注②。五大夫,大夫之尊者也。

⑨公乘:爵位名。《汉书·百官公卿表上》:“爵……八公乘。”详2章注②。“公乘”,言其得乘公家之车也。

⑩先:当作“无”。“先”、“无”形近而讹。《慧琳音义》卷六“互无”注:“无,古文奇字中無字也。”《左传·襄公二十七年》:“棠无咎。”陆德明释文:“无,本亦作無。”

⑪复:免除赋税。《汉书·刑法志》:“中试则复其户。”颜师古注:“复,谓免其赋税也。”

⑫与:读为豫。《汉书·高帝纪下》:“世世无有所与。”颜师古注:“与,读为豫。”“豫”,备也。《说文·象部》:“豫,象之大者。”段玉裁注:“先事而备谓之豫。”《大戴礼记·曾子立事》:“来者不豫。”孔广森补注:“豫,谓未来而推度之也。”“豫”,又通预,“豫”、“预”同以“予”为声符,例可通假。《尔雅·释诂上》:“豫,乐也。”郝懿行义疏:“豫,通作预。”“无有所与”,即无有所豫,谓三年不预(不备)徭役也。

【校文8】

其疾斗却敌于术,敌下终不能复上,疾斗者队二人,赐上倖。而胜围,城周里以上,封城将三十里地为关内侯,辅将如令赐上卿,丞及吏比于丞者,赐爵五大夫,官吏、豪杰与计坚守者十人,及城上吏比五官者,皆赐公乘。男子有守者,爵人二级,女子赐钱五千,男女老小无分守者,人赐钱千,复之三岁,无有所预,不租税。此所以劝吏民坚守胜围也。

【今译】

在敌寇攻城之道上激战却敌,使敌寇退去而始终不能再次攻上之部队,每队优选二人,赐予上等倖禄,如能战胜强敌,解除城围,且城周在一里以上者,封守城大将关内侯,赏土地三十方里。四面四门之将与县令赐予上卿之爵,县丞和相当于县丞之官吏,赐五大夫之爵,其他官吏、豪杰之士参与谋划且坚守者,从中选出十人,加上城上官吏相当于都邑小吏五官者,皆赐公乘之爵。凡参加守城之男子,每人进爵二级,女子赏钱五千,其余未有守城任务之男女老少,每人赏钱一千,免除赋税三年,即既不承担徭役,亦不缴纳租税。以上皆为用以劝勉官吏民众坚守城池破解敌围所采取之措施。

【馀论】

此章述却敌解围后对军将吏民奖劝之规定。

"如令",又作"如今",岑仲勉云:"苏时学改'如令',非也。'如今'有'则'之义。城将封关内侯,辅将'则'赐上卿,文义正合。"按:"如今"一词,未见先秦其他典籍,且徒以今粤方言论事,恐失时空变异之理。又上文"将军如令尽召五官及百长,与富人重室之亲"、下文"守曰断之、冲之若缚之,不如令及后缚者,皆断",正作"如令"。故不取,录以备考。互详2章"馀论"。

【原文9】

卒侍大门[①]中者,曹[②]无过二人。勇敢为前行,伍坐[③],令各知其左右前后。擅离署,戮。门尉昼三阅[④]之,莫[⑤],鼓击门闭一阅,守时令人参[⑥]之,上逋[⑦]者名。铺[⑧]食皆于署,不得外食。守必谨微[⑨]察视谒者[⑩]、执盾[⑪]、中涓[⑫]及妇人侍前者[⑬]志意、颜色、使令、言语之请[⑭]。及上饮食,必令人尝,皆非请[⑮]也,击而请故[⑯]。守有所不说[⑰]谒者、执盾、中涓及妇人侍前者,守曰断[⑱]之、冲[⑲]之若[⑳]缚之,不如令及后缚者,皆断。必时素[㉑]诫之。诸门下朝夕立若坐,各令以年少长相次,旦夕就位,先佑[㉒]有功有能,其余皆以次立。五日,官各上喜戏、居处不庄、好侵侮人者一。

【校注】

①大门:盖指城将治所之大门,由二卒夹侍可知。

②曹:古代分科治事之官署或部门。《广韵·豪韵》:"曹,局也。"徐灏《说文注笺·曰部》:"职官分曹治事谓之曹,如兵曹、刑曹之类皆是,不专谓治狱。"(按《说文·曰部》:"曹(䡴),狱之两曹也。在廷东,从棘;治事者,从曰")《后汉书·百官志三》:"成帝初置尚书四人,分为四曹。"是其证。"曹无过二人",谓城将官署大门侍卒不超过二人也。《杂守》"守大门者二人,夹门而立",正道此事。

③伍坐:同伍之人连坐而治也。《尉缭子·伍制令》:"军中之制,五人为

伍，伍相保也。……伍有干令犯禁者，揭之，免于罪；知而弗揭，全伍有诛。"亦亦言伍坐事，可作比观。

④阅：检查，省视。《说文·门部》："阅，具数于门中也。"《广韵·薛韵》："阅，简阅也。"《书·多方》："克阅于乃邑谋介。"孔颖达疏："阅，谓简阅其事也。"《管子·度地》："常以秋岁末之时阅其民。"尹知章注："阅，谓省视。"

⑤莫：读为暮，莫、暮古今字。《说文·茻部》："莫，日且冥也。"《周礼·天官·宫正》："夕击柝而比之。"郑玄注："夕，莫也。"孙诒让正义："莫、暮，古今字。"

⑥参：验，比验。《大戴礼记·劝学》："君子博学如日参己焉。"王聘珍解诂引司马贞史记索引："参，验也。"《韩非子·孤愤》："不以参伍审罪过。"王先慎集解引旧注云："参，比验也。"

⑦逋：逃亡，窜逃。《说文·辵部》："逋，亡也。"《广雅·释言》："逋，窜也。"《书·费誓》："臣妾逋逃。"孔颖达疏："逋，亦逃也。"

⑧铺：读为餔。"铺"、"餔"同以"甫"为声符，例可通假。《广雅·释诂四》："𥡴，穧也。"王念孙疏证："餔、铺，并与𥡴通。""餔"，食也。《说文·食部》："餔，日加申时食也。"段玉裁注："引申之义，凡食皆曰餔。"《孟子·离娄上》："徒餔啜也。"朱熹集注："餔，食也。"

⑨微：伺察。详《迎敌祠》2 章注⑬。

⑩谒者：官吏名，秦置，汉因之，掌管宾客接待、通报、请谒。《汉书·百官公卿表上》："谒者掌宾客赞受事。"

⑪执盾：指亲近侍卫。《汉书·惠帝纪》："谒者，执楯，执戟，武士，驺比外郎。"颜师古注引应劭注："执楯，亲近陛卫也。"

⑫中涓：侍从官名，亲近之臣，类谒者、舍人，主通请谒，兼知清洁洒扫之事。"涓"，洁也。《史记·曹相国世家》："参以中涓从。"裴骃集解引《汉书音义》曰："中涓，如中谒者。"又《万石张叔列传》："以奋为中涓。"张守节正义引如淳云："中涓，主通书谒出入命也。"《汉书·曹参传》："参以中涓从。"颜师古注："中涓，言其在内主知洁清洒扫之事，盖亲近左右也。"

⑬妇人侍前者：即侍前妇人。"侍前"为"妇人"之后置定语，又加特殊代词"者"作为后置定语标志词。

⑭请：读为情。详《迎敌祠》2 章注⑪。下文"若非请也"，"请"字同。

⑮皆非请：孙诒让云："'皆'，疑'若'之误。"按：就句意而言，端上饮食，着

人先尝,应有两种结果:或正常,或异常(如投毒)。"皆非情",实排除正常结果,有悖常理。孙校盖是,可信。

⑯击(擊)而请故:读作"系(繫)而请故",谓拘系之而诘问其缘故也。"擊"、"繫"二字同以"毄"为声符,例可通假。《说文·手部》:"擊,支也。"朱骏声通训定声:"假借又为繫,实为系。"《易·蒙》:"擊蒙。"陆德明释文:"马、郑作繫。"请,问,诘问。《仪礼·士昏礼》:"摈者出请事。"郑玄注:"请,犹问也。"

⑰说:读为悦。《说文·言部》:"说,说(悦)释(怿)也。一曰:谈说。"朱骏声通训定声:"说,假借为悦。"段玉裁注:"说释,即悦怿。说、悦,释、怿,皆古今字。"《玉篇·言部》:"说,怿也。"《颜氏家训·书证》:"以说为悦。"《荀子·王制》:"则诸侯说之矣。"杨倞注:"说,读为悦。"

⑱断:决狱,断罪。详《迎敌祠》2章注⑭。

⑲冲(衝):通撞。"衝"或作"衝"。"衝"、"撞"二字同以"童"为声符,例可通假。《晏子春秋·外篇第八》:"衝云。"孙星衍音义:"《初学记》作撞。"此处,"衝(撞)"意为击打。

⑳若:犹或,用为选择连词。详《备城门》12章注④。下文"冲之若缚之","若"字同。

㉑素:平素,素常。《大戴礼记·保傅》:"故曰素成。"孔广森补注:"素,平素也。""素诫之",平素劝诫之也。

㉒佑:读为右,尊尚,为上。《书·金縢》:"敷佑四方。"刘逢禄今古文集释:"佑,右俗字。"《汉书·艺文志》:"是以右鬼。"颜师古注:"右,犹尊尚也。"《史记·廉颇蔺相如列传》:"位在廉颇之右。"张守节正义:"秦汉以前用右为上。""先佑有功有能",即"先右有功有能",谓先让有功有能之士居上位也。

【校文9】

卒侍大门中者,曹无过二人。勇敢为前行,伍坐,令各知其左右前后。擅离署,戮。门尉昼三阅之,暮,鼓击门闭一阅,守时令人参之,上逋者名。餔食皆于署,不得外食。守必谨微察视谒者、执盾、中涓及妇人侍前者志意、颜色、使令、言语之情。及上饮食,必令人尝,若非情也,系而请故。守有所不悦谒者、执盾、中涓及妇人侍前者,守曰断之、冲之若缚之,不如令及后缚者，皆断。必时素诫之。诸门下朝夕立若坐，各令以年少长相次，旦夕就位，先右有功有能，其余皆以次立。五日，官各上喜戏、居处不庄、好侵侮人者一。

【今译】

警卫城将官署大门中之侍卒，每处官曹不超过二人。侍卒中表现勇敢者岗位在前行，实施五人连坐之制，使之知道各自左右前后位置究为何人。擅自离开官署者，处死。担任门尉之官吏白昼应检查三次，夜晚，击鼓关门后亦应检查一次，守城将领按时着人前来检查督促，催报擅自离署者名单。早晚饮食一律在官署之中，不得署外就餐。守城将领必须悉心窥伺察看掌管接待宾客之官吏谒者、执行警卫任务之亲近侍从执盾、负责谒请与洒扫事务之官员中涓以及侍奉于首长帐下之妇女，随时了解其心思、脸色、动作和言语等情况。奉上饮食，必须令近人先行试尝，如发现异常情况，便拘系当事人并追问原因。守城将领对谒者、执盾、中涓以及帐下妇女等有所不满时，可出令曰：将某人判罪、殴打或捆绑，属下不执行指令和捆绑动作迟缓者，亦皆判罪。此等军令平素应经常告诫属下。所有在官署门下早晚担负警卫工作之侍卒，或站或立，各使其按年龄长幼次序，早晚执勤，并礼让彼有功劳有能力者居上位，其余以年序侍立。每五日，各级官吏分别上报一份恬于嬉戏取乐、居处有失庄重以及好行侵扰欺侮同伴等违规者之名单。

【馀论】

此章述对守城将领所亲近之侍卒、谒者、执盾、中涓及帐下妇女所定之种种制度和禁令。

“曹无过二人”之“曹”，诸家所释有异，毕沅云：“案（曹）即两造，‘造’、‘曹’音近。”如此，“曹无过二人”，应解释为“两边（造）无过二人”，失之拘矣，故未取，录以备考。

“五日官各上喜戏、居处不庄、好侵侮人者一”句，孙诒让云：“疑当作‘日五阅之，各上喜戏、居处不庄、好侵侮人者名。’‘阅’与‘官’草书相近，‘日五’误倒，下脱‘之’字，‘名’又讹作‘一’。《杂守篇》说‘守大门者二人……吏日五阅之，上逋者名’，是其证也。”可备一说，然孙校难脱颇多改字以就《杂守》句意之嫌。不改字亦可通，故亦未取，录以备考。

【原文 10】

诸人士、外使者来，必令有以执①。将出而还若②行县，必使信人先戒舍③，室④乃出迎，门⑤守乃入舍。为人下者常司⑥上之⑦，随而行，松⑧上不随下。必须□□随⑨。

【校注】

①有以执：即有所以持执，谓有旗章符信等作为执持之物，所以备察验防奸宄也。“执”，持。《尔雅·释诂下》：“秉，执也。”邵晋涵正义：“执，谓持也。”《孟子·万章下》：“敢问交际何心也？”赵岐注：“问交接道当执何心为可也？”焦循正义：“执，持也，操也。”

②若：犹或，用为选择连词。详《备城门》12 章注④。

③戒舍：告知主人家。“戒”，告也。《仪礼·公食大夫礼》：“使大夫戒。”郑玄注：“戒，犹告也。”“舍”，屋舍，宿舍。《周礼·地官·序官》：“舍人。”孙诒让正义：“凡人所居之宫，通谓之舍。”《礼记·曲礼上》：“将适舍。”孔颖达疏：“舍，主人家也。”

④室：妻室。《礼记·曲礼上》：“三十曰壮，有室。”郑玄注：“妻称室。”孔颖达疏：“妻居室中，故呼妻为室。”

⑤门：孙诒让云：“‘门’当为‘闻’。”按之下文“候以闻守”，孙校是，今从之。

⑥司：读为伺，伺察也。《说文·言部》：“詗，言相詗司也。”段玉裁注：“司之言伺也。”《荀子·议兵》：“掎契司诈。”杨倞注：“司，读为伺。”

⑦之：读为志。《读书杂志·墨子第六·号令》：“为人下者常司上之。”王念孙按引王引之曰：“之，读为志。”《墨子》书每以“之”为“志”，“天志”作“天之”，即其例也。

⑧松：读为从。《读书杂志·墨子第六·号令》：“松上不随下。”王念孙按引王引之曰：“松，读为从。《礼记·学记》：‘待其从容。’郑玄注：‘从，或为松。’是其例也。”

⑨必须□□随：二字缺。张纯一云：“疑为‘必须命而随’。”按：张氏所补，似不违章意，语亦通顺，可参。

【校文 10】

诸人士、外使者来，必令有以执。将出而还若行县，必使信人先戒舍，室乃出迎，闻守乃入舍。为人下者常伺上志，随而行，从上不随下。必须命而随。

【今译】

所有人士、外来使者到来，必使持有可以证明其身份之符信凭证。将领外出归来，或巡视县情归来，使可信之人告知家属，妻子便出而相迎，先行报告守城大将后方可回家。作为下属，其服侍上司，必得时常窥知上司之心思，跟随外出，应随从上司，而不可随从下属，而且必有上司之命方可随从。

【馀论】

此章述对诸人士和外来使者到来、将领出行或巡县归来以及官长下属随行之规定与要求。

“必须”下，孙诒让等以为缺文二格。岑仲勉以为不缺，且以“必须随”为“随而行”之注文。又茅本、宝历本、緜眇阁本、堂策槛本、陈本、四库本皆无缺格，可备一说。然本书以《閒诂》为底本，故暂从孙校。完缺之争，定俟来者。

【原文 11】

客卒[①]守主人，及其为守卫，主人亦守客卒。城中戍卒其邑或以[②]下寇，谨备之，数录其署[③]，同邑者，弗令共所守。与阶门吏[④]为符，符合入，劳[⑤]；符不合，牧[⑥]，守言[⑦]。若城上[⑧]者，衣服他不如令者[⑨]。

【校注】

①客卒：外来守卒，由“客卒”与“主人”对言而知。孙诒让云：“谓外卒来助守者。”是也。“客卒”之“客”，外来，非本地也。与《备城门》3 章“客至”之“客”指“敌人”者义异。

②以：同已。古文字“以”、“已”本为一字，作（颂簋），（石鼓），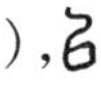（说文），为“㠯”（以），亦为“已”。后“㠯”演变为，右加人旁作“以”（或以为“似”字），字形遂与“已”相别矣。《礼记·檀弓下》：“则岂不得以。”郑玄注：“以，已字，以与已字本同。”

③数录其署：谓屡次存视其书表也。数，音 shuò，频，屡次。《史记·游侠

列传》:“数过,吏弗求。”司马贞索隐:“数亦频也。”《汉书·贾山传》:“赋敛重数。”颜师古注:“数,屡也。”“录”,存视。《汉书·董仲舒传》:“录德而定位。”颜师古注:“录,谓存视也。”“署”,书表,记录。《广韵·御韵》:“署,表也。”《汉书·何并传》:“县所剥鼓置都亭下,署曰……”颜师古注:“署,谓书表其事也。”

④阶门吏:守阶门小吏。盖即《迎敌祠》“城上当阶有司守之”之“当阶有司”也。

⑤劳:慰劳。《广韵·号韵》:“劳,劳慰。”《汉书·谷永传》:“劳二千石。”颜师古注:“劳,慰勉也。”

⑥牧:苏时学云:“‘牧’当作‘收’。”按:“牧”、“收”形近而讹。《迎敌祠》:“牧贤大夫及有方技者若工”,“牧”亦“收”之讹字。苏校是,今从之。

⑦守言:孙诒让云:“当作‘言守’。”按:“守言”,语意乖剌。下文“亟以疏传言守”,正作“言守”。孙校是,今从之。

⑧城上:当作“上城”。吴抄本、茅本、陆本、唐本皆作“上城”,兹据乙。

⑨衣服他不如令者:谓所着衣服为其他制式而不合军法规定者也。此句下,孙诒让云:“下有脱文。”岑仲勉将“若上城者,衣服,他不如令者”移至下文“诸以众强凌弱少及强奸人妇女,以喧哗者”以下,而接“皆断”句。斟酌孙、岑二氏之说,补“皆断”二字于“衣服他不如令者”之后,以为结句。

【校文 11】

客卒守主人,及其为守卫,主人亦守客卒。城中戍卒,其邑或已下寇,谨备之,数录其署,同邑者,弗令共所守。与阶门吏为符,符合入,劳;符不合,收 ,言守。若上城者,衣服他不如令者,皆断。

【今译】

外来士卒帮助城内守卒防备敌人,及使其担任城内守卫工作,城内守卒亦须对外来士卒加以防范。城中外来守卒,其原来城邑或许已被敌寇攻下,更应谨慎加以防范,必须多次检视其戍守记录,原属同一城邑之士卒,不可使之共同防守同一地段。上城者须对台阶大门驻防官吏出示其作为出入凭证之符信,符信相合,准入,且予以慰劳;符信不合,予以收拘,并报告守城将领。如有擅自上城者及穿着非规定军服而为其他制式者,皆予断罪。

【馀论】

此章述对外来戍卒之防范事项。

岑仲勉将“若上城者，衣服他不如令者”十一字移至下文“诸以众强凌弱少及强奸人妇女，以喧哗者”之下，云：“以众凌少，以强凌弱，或强奸妇女及喧哗者，或擅上城及衣服不合式者皆有罪。……但数项罪名列举时，在《墨子》文例，应用‘皆断’两字总承之。……惟本节所言均是杂项罪名，性质正可相当，且著‘皆断’两字，故暂定为此处之错文。”吴毓江云：“以上十一字与上下文不属，故为下文‘倚戟悬下城’下之错简。”比较岑、吴二氏之校，似岑较优。然前已约定，本书暂悉遵《閒诂》所订章节、文字先后之次序，不辄动矣。

【原文 12】

宿鼓①在守大门中，莫②，令骑③若④使者操节闭城者，皆以执龜⑤。昏鼓鼓十，诸门亭皆闭之。行者断⑥，必击⑦问行故，乃行其罪。晨见掌文鼓⑧纵行者，诸城门吏各入请籥，开门已，辄复上籥⑨。有符节不用此令。寇至，楼鼓五，有周鼓⑩，杂小鼓乃应之。小鼓五后从军，断。命必足畏，赏必足利，令必行，令出辄人随，省其可行、不行。号夕有号，失号，断。为守备程⑪，而署⑫之曰某程，置署街街衢⑬阶若门，令往来者皆视而放⑭。诸吏卒民有谋杀伤其将长者，与谋反同罪，有能捕告，赐黄金二十斤，谨⑮罪。非其分职而擅取之，若非其所当治而擅治为之，断。诸吏卒民非其部界而擅入他部界，辄收，以属⑯都司空⑰若候⑱，候以闻守，不收而擅纵之，断。能捕得谋反、卖城、踰城敌者⑲一人，以令为除死罪二人、城旦⑳四人。反城事㉑父母去者，去者之父母妻子㉒。

【校注】

①宿鼓：宿卫夜间警戒用鼓，由放置于守城大将官署门中可知。孙诒让云：“谓夜戒守之鼓。”是也。

②莫：读为暮。莫、暮，古今字。详 9 章注⑤。

③骑：单骑，兵骑，战马。详《旗帜》1 章注⑬。

④若：犹或，用为选择连词。详《备城门》12 章注④。下文“以属都司空若候”，“若”字同。

⑤龜：孙诒让云：“此字误，前《耕柱篇》‘白若之龟’，‘龟’旧本作‘龜’，疑

此亦当为‘龟’之讹。”按“龜”、“龟”（龜）形近而讹。孙校盖是，可信。“龟”，印，印信。《太玄·格》：“格其珍类，龟缗厉。”范望注：“龟为印。”《文选·潘岳〈马汧督诔〉》：“剔子双龟。”张铣注：“龟，印也。”上句言“暮，令骑若使者操节闭城者”，下接“皆以执龟（印信）”，意正顺适。

⑥断：决狱，判罪。详《迎敌祠》2 章注⑭。下文“小鼓五后从军，断”、“失号，断”，“断”字皆同。

⑦击（擊）：读为系（繫）。详 9 章注⑯。

⑧文鼓：当作“大鼓”，“文”、“大”形近而讹。又，下文“杂小鼓乃应之”、“小鼓五后从军”，两出“小鼓”，盖与其前文“文（大）鼓”相对而言也。“大鼓”误作“文鼓”，与《备穴》“文盆毋少四斗”之“大盆”讹为“文盆”，同其例也。

⑨籥：读为钥（鑰），籥、鑰同以“龠”为声符，例可通假。《慧琳音义》卷四十七“櫜籥”注引《考声》：“籥，键器也。”《史纪·鲁仲连邹阳列传》：“鲁人投其籥。”张守节正义：“籥，即钥匙也。”

⑩有周鼓：读为“又周鼓”，又周遍击鼓也。“有”，读为又。《孟子·梁惠王上》：“殆有甚焉。”焦循正义引王引之云：“有，犹又也。”“周”，遍。《论语·为政》：“君子周而不比。”朱熹集注：“周，普遍也。”

⑪程：法式，章程。《广韵·清韵》：“程，式也。”《汉书·高帝纪下》：“今献未有程。”颜师古注：“程，法式也。”“为守备程”，即为守备式，谓制定防守备敌之章程也。

⑫署：书，题写。《广韵·御韵》：“署，书也。”《汉书·郑当时传》：“翟公大署其门。”颜师古注：“署，谓书之。”“署之曰某程”，（将守备之章程）题写为某某章程。

⑬街街衢：孙诒让云：“‘街街衢’当作‘术（術）街衢’。”按：“街”不应重出，盖“術”涉其下“街”字形近而讹。下文“屯陈垣外術街衢皆楼”，正作“術街”。孙校是，今从之。“术”，邑巷之道。详《备城门》75 章注⑦。“衢”，四面通达之道。《说文·行部》：“衢，四达谓之衢。”《后汉书·李固传》：“冀乃封广、戒而露固尸于四衢。”李贤注：“衢，交通四出也。”“置署街街衢阶若门”，即“置署术街衢阶若门”，谓设置（公布）于官署、邑道、街衢台阶与门户也。

⑭放：读为仿，仿，仿效，依照。《集韵·养韵》：“放，效也，或从人。”《仪礼·聘礼记》：“禽羞俶献比。”郑玄注：“比，放也。”胡培翚正义：“放，与仿同。”《淮南子·要略》：“故言道而不明始终，则不知所仿依。”是其例也。

⑮谨：严，严厉。《孟子·梁惠王上》："谨庠序之教。"焦循正义："谨，严也。""谨罪"，严惩罪犯。

⑯属（屬）：付，委托，委付。《说文·尾部》："属，连也。"朱骏声通训定声："属，为付托委致之辞。"《汉书·王莽传上》："属予以天下兆民。"颜师古注："属，委付也。"

⑰都司空：官职名，宗正之属官，秩次较低。《汉书·百官公卿表上》："宗正，秦官，掌亲属，有丞。……属官有都司空、令丞。"颜师古注引如淳曰："律，司空主水及罪人。"

⑱候：小吏，由居"都司空"之下可知。"诸吏卒民非其部界而擅入他部界，辄收，以属都司空若候"，谓所有官吏、士卒、民众，有擅自闯入非属自己区域而属他人区域者，立即拘收，并交予都司空或候等官员也。《尉缭子·分塞令》："中军，左、右、前、后军，皆有分地，方之以行垣，而无通其交往。将有分地，帅有分地，伯有分地，皆营其沟洫，而明其塞令。使非百人（按：百人为闾），无得通。非其百人而入者，伯诛之；伯不诛，与之同罪。"亦言非其分地而擅入者必治罪之事，可作比观。

⑲踰城敌者：当作"逾城归敌者"，由上文"伍人逾城归敌"、"与伯归敌"、"与吏归敌"、"归敌者父母、妻子、同产皆车裂"知之也。

⑳城旦：轻刑之名，旦起筑城以为罚也。《后汉书·韩棱传》："论为城旦者。"李贤注引《汉书音义》曰："城旦，轻刑之名。昼日司寇虏，夜暮筑长城，故曰城旦。""以令为除死罪二人、城旦四人"，谓依军令为捕得者免除二人之死罪和四人城旦之罪也。

㉑事：孙诒让云："'事'，疑当为'弃'。"按："反城事父母去者"，句意不通。既"反城"而"去"，又何缘"事父母"乎？孙校盖是，可信。

㉒去者之父母妻子：王引之云："此下有脱文。"岑仲勉云："疑应为'同产皆断'。"按之上文"归敌者父母、妻子、同产皆车裂"，岑校盖是，可信。

【校文12】

宿鼓在守大门中，暮，令骑若使者操节闭城者，皆以执龟。昏鼓鼓十，诸门亭皆闭之。行者断，必系问行故，乃行其罪。晨见，掌大鼓纵行者，诸行门吏各入请钥，开门已，辄复上钥。有符节不用此令。寇至，楼鼓五，又周鼓，杂小鼓乃应之。小鼓五后众军，断。命必足畏，赏必足利，令必行，令出辄人随，省其可行、不行。号，夕有号，失号，断。为守备程而署之曰某程，置署术街衢阶若门，令往来者皆视而放。诸吏卒民有谋杀伤其将长者，与谋反同罪。有能捕告，赐黄金二十斤，谨罪。非其分职而擅取之，若非其所当治而擅治为之，断。诸吏卒民非其部界而擅入他部界，辄收，以属都司空若候，候以闻守，不收而擅纵之，断。能捕得谋反、卖城、逾城归敌者一人，以令为除死罪二人、城旦四人。反城弃父母去者，去者之父母、妻子、同产，皆断。

【今译】

宿卫警夜之鼓置于守城大将官署门中，晚间，派手持符节负责关闭城门之骑兵或使者，皆持印信，击昏鼓十通之后，所有城门路亭悉数关闭，有通行者，以犯令故，将拘系至署诘问其擅行原故，然后论罪施惩。清晨，掌管大鼓者击鼓放行时，所有主管城门官吏分别进入官署请领钥匙，开门完毕，即交还钥匙。持有符节进出者不受此令限制。敌寇前来攻城，城楼击鼓五通，周围又随而击鼓，更间杂小鼓之声以作应和。小鼓击过五通之后方才到达军营者，断罪。命令必须足以使人生畏；赏赐又必须足以使人得利，命令已下，必定遵行，命令既出，立即着人跟踪省察，了解此令可行抑或不可行之情由。口号，晚间方可使用。口号不合者，断罪。制定防守备敌章程，并题写作"某某章程"，公布于官署、邑路、街巷、通道之台阶或门户上，使来往行人皆可看到并依照章程规定行事。所有官吏、士卒和民众，如有图谋杀伤其将领长官者，一律与谋反同罪论处。如有人能将罪犯拘捕并上报，赏赐黄铜二十斤，且严惩罪犯。不属自己职分内所应得而擅加捞取，或不属自己权限内所当管辖而擅予处治，一律断罪。所有官吏、士卒、民众有擅自闯入非属自己区域而属他人区域者，立即拘收，并交于都司空或候等官员，由都司空或候上报守城大将，应予拘收却不拘收，又擅自纵逸之者，断以重罪。如能捕得图谋反叛、出卖城池、缒城降敌者，只需一名，便可依照军令为捕得者免除二人之死罪和四人之城旦罪。变守城为叛城，背弃父母而逃离者，其父母、妻小、兄弟悉行处斩。

【馀论】

此章述晨暮鼓号使用之规约及对图谋杀伤将长者与叛城投敌者依法予以严惩之军令。

“执龞”之“龞”，难解。岑仲勉云：“‘执龞’，余疑是执守名称，待考。”孙诒让云：“‘龞’字误。……疑此亦当为‘龟’字之讹。但‘执龟’义亦难通，疑当作‘执圭’。《说文·土部》：‘楚爵有执圭。’‘圭’、‘龟’音相近而讹。此谓使操节闭城者必以有爵者，亦慎重其事也。”笔者从孙校，“龞”当为“龟”，然又以为“执龟”即“执圭”，恐系意必之词，不可取。惟是释“龟”为“印，印信”，文义可通。未敢自必，谨以请教于同行专家。

【原文 13】

悉举[①]民室材木、瓦[②]若蔺石[③]数，署[④]长短小大。当举不举，吏有罪。诸卒、民[⑤]居城上者，各葆[⑥]其左右，左右有罪而不智[⑦]也，其次伍有罪[⑧]。若能身[⑨]捕罪人若[⑩]告之吏，皆构[⑪]之。若非伍而先知他伍之罪，皆倍其构赏。

【校注】

①举：言，申报，记录。《广韵·语韵》：“举，言也。”《礼记·杂记下》：“过而举君之讳则起。”郑玄注：“举，犹言也。”《文心雕龙·征圣》：“多文举礼。”黄叔琳注引《左传》杜预注曰：“举，谓记录之也。”

②瓦：孙诒让云：“旧本作‘凡’。”按：“凡”，隶作（流沙坠简·屯戍七·十九），与“瓦”形近而讹。又，《备城门》“民室材木、瓦、石可以益城之备者，尽上之”，正作“瓦”。孙校是，今从之。

③蔺石：即礌石，城上所投击人石也。《汉书·晁错传》：“具蔺石，布渠荅。”颜师古注引服虔曰：“蔺，可投人石也。”又，《李广传》：“单于遮其后，乘隅下垒石，士卒多死。”颜师古注：“垒石，言放石以投人，因山隅曲而下也。”“若”，犹与、及，用为并列连词。详《备穴》2 章注⑨。“悉举民室材木、瓦若蔺石数”，与《备城门》“民室材木、瓦、石可以益城之备者，尽之上”，同其意也。

④署：书写，记录。详 11 章注⑬。

⑤卒、民：孙诒让云：“（‘卒’）上当有‘吏’字。”按之上文“诸吏、卒、民有谋杀伤其将长者”、“诸吏、卒、民非其部界而擅入他部界”，下文“吏、卒、民死者”、“吏、卒、民下效寇徽帜和旌者”，孙校是，今从之。

⑥葆：读为保。《管子·地员》：“无高下葆泽以处。”郭沫若等集校引王绍兰云：“葆，即保之借字。”吴抄本正作“保”。“保”，联保联防也。下文“城上卒若吏各保其左右”，即其例也。

⑦智:读为知。“智”以“知”为声符,例可通假。《墨子》书“知”、“智”每多混用。《经上》:“知,材也。”“知”,读为智。《经说下》:“见之,智也。告之,使智也。”“智”,读为知。此篇中,上文“勇敢为前行,伍坐,令各知其左右前后”,用“知”,此处“左右有罪而不智”,又用“智”,无别也。

⑧其次伍有罪:其所在之编伍有罪。“次”,止,次舍。《穆天子传》卷六:“五里而次。”郭璞注:“次,犹止也。”《书·泰誓中》:“王次于河朔。”孔颖达疏:“次,是止舍之名。”

⑨身:躬,躬身,亲身。《说文·身部》:“身,躬也。”《孝经·开宗明义章》:“身体发肤。”邢昺疏:“身谓躬也。”

⑩若:犹或,用为选择连词。详《备城门》12 章注④。

⑪构(構):读为购(購),赏也。“構”、“購”同以“冓”为声符,例可通假。《广雅·释言》:“购,偿也。”《汉书·高帝纪下》:“乃多以金购豨将。”颜师古注:“购,设赏募也。”下文“若非伍而先知他伍之罪,皆倍其构赏”,“构”字同。

【校文 13】

悉举民室材木、瓦若蔺石数,署长短小大。当举不举,吏有罪。诸吏、卒、民居城上者,各保其左右,左右有罪而不知也,其次伍有罪。若能身捕罪人若告之吏,皆购之。若非伍而先知他伍之罪,皆倍其购赏。

【今译】

民众家中木材、砖瓦与礌石,须悉数申报数目,登记其长短、大小。应予申报而不申报,主事官吏有罪。凡居住城上之官吏、士卒、民众,均必与其左右邻舍构成联保联防组合,左右邻舍有罪而自己竟全然不知,则其所在编伍之邻舍皆有罪。如能亲身捕获罪犯或向官吏报告,皆予以奖赏。如不属于某联保联防组合,而先行得知该联保联防组合之犯罪行为,(上报后)皆加倍奖赏。

【馀论】

此章述城上吏、卒、民实施联保之法。

“诸卒、民居城上者”,岑仲勉原文为解,不加“吏”字,可备一说。以“吏、卒、民”连称者为多,故未取,录以备考。

【原文 14】

城外令[①]任,城内守[②]任。令、丞、尉亡得入当[③],满十人以上,令、丞、尉夺爵各二级;百人以上,令、丞、尉免以卒戍。诸取当者,必取寇虏,乃听[④]之。

【校注】

①令:县令。《集韵·劲韵》:"令,官署之长。汉法:县万户以上为令,以下为长。"《史记·秦本纪》:"县一令。"裴骃集解引《汉书·百官公卿表上》:"万户以上为令,秩千石至六百石。"

②守:郡守,太守,盖即守城主将。《汉书·百官公卿表上》:"郡守,秦官,掌治其郡,秩二千石。……景帝中元二年更名太守。"

③令、丞、尉亡得入当(當):县令、县丞、县尉之下属逃亡,可(以同数俘虏加入)相抵当。"令",县令。"丞",县丞。"尉",县尉。《汉书·百官公卿表上》:"县令、长,皆秦官,掌治其县。万户以上为令,秩千石至六百石。减万户为长,秩五百石至三百石,皆有丞、尉,秩四百石至二百石,是为长吏。"颜师古注:"吏,理也,主理其县内也。"由秩次知"丞"、"尉"皆"令"、"长"之佐官也。"当",敌,相抵,抵当。《说文·田部》:"當,田相值也。"段玉裁注:"引申之,凡相持相抵皆曰当。"《公羊传·庄公十三年》:"然则君请当其君,臣请当其臣。"何休注:"当,敌也。"

④听(聽):许,从。《说文·耳部》:"聽,聆也。"段玉裁注:"耳与声相入为听。引申之,凡顺从曰听。"《广雅·释诂一》:"听,从也。"《吕氏春秋·知士》:"三日而听。"高诱注:"听,许也。"《礼记·曲礼下》:"三谏而不听。"孔颖达疏:"听,从也。"

【校文 14】

同上。

【今译】

城外守备任务由县令担任,城内守备任务由太守担任。县令、县丞、县尉之部下有逃亡者,可用同数俘虏加入本部抵罪。逃亡满十人以上,县令、县丞、县尉各降爵二级;逃亡百人以上,县令、县丞、县尉皆免官,而充任戍卒。取而用作抵罪之人，必为所获敌寇俘虏，方予许可。

【馀论】

此章述县级官长之下属逃亡时，予以治罪和抵罪之规定。

吴毓江将下文自“城下里中家人各葆其左右前后”至“三老在葆宫中者与计事得”凡一百八十二字，以“各本错入《备城门》篇”为由，下移至“城外令任，城内守任”之上，云：“上曰‘诸吏、卒、民居城上者各葆其左右’，下曰‘城下里中家人各葆其左右前后，如城上’，文义相承。城上无前后可言，故上文不言‘前后’也。”于是，形成“守堂下为大楼，高临城，堂下周散道，中应客，客待见，时召三老在葆宫中者，与计事得”，下接“城外令任，城内守任”之格局。而孙诒让又将自“失行德”至“用人少易守”四十三字，以旧本误错入《杂守篇》为由，上移至《备城门》“守堂下为大楼，高临城，堂下周散道，中应客，客待见，时召三老在葆宫中者，与计事得”下。前已约定，本书暂悉遵《閒诂》所订章节、文字先后之次序，不取吴校，录以备考。

【原文 15】

募①民欲财物、粟米以贸易凡②器者，卒以贾予③。邑人知识④、昆弟⑤有罪，虽不在县中而欲为赎，若⑥以粟米、钱金、布帛、他财物免出者，令许之。传言者十步一人，稽⑦留言及乏⑧传者，断。诸可以便事者，亟以疏⑨传言守。吏、卒、民欲言事者，亟为传言请之吏，稽留不言诸⑩者，断。

【校注】

①募：募集，招募。《说文·力部》：“募，广求也。”《集韵·遇韵》：“募，以财使也。”《后汉书·光武帝纪上》：“招募猛士。”李贤注：“募，广求之也。”“募民欲财物、粟米以贸易凡器者”，谓官府募集民众之财物、粟米而民众欲以财物、粟米换取各种器具也。

②凡：最括，众。《说文·二部》：“凡，最括也。从二。二，偶也。从乛，乛，古文及。”《仪礼·士虞礼》：“主人不视豚解。”郑玄注：“主人视牲不视杀，凡为丧事略也。”贾公彦疏：“凡者，众辞。”“凡器”，众器，各种日用器具也。

③卒以贾予：孙诒让云：“此当作‘以平贾予’。”按：“卒”书作“卆”，“卆”、“平”形近而讹。“平”与“以”又倒文。又《杂守》：“皆为置平贾。”孙校是，今

从之。贾,读为价(價),贾、价,古今字。《说文·贝部》:"贾,贾市也。"段玉裁注:"引申之,凡卖者之所得,买者之所出,皆曰贾。"《周礼·天官·序官》:"贾八人。"孙诒让正义:"贾,其字今别为價,古字通以贾为之。""以平贾予",即"以平价予",谓以平价相予也。

④知识:相知相识之人,朋友。《庄子·至乐》:"吾使司命复生子形,为子骨肉肌肤,反子父母、妻子、知识,子欲之乎?"是其例也。

⑤昆弟:兄弟。"昆",兄。《诗·王风·葛藟》:"谓他人昆。"毛传:"昆,兄也。"《尔雅·释言》:"昆,后也。"郭璞注:"谓先后。"郝懿行义疏:"昆者,罤之假借也。"《论语·先进》:"人不间于其父母昆弟之言。"刘宝楠正义:"罤是本字,㮣是隶省,昆则音近假借也。"下文"其有知识、兄弟欲见之,为召",正作"兄弟"。

⑥若:犹或,用为选择连词。详《备城门》12 章注④。

⑦稽:留止,停留。《说文·稽部》:"稽,留止也。"《庄子·天运》:"稽于圣人。"成玄英疏:"稽,留也。""稽留",滞留,停留,谓不及时上闻也。

⑧乏:缺,废。《庄子·天地》:"无乏吾事。"成玄英疏:"乏,阙也。"陆德明释文:"乏,废也。""乏传",废传,谓不为通也。

⑨疏:条疏,条陈。《集韵·御韵》:"疏,条陈也。"《汉书·扬雄传下》:"独可抗疏。"颜师古注:"疏者,疏条其事而言之。""亟",急。详《备城门》4 章注②。

⑩诸:毕沅云:"'诸'当为'请'。"按:"诸"、"请"形近,"请"涉上文"诸可以便事者"之"诸"而讹。"请",读为情。详《迎敌祠》2 章注⑪。

【校文 15】

募民欲财物、粟米以贸易凡器者,以平价予。邑人知识、昆弟有罪,虽不在县中而欲为赎,若以粟米、钱金、布帛、他财物免出者,令许之。传言者十步一人,稽留言及乏传者,断。诸可以便事者,亟以疏传言守。吏、卒、民欲言事者,亟为传言请之吏,稽留不言情者,断。

【今译】

官府募集民众财物、粟米,而民众欲以财物、粟米换取各种日用器具者,应以平价相予,(使官、民两方互不亏欠。)乡邑民众之朋友、兄弟有罪,即使不在本县之中却又想为之赎罪,或以缴纳粟米、钱金、布帛以及其他财物免罪而放出者,应依令许之。上下传话人员,每十步一人,不按时传话和滞留不传者,断罪。凡可以便利行政之意见、建议,应尽速以条陈方式上报太守。官吏、士卒、民众欲向上司进言者,接待或传话人员必尽速将情由报于上级主管吏长,滞留不报有关情由者,亦断罪。

【馀论】

此章述官民货物贸易公平进行,缴纳粟米、钱金、布帛等以求赎罪免责,以及保障下情上达、言事通道顺畅等方面之规定。

"募民欲财物、粟米以贸易凡器者",孙诒让云:"'以'字疑当在'欲'字下。"实则原文亦可通。故不取,录以备考。

【原文16】

县各上其县中豪杰、若①谋士、居②大夫、重厚③口数多少。

【校注】

①若:犹或,用为选择连词。详《备城门》12章注④。

②居:俞樾云:"'居'乃'若'字之误。"按:"居大夫",秦爵有"大夫"、"官大夫"、"公大夫"、"五大夫",未闻"居大夫",显误。"居"当为"若"之形近讹字。王校盖是,可信。

③重厚:即厚重,指为人忠厚、稳重,堪委大任。《墨子》城守诸篇"重厚"一词频出,《备城门》"尉必取有重厚忠信可任事者",下文"保卫必取戍卒有重厚者",皆其例也。

【校文16】

县各上其县中豪杰、若谋士、若大夫、重厚口数多少。

【今译】

各县皆须上报其县中豪杰、或谋士、或大夫以及厚重堪任人士之数目。

【馀论】

此章述太守要求各县上报堪委大任人士之数目。

毕沅云:“重厚言富厚。”可备一说。然未若言人品忠厚稳重之真确,且前后一致,故不取,录以备考。

【原文 17】

官府城下吏、卒、民,家①前后左右相传保火②。火发自燔③,燔曼延④燔人,断。诸以众彊⑤凌弱少及彊奸⑥人妇女以⑦讙譁⑧者,皆断。

【校注】

①家:当为“皆”,由上文“吏、卒、民多心不一者,皆在其将长”可知,而吴抄本、茅本均作“皆”。

②保火:联保防火。上文“慎无敢失火,失火者斩,其端失火以为事者,车裂。……其正及父老有守此巷中部吏,皆得救之”,即言此事。

③燔:烧。《说文·火部》:“燔,爇也。”《诗·小雅·楚茨》:“或燔或炙。”孔颖达疏:“燔者,火烧之名。”

④曼延:即蔓延。“曼,读为蔓。”《汉书·王莽传下》:“遂至延曼连州。”颜师古注:“曼与蔓同。”“燔曼延燔人”,即“燔蔓延燔人”,谓大火引行,连及他人庐室也。

⑤彊:即强。《说文·弓部》:“彊,弓有力也。”《释名·释言语》:“彊,畺也。”王先谦疏证引王先慎曰:“彊,强之本字,盖古强弱字只用彊。”

⑥奸:同姦。《慧琳音义》卷十七引《玄应音义》“奸宄”注引《左传》曰:“在内曰奸,在外为宄。”《周礼·地官·司关》:“犹几。”郑玄注:“不得令姦人出入。”孙诒让正义:“奸,释文作姦,即姦之俗。”亦同奸。吴抄本“彊奸”作“强奸”。

⑦以:犹与,用为并列连词。《诗·邶风·击鼓》:“不我以归。”郑玄笺:“以,犹与也。”

⑧讙譁:即喧哗。详 6 章注④。

【校文 17】

官府城下吏、卒、民,皆前后左右相传保火。火发自燔,燔蔓延燔人,断。诸以众强凌弱少及强奸人妇女以喧哗者,皆断。

【今译】

官府城下之官吏、士卒、民众,尽前后左右互相传信,实施联保防火,失火焚烧自家,甚或大火蔓延,连及他人庐室,处斩。凡以多欺少、以强凌弱、强奸别家妇女与喧哗滋事者,悉行断罪。

【馀论】

此章再述对失火者必处斩刑,以及对以强凌弱、强奸妇女与喧哗滋事者,亦必施重刑之规定。

前"断"字,解为斩首,系因失火罪不可赦。后"断"字,解为"断罪",系因较之失火,以强凌弱、强奸、喧哗,其罪稍轻。详《迎敌祠》2 章注⑭。

【原文 18】

诸城门若亭,谨候[①]视往来行者符,符传[②]疑若[③]无符,皆诣[④]县廷言,请[⑤]问其所使;其有符传者,善舍[⑥]官府。其有知识、兄弟欲见之,为召,勿令里巷中[⑦]。三老[⑧]、守闾令厉缮夫为答[⑨]。若他以[⑩]事者、微者[⑪],不得入里中。三老不得入家人[⑫]。传令里中有[⑬]以羽[⑭],羽在三所差[⑮],家人各令其官[⑯]中,失令若稽留令者,断。家有守者治食。吏、卒、民无符节,而擅入里巷官府,吏、三老、守闾者失苛止[⑰]。皆断。

【校注】

①候:视,视察,伺望。《说文·人部》:"候,伺望也。"《吕氏春秋·贵因》:"武王使人候殷。"高诱注:"候,视也。"《国语·晋语八》:"候遮扞卫不行。"韦昭注:"候,候望。"

②传:过所,传符。《释名·释书契》:"过所或曰传。传,转也,转移所在,执以为信也。"《史记·孝景本纪》:"用传出入。"裴骃集解引张晏曰:"传,若今过所也。"《汉书·宣帝纪》:"得毋用传。"颜师古注:"传,传符也。"

③若:犹或,用为选择连词。详《备城门》12 章注④。

④诣:至。《说文·言部》:"诣,候至也。"《广韵·霁韵》:"诣,至也。"《汉书·杨王孙传》:"未得诣前。"颜师古注:"诣,至也。"

⑤请:问。详 9 章注⑯。"请问",询问也。

⑥舍:居,住。《说文·亼部》:"舍,市居曰舍。"《仪礼·丧服传》:"舍外

寝。”胡培翚正义:“舍亦居也。”《礼记·檀弓上》:“舍于子夏氏。”孔颖达疏:“舍,住也。”

⑦勿令里巷中:苏时学云:“‘令’下脱‘入’字。”按之下文“不得入里中”,苏校是,今从之。

⑧三老:乡官或导引乡亲怀仁向善之老者。详《备城门》73 章注⑤。

⑨令厉(厲)缮夫为答:吴毓江云:“‘厲’,疑当为‘屬’。”按:“厲”、“屬”形近而讹。吴校盖是,可信。“属”,读为嘱,嘱托也。岑仲勉云:“余按‘缮’、‘膳’音同。疑古时管理炊事之人,均可混称膳夫,不定是王官。”按:“缮”读为膳,“缮”、“膳”同以“善”为声符,例可通假。《说文·糸部》:“缮,补也。”朱骏声通训定声:“缮,假借又为膳。”岑校是,今从之。“缮夫”,即为“膳夫”。西周时,或为军政高官,《小克鼎》“王命善(膳)夫克舍命于成周,適正八师之年”之“善夫克”、《吉父簋》“善(膳)夫吉父乍(作)旅簋”之“善夫吉父”,是也,或为大夫家臣,《师晨鼎》“王乎(呼)乍(作)册尹册命师晨足师俗𤔲邑人隹小臣善(膳)夫”之“小臣善夫”,是也。郭沫若谓“疑膳夫职有上下之别”[1],良有以也。春秋战国时,为主膳之官。《国语·周语上》:“膳夫。”韦昭注:“膳夫,上士也,掌王之饮食膳馐之馈食。”《周礼·天官·序官》:“膳夫。”郑玄注:“膳夫,食官之长也。”孙诒让正义:“膳夫,《大戴礼记·保傅篇》又谓之太宰。”“太宰”乃为治官之正,或系西周“善(膳)夫”官职之遗韵。此处,“膳夫”指仆役。

⑩以:用也。《说文·巳部》:“以,用也。”《易·泰》:“不富以其邻。”孔颖达疏:“以,用也。”“以事”,即“用事”,任事也。

⑪微者:身份低微之人。“微”,贱。《书·舜典序》:“虞舜侧微。”孔颖达疏:“其人贫贱谓之微。”

⑫入家人:孙诒让云:“或作‘入家’。”按:“人”字当涉下文“家人各令其官中”之“家人”而衍。孙校盖是,可信。

⑬有:苏时学云:“‘有’,当作‘者’。”按“有”、“者”形近而讹。苏校盖是,可信。

⑭羽:鸟羽,此处指羽书。江淹《萧骠骑解严输黄钺表》:“故乃驰羽江郊。”胡之骥注:“羽,羽书也。”

⑮三所差:苏时学云:“(当作‘三老所’,)‘三’下当脱‘老’字,而‘差’字

〔1〕 郭沫若《金文丛考》第 75 页.北京人民出版社 1952 年版。

即‘老’字之讹，又误倒也。”按：“三所差”，不辞之甚。上句既言“传令里中者以羽”，此句作“羽在三老所”，语意正相衔接，苏校是，今从之。

⑯官：苏时学云：“‘官’，当作‘宫’。”按：“官”、“宫”形近而讹。“宫”，室，家。《说文·宀部》：“宫，室也。”《尔雅·释宫》：“宫谓之室，室谓之宫。”邢昺疏：“古者贵贱所居皆得称宫。是士、庶人皆有宫称也。至秦汉以来，乃定为至尊所居之称。”

⑰苛止：诘问制止。“苛”，苛责，诘问。详3章注⑫。

【校文18】

诸城门若亭，谨候视往来行者符，符传疑若无符，皆诣县廷言，请问其所使；其有符传者，善舍官府。其有知识、兄弟欲见之，为召，勿令入里门中。三老、守闾令属膳夫为答。若他以事者、微者，不得入里中。三老不得入家。传令里中者以羽，羽在三老所，家人各令其宫中，失令若稽留令者，断。家有守者治食。吏、卒、民无符节，而擅入里巷官府，吏、三老、守闾者失苛止，皆断。

【今译】

各城门和路亭，皆须悉心检视往来行人之符信凭证，符信凭证有疑惑或无任何符信凭证，均须送至县衙大廷说明实情，询问其为何人所派；出具符信凭证者，应妥善安置其在官府住下。倘有朋友、兄弟想与其面晤，可为之召来，不可使其本人进入闾里中。（至于其欲面晤三老、守闾一事，因三老、守闾各有职守，不能分身，）三老、守闾可出令嘱托家中仆役之人代为应答。如为其他有事之人以及职位低下者，亦不得进入闾里中。虽身为三老，然不可随意进入百姓之家。向闾里传达命令者，皆用羽书，而羽书按规定保存在三老家中。要求传达至家人之命令必须分别送达其宅中方可。应传达而不传达，或延迟时间而不作传达者，断罪。三老、守闾家中有守备人员备办饭食。官吏、士卒、民众无符节，而擅自闯入里巷官府，官吏、三老和守闾失察而未予苛责与制止，悉行断罪。

【馀论】

此章述对城门、路亭、里巷过往行人检视符信和对闾中、家人传达命令之规定。

"令厉缮夫为答"，难解。孙诒让云："当作'令缮厉矢为答'。《杂守篇》云：'蔺石、厉矢诸材。'可证。"吴毓江校"厉"为"属"，又云："属谓三老所属之人民。夫、答皆守具，故三老令其属修缮治为之。"皆可备一说。然又皆有迂远难中肯綮之嫌。故未取，录以备考。

【原文19】

诸盗①守器械、财物及相盗者，直②一钱以上，皆断。吏、卒、民各自大书于杰③，著之其署同④，守案⑤其署，擅入者，断。城上日壹发席蓐⑥，令相错发⑦。有匿不言人所挟藏在禁中者，断。

【校注】

①盗：窃，偷窃。《说文·皿部》："盗，私取物也。"《庄子·山木》："君子不为盗，贤人不为窃。"郭象注："盗，窃者，私取之也。"下文"相盗"，"盗"字同。"相盗"，偷盗别人财物。

②直：读为值。"值"以"直"为声符，例可通假。《史记·匈奴列传》："直上谷以往者。"司马贞索隐："古字例以直为值，值者，当也。"

③杰(傑)：读为桀。吴抄本正作桀。《韩非子·内储说下》："用鸡猳而郐桀尽。"王先慎集解："桀，一本作傑。"卢文弨云："傑，张本作桀。""桀"通楬。"桀"，上古群母月部字；"楬"，上古亦群母月部字，同音，例可通假。《备梯》"城上晞椐门而直桀"，《备蛾傅》"城上晞薄门而置楬"，"直桀"即"置楬"也。"楬"楬櫫，板书。《说文·木部》："楬，楬桀也。"《周礼·秋官·职金》："楬而玺之。"贾公彦疏："楬，今之板书。"又《天官·典妇功》："物书而楬之。"孙诒让正义："谓以木为杙，而书其价数以附著其物之上，故谓之楬。"

④同：孙诒让云："'同'，当从下文作'隔'。"按之下文"人自大书版，著之其署隔"，孙校是，今从之。

⑤案：即按，视，按察，察行。《广韵·翰韵》："案，察行也。"《淮南子·时则》："案度程。"高诱注："案，视也。""守案其署"，谓太守察行各处官署也。

⑥城上日壹发席蓐：当作"城上三日壹发席蓐"。孙诒让云："'日'上脱'三'字。"按：下文"葆宫三日一发席蓐"，孙校是，今从之。"壹"即一。"一"、"壹"，古今字。《周礼·春官·典命》："其士壹命。"孙诒让正义："《大戴礼

记·朝事篇》壹作一。一、壹,古今字。""蓐",席。《广韵·烛韵》:"蓐,草蓐。"《后汉书·段颎传》:"未尝一日蓐寝。"李贤注引《声类》曰:"蓐,席也。"

⑦错发:参错开发,谓互相打开也。"错",参互,交错。《后汉书·张衡传》:"死生错而不齐兮。"李贤注:"错,交错也。"《汉书·于定国传》:"何以错谬至是。"颜师古注:"错,互也。""发",开,打开。《广雅·释诂三》:"发,开也。"《文选·张衡〈东京赋〉》:"发京仓。"薛综注:"发,开也。"

【校文19】

诸盗守器械、财物及相盗者,值一钱以上,皆断。吏、卒、民各自大书于榻,著之其署隔。守按其署,擅入者,断。城上三日一发席蓐,令相错发,有匿不言人所挟藏在禁中者,断。

【今译】

凡偷盗守城器械、财物或偷盗别人财物者,即使价值仅有一钱以上,亦必判罪,(以示严惩。)官吏、士卒和民众各自大字书写姓名于木板上,悬张于各人治所之隔断。太守巡察其工作岗位,如发现擅自闯入者,必断罪。城上每三日打开席垫一次。并按规定必须相互为对方打开,有为别人挟藏违禁物品而隐匿不报者,亦必治罪。

【馀论】

此章述严惩偷盗及发蓐查禁之事。

"令相错发"之"发"字,岑仲勉释为"换发",云:"'日一发'者是每日收回换发,志在稽查挟藏,防备奸宄,并非每日换发新物。"可备一说,然"换发"太过烦扰,施行非易。故不取,录以备考。

又岑云:"孙诒让据下64(按:指自'守入城'至'其不欲受赏而欲为吏者许之'段),疑'日'上漏'三'字。但此言'城上',彼言'葆宫',情势不同,未可比附。"亦可备一说。然因未另见"日一发"例予以支持,故亦不取,录以备考。

【原文20】

吏、卒、民死者,辄召其人,与次司空[①]葬之,勿令得坐泣。伤甚者令归治病家,善养,予医给药,赐酒日二升、肉二斤,令吏数[②]行闾,视病有瘳[③],辄

造[④]事上。诈为自贼伤以辟[⑤]事者，族[⑥]之。事已，守使吏身[⑦]行死伤家，临户而悲哀之。

【校注】

①次司空：小吏之称，其秩次于都司空。《杂守》："城守司马以上，父母、昆弟、妻子，有质在主所，乃可以坚守。置都司空，大城四人，候二人。县候面一，亭尉、次司空，亭各一人。""次司空"不仅列"都司空"之后，且列"亭尉"（即百长）之后。

②数：频，屡。详1章注④。

③瘳：病愈。《说文·疒部》："瘳，疾瘉（愈）也。"《书·金縢》："王翼日乃瘳。"蔡沈集传："瘳，愈也。"

④造：至。《书·盘庚中》："咸造勿亵在王庭。"孔安国传："造，至也。""辄造事上"，谓即至部队为长官效力也。

⑤辟：读为避。"避"以"辟"为声符，例可通假。《周礼·地官·诵训》："以诏辟忌。"孙诒让正义："辟，与避同。"

⑥族：诛灭三族之重刑。《汉书·高帝纪上》："诽谤者族。"颜师古注："族，谓诛及其族也。""三族"，指父族、母族和妻族。《大戴礼记·保傅》："三族傅之。"卢辩注："三族，父族、母族、妻族也。"一说，父、子、孙为三族。《周礼·春官·小宗伯》："掌三族之别。"郑玄注："三族，谓父、子、孙。"

⑦身：躬身，亲身。详13章注⑨。

【校文20】

同上。

【今译】

官吏、士卒、民众战死者，即召其家人和小吏次司空共同进行安葬，切不可使家人坐哭于葬地，（以免影响士卒作战情绪。）受伤严重者，允其回家治病，妥善调治养伤，官府配备医生，供给药物，每日赐酒二升、肉二斤，并派官吏屡至伤员闾里家中予以抚慰，一俟视得其病痊愈，即劝令其归队，为长官效力。如本人自行伤残，欺诈官府，逃避从役，必处以诛灭父、母、妻三族之重刑。战事已了，太守将委派有关官员亲至死伤士卒家中，对其户属表示悲伤或哀悼之情。

【馀论】

此章述对参战死伤士卒予以抚慰、伤员病愈应回队继续从役以及对欺诈避事者必予严惩等事。

"归治病家"以古文句法论之，即"归而治病于家"，介词"于"省略。《史记·项羽本纪》"军霸上"，亦"军(驻扎)于霸上"之省，同其例也。岑仲勉云："'归治病家'，犹今云'归家治病'，古文文法如此。"殆是而未为精审。

【原文 21】

寇去事已，塞①祷。守以令益②邑中豪杰力斗诸有功者，必身③行死伤者家以吊哀之，身见死事之后。城围罢，主亟发使者往劳，举有功及死伤者数使爵禄，守身尊宠，明白贵之，令其怨结于敌。

【校注】

①塞：读为赛，酬报神明福佑之祭仪也。《管子·小问》："桓公践位，令衅社塞祷。"郭沫若等集校引何如璋云："塞，读为赛。""赛"，酬福祭神也。《说文新附·贝部》："赛，报也。"《慧琳音义》卷六十二"酬赛"注引《文字集略》云："赛，酬福祭神也。"《韩非子·外储说右下》："杀牛塞祷。"王先慎集解："《史记·封禅书》：'冬赛。'司马贞索隐：'赛，谓报神福也。'《汉书》赛并作塞。"

②益：加。《广雅·释诂二》："益，加也。"《庄子·缮性》："谓其无以益其乐而已。"成玄英疏："益，加也。"此处指加赏。《商君书·境内》："能得爵首一者，赏爵一级，益田一顷，益宅九亩。"是其例也。

③身：躬身，亲身。详13章注⑨。下文"身见死事之后"、"守身尊宠"，"身"字皆同。

【校文 21】

同上。

【今译】

敌寇退去，战事已毕，举行酬报神明福佑祭祀典礼。太守下令加赏城邑中豪杰之士和拼死战斗之所有立功人员，并必亲身至死伤士卒家中吊唁致哀，亲自接见死难者之后人。城邑撤围后，太守应旋即差派使者前往慰劳，推举卓有战功者、守城死难者以及伤病者多予授爵加禄，太守亲自对其表示尊宠，并使全城的人明白敬重之，从而使之结怨于敌寇。

【馀论】

此章述城邑解围后，太守对有功将士及死伤士卒之奖赏与抚恤。

"守以令益邑中豪杰力斗诸有功者"之"益"，毕沅云："'益'字疑衍。"苏时学云："'益'字误，或当为'赏'。"皆可备一说。然未若原字为解之心安也。故不取，录以备考。

【原文 22】

城上卒若①吏各保②其左右，若欲以城为外谋者，父母、妻子、同产皆断③。左右知不捕告，皆与同罪④。城下里中家人皆相葆，若城上之数⑤。有能捕告之者，封之以千家之邑；若非其左右及他伍捕告者，封之二千家之邑⑥。

【校注】

①若：犹与、及，并列连词。详《备穴》2 章注⑨。

②保：联保联防。上文"诸吏卒居城上者，各葆其左右"，下文"城下里中家人皆相葆，若城上之数"，述同事而用"葆"，"葆"通"保"。详 13 章注⑥。

③断：处斩。详《迎敌祠》2 章注⑬。

④皆与同罪：即"皆与之同罪"，代词"之"（指代"欲以城为外谋者"及其"父母、妻子、同产"）省略。谓语前介宾词组作状语，常省去代词宾语。详《备城门》29 章注②。

⑤数：道，方式。《读书杂志 · 荀子第六 · 正论》："是不容妻子之数也。"王念孙按："数，犹道也。"

⑥封之二千家之邑：即"封之以二千家之邑"。介词"以"省略。上文"封之以千家之邑"，"以"不省。"封之以二千家之邑"，"以二千家之邑"为介宾词组作动词"封"之补语，与"以二千家之邑封之"同义（"以二千家之邑"为介宾词组作动词"封"之状语），"封之二千家之邑"，"二千家之邑"似为直接宾语。

其实，补语、宾语皆可名曰补足语也。

【校文22】

同上。

【今译】

城上官吏与士卒各与其左右之人结为联保联防组合，如有想与外敌谋划卖城者，其父母、妻子、兄弟悉行斩首。左右知情者不缉捕不上报，皆与之同罪。城下闾里中居家民众亦皆实行联保联防制度，如同城上方式。有能缉捕或上报罪犯者，封给一千户人家之食邑；如罪犯非其左右之人和缉捕上报其他联保联防组合图谋叛城者，封给二千户人家之食邑。

【馀论】

此章述城上城下联保联防制度及知情者捕告与否分别予以赏罚之规定。

章内所述，与13章后半（“诸卒民居城上者，各葆其左右，左右有罪而不知也，其次伍有罪。若能身捕罪人若告之吏，皆购之。若非伍而先知他伍之罪，皆倍其购赏”）略同。

【原文23】

城禁：使①、卒、民不欲寇②微职③和④旌者，断。不从令者，断。非擅⑤出令者，断。失令者，断。倚戟县下城⑥，上下不与众等者，断。无应而妄讙呼者，断。总⑦失者，断。誉客内毁⑧者，断。离署而聚语者，断。闻城鼓声而伍⑨后上署者，断。人自大书版⑩，著⑪之其署隔，守必自谋⑫其先后，非其署而妄入之者，断。离署左右，共入他署，左右不捕，挟私书，行请谒⑬及为行书者，释守事而治私家事，卒民相盗家室⑭、婴儿，皆断，无赦。人举而藉⑮之。无符节而横行军中者，断。客在城下，因数易其署而无易其养⑯。誉敌：少以为众，乱以为治，敌攻拙以为巧者，断。客、主人无得相与言及相藉⑰，客射以书，无得誉⑱，外示内以善，无得应，不从令者，皆断。禁无得举矢书，若⑲以书射寇，犯令者父母、妻子，皆断，身枭⑳城上。有能捕告之者，赏之㉑黄金二十斤。非时而行者，唯守及掺㉒太守之节而使者。

【校注】

①使：孙诒让云："'使'当为'吏'。"按：本篇"吏、卒、民"（或"吏、卒、养"）屡出，"吏、卒、民多心不一者，皆在其将长"、"城上吏、卒、养皆为舍道内"、"诸吏、卒、民非其部界而擅入他部界，辄收"、"诸吏、卒、民居城上者，各保其左右"、"官府城下吏、卒、民皆前后左右相传保火"、"吏、卒、民各自大书于楬"、"吏、卒、民死者，辄召其人，与次司空葬之"，皆其例也。孙校是，今从之。

②不欲寇：当作"下效寇"。孙诒让云："'不'当为'下'，言吏、卒、民在城上者，不得擅下也。'欲'疑'效'之误。"按："下"涉下文"不从令者"之"不"形近而讹。又，按之《大取》"诸圣人所先，为人欲名实"，"欲"亦"效"之形近讹字。孙校盖是，可信。

③微职：即微（徽）识，徽章也。详《旗帜》7 章注①。

④和：军门。《周礼·夏官·大司马》："以旌为左右和之门。"郑玄注："军门曰和，今谓之垒门，立两旌以为之。""和旌"，垒门之两旌也。

⑤非擅：岑仲勉云："'非擅'之'非'，衍文。"按"非擅出令"，遵令之谓，何罪之有？"非"盖涉下文"非其署而妄入之者"、"非时而行者"两"非"字而衍。岑校是，今从之。

⑥倚戟县下城：即"倚戟悬下城"，谓倚戟悬身下城，而不由陛阶也。"县"，即"悬"。详《备城门》3 章注①。

⑦总（總）：读为纵。《急就篇》卷三："承尘户𢅥絛缋总。"颜师古注："总，字或作纵，音义皆同。""总失"，即纵失，谓纵逸罪人也。

⑧誉客内毁：谓称誉敌寇而内自为毁也。"誉"，称誉，称美。《说文·言部》："誉，称也。"段玉裁注："誉，称美也。"《论语·卫灵公》："谁毁谁誉。"朱熹集注："誉者，扬人之善而过其实。""毁"，毁谤，诋毁。《战国策·齐策二》："夏侯章每言未尝不毁孟尝君也。"高诱注："毁，谤。"《论语·卫灵公》："谁毁谁誉。"朱熹集注："毁者，称人之恶而损其真。"

⑨伍：同五。"闻城鼓声而五后上署者，断"，与上文"小鼓五后从军，断"，同其意也。

⑩版：同板。详《备穴》2 章注⑰。此处"版"指板书。详 19 章注③。

⑪著：标注，明书之也。《汉书·张汤传》："受而著谳法廷尉挈令。"颜师古注："著，谓明书之也。"

⑫谋：孙诒让云："'谋'，疑为'课'之误。"按："谋"、"课"形近而讹。

“课”,课试,考察。《说文·言部》:“课,试也。”《楚辞·天问》:“何不课而行之。”王逸注:“课,试也。”《文选·任昉〈王文宪集序〉》:“奏课为最。”刘良注:“课,考也。”

⑬谒:陈,告白。《史记·张仪列传》:“臣请谒其故。”司马贞索隐:“谒,告也,陈也。”

⑭家:妻。《左传·僖公十五年》:“逃归其国而弃其家。”孔颖达疏:“夫谓妻为家。”家室,亦称妻室,即妻也。

⑮藉:读为籍,记录也。《释名·释书契》:“藉,籍也。所以籍疏人名户口也。”《史记·赵世家》:“义再拜,受命而籍之。”司马贞索隐:“籍,录也。谓当时即记录,书之于籍。”

⑯养:厨役。详1章注⑭。

⑰藉:读为借。“相借”,向人借物也。《说文·人部》:“借,假也。”段玉裁注:“古多用藉为借。”《礼记·王制》:“古者公田藉而不税。”郑玄注:“藉之言借也。”

⑱誉(譽):读为举(舉)。“譽”、“舉”同以“與”为声符,例可通假。下文“禁无得举矢书”,正作“举”。《管子·立政九败解》:“人君唯毋听请谒任誉。”戴望校正:“朱本誉作举。”“举”,取也。《大戴礼记·少閒》:“举其前。”王聘珍解诂:“举,取也。”

⑲若:犹与、及,用为并列连词。详《备穴》2章注⑨。

⑳枭:刑名,斩首且悬首于木上也。《汉书·陈汤传》:“又无武帝荐延枭俊禽敌之臣。”颜师古注:“枭,谓斩其首而悬之也。”

㉑之:犹其,“赏之黄金”,即“赏其黄金”。详3章注②、5章注⑫。

㉒摻:“操”之异文。《晏子春秋·外篇第七》:“拥扎摻笔。”孙星衍音义:“摻即操之异文。”“参”或作“叅”,与“喿”字形近,故“操”误为“摻”。《学林》卷十:“草书喿字与參字同形,故晋人书操字皆作摻。”近是而未谛。盖非草书“喿”、“參”同形,实乃“喿”、“叅”形近而讹也。《诗·郑风·遵大路》:“摻执子之袪兮。”马瑞辰传笺通释:“摻,疑操之讹。”甚是。“非时而行者,唯守及操太守之节而使者”,银雀山竹简《守令》(简770)作“非时得行者,唯守……‘守’后文字断残”。《尉缭子·勒卒令》:“鼓失次者有诛,喧哗者有诛,不听金、鼓、铃、旗而动者有诛。”《太白阴经·誓众军令》:“三令而不如法者,吏士之罪也;申明而不如法者,将之过也。先甲三日,悬令於军门,付之军正,使执本宣于六军之众。有犯命者,命军正准令按理而后行刑,使六军知禁而不敢违

也。—漏军事者，斩；漏泄军中阴谋及告事者，皆死。—背军走者，斩；在道及营、临阵同。—不战而降敌者，斩；背顺归逆同。—不当日时后期者，斩；诈事会战同，阻雨雪水火不坐。—与敌人私交通者，斩，籍没其家；言语、书疏同。—失主将者，斩；随从则不坐。—失旌旗、节钺者，连队斩；与敌人所取同。—临难不相救者，斩；为敌所急不相救者同。—诳惑讹言，妄说阴阳、卜筮者，斩；妄说鬼神灾祥以动众者同。—无故惊军者，斩；呼叫奔走，妄言烟尘者同。—遗弃五兵、军装者，斩；不谨固检察者同。—自相窃盗者，斩；不计多少。—将吏守职不平，藏情相容者，斩；理事曲法者同。—以强凌弱，樗蒲（按："樗蒲"，指赌博）忿争，酗酒喧竞，恶骂无礼，於理不顺者，斩；因公宴集醉者不坐。—军中奔走军马者，斩；将军已下并步入营乘骑者同。—破敌先掳掠者，斩；入敌境亦同。—更铺失候，犯夜失号，擅宿他火（按："火"指"火队"，古代兵制单位。十人为"火"，五人为"队"）者，斩；恐奸得计。—守围不固者，斩；罪一火主吏。—不伏差遣及主吏役使不平者，斩；有私及强梁者同。—侵欺百姓，奸居人子女及将妇人入营者，斩；恐伤人，军中慎子女气。—违将军一时一命，皆斩。"亦言犯禁惩处事，皆可作比观。

【校文23】

城禁：吏、卒、民下效寇徽识和旌者，断。不从令者，断。擅出令者，断。失令者，断。倚戟悬下城，上下不与众等者，断。无应而妄喧呼者，断。纵失者，断。誉客内毁者，断。离署而聚语者，断。闻城鼓声而五后上署者，断。人自大书板，著之其署隔，守必自课其先后，非其署而妄入之者，断。离署左右，共入他署，左右不捕，挟私书，行请谒及为行书者，释守事而治私家事，卒民相盗家室、婴儿，皆断，无赦。人举而籍之。无符节而横行军中者，断。客在城下，因数易其署而无易其养。誉敌：少以为众，乱以为治，敌攻拙以为巧者，断。客、主人无得相与言及相借。客射以书，无得举；外示内以善，无得应，不从令者，皆断。禁无得举矢书，若以书射寇，犯令者父母、妻子，皆断，身枭城上。有能捕告之者，赏之黄金二十斤。非时而行者，唯守及操太守之节而使者。

【今译】

守城诸禁令如下：官吏、士卒、民众仿效城下敌寇徽识与军门旌旗者，断罪。不服从军令者，断罪。擅自发出命令者，断罪。不按时传达上司命令者，断罪。(不由阶陛,而)倚戟悬身下城,上城下城方式与众士卒不同者,断罪。无人应答而狂喧怪呼者,断罪。纵逸罪犯者,断罪。对外称美敌寇而对内非毁本部者,断罪。离开治署而聚集乱言者,断罪。听见城鼓击过五通之后方才到达治署报到者,断罪。各人必皆自己大书其名于楬板,显张于各自治署之隔断上,太守须亲自课察其工作岗位之先后,非其治署而妄自进入者,断罪。离开治署左右之人,与人一同进入其他治署,而该治署左右之人不予拘捕,挟带私人信件,行个人请谒,以及为私人传递书信,放弃防守要务而处理私家之事,士卒、民众偷窃别家妻子、婴儿者,悉行断罪,决不赦免。凡有人举报,即登记其姓名和事由。无符节凭证而在军营中随意走动者,断罪。敌寇已到城下,因而常须多次变更治署与岗位,但厨役不需变更。有意称美敌寇之例:敌寇兵将少却言其多者,军纪混乱却言其严明者,攻法拙劣却言其巧妙者,皆断罪。敌我两方士卒不可相互交谈及相互借物。敌寇射来书信,我守备士卒不得拾取,敌寇从外向我示好,我守备士卒不得回应,不服从命令者,皆予断罪。严令禁止我守备士卒拾取敌寇用弓箭射来之书信,亦不得以书信射给敌寇,违反禁令者,其父母、妻小,悉行斩首,且悬尸城上。如有能拘捕上报以上种种罪行者,奖赏其黄铜二十斤。不在规定通行时间内通行者,唯有太守及持有太守所颁符节凭证充任使者之人(,方予特允)。

【馀论】

此章述种种城禁事由及惩处规定。

章内"断"字凡十六出。笔者以为除"禁无得举矢书,若以书射寇,犯令者父母、妻子皆断,身枭城上"之"断"为"斩首"义,由"身枭城上"得知,其罪深重也。其余十五"断"字均为"断罪"义,如"倚戟悬下城,上下不与众等者",违规之例,轻罪耳,岂可重判斩首乎!

本章"人自大书板,著之其署隔,守必自课其先后,非其署而妄入之者,断",与19章"吏、卒、民各自大书于楬,著之其署隔,守案其署,擅入者,断",文字大致相同。应视为重出。此《墨子》城守诸篇非成书于一人一时之又一例证。前已约定,本书暂悉遵《閒诂》所订章节、文字之先后次序,不辄动矣。

【原文24】

守入临城[①],必谨问父老、吏大夫、请[②]有怨仇雠[③]不相解者,召其人,明

白为之解之。守必自异其人而藉④之，孤⑤之。有以私怨害城若吏事者，父母、妻子，皆断。其以城为外谋者，三族⑥。有能得若捕告者，以其所守邑小大封之，守还⑦授其印，尊宠官之，令吏大夫及卒民皆明白知之。豪杰之外多交诸侯者，常请⑧之，令上通知之，善属⑨之，所居之吏上数选⑩具之，令无得擅出入，连质⑪之。术乡长者、父老、豪杰之亲戚、父母⑫、妻子，必尊宠之。若贫人食⑬不能自给食者，上食之。及勇士父母、亲戚、妻子，皆时酒肉⑭，必敬之，舍之必近太守。守楼临质宫⑮而善周⑯，必密涂楼，令下无见上，上见下，下无知上有人无人。

【校注】

①临城：守城。“临”，守。《战国策·西周策》：“君临函谷而无攻。”高诱注：“临，犹守也。”鲍彪注：“临，言以兵至其地。”“守入临城”，谓太守进入所守之城邑也。

②请：孙诒让云：“‘请’，当为‘诸’。”按：下句言“召其人”，则此句不可再言“请有怨仇雠不相解者”。“请”、“诸”显系形近讹字。上文“稽留不言诸者”，“诸”又为“请”之讹字。孙校是，今从之。

③仇雠：仇敌，怨报。《周礼·春官·典瑞》：“谷圭以和难。”郑玄注：“难，仇雠。”贾公彦疏：“仇为怨，雠为报。”周有“调人”之官。《周礼·地官·调人》：“调人掌司万民之难而谐和之。”郑玄注：“难，相与为仇雠。”贾公彦疏：“故古者不禁报雠，而有调和之令。此官主司察而治之。”

④藉：读为籍，记录也。详23章注⑮。

⑤孤：单独，不群。《说文·子部》：“孤，无父也。”段玉裁注：“凡单独皆曰孤。”《史记·老子韩非子列传》：“虽欲为孤豚。”张守节正义：“孤，不群也。”“孤之”，不使其共居一处，以防生事也。

⑥三族：即灭三族。详20章注⑥。

⑦还：复，又。《说文·辵部》：“还，复也。”《荀子·王霸》：“舜禹还至，王业还起。”杨倞注：“还，复也。”“守还授其印”，谓太守复又授其官印也。

⑧请：延请，召请。《广韵·劲韵》：“请，延请。”《汉书·孝宣许皇后传》：“乃置酒请之。”颜师古注：“请，召也。”“常请之”，时常延请之也。《吴子兵法·励士》：“武侯曰：‘致之奈何？’对曰：‘君举有功而进飨之，无功而励之。’于是，武侯设坐庙廷，为三行，飨士大夫。上功坐前行，肴席兼重器上牢；次功

坐中行，肴席器差减；无功坐后行，肴席无重器。飨毕而去，又颁赐有功者父母、妻子于庙门外，亦以功为差。有死事之家，岁使使者劳赐其父母，著不忘于心。”亦言请有功而进飨事，可作比观。

⑨属：聚会，结交。《说文·尾部》：“属，连也。”朱骏声通训定声：“属，会合结聚之意。”《周礼·夏官·大司马》：“属其植。”郑玄注：“属，谓聚会之也。”“善属之”，谓好生结聚之也。

⑩选（選）：读为僎。“選”、“僎”同以“巽”为声符，例可通假。《经义述闻·诗·選徒嚣嚣》：“《车攻》篇：‘選徒嚣嚣’。”王引之按：“選，具也，字本作僎。”“僎”，供具，供给。《说文·人部》：“僎，具也。”段玉裁注：“具者，共（供）具也。”“所居之吏上数选具之”，即“所居之吏上数僎具之”，谓所在地之官长屡屡为其供给所需物品也。

⑪质：质押，作为人质。详《旗帜》2章注⑤。“连质”，谓连质其亲属也。

⑫亲戚、父母：亲族和父母。“亲戚”，既指父母，亦指宗族兄弟。《大戴礼记·文王官人》：“伐名以事其亲戚。”王聘珍解诂：“亲戚，父母也。”又，《逸周书·大开》：“无远亲戚。”朱右曾集训校释：“亲戚，宗族兄弟。”

⑬食：孙诒让云：“此字衍。”按：“若贫人食，不能自给食者，上食之”，文冗赘不晰，上“食”字盖涉下二“食”字而衍。孙校盖是，可信。

⑭皆时酒肉：当作“皆时赐酒肉”。王念孙云：“‘酒肉’上当有‘赐’字，而今本脱之。”按之上文“赐酒日二升、肉二斤”与下文“父母、妻子皆同其官，赐衣食酒肉”，王校是，今从之。

⑮质官：质人之官室，即下文“葆宫之墙必三重”的“葆宫”。

⑯善周：妥善周到，即下文“葆宫之墙必三重，墙之垣，守者皆累瓦釜墙上。门有吏，主诸门、里，管闭必须太守之节。葆卫必取戍卒有重厚者。谨择吏之忠信、无害、可任事者”之意也。

【校文24】

守入临城，必谨问父老、吏大夫、诸有怨仇雠不相解者，召其人，明白为之解之。守必自异其人而籍之，孤之。有以私怨害城若吏事者，父母、妻子，皆断。其以城为外谋者，三族。有能得若捕告者，以其所守邑小大封之，守还授其印，尊宠官之，令吏大夫及卒民皆明知之。豪杰之外多交诸侯者，常请之，令上通知之，善属之，所居之吏上数僎具之，令无得擅出入，连质之。术乡长者、父老、豪杰之亲戚、父母、妻子，必尊宠之。若贫人不能自给食者，上食之。及勇士父母、亲戚、妻子，皆时赐酒肉，必敬之，舍之必近太守。守楼临质宫而善周，必密涂楼，令下无见上，上见下，下无知上有人无人。

【今译】

太守进入所守之城，必定悉心询问城中父老、官吏大夫以及那些旧日积有怨恨仇雠而至今未能消解者，召见双方人等，明白讲清利害关系，为其化解当日之仇怨嫌隙。太守必须躬自将此类人士区别于一般人员，并登录其姓名，使其单独居住或治事。如有因私怨危害士卒守城或官吏行政者，其父母、妻小悉行断罪。更有胆敢出卖城池而与城外敌寇共谋进退者，以夷灭三族之重罪论处。有能发觉叛贼奸情及将其拘捕上报者，即封以与其本人所守城邑大小相同之土地，太守又为之颁授官印，尊宠而给予官职，并使官吏大夫和士卒、百姓明白知晓此事。对外与诸侯多有交结之豪杰之士，应时常予以召请，使上级官吏皆知其情，好生与之结交。其居住地官长应不断为之供给所需物品，并使之不要擅行出入，又连同其亲属作为人质。乡邑之长者、父老、豪杰之亲戚、父母、妻小，亦必对其尊宠照料，如有贫穷不能糊口者，官吏应负起供养责任。至于勇士之父母、亲戚、妻小，皆需经常配发酒肉，并对其极表尊敬之意，安排其住在太守官署附近。此外，太守行政大楼必须临近人质居室，而且防卫措施妥善周到，必以泥埴密涂楼墙，使楼下不得见楼上，而楼上可得见楼下，因而楼下无从得知楼上是否有人。

【馀论】

此章述太守须亲做城内父老、吏大夫、诸有怨仇雠者之矛盾化解工作，并对捕告叛贼有功者以及豪杰、勇士给予优恤待遇等事。

“术乡长者、父老、豪杰之亲戚、父母、妻子”句，王引之云：“‘父母’二字，皆后人所加也，古者谓父母为亲戚，故言亲戚则不言父母，后人不达，故又加‘父母’二字耳。篇中言‘父母妻子’者多矣，皆不言‘亲戚’。下文有‘亲戚妻子’，则但言‘亲戚’而不言‘父母’，是‘亲戚’即‘父母’也。”按《墨子》书“亲戚”多指父母。本篇上引文句之前，多言“父母”。此句及下文“及勇士父母、亲戚、妻子，皆时赐酒肉”，方以“父母”、“亲戚”连言。或“亲戚”为父母，最初之义也。稍后又扩及“亲族兄弟”之义。此《墨子》城守诸篇非成于一人一时之又一例证也。王校或失之少拘。故不取,录以备考。

【原文 25】

守之所亲,举吏贞廉、忠信、无害①、可任事者,其饮食酒肉勿禁,钱金、布帛、财物各自守之,慎勿相盗。葆宫之墙必三重,墙之垣②,守者皆累瓦釜墙上③。门有吏,主者门、里④,筦⑤闭必须太守之节。葆卫⑥必取戍卒有重厚者。请⑦择吏之忠信者⑧、无害、可任事者。

【校注】

①无害:公平、正直,对人全无伤害。《史记·萧相国世家》:“萧相国何者,沛丰人也。以文无害,为沛主吏掾。”裴骃集解引《汉书音义》:“文无害,有文无所枉害也。律有无害都吏,如今言公平吏。”“吏贞廉、忠信、无害、可任事者”,即“贞廉、忠信、无害、可任事之吏”,“贞廉、忠信、无害、可任事”为“吏”之后置定语,又加特殊代词“者”作为标志词。

②垣:墙。此处指外小墙。《慧琳音义》卷十二“壖垣”注:“垣,外小墙也,外郭也。”

③守者皆累瓦釜墙上:谓守卫人员皆将瓦质量器釜之碎片堆嵌于墙上(,以免有人翻墙出走)。“釜”,瓦质量器名。《楚辞·卜居》:“瓦釜雷鸣。”蒋骥注:“釜,量名,以瓦为之。”《左传·昭公三年》:“豆区釜钟。”杜预注:“釜,六斗四升。”

④主者门、里:读作“主诸门、里”,谓负责守备所有城门与里巷也。“者”,读为“诸”,“诸”以“者”为声符,例可通假。《大戴礼记·卫将军文子》:“道者孝悌。”孔广森补注:“者,读为诸,古音相近通用之。”

⑤筦:即管。《说文·竹部》:“筦,筟也。”朱骏声通训定声:“筦,假借为管。”“管”,读为关。详《备穴》5 章注⑰。“筦闭”,即关闭,谓关闭城门也。

⑥葆卫:即保卫。“葆”,通“保”。详 13 章注⑥。

⑦请:孙诒让云:“‘请’,疑‘谨’之误。”按:此述军中命令规约,系指令口气,不必以“请”表谦。“谨”以形近讹为“请”。孙校盖是,可信。

⑧者:孙诒让云:“‘者’字当衍。”按之上文“举吏贞廉、忠信、无害、可任事者”,孙校是,今从之。

【校文 25】

守之所亲，举吏贞廉、忠信、无害、可任事者，其饮食酒肉勿禁，钱金、布帛、财物各自守之，慎勿相盗。保宫之墙必三重，墙之垣，守者皆累瓦釜墙上。门有吏，主诸门、里，关闭必须太守之节。保卫必取戍卒有重厚者。谨择吏之忠信、无害、可任事者。

【今译】

太守之亲近者，必推荐彼坚贞、廉洁、忠义、诚信、毫无害人之心、完全可以胜任工作之官吏，其饮食、酒肉之用，不必加以限制，金钱、布帛、财物各自保管，小心谨慎，以防被盗。人质居地保宫，其墙必有三重，最外一重为小墙，守卫者尽将瓦质量器釜之碎片堆嵌其上，（以免有人越墙出逃。）门上设主管官吏，负责守备所有城门与里巷。关闭城门必须太守所颁符节凭证。保宫侍卫必选稳重忠厚之士卒担任。必须悉心挑选忠诚可信、毫无害人之心、完全可以胜任工作之官吏出来执政。

【馀论】

此章述推荐贞廉、忠信、无害、可任事者为胥吏、固修保宫并配备重厚戍卒担任侍卫等事。

首句“守之所亲，举吏贞廉、忠信、无害、可任事者”，与末句“谨择吏之忠信、无害、可任事者”语涉重复。此《墨子》城守诸篇非一人一时所作之又一例证也。

【原文 26】

令将卫①，自筑十尺之垣，周还②墙，门、闺者③，非令卫司马门④。

【校注】

①令将卫（衛）：接上章末句“谨择吏之忠信、无害、可任事者”而续言吏之所用。“令将卫”，谓令其统领防卫士卒也。“将”，统领，率领。《说文·寸部》：“将，帅也。”《集韵·阳韵》：“将，领也。”《史记·秦始皇本纪》：“王弟长安君成峤将军击赵。”张守节正义：“将，犹领也。”“卫”，侍卫，护卫。《说文·

行部》:“卫,宿卫也。”《文选·左思〈魏都赋〉》:“司卫闲邪。”吕向注:“卫,侍卫也。”

②还:读为环。《说文·糸部》:“缳,落也。”段玉裁注:“还、环,古今字。古用还,不用环。”《大戴礼记·夏小正》:“羊有相还之时。”孔广森补注:“还,读为环,围聚也。”“周还墙”,即“周环墙”。

③门、闺者:“门者、闺者”之省文,指守大门及闺门之人。“闺”,小门。详《备城门》9章注②。

④司马门:营之外门。《文选·扬雄〈羽猎赋〉》:“尔乃虎路三嵕以为司马。”刘良注:“营外之门曰司马。”

【校文26】

令将卫,自筑十尺之垣,周环墙,门、闺者,非令卫司马门。

【今译】

使入选之官吏统领防卫士卒,自筑十尺高墙,墙垣环绕房舍四周。防卫大门与防卫小门之士卒(各司其职,)并非令其防卫军营外之司马门。

【馀论】

此章述入选官吏统领士卒,职任防卫,或筑垣,或卫门,职责分明。

“非令卫司马门”,孙诒让云:“‘非’,疑当为‘并’,官吏卒卫葆宫之门闺者,并令卫司马门,犹上文云‘门将并守他门’也。”可备一说。然‘非’如字解亦通,故不取,录以备考。

【原文27】

望气[1]者舍必近太守,巫[2]舍必近公社[3],必敬神之。巫、祝、史[4]与望气者,必以善言告民,以请[5]上报守,守独知其请而已。无与望气[6]妄为不善言,惊恐民,断,弗赦。

【校注】

①望气:古代占卜方法,望云气以附会人事,预言吉凶祸福。详《迎敌祠》2章注①。

②巫:巫师,肃事鬼神以解病请福者。详《迎敌祠》2章注⑦。

③公社:后土之祭所。详《迎敌祠》2章注⑩。

④祝、史:太祝、太史。太祝掌六祝之辞,以事鬼神,求福祥。太史掌祭祀、历数、法典等。详《迎敌祠》4章注①。

⑤请:读为情。《墨子》书多以"请"为"情"。详《迎敌祠》2章注⑪。下文"以请上报守","请"字同。

⑥无与望气:当作"巫与望气者"。王引之云:"'无',即上文'巫'字,因声同而误。"苏时学云:"'望气'下当有'者'字。"按之上文"望气者舍必近太守","巫、祝、史与望气者",王、苏校是,今从之。

【校文27】

望气者舍必近太守,巫舍必近公社,必敬神之。巫、祝、史与望气者必以善言告民,以情上报守,守独知其情而已。巫与望气者妄为不善言,惊恐民,断,弗赦。

【今译】

望云气以占测人事者,其居地必须邻近太守署所,巫师居地必须邻近后土祭所,对后土应敬而神之。巫师、太祝、太史和望气者必以吉利之言告知民众,以实情上报太守,太守本人了解此种实情而已,(不许外传。)如巫师、望气者妄自编造不吉利之言,惊骇恐吓民众,立斩,决不赦罪。

【馀论】

此章再述对望气者及巫、祝、史之管理方法。

全章所述与《迎敌祠》"凡望气……巫必近公社,必敬神之。巫、卜以情报守,守独知巫、卜望气之情而已。其出入为流言,惊骇恐吏民,谨微察之,断,罪不赦。望气舍近守官"文字几乎全同。揣其意,当为《迎敌祠》篇文,此篇当为重出之文。然前已约定,本书暂悉遵《閒诂》所订章节、文字先后之次序,不辄动矣。

【原文28】

度[①]食不足,食[②]民各自占[③]家五种[④]石升数。为期,其在薄害[⑤],吏与杂

訾[⑥]，期尽匿不占，占不悉[⑦]，令吏卒敫[⑧]得，皆断。有能捕告，赐什三。收[⑨]粟米、布[⑩]帛、钱金，出内[⑪]畜产，皆为平直其贾[⑫]，与主券人书之[⑬]。事已，皆各以其贾倍偿之。又用其贾贵贱、多少赐爵，欲为吏者许之，其不欲为吏，而欲以受赐赏爵禄，若赎出亲戚、所知罪人者，以令许之。其受构[⑭]赏者令葆宫[⑮]见，以与其亲[⑯]。欲以复佐上者，皆倍其爵赏。"某县某里某子家食口二人，积粟六百石"[⑰]，"某里某子家食口十人，积粟百石"。出粟米有期日，过期不出者王公有之，有能得若告之，赏之十三。慎无令民知吾粟米多少。

【校注】

①度：揆度，估计。详《备城门》70章注①。

②食：日本秋山校本作"令"。按"令"，盖涉上文"度食不足"之"食"形近而讹。秋山校是，今从之。

③占：隐度，自相估量。《汉书·食货志下》："各以其物自占。"颜师古注："占，隐度也。"《文选·张衡〈思玄赋〉》："占水火而妄讯。"李善注："占，谓自隐度而言也。""令民各自占"，谓使民众自相估量（所存粮食多少）而上报也。

④五种：即五谷（榖），或指黍、稷、菽、麦、稻。《周礼·夏官·职方氏》："其畜宜六扰，其谷宜五种。"郑玄注："五种，黍、稷、菽、麦、稻。"或指黍、稷、菽、麦、麻。《逸周书·职方》："正北曰并州……其谷宜五种。"孔晁注："五种，黍，稷、菽、麦、麻。"

⑤蓴害：当为"簿书"。孙诒让云："'蓴害，疑当作'薄者'。"按：《墨子》城守诸篇"専""尃"相讹之字每多见之，形近故也。《备高临》"左右缚弩皆于植"，"缚"为"缚"之讹字，《备蛾傅》"若轉，攻卒击其后"，"轉"为"傅"之讹字，皆其例也。此处，"蓴"当作"蒪"。陆本正作"蒪"。"蒪"，"薄"之省文。"薄"，读为簿。"薄"、"簿"同以"溥"为声符，例可通假。《尔雅·释训》："凡曲者为罶。"郭璞注："凡以薄为鱼笱者。"陆德明释文："薄，本今作簿。"《札迻·商子·境内第十九》："五人来薄为伍。"孙诒让按："薄，古簿字。"孙校"蓴"为"薄"（簿）是，今从之。而"害"与"者"形不相近，恐非是。吴毓江云："'害'，疑'書'字之讹。"按："害"、"書"形近而讹。吴校是，今从之。

⑥吏与杂（雜）訾：谓吏长参与共同计量也。"与"，读为预，参与。《广韵·御韵》："与，参与。"《汉书·苏武传》："武以故二千石与计谋立宣帝。"

颜师古注："与，读曰预。""杂"，共同。《玉篇·隹部》："杂，同也。"《大戴礼记·哀公问五义》："杂于云蜺。"王聘珍解诂："杂，共也。""訾"，计量。《韩非子·外储说右下》："訾之人二甲。"王先慎集解："量财货曰訾，量民之贫富亦曰訾。"

⑦占不悉：旧本作"占悉"。王引之云："'占悉'当作'占不悉'。"按："占悉"，守法之为，吏卒不需微察，更不能断罪。下文既言"皆断"，明系"占不悉"获罪。《史记·平准书》"匿不自占，占不悉"，正作"占不悉"。王校是，今从之。"占不悉"，自估而不尽其数。

⑧敚：旧本作"款"。王引之云："'令吏卒款得'，当作'令吏卒敚得'。"按："敚"以形近讹作"款"。王校盖是，可信。"敚"，即微。《说文·人部》："敚，眇也。"段玉裁注："凡古言敚妙者，今之微妙字，微行而敚废矣。"又《彳部》："微，隐行也。"段玉裁注："微，敚之假借字也。""微"，伺察也。详《迎敌祠》2 章注⑬。"期尽匿不占，占不悉，令吏卒微得，皆断"，谓到期匿而不自估家谷之数，或自估而不尽数，令吏卒伺察而发现，皆必断罪也。《史记·平准书》："各以其物自占，匿不自占，占不悉，戍边一岁，没入缗钱。"殆用《墨子·号令》之遗法也。

⑨收：旧本作"牧"。王念孙云："'牧'当为'收'字之误也。"按之《备城门》"牧诸盆罋"、《备高临》"以磿鹿卷牧"，"牧"皆"收"之形近讹字，王校是，今从之。

⑩布：旧本"布"下脱"帛"字。王念孙增"帛"字。按之上文"若以粟米、钱金、布帛、他财物免出者，令许之"、"钱金、布帛、财物各自守之，慎勿相盗"，皆"布帛"连言，王校是，今从之。

⑪内：读为纳。内、纳，古今字。详《备城门》77 章注⑪。

⑫皆为平直其贾：即"皆为平值其价(價)"。"直"，读为值，详 19 章注②。贾，即價，贾、價，古今字。详 15 章注③。下文"皆各以其贾倍偿之"、"又用其贾贵贱、多少赐爵"，"贾"字皆同。

⑬与(與)主券人书之：谓予物主以证券，书数量、价值于其上也。"与"，读为予，给予也。《说文·舁部》："与，党与也。"朱骏声通训定声："与，假借又为予。"《韩非子·外储说右下》："庆赏赐与。"王先慎集解："与，当作予。""主券人"，物主也。

⑭构：读为购，赏也。详 13 章注⑪。

⑮葆官:即质官,人质所居之室。详24章注⑮。

⑯以与其亲:谓以亲与其双亲。"与",相亲与也。《论语·微子》:"吾非斯人之徒与而谁与?"邢昺疏:"与,谓相亲与。""亲",双亲,父母也。《史记·晋世家》:"失君之亲。"张守节正义:"亲,父母也。"

⑰某县某里某子家食口二人,积粟六百石:谓某县邑某闾里某人家人口二人,贮积粟米六百石也。此即上文"令民各自占家五种石升数"之样式也。

【校文28】

度食不足,令民各自占家五种石升数。为期,其在簿书,吏与杂訾。期尽匿不占,占不悉,令吏卒微得,皆断。有能捕告,赐什三。收粟米、布帛、钱金,出纳畜产,皆为平值其价,与主券人书之。事已,皆各以其价倍偿之。又用其价贵贱、多少赐爵,欲为吏者许之,其不欲为吏,而欲以受赐赏爵禄,若赎出亲戚、所知罪人者,以令许之。其受购赏者令保宫见,以与其亲。欲以复佐上者,皆倍其爵赏。"某县某里某子家食口二人,积粟六百石,""某里某子家食口十人,积粟百石"。出粟米有期日,过期不出者王公有之,有能得若告之,赏之十三。慎无令民知吾粟米多少。

【今译】

估计城中粮食不足,便须使民众各自私下估量家中所存作为军粮缴纳之五谷数量。确定某一统缴期限,所有应缴人家与数量均登记簿册之上,相关官吏参与共同计量。规定日期已过,仍隐匿不作认缴,或虽认缴而非全部,让官吏士卒伺察而知,悉行断罪。如有能拘捕告发其人其事者,给予举报数目十分之三之奖励。官府征收粟米、布帛、金钱,进出畜产品,皆必为之公平定其价值,且将写明所征物品数量与价值之证券交予物主。守城战事结束,尽数各以其书定价值之双倍偿付。又可依凭当时物价高低、数量多少,赐予相应官爵,有欲为官者,应予允许,不欲为官而欲接受赐赏官爵与俸禄,或赎出亲戚朋友中负罪之人,依法给予允许。彼荣受奖赏者,可使其至保宫相见,借以亲与其父母双亲。如有愿将官府偿付物品再度奉献官府者,皆必加倍封爵赐赏。登记缴纳应征军粮于簿册之格式为:"某县邑某闾里某人家人口二人,贮积粟米六百石"、"某闾里某人家人口十人,贮积粟米一百石"。缴纳粟米作为军粮有时间限制,逾期不缴者,没收而为王公所有,有能发觉隐藏自家粟米不予认缴并上报官府者，赏以其中之十分之三。所应审慎者，毋使民众得知官府所存粟米之实数(，以免影响守城将士对敌作战之情绪)。

【馀论】

此章述征收军粮于民家之若干规定。

“为期，其在簿书”，岑仲勉易作“为其期，在簿书”，云：“为其期，为定缴纳之期限也。”可备一说，然原文亦通，故未取，录以备考。

“吏与杂訾”，岑仲勉云：“訾、赀音同字通，《汉书·景帝纪》‘今訾算以上乃得官’，颜师古云‘訾读与赀同’，亦即后世之‘资’。‘吏与杂资’，犹言吏偿以相当之值，但不限定一物。”亦可备一说。“訾”如字解亦通，毋需通假求解。故亦未取，录以备考。

【原文29】

守入城，先以候①为始，得辄宫养之，勿令知吾守卫之备。候者为异宫，父母、妻子皆同其宫，赐衣食酒肉，信吏善待之。候来若复②，就閒③，守宫三难④，外环隅为之楼，内环为楼，楼入葆宫丈五尺为复道⑤。葆⑥不得有室。三日一发席蓐⑦，略视之，布茅宫中，厚三尺以上。发候，必使乡邑忠信、善重士，有亲戚、妻子，厚奉资之。必重发候，为养其亲若妻子，为异舍，无与员⑧同所，给食之酒肉。遣他候，奉资之，如前候。反，相参审信⑨，厚赐之。候三发，三信，重赐之。不欲受赐而欲为吏者，许之二百石之吏⑩。守珮⑪授之印。其不欲为吏而欲受构赏禄⑫，皆如前。有能入深至主国⑬者，问之审信，赏之倍他候。其不欲受赏，而欲为吏者，许之三百石之吏。扞⑭士受赏赐者，守必身自致之其亲之其亲之所⑮，见⑯其见守之任。其欲复以佐上者，其构赏、爵禄、罪人⑰倍之。

【校注】

①候：斥候，伺望，此处指伺望敌情者。详《备城门》3章注⑯。

②候来若复：谓伺望敌情者归来并复命也。“若”，犹与、及，用为并列连词。详《备穴》2章注⑨。“复”，回告，复命。《广韵·宥韵》：“复，告也。”《周礼·天官·宰夫》：“诸臣之复。”贾公彦疏：“复是报白之义。”

③閒：岑仲勉云：“余按‘閒’实‘问’之讹。”按之下文“问之审信，赏之倍他

候”,岑校是,今从之。“就閒”,当作“就问”,谓就而接受守将询问也。

④难(難):孙诒让云:“‘難’,当为‘雜’。”按之《杂守》“堑再杂,为悬梁”,孙校是,今从之。“杂”,匝。《广韵·合韵》:“杂,匝也。”《吕氏春秋·圜道》:“圜周复杂。”高诱注:“杂,犹匝。”“守宫三难”,当作“守宫三杂”,即“守宫三匝”,谓守宫墙必三匝,上文“葆宫之墙必三重”之意也。

⑤复(復)道:楼阁间架空之上下两重通道,俗称“天桥”。“復”,读为複。《说文·衣部》:“複,重衣貌。”段玉裁注:“複与復义近,故书多用復为複。”“復道”,即複道。《史记·刘敬叔孙通列传》:“孝惠帝为东朝长乐宫,及间往,数跸烦人,乃作複道,方筑武库南。”裴骃集解引韦昭曰:“複道,阁道也。”

⑥葆:即“葆宫”,承上句“楼入葆宫丈五尺为复道”之“葆宫”而省“宫”字也。

⑦席蓐:席垫。详19章注⑥。

⑧员:音yún,众,众人。《广韵·释诂三》:“员,众也。”岑仲勉云:“员,众也。”甚是。

⑨相参审信:谓相互参验情悉信实也。“参”,验,比验。《史记·礼书》:“参是岂无坚革利兵哉。”司马贞索隐:“参者,验也。”“审”,悉。《战国策·秦策一》:“言不审亦当死。”鲍彪注:“审,悉也。”

⑩二百石之吏:岁俸二百石之官吏。

⑪珮:即佩。《玉篇·玉部》:“珮,本作佩。”《初学记》卷二十六引蔡谟《毛诗疑字议》:“以为佩者,服用之称;珮者,玉器之名。称其服用则字从人,名其器则字从玉。”“守珮授之印”,即“守佩授之印”,谓太守佩戴王公所颁徽识授其印玺,即上文“守还授其印”之意也。

⑫禄:孙诒让云:“‘禄’上疑当有‘爵’字。”按之上文“其不欲为吏,而欲以受赐赏爵禄,若赎出亲戚、所知罪人者,以令许之”,下文“其购赏、爵禄、赎出罪人倍之”,孙校是,今从之。

⑬主国:国都。“国”,都也。《吕氏春秋·明理》:“有狼入于国。”高诱注:“国,都也。”“主国”,犹主都,首都之义也。此处指敌国国都。“有能入深至主国者”,谓候中有能深入敌国国都之人也。

⑭扞:亦作“捍”,拒扞,扞御也。《左传·成公二十年》:“此公侯所以扞城其民也。”孔颖达疏:“扞者,扞御寇难。”“扞士”,捍卫城池之战士也。

⑮致之其亲之其亲之所:当作“致之其亲之所”。苏时学云:“(后)‘其亲

之’三字误重。”按之上文“其受购赏者令保宫见，以与其亲”，苏校是，今从之。“致”，至也。《广韵·至韵》：“致，至也。”《周礼·天官·大宰》：“听其致事。”孙诒让正义引《礼记·礼器》郑玄注：“致之言至也。”（前）“之”，犹于，用为介词。详《备高临》1 章注⑤。

⑯见：苏时学云：“上‘见’字疑当作‘令’。”按，“令”涉下文“其见守之任”之“见”而讹，苏校盖是，可信。

⑰罪人：孙诒让云：“‘罪人’上当有‘赎出’二字。”按之上文“其不欲为吏，而欲以受赏赐爵禄，若赎出亲戚、所知罪人者”，孙校是，今从之。

【校文 29】

守入城，先以候为始，得辄宫养之，勿令知吾守卫之备。候者为异宫，父母、妻子皆同其宫，赐衣食酒肉，信吏善待之。候来若复，就问，守宫三杂，外环隅为之楼，内环为楼，楼入保宫丈五尺为复道。保不得有室。三日一发席蓐，略视之。布茅宫中，厚三尺以上。发候，必使乡邑忠信、善重士，有亲戚、妻子，厚奉养之。必重发候，为养其亲若妻子，为异舍，无与员同所，给食之酒肉。遣他候，奉资之如前候。反，相参审信，厚赐之。候三发，三信，重赐之。不欲受赐而欲为吏者，许之二百石之吏。守佩授之印。其不欲为吏而欲受购赏、爵禄，皆如前。有能入深至主国者，问之审信，赏之倍他候。其不欲受赏而欲为吏者，许之三百石之吏。扞士受赏赐者，守必身自致之其亲之所，令其见守之任。其欲复以佐上者，其购赏、爵禄、赎出罪人倍之。

【今译】

太守入城执政，先从挑选伺察敌情之人员开始，一俟选定，立即安置于保宫予以供养，切记不可使其了解我方守卫设施状况。伺察人员各自住在不同居所内，其父母、妻小与之同其居所，供给衣食酒肉，委派可信官吏好生接待他们。伺察人员伺察敌情归来并复命，即往官府接受太守之询问。太守之宫室围墙三重，外围墙和内围墙皆建瞭望楼屋，它们契入保宫一丈五尺，而有上下复道，（便利通行。）保宫内不得再建内室。每三日打开席垫一次，略作检查。保宫中满铺茅草，其厚三尺以上。派遣伺察人员，必须使乡邑中忠诚可信、善良厚重者充当，他们有父母、妻小，应予丰厚供养。必须十分重视派遣伺察人员一事，为受派伺察人员供养父母及妻小，使之别有住处，不可与众人同其居所，并要供给酒肉佳食。派遣其他伺察人员时，所给之供奉资用，一如前此伺察人员之数。伺察人员返回，（对其所提供之情报，）经过互相参验，悉数属实，应予重赏。如伺察人员三次受遣，而三次提供情报皆信实不虚，必加重赏。不愿接受赏赐而愿为官者，许其为年俸二百石谷米之吏，太守还将亲佩王公所颁徽识，（以正式身份）为其授印。那些不愿为官而愿接受奖赏爵禄者，其赏赐同前。如有能深入敌国国都（刺取情报）者，经询问悉数信实，其赏赐双倍于其他伺察人员。那些不愿接受赏赐而愿为官者，许其为年俸三百石谷米之吏。扞城立功并接受赏赐之勇士，太守必亲自到其父母住所致意，使其得见太守之信任（真实不虚）。那些愿将所得赏赐再度奉献官府者，其赏赐、爵禄以及可赎出罪人之数皆必加倍以酬。

【馀论】

此章述厚待伺察人员及扞城勇士之若干规定。

“布茅宫中，厚三尺以上”句，孙诒让云：“未详其用。”岑仲勉云：“太抵古无床架，常睡地上，故铺草特厚。”其说近是，盖席下铺草，以防潮防寒，草上又敷席，避草沾牵，且以跪坐也。“寒”字古文作（寒姒鼎）、（说文），或作人在宀中茻上，或作人在宀中仌（凝冰）上，以茻保暖，情景宛如图绘也。

章内“（遣他候……厚赐之。候三发，三信，重赐之。）不欲受赐而欲为吏者，许之二百石之吏。其不欲为吏而欲受购赏、爵禄，皆如前。……其不欲受赏而欲为吏者，许之三百石之吏。……其欲复以佐上者，其购赏、爵禄、赎出罪人倍之”，与上章“（又用其价贵贱、多少赐爵，）欲为吏者许之，其不欲为吏，而欲以受赐赏爵禄，若赎出亲戚、相知罪人者，以令许之……欲以复佐上者，皆倍其爵赏”，虽爵赏缘由不同，但施以爵赏部分之文字大致相同。此《墨子》城守诸篇非成于一人一时之又一例证也。

【原文 30】

出[①]候无过十里，居高便所树表[②]，表三人守之，比[③]至城者三表，与城上烽燧[④]相望，昼则举烽，夜则举火。闻寇所从来，审[⑤]知寇形必攻，论小城不自守通者[⑥]，尽葆[⑦]其老弱、粟米、畜产。遣卒候者无过五十人。客至堞，去之。慎无厌建[⑧]。候者曹[⑨]无过三百人，日暮出之，为微职[⑩]。空队[⑪]、要

塞之人所往来者，令可□[12]迹[13]者，无下里三人，平而迹[14]。各立其表，城上应之。候出越陈[15]表，遮[16]坐郭门之外内，立其表，令卒之半居门内，令其少多无可知也[17]。即有惊[18]，见寇越陈去[19]，城上以麾[20]指之，迹坐击缶期，以战备[21]，从麾所指。望见寇，举一垂[22]；入竟[23]，举二垂；狎[24]郭，举三垂；入郭，举四垂；狎城，举五垂。夜以火，皆如此。去郭百步，墙垣、树木小大尽伐除之。外空井[25]，尽窒之，无令可得汲也。外空窒尽发之[26]，木尽伐之。诸可以攻城者尽内[27]城中，令其人各有以记之，事以[28]，各以其记取之。事[29]为之券，书其枚数。当遂[30]材木不能尽内，即烧之，无令客得而用之。

【校注】

①出：旧本作“士”。王引之云：“‘士’，当作‘出’。”按之下文“候者曹无过三百人，日暮出之”、“候出越陈表”，王校是，今从之。

②表：木表，立竿。《管子·君臣上》：“犹揭表而令之止也。”尹知章注：“表，谓以木为标，有所告示也。”此处指“捶表”，即桔槔状烽架端头之烽。互详注㉒。

③比：及。《孟子·梁惠王上》：“比其反也。”孙奭音义：“比，及也。”“比至”，及至也。

④熢燧：即烽燧，边地告警之烟火。夜曰烽，昼曰燧。“熢”，同烽。《说文·火部》：“熢，燧，候表也。边有警则举火。”朱骏声通训定声：“字亦作烽。”《列女传·孽嬖传》：“幽王为烽燧大鼓。”王圆照补注：“烽，烽火，夜曰烽，昼曰燧。”

⑤审：详，详审。《广韵·寑韵》：“审，详审也。”《书·顾命》：“兹予审训命汝。”江声集注音疏：“审，详也。”“审知寇形必攻”，谓详知敌寇布军形势必定攻我也。

⑥论小城不自守通者：谓思虑小城内不能自守，亦不能外通于大城也。“论”，读为仑，思，考虑。《广雅·释诂二》：“仑，思也。”王念孙疏证：“惀并与仑通。”

⑦葆：读为保。详13章注⑥。

⑧建：读为券。“建”，上古见母元部字；“券”，上古溪母元部字，声相近，韵相同。例可通假。“券”，读为倦。《说文·刀部》：“券，契也。”朱骏声通训定声：“券，假借为倦。”《札迻·晏子春秋·外篇不合经术者第八》：“立命而建

事。”孙诒让按：“建，与券声近字通。建事，谓厌倦于事也。”“慎无厌建”，即“慎无厌倦”，谓当谨慎而毋厌倦于事也。

⑨曹：辈，群，组。《说文·曰部》：“曹，狱之两曹也。”段玉裁注：“曹之引申为辈也、群也。”《史记·黥布列传》：“乃率其曹偶。”司马贞索隐：“曹，辈也。”

⑩微职：即徽识。详《旗帜》7章注①。

⑪队：读为隧。详《备城门》7章注①。“空队”，即空隧，幽径也。

⑫□：缺字。王引之补“以”字。云：“（‘人所往来者，令可□迹者’）当作‘人所往来者，令可以迹，迹者’。”按之《杂守》“皆令可以迹”、“可以迹知往来者少多”，王校是，今从之。

⑬迹：或作“跡”，踪迹，追迹。《说文·辵部》：“迹，步处也。”《周礼·地官·序官》：“迹人。”郑玄注：“迹之言跡，跡，知禽兽处。”《汉书·季布传》：“汉求将军急，迹且至臣家。”颜师古注：“迹，谓寻其踪迹也。”

⑭平而迹：王引之云：“‘平’下脱‘明’字。”按之《杂守》“距阜山林，皆令可以迹，平明而迹”，王校是，今从之。“平明”，拂晓之时。《荀子·哀公》：“君昧爽而栉冠，平明而听朝……日昃而退。”是其例也。

⑮陈：读为田。“陈”，上古澄母真部字；“田”，上古定母真部字，声近韵同，例可通假。《史记·田敬仲完世家》：“以陈字为田氏。”司马贞索隐：“陈、田声相近。”此处“陈表”，《杂守》作“田表”，是其例也。“陈表”即“田表”，谓郭外之木表也。

⑯遮：遏，断。《说文·辵部》：“遮，遏也。”《广韵·麻韵》：“遮，断也。”《国语·晋语八》：“候遮扞卫不行。”韦昭注：“遮，遮罔也。昼则候遮，夜则扞卫。”“候遮”，即遮候，亦即斥候。“遮”，通“斥”。“遮”，上古章母鱼部字；“斥”，上古昌母铎部字，声相近，韵亦相近（阴入对转），例可通假。“斥候”，侦伺，伺察。《释名·释船》：“五百斛以上还（环）有小屋曰斥候。”王先谦疏证补引叶德炯曰：“斥候，古望楼，此因船有望楼，故取其义以名之。”

⑰令卒之半居门内，令其少多无可知也：旧本“半”作“少”，“无可知也”作“无知可也”。王引之云：“此当作‘令卒之半居门内，令其少多无可知也’。”按：茅本正作“无可知也”。又《杂守》作“卒半在内，令多少无可知”。上文“慎无令民知吾粟米多少”，同其意也。王校是，今从之。

⑱惊（驚）：读为警。详5章注①。“即有惊”，即“即有警”，谓若出现警情

也。“即”，犹若，用为假设连词。详《备城门》26章注⑤。

⑲去：当作“表”。孙启治点校云：“‘表’，原误‘去’。据毕沅刻本改。”

⑳麾：将旗。详7章注③。

㉑迹坐击缶期，以战备：当作“遮坐击鼓整旗以备战”。苏时学云：“‘迹坐’，当从上文作‘遮坐’，‘击’下脱‘鼓’字，谓坐而击鼓也。‘缶期以战备’当从《杂守篇》作‘整旗以备战’。”按：“迹坐”不辞，“迹”当为“遮”，形近而讹。“见寇越田表，城上以麾指之”，正当用鼓催勇之时，“击”下应补“鼓”字，构成动宾词组“缶鼓”，正与其下动宾词组“缶（整）期（旗）”组成联合式扩充词组。《杂守》“城上以麾指之，斥步鼓整旗（按：‘步’当为‘坐’，又脱‘击’字）”，正有“鼓”字。“缶”即“正”，“正”读为“整”，“整”以“正”为声符，例可通假。《孙子·军争》：“无要正正之旗。”李筌注：“正正，齐整也。”《管子·弟子职》：“右手执烛，左手正栉。”郭沫若等集校引王筠云：“正，读如整，整理之也。”“以战备”，《杂守》正作“以备战”。苏校是，今从之。

㉒垂：系于桔槔状烽架端头之烽。陈梦家《汉简缀述》：“《汉书音义》曰：‘边方备警急，作高土台，台上作桔槔，桔槔头有兜零（按：兜零，笼也），以薪草置其中，常低之，有寇即燃火举之以相告曰烽；又多积薪，寇至即燔之，望其烟曰燧。昼则燔燧，夜则举烽。他（按：指王国维）以为，汉时塞上告警烽燧之外，尚有不燃之烽，引《汉书音义》为证，说‘浑言之，则烽表为一物，析言之，则燃而举之谓之烽，不燃而举之谓之表，夜则举烽，昼则举表，烽杆三丈，上著兜零，举之足以代燔燧矣。’（《流沙坠简考释》2.20－21）‘……举一帜……夜以火如此数’（《墨子·旗帜篇》），‘举一垂……夜以火皆如此’（《墨子·号令篇》）；举一烽……夜以火如此数（《墨子·杂守篇》）。……甘氏《天文占》曰：‘权举烽，远近沉浮，权四星，在辕尾西。边地警备，烽候相望，虏至则举烽火十丈，如今之井桔槔，大锤其头，若惊急燃火放之。权重本低则末仰，人见烽火。’……烽架之状若井桔槔，其法类秤。古代之秤作天平式，在柱之上横一横木竿，等距离两端，一系所秤物，一系砝码即权、铨、锤。……《玉篇》以为秤锤即权。但《天文占》的比拟，以‘权四星’在辕‘尾’，而‘大锤其头’应指辕‘头’，权重本低是辕尾向下而辕头（末）上举，‘燃火放之’的‘之’应指‘大锤其头’的‘头’，则所燃为锤即在头上的一团薪草。如此则未举火以前的桔槔，其本或尾上系权在高处，而其末或头系低处，可能用绳索引下之，放索则权重而头举。……在桔槔头的烽，《墨子》书中又称之为‘垂’。《号令篇》曰：‘望见寇，举一垂；入境，举二垂……’《杂守篇》曰：‘望见寇，举一

烽;入境,举二烽……'又曰:'其事急者引而上下之'。由此可证,垂即烽而可引而上下之。此垂即'大锤其头'之'锤'。"[1]"锤",通"垂"。《札迻·六韬·虎韬·军用三十一》:"铜筑,固为垂。"孙诒让按:"垂、锤字通。"《非儒下》:"巧垂作舟。"孙诒让《閒诂》引毕沅云:"《太平御览》作锤。"显见,"锤"即此处之"垂",亦即《杂守》"守表者三人,更立捶表而望"之"捶表"。"望见寇,举一垂;入境,举二垂;狎郭,举三垂;入郭,举四垂;狎城,举五垂",举垂以表敌寇之远近也。《通典·兵五·守拒法》:"城上立四表,以为候视。若敌去城五六十步,即举一表,撞梯逼城,举二表,敌若登梯,举三表,欲攀女墙,举四表,夜举火如表。"亦言举表告敌寇远近事,可作比观。

㉓竟:读为境。竟,境,古今字。《说文·音部》:"竟,乐曲尽为竟。"段玉裁注:"竟,俗别制境字。"《周礼·夏官·掌固》:"凡国都之竟有沟树之固。"孙诒让正义:"《说文》无境字,古境界字皆以竟为之。"《杂守》"入境,举二烽",正作"境"。

㉔狎:近。《说文·犬部》:"狎,犬可习也。"段玉裁注:"狎,引申为凡相习之称。"《礼记·曲礼上》:"贤者狎而敬之。"郑玄注:"狎,习也,近也,谓附而近之,习其所行也。"

㉕外空井:王引之云:"'外空井',当作'外宅井'。"按之《杂守》"外宅沟井可窴塞","宅"以形近讹作"空"。王校是,今从之。"外宅井,尽窒之,无令可得汲也",谓城外人家之井,悉数填塞之,毋使敌人得汲而用水也。《通典·兵五·守拒法》:"凡敌欲攻,即去城外五百步内井、树、墙、屋,并填除之。井有填不尽者,投药毒之。木石砖瓦,茭刍百物,皆收之。入不尽者,并焚除之。"亦言清野事,可作比观。

㉖外空窒尽发之:王引之云:"'外空窒',当作'外宅室'。"按:"宅"以形近讹作"空"。详注㉓。'窒',读为"室","窒"、"室"古常互通。详《备城门》11章注⑥。"发",读为废。"废"以"发"为声符,例可通假。《广雅·释诂四》:"废,置也。"王念孙疏证:"发与废声近而义同。"《庄子·列御寇》:"曾不发药乎?"郭庆藩集解:"发、废古同声通用字。""外空窒尽发之",即"外宅室尽废之",谓城外人家之屋室皆废毁之也。《杂守》"寇薄发屋伐木",亦此意也。

㉗内:读为纳。详《备城门》77章注⑪。下文"当遂树木不能尽内","内"

---

〔1〕 详陈梦家《汉简缀述》第171-173页,中华书局1980年版。

字同。

㉘以：即已。详11章注②。

㉙事：即吏。古文“吏”、“事”、“史”、“使”本为一字，作（佚870），（彧鼎）、（石鼓）。《说文·史部》：“事，职也。从史，之（㞢）省声。，古文事。”“”，盖即“吏”字也。

㉚遂：道也。《说文·辵部》：“遂，亡也。”朱骏声通训定声：“遂，道也，与衔略同。”《史记·苏秦列传》：“禽夫差于干遂。”司马贞索隐：“遂者，道也。”

【校文30】

出候无过十里，居高便所树表，表三人守之，比至城者三表，与城上烽燧相望，昼则举烽，夜则举火。闻寇所从来，审知寇形必攻，论小城不自守通者，尽保其老弱、粟米、畜产。遣卒候者无过五十人。客至堞，去之。慎无厌倦。候者曹无过三百人，日暮出之，为徽识。空隧、要塞之人所往来者，令可以迹，迹者，无下里三人，平明而迹。各立其表，城上应之。候出越田表，遮坐郭门之外内，立其表，令卒之半居门内，令其少多无可知也。即有警，见寇越田表，城上以麾指之，遮坐击鼓整旗以备战，从麾所指。望见寇，举一垂；入境，举二垂；狎郭，举三垂；入郭，举四垂；狎城，举五垂。夜以火，皆如此。去郭百步，墙垣、树木小大尽伐除之。外宅井，尽窒之，无令可得汲也。外宅室尽废之，木尽伐之。诸可以攻城者尽纳城中，令其人各有以记之。事已，各以其记取之。吏为之券，书其枚数。当遂材木不能尽纳，即烧之，无令客得而用之。

【今译】

派出伺察敌情人员不超过十里之外，在地势较高并便于目及之处树立木表（桔槔状烽火架）作为标识，每一木表差三人守护。从目及之最远处至城邑之间共立三处标识，与城上烽火台遥遥相望，昼间则烧烟或举捶表（燃而举为烽，不燃而举为捶表），夜间则燃举烽火。如得知敌寇来自何方，详知其必定攻我之形势，考虑到我小城内不能自守而外亦不能通于大城之实际情况，应悉数保护城中老弱、粟米和畜产，（不使受到侵害。）一次所派出之伺察人员，不能超过五十人。当敌人攻至城外矮墙时，伺察人员立即从原地撤离而入城邑中，大家（应勉力从事，）切勿表现厌倦，（以免误事。）伺察人员之群体不超过三百人即可，日暮时分派出，使皆如令佩戴各自之徽识。幽径、要塞等人所经常往来之地，皆派去伺察敌寇踪迹之士卒，每一里路程之内不少于三人，黎明时分即开始追迹工作。他们各自树立捶表以为标识，城上士卒立即对其做出回应。伺察人员出城越过田野树立捶表，坐守郭门外内之伺察人员，亦树立捶表，（与之联络。）安排半数士卒守在郭门之内，使敌寇无从知道我防守人数之多少。若出现警情，看到敌寇越过田野所树捶表，城上便用旗帜指挥，伺察敌人踪迹之士卒旋即坐而击鼓并整旗，做好准备，一切行动悉遵城上旗帜指挥。望见敌寇，举一笼烽或捶表；敌寇入境，举二笼烽或捶表；敌寇临近城郭，举三笼烽或捶表；敌寇进入外城，举四笼烽或捶表；敌寇临近内城，举五笼烽或捶表。夜间则燃举烽火，敌寇离城远近与所举烽火之多少，如昼间举笼烽或捶表之数。离外城百步以内地带，墙垣、树木无论高低或大小，悉予拆除或砍伐。城外人家之水井，悉予填塞，使敌寇无从汲用。城外人家之屋室悉予废毁，林木悉予砍伐。凡可用以攻城之物件悉数收纳于城中，可令主人各有记录自家物品之家庭账页。战事结束后，各自依据所记物件及其数量领取回家。官吏应为其开具证券，其上写明物件数目。当道木材不能悉数收纳于城中，应予焚毁，勿使敌寇得而用之。

【馀论】

此章述派候、树表、烽燧报警及清野等事。

“慎无厌建”之“建”，诸家所解有异。孙诒让云：“又《杂守篇》作‘唯弇逮’，则疑‘建’即‘逮’之形误。‘逮’与‘怠’音近古通。”持“建”读为券（倦）与“逮之讹”两解，未能定其孰是，岑仲勉径取“逮”字说，云：“厌逮，吴（按：吴毓江云：‘“建”当从《杂守篇》作“逮”。“厌逮”犹“淹怠”。’此孙氏后说也）以为淹迟、怠缓，犹未彻底。余按古音厌、淹相同，逮、滞亦甚近，淹滞即淹留也。”（此亦孙氏后说也）然“逮”、“怠”相通，苦无书证，故不取，录以备考。

“举一垂”之“垂”，岑仲勉云：“（‘垂’）与燧音甚相近，举一垂即举一燧也。”可备一说。然亦苦无书证，故亦不取，录以备考。

王引之云：“‘垂’当为‘表’。上文言候者各立其表，则此所举者皆表也。又此文曰：‘望见寇，举一垂；入竟，举二垂；狎郭，举三垂；入郭，举四垂；狎城，举五垂’，即上文所谓‘比至城者五表（按：原文为“三表”，王云：“‘三表’当为

‘五表’”)也。则‘垂’字明是‘表’字之讹。隶书‘表’字作‘表’，‘垂’字或作垂，见《汉鲁相韩勑造孔庙礼器碑》，二形略似，故‘表’讹作‘垂’。又按《杂守篇》‘守表者三人，更立捶表而望’，当作‘更立表而望’，盖一本误作‘垂’，一本正作‘表’，而校书者误合之。浅人不知‘垂’为‘表’之误，又妄加手旁耳。”俞樾云：“‘垂’者，‘郵’之坏字，‘郵’即‘表’也。……《墨子》书多古言，《杂守篇》‘捶表’，即‘郵表’也。‘郵’误为‘垂’。后人妄加手耳。”皆可备一说。然一谓“表讹为垂”，一谓“郵即表”，又均无书证，故皆不取，录以备考。

【原文 31】

人自大书版[1]，著之其署忠[2]。有司出其所治，则从[3]淫之法，其罪射[4]。务色谩岳[5]，淫嚣[6]不静，当路尼[7]众，舍事后就，踰时不宁[8]，其罪射。讙嚣駴[9]众，其罪杀。非上不谏，次[10]主凶言，其罪杀。无敢有乐器、弊骐[11]军中，有则其罪射。非有司之令，无敢有车驰、人趋，有则其罪射。无敢散牛马军中，有则其罪射。饮食不时，其罪射。无敢歌哭于军中，有则其罪射。令各执罚尽杀，有司见有罪而不诛，同罚，若或逃之，亦杀。凡将率斗其众失法，杀。凡有司不使去[12]卒、吏民闻誓令，代之服罪。凡戮人于市，死上目行[13]。

【校注】

①版：同板，楬板也。详 19 章注③。

②忠：读为中。《诸子平议·管子五》：“忠人之和。”俞樾按：“忠，当读为中。”“人自大书板，著之其署中”，即上文“吏、卒、民各自大书于楬，著之其署隔”之意也。

③从：读为纵，放纵也。《论语·八佾》：“从之，纯如也。”邢昺疏：“从，读曰纵，谓放纵也。”“从淫”，即纵淫，谓放纵淫欲也。

④射：孙诒让以为“聅”字之讹。按：“射”原作“䠶”，“弓”以形近误为“身”，而作“躲”，“躲”、“聅”形近而讹。孙校是，今从之。“聅”以矢贯耳，轻刑也。《说文·耳部》：“聅，军法以矢贯耳也。从耳从矢。《司马法》曰：‘小罪聅，中罪刖，大罪刭。’”下文“其罪射”、“有则其罪射”，“射”字皆同。

⑤务(務)色谩岳：当作“矜色谩正”。苏时学谓“務”疑当作“矜”。按：“矜”以形近讹作“務”。苏校盖是，可信。“矜”，自大。《礼记·表记》：“不矜而庄。”郑玄注：“矜，谓自尊大也。”“谩”，欺诳。《汉书·王子侯表》：“(离石

侯绾)坐上书谩。”颜师古注:“谩,欺诳也。”“矜色谩正”,谓骄矜气色欺谩正人也。

⑥淫嚣:过度喧嚣。“淫”,过度。《诗·周南·关雎序》:“不淫其色。”孔颖达疏:“淫者,过也。过其度量谓之淫。”“嚣”,喧嚣。《广韵·宵韵》:“嚣,喧也。”《左传·成公十六年》:“在陈而嚣。”杜预注:“嚣,喧哗也。”

⑦尼:音 nǐ,定,止,阻。《尔雅·释诂》:“尼,定也。”《孟子·梁惠王上》:“止或尼之。”朱熹集传:“尼,止之之意也。”

⑧宁:谒告,请假。《汉书·高帝纪上》:“高祖尝告归之田。”颜师古注引李斐曰:“休谒之名,吉曰告,凶曰宁。”

⑨駴:同骇,惊骇。《周礼·夏官·大司马》:“鼓皆駴。”孙诒让正义:“駴,即骇之俗。”

⑩次:读为恣。“恣”以“次”为声符,例可通假。《节用上》:“于民次也。”孙诒让云:“次, 读为恣。”《汉书·地理志下》:“揟次。”颜师古注引孟康曰:“次,诸本作恣 。”“恣”,放恣,恣肆。《说文·心部》:“恣,纵也。”《淮南子·主术》:“所以禁民使不得自恣也。”高诱注:“恣,纵也。”“次主凶言”,即“恣主凶言”,谓傲恣上司屡出不利之言也。

⑪獘骐:吴毓江云:“‘獘骐’,读为‘蔽綦’。”按:“獘”、“蔽”同以“敝”为声符,“骐”、“綦”同以“其”为声符,例可通假。《小尔雅·广言》:“蔽,断也。”朱彬训纂:“蔽,又通作獘。”《说文·马部》:“骐,马青骊文如博綦也。”吴说是,今从之。“蔽”,又通“簙”。《说文·艸部》:“蔽,蔽蔽,小艸也。”朱骏声通训定声:“蔽,假借又为簙。”“簙”,局戏。《说文·竹部》:“簙,局戏也,六箸十二綦也。”“簙”一作博。《广韵·铎韵》:“簙,书本多单作博。”“綦”,博綦。《说文·木部》:“綦,博綦。”《方言》卷五:“簙(博)谓之蔽,或谓之綦。围綦谓之弈。”是“獘骐”即蔽綦,亦即簙(博)綦。《楚辞·招魂》:“菎蔽象綦,有六簙(博)些。”即其例也。

⑫去:俞樾云:“‘去’,乃‘士’字之误。”按之上文“诸吏、卒、民居城上者”、“官府,城下吏、卒、民”、“吏、卒、民死者”、“吏、卒、民效寇徽识和旌者”、“令吏大夫及卒、民皆明知之”,皆“吏、(士)卒、民”并言,“士卒”亦“卒”也。俞校是,今从之。

⑬死上目行:孙诒让云:“疑当作‘死三日徇’。”按:“死”,读为尸。《说文·死部》:“死,澌也,人所离也。”朱骏声通训定声:“死,假借为屍(尸)。”《吕

氏春秋·离谓》:“人得其死者。”毕沅新校正:“死与尸同。”“上”,古文作二,“二”,古文作二,“三”,古文作三,二讹作二,又讹作三。“日”亦以形近讹作“目”。“徇”亦以形近讹作“行”。“徇”,“徇”之本字,行示也。详5章注③。孙校盖是,可信。“死上目行”,当作“尸三日徇”,谓肆尸三日以徇,即上文“(离守者)三日而一徇”之意。

【校文31】

人自大书板,著之其署中。有司出其所治,则纵淫之法,其罪耿。矜色谩正,淫嚣不静,当路尼众,舍事后就,逾时不宁,其罪耿。喧嚣骇众,其罪杀。非上不谏,恣主凶言,其罪杀。无敢有乐器、蔽棊军中,有则其罪耿。非有司之令,无敢有车驰、人趋,有则其罪耿。无敢散牛马军中,有则其罪耿。饮食不时,其罪耿。无敢歌哭于军中,有则其罪耿。令各执罚尽杀,有司见有罪而不诛,同罚,若或逃之,亦杀。凡将率斗其众失法,杀。凡有司不使士卒、吏民闻誓令,代之服罪。凡戮人于市,尸三日徇。

【今译】

每人皆大书姓名于楬板上,悬于各自治所中,官吏发布治军惩处法条,则有:放纵淫欲之惩处法令为以箭穿耳。骄矜气色,欺诳正人,过事喧闹,不得安静,当路阻止众人行走,舍弃本职事务,过时方草率补就,逾时到岗,又不请假,其罪亦为以箭穿耳。喧嚣无忌,惊骇四众,其罪为杀头。私下非议上司,而不直面进谏,恣意傲视上司,屡出不吉利之语,其罪亦为杀头。军中不能留有供娱乐之乐器、博棋之类,违令者,其罪亦为以箭穿耳。如非上司之令,军中不得驾车奔驰、共人疾行,违令者,其罪亦为以箭穿耳。军中不得放逸牛马,违令者,其罪亦为以箭穿耳。不按规定时间饮食,其罪亦为以箭穿耳。不得在军中唱歌与哭泣,违令者,其罪亦为以箭穿耳。明令官吏各自从严执行惩处条令,依令当杀者尽杀之,如执法官吏明知其人有罪而不予治罪,与罪犯同罪受罚,如唆使罪犯逃逸,其罪亦为杀头。凡将帅不按兵法要求指挥士卒参与战斗者,其罪亦为杀头。凡不使士卒和吏、民与闻誓词禁规者,(如有人违令犯罪,)由其代为服罪。凡处死于街市者,必肆尸三日以示众。

【馀论】

此章述军中若干惩处条令。

“次主凶言”之“主”，岑仲勉校作“出”，云：“余谓‘恣主’得为‘恣出’之讹，即任意发表不利之言论。”可备一说。然不改亦通，故不取，录以备考。

【原文 32】

谒者侍令门外①，为二曹②，夹门坐，铺食更③，无空。门下谒者一长④，守数令入中，视其亡者⑤，以督门尉与其官长，及亡者入中报。四人夹令门内坐，二人夹散门⑥外坐。客见，持兵立前，铺食更，上侍者名⑦。守室下高楼⑧，候者望见乘车若骑卒道⑨外来者，及城中非常者，辄言之守。守以须⑩城上候城门及邑吏来告其事者⑪以验之，楼下人受候者言，以报守。中涓⑫二人，夹散门内坐，门常闭，铺更食。中涓一长者。环守宫之术衢，置屯道⑬，各垣其两旁，高丈，为埤院，立初鸡足置⑭，夹挟视葆食⑮。而⑯札书得，必谨案⑰视参食⑱者，节⑲不发，正请⑳之。屯陈垣外术衢街皆楼㉑，高临里中，楼一鼓、聋灶㉒。即有物故㉓，鼓，吏至而止。夜以火指鼓所。城下五十步一厕，厕与上同圂。请㉔有罪过而可无断者，令杼㉕厕利之。

【校注】

①谒者侍令门外：谓掌管传达之众吏员在太守官署门外侍守也。“谒者”，掌管宾客接待、通报、请谒之官吏。详 9 章注⑩。“侍”，承接，给侍。《说文·人部》：“侍，承也。”徐锴系传：“侍，承其不及也。”《书·冏命》：“其侍御仆从罔匪正人。”蔡沈集传：“侍，给侍左右也。”“令门”，守令（太守）官署正大门。

②曹：辈，群，组。详 30 章注⑨。“为二曹”，（谒者）分为两组。

③铺食更：读作“餔更食”，谓进食时换值也。“铺”，读为餔，食也。详 9 章注⑧。“更”，相代。《后汉书·明帝纪》：“亦复是岁更赋。”李贤注：“更，谓戍卒更相代也。”

④谒者一长：当作“谒者一长者”。王引之云：“‘长’下当有‘者’字，而今脱之。”按之下文“中涓一长者”，王校是，今从之。

⑤亡（亾）者：逃亡者，逋者。“亡”，逃匿。《说文·亾部》：“亾，逃也。从入从乚（按：乚，即隐）。”段玉裁注：“亡之本义为逃。引申之则谓失为亡，亦谓死为亡。”“亡者入中报”，即上文“上逋者名”之意也。

⑥散门:侧门,边门。“散门”与“令门”相对而言,既守令(太守)治所正大门名“令门”,则非正大门(侧门或边门)名散门,此情理中事也。

⑦名:旧本作“民”。孙诒让云:“今依道藏本、茅本正。”按之上文“上逋者名”,孙校是,今从之。

⑧守室下高楼:当作“守堂下为高楼”。孙诒让云:“‘室’当为‘堂’之误。‘高’上疑当有‘为’字”。按之《备城门》“守堂下为大楼,高临城”,孙校是,今从之。

⑨道:从。详1章注①。

⑩须:待。《易·归妹》:“归妹以须。”陆德明释文:“须,待也。”

⑪候城门及邑吏来告其事者:即城门之候及来告其事之邑吏。“城门”为“候”之后置定语,“来告其事”为“邑吏”之后置定语,又加特殊代词“者”作为标志词。

⑫中涓:主通请谒兼知清洁洒扫之事之侍从官名。详9章注②。

⑬屯道:守戍之道。“屯”,守戍。《左传·哀公元年》:“夫屯。”陆德明释文:“屯,守也。”《管子·轻重乙》:“请以令发师置屯籍农。”尹知章注:“屯,戍也。”

⑭立初鸡足置:当作“立勿鸡足置”。孙诒让云:“此上下文有脱误。‘初’,疑‘勿’之误。”按之《公孟》“公孟子戴章甫搢忽”,旧本“忽”作“恕”。孙校盖是,可信。“立恕鸡足置”,即“立勿鸡足置”,谓立物不可如鸡距状之配置,势不牢稳也。

⑮夹挟视葆食:孙诒让云:“此有脱误,疑当作‘卒夹视葆舍’。”按:“卒”、“夹”(夾)形近而讹。“挟”,读为夾。《说文·大部》:“夾,俾持也。”朱骏声通训定声:“挟,假借又为夹。”《广雅·释诂四》:“挟,捕也。”王念孙疏证:“挟,古通作夹。”“葆”,通保。详13章注⑥。“食”、“舍”形近,义亦相关,易混。如“馆”又作“舘”。孙校盖是,可信。“夹挟视葆食”,即“卒夹视保舍”,谓士卒夹监保宫也。

⑯而:犹如,用为假设连词。详8章注③。

⑰案:即按,视,按察,察行。详19章注⑤。

⑱参食:王念孙云:“‘参食’,当作‘参验’。”按:“验”,省作“佥”,又以形近讹作“食”。《杂守》“吏所解皆札书藏之,以须告之至,以参验之”,正作“参验”。王校是,今从之。

⑲节(節):读为即。详《备城门》35 章注②。“即”,犹若,用为假设连词。详《备城门》26 章注⑤。

⑳请:问,诘问。详 9 章注⑯。

㉑屯陈垣外术衢街皆楼:孙诒让云:“‘楼’上疑脱‘为’字。”按之《备城门》“守堂下为大楼”,上文“守堂下为高楼”,孙校是,今从之。“屯陈”,屯道。“陈”,径,途。《集韵·真韵》:“陈,堂下径。”《诗·小雅·何人斯》:“胡逝我陈。”毛传:“陈,堂途也。”“屯陈垣外术衢街皆为楼”,谓守戍专道与墙外之巷道街衢皆筑楼屋也。

㉒聋灶:即垄灶,如垄之灶。详《备城门》21 章注①。

㉓物故:事故,情况。“物”,犹事。《易·家人·象传》:“君子以言有物。”孔颖达疏:“物,事也。”“即有物故”,如有事故也,“即”,犹若,用为假设连词。详注⑲。

㉔请:孙诒让云:“‘请’,亦当为‘诸’之误。”按:“请”、“诸”形近而讹。又上文“请有怨仇雠不相解者”,“请”亦“诸”之形近讹字。孙校是,今从之。

㉕杼:读为抒。《方言》卷二:“杼首,长首也。”钱绎笺疏:“杼、抒、眝、竚义相同也。”《楚辞·哀时命》:“杼中情而属诗。”旧注:“杼,一作抒。”“抒”,清除。《左传·文公六年》:“难必抒矣。”杜预注:“抒,除也。”孔颖达疏:“字有声近而为训者,抒声近除,故为除也。”“令杼厕利之”,即“令抒厕利之”,谓令其(指“诸有罪过而可无断者”)清除厕所之滞塞而通利之也。

【校文 32】

谒者侍令门外,为二曹,夹门坐,餔食更,无空。门下谒者一长者,守数令入中,视其亡者,以督门尉与其官长,及亡者入中报。四人夹令门内坐,二人夹散门外坐。客见,持兵立前,餔食更,上侍者名。守堂下为高楼,候者望见乘车若骑卒道外来者,及城中非常者,辄言之守。守以须城上候城门及邑吏来告其事者以验之,楼下人受候者言,以报守。中涓二人,夹散门内坐,门常闭,餔食更。中涓一长者。环守宫之术衢,置屯道,各垣其两旁,高丈,为埤院,立勿鸡足置,卒夹视保舍。而札书得,必谨按视参验者,即不法,正请之。屯陈垣外术衢街皆为楼,高临里中,楼一鼓、垄灶。即有物故,鼓,吏至而止。夜以火指鼓所。城下五十步一厕,厕与上同圂。诸有罪过而可无断者,令抒厕利之。

【今译】

掌管传达之众吏员谒者在太守官署正大门外侍守，分为两组，夹门而坐，用餐时分换岗，不可出现空缺。门下之谒者由一位长者领班，太守经常令其进入官署中，检视谒者中逃亡失岗者，用以督察门尉与其官长，并将逃亡失岗者名单报至署中。两组谒者中，有四名夹正大门而坐于内，两名夹边门而坐于外。宾客前来求见，吏员即刻持兵器立于其前，用餐时分换岗，并报告侍者姓名。在太守治署大堂下建高大楼屋，伺察人员望见从外进署之乘车或骑马士卒，与城中所出现之异常情况，旋即上报太守。太守等待城上所设之城门情报人员与前来汇报事由之县邑官吏分别提供之事实（与高楼上伺察人员之报告）相验证，高楼下吏员听取伺察人员所言情况后，亦须上报太守。另外设置两名传语侍从名中涓者夹散门坐于其内，门扇常闭，用餐时分换岗。中涓亦由一长者领班。环绕太守官署之街道，必特辟守戍专用道，专用道两侧砌墙，墙高一丈，上有齿状垛口。砌造墙垛，切记两旁勿出如鸡距状之横墙，（以求牢稳，）并利士卒夹监住有人质之保宫。如收到文书信件，须谨慎审视，且与其他相关材料参互验证，若有不合法规之处，应及时加以修正或提出质问。守戍专用道、墙垣外之巷道街衢两侧俱建楼屋，居高临下，监视闾里之中。楼上设一鼓和一垄灶，（鼓以警众，灶以举火。）如有情况，当即击鼓，直至官吏到来为止。夜间以火指示击鼓之方所。城下每五十步置一公厕，城下公厕与城上公厕共一粪池。凡有罪过而一时又不能断罪者，遣其清除厕所滞污，使之通利便用。

【馀论】

此章杂述谒者之制、太守听取候报之制、中涓之制、太守治署警戒之制、札书处理之制以及遣犯有罪过而可无断者罚令清厕之制。

“立勿鸡足置”句，岑仲勉移至“鼓所”下，作“夜以火指，鼓所立，勿鸡足置”，云：“‘鼓所’之下‘立勿鸡足置’五字原误错于‘为埤院’之后，应行移正，凡置物须重心居中，以鼎足为稳，鸡足置则不稳也。”可备一说，不移，亦可解，故不取，录以备考。

十一、杂守

【题解】

《杂守》篇再述防御敌寇“羊玲”攻城之方法，又述构筑要塞与部署保民之要求、烽火示警与徽识使用之规定、围城节食之安排，清野政策之实施、城防人员与设施之配置以及吸纳多种人才服务城防之理念等。

【原文1】(《杂守》篇计20章)

禽子问曰:“客众而勇,轻意①见威,以骇②主人。薪土俱上,以为羊玲③,积土为高,以临民④。蒙橹⑤俱前,遂属⑥之城,兵弩俱上,为之柰何?”子墨子曰:“子问羊玲之守邪?羊玲者攻之拙者也,足以劳卒,不足以害城。羊玲之政⑦,远攻则远害,近城则近害⑧,不至城⑨。矢石无休,左右趣⑩射,兰为柱后⑪,望以固⑫。厉⑬吾锐卒,慎无使顾⑭,守者重下,攻者轻去。养勇高奋,民心百倍,多执数少⑮,卒乃不怠。

【校注】

①意:孙诒让云:“‘意’,疑当为‘竟’之讹。”按:“竟”以形近讹作“意”。孙校是,今从之。“竟”,读为竞。详《旗帜》1章注⑥。“轻意见威”,即“轻竞现威”,谓轻于竞斗而表现其威猛也。

②骇:惊骇,俗作駴。详《号令》31章注⑨。

③羊玲:古代攻城工事,高积薪土以为攻城之凭借也。详《备高临》1章注③。

④以临民:毕沅云:“句脱一字。”按之《备高临》“以临吾城”,“民”前当有“吾”字。“以临吾城”、“以临吾民”,同其意也。

⑤橹：大盾。详《备城门》51 章注①。

⑥属：连属，连及，逼近。详《备高临》1 章注⑤。

⑦政：苏时学云：“‘政’，当作‘攻’。”按之《备高临》“然则举埒之攻败矣”、上文“羊埒者攻之拙者也”，苏校是，今从之。

⑧远攻则远害，近城则近害：当作“远攻则远圄，近攻则近圄”。孙诒让云：“‘城’，当作‘攻’，‘害’，并当为圄。”按：“城”，盖涉上文“不足以害城”之“城”而误。《公孟》：“厚攻则厚吾，薄攻则薄吾。”“吾”，读为圄。《说文·口部》：“圄，守之也。”桂馥义证：“守御字，古作圄。圄，通作吾。”彼“厚攻”、“薄攻”，此“远攻”、“近攻”，句法相同，意义相近。两“吾”字盖亦涉上文“不足以害城”之“害”而误。孙校是，今从之。

⑨不至城：孙诒让云：“当作‘害不至城’。”按之《备高临》“不足以害城”、上文“不足以害城”，“不至城”“不”前应有“害”字。“不至”，“不足以”，同其义也。孙校是，今从之。

⑩趣：读为促，急也。详《备穴》8 章注①。

⑪兰（蔺）为柱后：当作“蔺为拄后”。岑仲勉云：“余以为蘭、蔺音形皆相近（致讹）。”按：上句言“矢石无休”，下两句分述之，“左右趣（促）射”，既言“矢”，“蔺为柱（拄）后”，必言“石”。岑校是，今从之。“蔺”，即礌石。详《号令》13 章注③。“柱”，读为拄。“柱”、“拄”同以“主”为声符，例可通假。《说文·木部》：“柱，楹也。”段玉裁注：“柱，俗乃造从手拄字。”《周礼·考工记·庐人》：“灸诸墙。”郑玄注：“灸犹柱也。”孙诒让正义引段玉裁云：“柱，今之拄字。”“兰为柱后”，即“蔺为拄后”，谓（弓矢促射于前）礌石劲撑于后也。

⑫望以固：令敌寇望知我防守阵线已十分坚固。“以”，同“已”。详《号令》30 章注㉘。

⑬厉：读为励，劝励，鼓励。《广雅·释诂一》：“励，劝也。”王念孙疏证：“厉，与励通。”

⑭顾：还视，回头看。《说文·页部》：“顾，还视也。”《论语·乡党》：“车中不内顾。”邢昺疏：“顾，谓迴视也。”

⑮少：王念孙云：“‘少’，当为‘赏’。”按：“赏”字残下而余上“小”，古文“小”、“少”同字，甲骨文作（甲 630），金文作（何尊），象尘沙小物之形。后分化为二字。下文正作“多执数赏”。王校是，今从之。

【校文 1】

禽子问曰:“客众而勇,轻竞现威,以骇主人。薪土俱上,以为羊玲,积土为高,以临吾民。蒙橹俱前,遂属之城,兵弩俱上,为之奈何?’”子墨子曰:“子问羊玲之守邪?羊玲者攻之拙者也,足以劳卒,不足以害城。羊玲之攻,远攻则远圄,近攻则近圄,害不至城。矢石无休,左右促射,蔺石拄后,望以固。励吾锐卒,慎无使顾,守者重下,攻者轻去。养勇高奋,民心百倍,多执数赏,卒乃不怠。

【今译】

禽滑厘向墨子请教道:“敌人众多,且皆勇猛,轻于竞斗,表现雄强,用以惊骇守城将士。柴薪土石齐上,筑成名曰‘羊玲’之攻城工事,堆积土石,形成高地,对我军民造成居高临下态势。以大盾蔽体一起前来,于是逼近我城池,其干戈弓弩悉现于阵前,在此情势下,我方当如何应对?”墨子回答道:“君询问如何抵御‘羊玲’攻法吗?作为一种攻城方法,‘羊玲’乃攻城主将所出之拙劣技法,此法适足劳损攻方士卒,不足以危害所围城池。抵御敌寇‘羊玲’之攻,远攻则用抵御远攻之策,近攻则用抵御近攻之策,如此则危害不罹我城。发矢抛石,不使间断,左右两侧同时急射,礌石连抛,以撑其后,使敌寇望知我防守阵线之坚不可摧。激励我精锐士卒,并加细心呵护,切不可使之瞻前顾后,心存疑忌。守城将士重拳出击,阵前敌寇必定轻于溃逃。培养士卒杀敌致胜之豪气,增强其奋勇不屈之意志,军民争胜之信心必将百倍提高,多有俘虏,必定多予奖赏,则士卒战斗力自始至终不会降低。

【馀论】

此章再述墨子答禽滑厘所问应对敌寇“羊玲”攻城之方案。

本章“禽子问曰:‘……薪土俱上,以为羊玲,积土为高,以临吾民,蒙橹俱前,遂属之城,兵弩俱上,为之奈何?’”子墨子曰“子问羊玲之守邪?羊玲者攻之拙者也,足以劳卒,不足以害城”,与《备高临》“禽子再拜再拜曰:‘……积土为高,以临吾城,薪土俱上,以为羊黔,蒙橹俱前,遂属之城,兵弩俱上,为之奈何?’子墨子曰:‘子问羊黔之守邪?羊黔者将之拙者也,足以劳卒,不足以害城”,文字几乎全同。揣其内容,似当为《备高临》之文,《杂守》借用而已。此《墨子》城守诸篇非作于一人一时之又一例证也。然前已约定,本书暂悉遵

《閒诂》所订章节、文字前后之次序，不辄动矣。

【原文2】

作士①不休，不能禁御，遂属之城，以御云梯之法应之。凡待烟②、冲③、云梯④、临⑤之法，必应城⑥以御之，曰⑦不足，则以木椁⑧之。左百步，右百步。繁下矢、石、沙、炭⑨以雨之，薪火、水汤以济之。选厉⑩锐卒，慎无使顾，审赏行罚，以静为故，从之以急，无使生虑⑪，恚瘪高愤⑫，民心百倍，多执数赏，卒乃不怠。冲、临、梯皆以冲冲之⑬。

【校注】

①士：孙诒让云："'士'，当作'土'。"按："作士"不辞。上文"薪土俱上，以为羊坽"、"积土为高，以临吾民"，皆作"土"，"作土"即"上土"、"积土"。又，《商君书·兵守》："客至，而作土以为险阻。"孙校是，今从之。

②烟（煙）：读为堙，敌方十二攻法之一，谓于我城外湮池垒土为山，附城而攻之也。详《备城门》1 章注⑩。

③冲：敌方十二攻法之一，谓利用辕端镶有铁皮之巨型战车撞城而攻之也。详《备城门》1 章注⑧。

④云梯：敌方十二攻法之一，谓利用云梯倚墙攀缘登上城堞而攻之也。详《备城门》1 章注⑨。

⑤临：即高临，敌方十二攻法之一，谓于城外积土成山，与城上接近，以居高临下之势而攻之也。详《备城门》1 章注⑥。

⑥应城：王讃源《新编墨子》云："在城上采取相应措施。"按："应城"，谓应对于城上也。敌以"堙"法攻之，我以"备堙"之策应之；敌以"冲"法攻之，我以"备冲"之策应之；敌以"梯"法攻之，我以"备梯"之策应之；敌以"（高）临"法攻之，我以"备高临"之策应之也。王说盖是，可信。

⑦曰：发端词，无义。《书·洪范》："曰皇极之敷言。"蔡沈集传："曰，起语辞。"

⑧椁：或作槨，读为廓。"槨"、"廓"同以"郭"为声符，例可通假。"廓"，同郭。《方言》卷一："张小使大谓之廓。"钱绎笺疏："郭、廓，古今字。""则以木椁之"，即"则以木郭之"，谓于城外以木为郭也。

⑨炭：当为灰。详《备梯》1 章注㉗。

⑩厉:读为励,劝励,鼓励。详1章注⑭。

⑪审赏行罚,以静为故,从之以急,无使生虑:此四句与《备梯》全同,谓守城主将必审慎实行赏罚,坚持冷静为本,又必以速战速决之战术从事,不使士卒产生疑虑而动摇军心。"故",本,要务。详《备梯》1章注㉙。

⑫恙㾜高愤:王引之云:"'恙',当为'恙',字之误也。"按:"恙"、"恙"形近而讹。王校是,今从之。"恙",通"养"。二字同以"羊"为声符,例可通假。《尔雅·释诂上》:"恙,忧也。"郝懿行义疏:"恙,通作养。"《札迻·太玄经范望注·玄告》:"岁岁恙而年病。"孙诒让按:"恙,当读为养。"毕沅以"㾜"按为"恿"之误字,云:"恿,古文勇,从心,则字当为恿。"按:"㾜",字书所无,从疒,恿声。"㾜"通"恿"。"㾜"以"恿"为声符,例可通假。恿,即勇。《说文·力部》:"勇,气也。恿,古文勇,从心。"《睡虎地秦墓竹简·为吏之道》:"壮能衰,恿(勇)能屈,刚能柔。"是其例也。毕校是,今从之。"愤",通"奋"。《读书杂志·墨子第六杂守》:"恙㾜高愤。"王念孙按引王引之曰:"愤,与奋同。""恙㾜高愤",当作"养勇高奋"。此处"恙(养)恿(勇)高愤(奋),民心百倍,多执数赏,卒乃不怠",与上章末四句文字全同,应视为重出。然前已约定,本书暂悉遵《閒诂》所订章节、文字先后之次序,不辄动矣。

⑬以冲冲之:谓以冲车冲撞之也。前"冲",冲车,名词。后"冲",冲撞,动词。

【校文2】

作土不休,不能禁御,遂属之城,以御云梯之法应之。凡待堙、冲、云梯、临之法,必应城以御之,曰不足,则以木郭之。左百步,右百步。繁下矢、石、沙、灰以雨之,薪火、水汤以济之。选励锐卒,慎无使顾,审赏行罚,以静为故,从之以急,无使生虑,养勇高奋,民心百倍,多执数赏,卒乃不怠。冲、临、梯皆以冲冲之。

【今译】

敌寇积土不曾停止,我将士无从禁止和抗御,以至于逼近我城池,此时当以抵御敌寇云梯攻城之法加以应对。凡对付敌寇填隍垒筑土山攻城、利用冲车撞门攻城、利用云梯攀墙攻城以及修筑高台居高临下攻城之方法,必定采取"备堙"、"备冲"、"备梯"和"备高临"等战术。如不足以应对,则于城外加木郭以固之，木郭左边长一百步，右边长一百步。此外，城上如雨般不断放箭、抛石，撒下沙灰，投掷薪火，倾倒热水，予以配合，以增加杀伤力。挑选并鼓励我精锐士卒，并加细心呵护，切不可使他们瞻前顾后，心存疑忌，审慎进行赏罚，坚持冷静为本，又必以速战速决原则从事，不使士卒产生疑虑而动摇军心，培养士卒杀敌致胜之豪气，增强其奋勇不屈之意志，民众争胜之心必将百倍提高，多有俘获，必多予奖赏，则士卒战斗力自始至终不会降低。敌寇利用冲车、高临、云梯进攻，我皆可以冲车冲撞之(，不使得逞)。

【馀论】

此章述敌寇以堙攻、以冲攻、以云梯攻，以高临攻，我必分别以备堙、备冲、备梯、备高临之策予以应对。

本章“繁下矢、石、沙、灰以雨之，薪火、水汤以济之……审赏行罚，以静为故，从之以急，无使生虑”，与《备梯》“若此，则云梯之攻败矣”之前六句文字全同，而“恙(养)瘱(勇)高愤(奋)，民心百倍，多执数赏，卒乃不怠”四句与上章末四句文字全同。此又《墨子》城守诸篇非成于一人一时之两例证也。然前已约定，本书暂悉遵《閒诂》所订章节、文字先后之次序，不辄动矣。

“必应城以御之”之“应城”，岑仲勉从陆本、唐本作“广城”云：“广城即丑篇(按：指《备高临》)之台城。”以系单文孤证，故不取，录以备考。

【原文3】

渠[①]长丈五尺，其埋者三尺，矢[②]长丈二尺。渠[③]广丈六尺，其弟[④]丈二尺，渠之垂者四尺。树渠无傅叶[⑤]五寸，梯渠十丈一梯[⑥]，渠荅[⑦]大数，里二百五十八[⑧]，渠荅百二十九[⑨]。

【校注】

①渠：御敌守城战具，状如大盾，背有十字木架，渠面敷以兽皮，置于堞外，用以挡蔽或收罗敌矢。详《备城门》18章注①。“渠长丈五尺”与《备城门》“渠长丈六尺”略同。

②矢：孙诒让云：“(‘矢’)当为夫。”按之《备城门》“夫长丈二尺”，孙校是，今从之。“夫”，读为趺，渠之腿架，详《备城门》18章注②。

③渠：吴毓江云：“‘渠’上当有‘梯’字，下文衍一‘梯’字(按：指‘梯渠十

丈一梯'之后'梯'字)当移置于'渠'上。"按:"梯渠十丈一梯",与《备城门》"五步一垒"、"灵丁三丈一"之表述迥异。器物设施距离多少而一置,《墨子》城守诸篇表述通例凡二:其一,器物设施在前,长度加"一"在后;其二,长度加一在前,器物设施在后,一无例外。"梯渠十丈一梯",不伦也。又,只有先言"梯渠"(广丈六尺),接句"其弟(梯)"(丈二尺)方不突兀。吴校是,今从之。"梯渠",渠之有梯者也。

④弟:苏时学云:"'弟'与'梯'同。"按:"弟","梯"之省文。"梯"以"弟"为声符,例可通假。下文"梯渠十丈一"正作"梯"。

⑤叶(葉):毕沅云:"'葉',即堞字。"按之《备城门》"渠长丈六尺,趺长丈二尺,臂长六尺,其埋者三尺,树渠毋傅堞五寸"、"城上七尺一渠,长丈五尺,埋三尺,去堞五寸",皆作"堞",苏校是,今从之。

⑥梯渠十丈一梯:当作"梯渠十丈一"。后"梯"字当移置于上文"渠广丈六尺""渠"之上。已详注③。"梯渠十丈一","梯渠"每十丈设一具也。

⑦荅:御敌守城战具,在木制框架中塞以秸草等物,用以挡蔽或收罗敌矢。详《备城门》18章注①。

⑧里二百五十八:孙诒让云:"此当作'里二百五十八步',今本脱一'步'字。里法本三百步,而云二百五十八步者,盖就设渠荅之处计之,所余四十二步,或当门隅及楼圂。"按之《备城门》"三十步置坐候楼"、"五十步一户"、"二百步一立楼"、"五十步一厕,与下同圂"、"城上五十步一道陛"、"城上五十步一楼㯳"、"百步一亭,亭垣丈四尺,厚四尺,为闺两扇",等等,孙说盖是,可信。

⑨渠荅百二十九:一里之中,以二百五十八步放置渠荅一百二十九具,二步一置,与《备城门》"城上二步一渠"、"二步一荅"之记正相合也。

【校文3】

渠长丈五尺,其埋者三尺,趺长丈二尺。梯渠广丈六尺,其梯丈二尺,渠之垂者四尺。树渠无傅堞五寸,梯渠十丈一。渠荅大数,里二百五十八步,渠荅百二十九。

【今译】

渠长一丈五尺,埋入土中部分三尺,露出地上部分一丈二尺。(渠之有梯者谓之梯渠。)梯渠宽一丈六尺,其梯高一丈二尺,渠之垂下部分四尺。竖置梯渠,不可附着城堞,应有五寸间隔。梯渠每十丈一具。渠荅大约之数当为,一里之中,除门隅楼圉外,以二百五十八步竖置渠荅一百二十九具,每二步一具。

【馀论】

此章又述渠之规格与渠荅竖置之要求。

《墨子》城守诸篇中,言及渠荅规格者有四处:其一,《备城门》18 章:"渠长丈六尺,趺长丈二尺,臂长六尺,其埋者三尺,树渠毋傅堞五寸。"其二,33 章:"城上二步一渠,渠立程,丈三尺,冠长十尺,臂长六尺。二步一荅,荅广九尺,袤十二尺。"其三,55 章:"城上七尺一渠,长丈五尺,埋三尺,去堞五寸,趺长丈二尺,臂长六尺。"其四,《杂守》3 章。就"趺"长而言,皆"丈二尺";就"臂长"而言,皆"六尺";就"埋"入土中者而言,皆"三尺";就"去堞"距离而言,皆"五寸",无异词。然就"渠长"而言,或"丈六尺",或"丈五尺";就渠荅间距而言,或"七尺一渠",或"二步(十二尺)一渠","二步一荅",略有差异。

吴毓江云:"《备城门》篇言城上'二步一渠',又言'城上七尺一渠',若以七尺一渠计之,则一里正可设二百五十八渠。……'荅百二十九'者,似言每里中渠、荅比例二渠一荅,其大数盖如此也。"岑仲勉据吴说,进而云:"子篇 37(按:指《备城门》'城上七尺一渠'至'若以瓦为坎'段)言七尺一渠,依此计之,则每里一千八百尺应置渠荅二百五十七又十分之一,文标举大数(即约数),故进为二百五十八,注乃折半为百二十九,当是不明算术者所为。由是推之,'梯渠十丈一'必是'梯渠七尺一'之误。"然"七尺一渠"应属单文孤证,不若"二步(十二尺)一渠"、"二步一荅"更可据以推理也。故未取,录以备考。

【原文 4】

诸外道可要塞以难①寇,其甚害②者为筑三亭,亭三隅③,织女之,令能相救。诸距④阜、山林、沟渎、丘陵、阡陌⑤、郭门若阎术⑥,可要塞及为微职⑦,可以迹知往来者少多及所伏藏之处。

【校注】

①难:烦苦,难行。《列女传·贞顺》:"今夫人难我。"王照圆补注:"难,犹烦苦也。"《公羊传·文公十二年》:"能有容,是难也。"何休注:"难,难行也。"

②害:要害,险要之地。《战国策·秦策一》:"秦之号令赏罚地形利害,天

下莫如也。”是其例也。

③亭三隅，织女之：三亭位置构成三角形，犹织女三星之形。“隅”，角。《说文·自部》：“隅，陬也。”《书·益稷》：“至于海隅苍生。”蔡沈集传：“隅，角也。”“织女”，星官名，亦称“天孙”。属天市垣，共三星，织女一、二、三即天琴座α、ε、ζ星，组成等边三角形。在银河西，与河东牵牛相对。《诗·大雅·大东》：“跂彼织女。”马瑞辰传笺通释：“跂者，歧字之同音假借。盖从《三家诗》用本字。织女三星成三角，故言歧以状之耳。”陈奂传疏：“织女三星成三角，故筑防御之亭以象织女处隅之形。”下文“为击三隅之”，《六韬·虎韬·军用》“白刃接，张地罗，铺两镞蒺藜，参连织女”，皆以织女三星比拟形如三角之意也。

④距：读为钜，大也。“距”、“钜”同以“巨”为声符，例可通假。《说文·足部》：“距，鸡距也。”朱骏声通训定声：“距，假借又作钜。”《淮南子·氾论》：“跖距者举远。”高诱注：“距，大也。”“阜”，土山。《说文·自部》：“阜，大陆，山无石者。”《诗·小雅·天保》：“如山如阜。”毛传“大陵曰阜”，“距阜”，即钜阜，大土山也。

⑤阡陌：田间纵横道路。《说文新附·自部》：“阡，路东西为陌，南北为阡。”《史记·商君列传》：“为田开阡陌封疆。”张守节正义：“南北为阡。”或以东西为阡，南北为陌。《史记·秦始皇本纪》：“为田开阡陌。”司马贞索隐引《风俗通》曰：“河东以东西为阡，南北为陌。”

⑥阎术：里门和邑道。“阎”，里门。《说文·门部》：“阎，里中门也。”段玉裁注：“阎，别于闾闬，为里外门也。”《荀子·儒效》：“虽隐于穷阎漏屋。”杨倞注：“阎，里门也。”“术”，邑道，详《旗帜》6章注⑥。

⑦微职：即徽识，徽章也。详《旗帜》7章注①。

【校文4】

诸外道可要塞以难寇，其甚害者为筑三亭，亭三隅，织女之，令能相救。诸钜阜、山林、沟渎、丘陵、阡陌、郭门若阎术，可要塞及为徽识，可以迹知往来者少多及所伏藏之处。

【今译】

凡城外可筑要塞以阻敌之道路，于最险要处修筑三座瞭望亭，三亭布局为三角形，犹如织女三星排列之状，以便遇急得相互救援。各大土山、山林、水堑、丘陵、田间道路、外城门及里门、邑道皆可修筑要塞和树置标识，如此，可以追迹敌人往来人数多少及敌人伏兵藏身之所。

【馀论】

此章述应于险要地段修筑要塞，以扼守自固。

岑仲勉对“织女”详解之，云：“筑三亭如成直线，则击甲而丙救，或击丙而甲救，均嫌过远，惟三亭之位成三角形，则任一亭遇寇，余两亭皆可以相等之路程往缓（‘令能相救’），‘织女之’的真义，断是如此无疑。”揣其意，与陈奂“织女三星成三角，故筑防御之亭以象织女处隅之形”之说同其意，然又斥陈说为非，殆偶失之也。

【原文5】

葆①民，先举②城中官府、民宅、室署，小大调处③，葆者或④欲从兄弟、知识⑤者许之。外宅粟米、畜产、财物诸可以佐城者，送入城中，事即⑥急，则使积门内。民献粟米、布帛、金钱⑦、牛马、畜产，皆为置平贾⑧，与主券书之⑨。

【校注】

①葆：读为保。详《号令》13章注⑥。“葆民”即保民，谓城外民入保者也。《管子·正世》：“穿则民失其所葆（保）。”尹知章注：“葆（保），谓所持为生者也。”

②举：取用。《吕氏春秋·不广》：“管子鲍叔佐齐桓公举事。”高诱注：“举，犹用也。”又，《下贤》：“莫之举。”高诱注：“举，犹取也。“

③处（處）：居住，居止，住。《说文·几部》：“処，止也。處，処或从虍声。”《大戴礼记·劝学》：“处必择乡。”王聘珍解诂：“处，居止也。”“小大调处”，谓审度城中官府、民宅、室署之大小，调配以居止之也。

④或：有人，用作不定代词。《论语·为政》：“或谓孔子曰。”刘宝楠引郑玄注：“或之言有人，不显其名而略称为或。”

⑤知识：“识”字旧本脱 。王引之云：“‘知’下当有‘识’字。”按之《号令》“邑人、知识、昆弟有罪”、“其有知识、兄弟欲见之”，王校是，今从之。

⑥即：犹若，用为假设连词。详《备城门》26章注⑤。

⑦金钱，当为“钱金”，由《号令》“若以粟米、钱金、布帛、他财物免出者”、

"钱金、布帛、财物各自守之"均作"钱金"知之也。

⑧为置平贾:读作"为值平价(價)"。"置",读为值,"置"、"值"同以"直"为声符,例可通假。《说文·网部》:"置,赦也。"朱骏声通训定声:"置,假借为值。""贾"、"價",古今字。详《号令》15章注③。"为值平价"与《号令》"以平价予"、"皆为平值其价"同其意也。

⑨与主券书之:予物主以证券,书其数量、价值于其上也。"与主券书之"与《号令》"与主券人书之"同其意也。

【校文5】

保民,先举城中官府、民宅、室署,小大调处,保者或欲从兄弟、知识者许之。外宅粟米、畜产、财物诸可以佐城者,送入城中,事即急,则使积门内。民献粟米、布帛、钱金、牛马、畜产,皆为值平价,与主券书之。

【今译】

安置从城外迁入城内之受保民众,先需取用城中官府、民宅、室署,按面积大小予以调配,供其居住。入保民众中如有愿跟从兄弟、朋友居住者,应予准许。城外粟米、畜产、财物等凡可用来帮助守城者,一概送入城中,倘情况紧急,则先行贮积城门之内,(以便取用。)民众所献粟米、布帛、金钱、牛马、畜产,皆按平价暂估其值,交给物主一张证券,上写数量与价值若干。

【馀论】

此章述安置城外入保民众之种种措施。

吴毓江依旧本将下文"候无过五十,寇至葉(堞),随去之,唯(勿)弇逮(建)"十四字上移置"则使积门内"句下。孙诒让云:"('则使积门内',)此下旧本有'候无过五十'云云十四字,乃下文错简,令移于彼。"前已约定,本书暂悉遵《閒诂》所订章节、文字先后之次序,不辄动矣。

【原文6】

使人各得[①]其所长,天下事当。钧[②]其分职,天下事得。皆其所喜,天下事备。强弱有数[③],天下事具[④]矣。

【校注】

①得：获取。《说文・彳部》："得，行有所得也。"段玉裁注："行而有所取，是曰得也。"《吕氏春秋・顺说》："臣弗得也。"高诱注："得，犹取也。"《兼爱下》："未知得罪于上下。"孙诒让引毕沅云："孔书（按：指孔安国《尚书正义》）作'未知获戾于上下'。"

②钧：读为均。"钧"、"均"同以"匀"为声符，例可通假。《说文・金部》："钧，三十斤也。"段玉裁注："古多假钧为均。"《孟子・告子上》："钧是人也，"焦循正义："钧为均之通借字。"

③数：术，道。《荀子・劝学》："其数则始乎诵经。"杨倞注："数，术也。"《吕氏春秋・壅塞》："其寡不胜众，数也。"高诱注："数，道数也。"

④具：全。《荀子・正名》："性之具也。"杨倞注："具，全也。"

【校文6】

使人各得其所长，天下事当。均其分职，天下事得。皆其所喜，天下事备。强弱有数，天下事具矣。

【今译】

能使人人得以施展自己之所长，天下之事自会治理妥当。能使人人分有自己之职任，天下之事自会处理得体。（人所从事之事）尽为其本人之所悦，天下之事自会料理停当。（人之虑事）皆悟其强弱必有定数，天下之事自会打理完足。（《太白阴经・队将》："一人队将，经军阵、习战斗、识进止者任。一人队管，一人队头，二人副队头，主文书、酬功赏、知劳苦、明部分、行列疏密，并责成于副队头，公直明晓者任。一人秉旗，二人副旗，并勇壮者任。一个枹鼓，主昏明发警、进退节制，气勇志锐者任。一人吹角，主收军退阵、谨守节制，懦怯忠谨者任，一人司兵，主五兵锐利、支分器仗，明解者任。一人司仓，主支分财帛、给付军粮，清廉者任。一人承局，主杂供差料，无人情、恶口舌者任。五人火长，主厨膳饭食、养病、守火、内衣、资樵采，战阵不预，仁义者任。"亦言军中各以所长分派分职事，可作比观）

【馀论】

此章述合理使用人才与和谐部众，系治军乃至治国之要件。

本章八句系韵文，其内容似与上下文字无直接关联，而与18章用人情事相关。然前已约定,本书暂悉遵《閒诂》所订章节、文字先后之次序,不辄动矣。

【原文7】

筑邮[①]亭者圜之,高三丈以上,令侍[②]杀。为辟[③]梯,梯两臂长三尺[④],连门[⑤]三尺,报[⑥]以绳连之。椠[⑦]再杂[⑧]为县梁。聋灶,亭一鼓[⑨]。寇烽、惊[⑩]烽、乱烽,传火以次应之,至主国[⑪]止。其事急者引而上下之[⑫]。烽火以[⑬]举,辄五鼓传,又以火属[⑭]之,言寇所从来者少多,旦弁还[⑮],去来属次烽勿罢[⑯]。望见寇,举一烽;入境,举二烽;射妻[⑰],举三烽一蓝[⑱];郭会,举四烽二蓝;城会,举五烽五蓝;夜以火,如此数。守烽者事急。

【校注】

①邮:境上传送文书之驿舍。《说文·邑部》:"邮,境上行书舍。"《尔雅·释言》:"邮,过也。"邢昺疏:"邮,谓邮亭。"《广雅·释诂四》:"邮,驿也。"李白《为吴王谢责赴行在迟滞表》:"所在邮驿。"王琦辑注:"步传曰邮,马传曰驿。"此处,"邮"指报警烽火台。"筑邮亭者圜之",谓建筑用以瞭敌报警之邮亭,并使之呈圆形也。"圜",同圆。详《备高临》3章注⑨。

②侍:孙诒让云:"'侍',当作'倚'。"按之《备城门》"为堑悬梁,令穿断城,以板桥邪穿外,以板次之,倚杀如城势",孙校是,今从之。"侍杀",当为倚杀,亦即斜杀,谓由下而上渐次斜倚如圆塔状也。《通典·兵五·守拒法》:"烽台于高山四顾险绝处置之。……台高五丈,下阔二丈,上阔一丈,形圆。……一烽六人,五人为烽子,递知更刻,观视动静,一人烽率(帅),知文书、符牒、转牒。"亦言圆塔状烽台规制事,可作比观。

③辟:毕沅云:"'辟',即'臂'字。"按之《备城门》"渠立程,丈三尺,冠长十尺,辟长六尺","辟"即"臂"。下文"梯两臂长三丈"正作"臂",毕校是,今从之。

④尺:孙诒让云:"疑'尺'当作'丈'。"按之上文"邮亭高三丈",登亭必由臂梯,则邮亭、臂梯等长,皆三丈也,盖'丈'涉下文"梯两臂长三尺"、"连门(板)三尺"两"尺"字而讹也。孙校是,今从之。

⑤连门:孙诒让云:"'连门',疑当作'连版'。"按:言"臂梯"而出"连门",不辞之甚。"门"必为误字无疑。《太白阴经·弩台》:"台高下与城等,敌去我城百步,台相去亦如之。下阔四丈,高五丈,上阔二丈,上建女墙。台内通暗

道,安屈膝软梯,人上便卷收之。”屈膝梯可卷而收之,显系以绳连版。软梯装连版,以为踏足之用。版编木为之,故名“连版”。孙校盖是,可信。由此可知,连版之用有二:其一,《备穴》“连版,以穴高下、广狭为度”,此穴中连版,用以挡烟阻敌;其二,此处“梯两臂长三丈,连版三尺,报以绳连之”,此软梯连版,用以踏足便升。“连版三尺”,盖谓连版长三尺也。

⑥报:反,反复。《书·康王之诰》:“惟予一人钊报诰。”江声集注音疏:“报,犹复也。”“报以绳连之”,谓反复以绳索缠束之也。

⑦椠:孙诒让云:“‘椠’,当为‘堑’。”按:“椠”、“堑”同以“斩”为声符,例可通假 。《备城门》“堑长以力为度,堑之末为之悬”,正作“堑”。孙校是,今从之。惟是“当为堑”“当”字应为“读”。

⑧杂:犹匝。详《号令》29 章注④。“椠再杂”即“堑再匝”,谓堑沟匝亭两周也。

⑨聋灶,亭一鼓:当作“亭一鼓、垄灶”。《号令》“楼一鼓、垄灶”,是其证也。“聋灶”,即垄灶,如垄之灶。详《备城门》21 章注①。“亭一鼓、垄灶”,谓一亭置一鼓,备一垄灶也。

⑩惊(驚):读为警。详《号令》5 章注①。惊烽,即警烽,谓报警所举烽火也。

⑪主国:国都。详《号令》29 章注⑬。

⑫其事急者引而上下之:谓遇有紧急之事,牵引着于桔槔状烽架端头笼中之烽火上下以告警也。详《号令》30 章注㉒。

⑬以:即“已”。详《号令》30 章注㉘。

⑭属:连,连属,连及,继。详《备高临》1 章注⑤。

⑮旦弇还(還):孙诒让云:“疑当作‘毋弇建’,即《号令篇》之‘无厌建’。”按:“旦”,茅本作“且”,盖“毋”讹作“且”。“弇”、“厌”,上古皆影母谈部字,音同,例可通假。“建”,讹作“遝”(逮),“遝”又以形近讹作“還”。故“旦弇还”,当作“毋厌建”,即“无厌建”,亦即“无厌倦”。孙校是,今从之。详《号令》30 章注⑧。

⑯罢:音 pí,读为疲,疲倦也。《汉书·终军传》:“罢者退而劳力。”颜师古注:“罢,读曰疲。”

⑰妻:孙诒让云:“‘妻’,疑为‘要’之讹。”按:“妻”、“要”形近而讹。上文“空队、要塞之人所往来者”、“诸外道可要塞以难寇”、“可要塞及为徽识”,下

文“有要有害，必为疑人”，皆以“要”为“要塞”、“要害”字。孙校盖是，可信。

⑱蓝：读为篮。“蓝”、“篮”同以“监”为声符，例可通假。古人于从“艸”、从“竹”之字每不甚相分，盖“竹”亦“艸”类也。如“等”或作荨，“简”或作“蕑”，“第”或作“苐”，皆其例也。篮，笼也。《广韵·谈韵》：“篮，篮笼。”《方言》卷十三：“笼，南楚江沔之间或谓之篓。”郭璞注：“（笼），亦呼篮。”“篮”，即兜零，置薪草其中，燃火以告警者也。详《号令》30 章注㉒。由“射要，举三烽一篮；郭会，举四烽二篮；城会，举五烽五篮”可知，古代烽燧之制，亦有举烽并举篮之例 。《通典·兵五·守拒法》：“烽台……每晨及夜平安，举一火；闻警，固举二火；见烟尘，举三火；见贼，烧柴笼。如每晨及夜，平安火不来，即烽子为贼所捉。”亦言举烽火烧柴笼事，可作比观。

【校文 7】

筑邮亭者圆之，高三丈以上，令倚杀。为臂梯，梯两臂长三丈，连版三尺，报以绳连之。堑再匝为悬梁。垄灶，亭一鼓。寇烽、警烽、乱烽，传火以次应之，至主国止。其事急者引而上下之。烽火已举，辄五鼓传，又以火属之，言寇所从来者少多，毋厌倦，去来属次烽勿罢。望见寇，举一烽；入境，举二烽；射要，举三烽一篮；郭会，举四烽二篮；城会，举五烽五篮。夜以火，如此数。守烽者事急。

【今译】

建筑用作瞭望报警之邮亭，呈圆形，其高三丈以上，使邮亭自下往上渐次斜倚取势，（如圆塔一般。）亭边架设有扶手之臂梯，梯之两臂长三丈，而踏足连板长三尺，以绳索反复将连版紧缚于梯臂上。城下堑沟绕亭两周，其上安装吊桥。每亭设一鼓和一垄灶。敌寇来攻时所举烽燧、我方发出警报时所举烽燧以及敌我双方纷乱交手时所举烽燧，须分别军情缓急，据以为次，依序前传而后应，直至国都为止。军情十分紧急，则牵动桔槔端头之烽燧上下晃动，（以示警情。）烽燧既燃，随即击鼓五通传报，并又燃烽燧以继之，报告敌寇来攻方向与兵力多少，切勿怠倦误事。不论敌寇去来，必接续以既定次序举烽燧，切勿疲废失机。远望已见敌人，举一燧烟；敌人入境，举二燧烟；敌人射我要害之处，举三燧烟又烧一柴笼；敌人已会合外城，举四燧烟烧二柴笼；敌人已会城下，举五燧烟烧五柴笼。夜间所举烽火，其数如上。守候烽燧之事极其紧要，

（须时时保持高度警觉。）

【馀论】

此章述邮亭（瞭敌烽燧台）建造之规制及烽燧报警之规定。

“蓝”，王引之改为“鼓”，云：“‘蓝’字，义不可通，盖‘鼓’字之误。‘鼓’字篆文作‘[illegible]’，上艸误为卄，中[illegible]误为卧，下[illegible]误为皿，遂合而为‘蓝’字。此文当云：‘望见寇，举一烽一鼓；入境，举二烽二鼓；射妻，举三烽三鼓；郭会，举四烽四鼓；城会，举五烽五鼓。’上文云：‘烽火已举，辄五鼓传’，正与此举五烽五鼓相应。举三烽三鼓，举四烽四鼓，‘鼓’字既皆误作‘蓝’，而上句‘三’字又误作‘一’，下句‘四’字误作‘二’，唯下文‘举五烽五蓝’，‘蓝’字虽误，而两‘五’字不误，犹足见烽鼓相应之数。而自一烽一鼓，以至五烽五鼓，皆可次第而正之矣。下文曰‘夜以火，如此数’，正谓如五烽五鼓之数。则‘蓝’为‘鼓’字之误甚明。”孙诒让赞同改“蓝”为“鼓”之说，然又以为增字太多，取谨慎立场，云：“王说以‘蓝’为‘鼓’，甚确。惟依旧本，前二烽皆无鼓，三烽一鼓，四烽二鼓，鼓数与烽亦不必尽相应。依王说，鼓数各如烽，则增改字太多，不知确否？今未敢辄改。”吴毓江亦赞同改“蓝”为“鼓”，又申说孙氏“鼓数与烽亦不必尽相应”之说，云：“王以‘蓝’为‘鼓’之误，是也，今依改。至谓烽鼓之数皆相应，则增改太多。今以《旗帜》篇文校之，‘鼓三举一帜，鼓四举二帜，鼓五举三帜，鼓六举四帜’云云，‘夜以火如此数’，其文例与此相似，彼文帜数与鼓数不同，或此文烽数与鼓数亦不同也。此文‘三烽一鼓’，‘四烽二鼓’，则五烽当为三鼓，今本‘三鼓’作‘五鼓’者，三与五形近而讹耳。”按：孙、吴俱非是。岑仲勉非王之校，以“蓝”即“篮”，云：“余按‘蓝’同‘篮’字。‘篮’，大笼筐也。……《太平御览》卷三三五引《汉书音义》云：‘高台上作桔槔，头置兜零，以薪草置其中，常悬之，有寇则燃举之曰烽。’又，《史记》一一七（按：指《司马相如列传》：‘夫边郡之士，闻烽举燧燔’）裴骃集解引《汉书音义》云：‘烽如覆米䉛，悬著桔槔头，有寇则举之。’篮即兜零之别称。古代烽制，一竿为一烽，每邮亭竖烽竿多个，举二烽者将两个烽之桔槔举起也，三烽、四烽、五烽均以此类推。复次，每竿悬篮数亦不定一个，故有举竿多少之别，更有举篮多少之别。”岑说甚是。互详《号令》30 章注㉒。

【原文8】

候无过五十，寇至叶①，随去之，唯弇逮②。日暮出之，令皆为微职③。距④皋、山林，皆令可以迹⑤，平明⑥而迹。无迹⑦，各立其表，下城之应⑧。候出置田表⑨，斥⑩坐郭内外，立旗帜，卒半在内，令多少无可知。即有惊⑪，举孔⑫表，见寇，举牧⑬表。城上以麾指之，斥步鼓整旗⑭，旗⑮以备战，从麾所指。田者男子以战备从斥，女子亟⑯走入。即见放⑰，到⑱传到城止。守表者三人，更立捶表而望，守数令骑若吏行旁视，有以知为⑲所为。其曹⑳一鼓，望见寇，鼓传到城止㉑。

【校注】

①叶（葉）：读为堞。"葉"、"堞"同以"枼"为声符，例可通假。"堞"，女墙也。详《备城门》3章注⑤。

②唯弇逮：当作"毋厌建"。"唯"（惟）古作隹。《六书故·动物三》："隹，钟鼎文皆借此为惟字。"《宗周钟》："隹皇上帝百神，保余小子。""隹"，同唯（惟）。"毋"以形近讹作"隹"。弇，通厌。"逮"、"建"形近而讹。俱详7章注⑮。"候无过五十，寇至堞，随去之，唯（毋）弇（厌）逮（建）"，《号令》作"遣卒候者无过五十人，客至堞，去之，慎无厌建（倦）"。"毋厌建"，即"毋（无）厌倦"。详《号令》30章注⑧。孙诒让云："又此十四字（按：指'候无过五十'至'唯弇逮'）旧本误错入上文'事即急，则使积门内'下，今移至此。"前已约定，本书暂悉遵《閒诂》所订章节、文字先后之次序，不辄动矣。

③微职：即徽识，徽章也。详《旗帜》7章注①。

④距：读为钜，大也。详4章注④。

⑤迹：追迹，追踪。详《号令》30章注⑬。

⑥平明：拂晓之时。详《号令》30章注⑭。

⑦无迹：王引之云："此本作'迹者无下里三人'。"按之《号令》"（令可以迹，）迹者无下里三人"，言迹者之数，每里无下三人，今脱"者"与"下里三人"五字，遂成"无迹"之遗。王校是，今从之。

⑧下城之应：王引之云："'城上应之'又讹作'下城之应'。"按之《号令》"平明而迹，各立其表，城上应之"，王校是，今从之。

⑨田表：即陈表，谓郭外之木表也。详《号令》30章注⑮。

⑩斥：斥候也。详《号令》30章注⑯。

⑪惊(警):读为警。详《号令》30 章注⑰。

⑫孔:孙诒让云:"'孔',疑当作'外'。"按之上文"斥坐郭内外,立旗帜",而《号令》作"遮坐郭门之外内,立其表","旗帜"即"表"也。"孔"、"外"形近而讹,"孔表"当为"外表"之误。孙校是,今从之。

⑬牧:孙诒让云:"'牧',疑当为'次'。"按之上文"去来属次烽勿罢(疲)",作"次",即"传火以次应之"之意也。孙校是,今从之。

⑭斥步鼓整旗:当作"斥坐击鼓整旗"。苏时学云:"'步',当作'坐'。"按之《号令》"遮坐击鼓整旗",苏校是,今从之。《号令》"遮坐"下有"击"字,应据补。

⑮旗:苏时学云:"'旗'字衍。"按之《号令》"遮坐击鼓整旗以备战,从麾所指","以"前但一"旗"字。苏校是,今从之。

⑯亟:急,疾,速。详《备城门》4 章注②。

⑰放:孙诒让云:"'放',当为'寇'。"按之《号令》"望见寇",上文"望见寇"、"见寇",孙校是,今从之。

⑱到:王引之云:"('到传到城止',)上'到'字当为'鼓'。"按之下文"望见寇,鼓传到城止。"王校是,今从之。

⑲为:苏时学云:"('有以知为所为',)上'为'字当为'其'。"按之《号令》"候者望见乘车若骑卒道外来者,及城中非常者,辄言之守,守以须城上候城门及邑吏来告其事者以验之","知其所为"即"告其事"也。苏校盖是,可信。

⑳曹:辈,群,组。详《号令》32 章注③。

㉑望见寇,鼓传到城止:此二句与上文"即见寇,到(鼓)传到城止",文字大半相同,应视为重出。

【校文 8】

候无过五十,寇至堞,随去之,毋厌倦。日暮出之,令皆为徽识。钜阜、山林,皆令可以迹,平明而迹。迹者无下里三人,各立其表,城上应之。候出置田表,斥坐郭内外,立旗帜,卒半在内,令多少无可知。即有警,举外表,见寇,举次表。城上以麾指之,斥坐击鼓整旗以备战,从麾所指。田者男子以战备从斥,女子亟走入。即见寇,鼓传到城止。守表者三人,更立捶表而望,守数令骑若吏行旁视,有以知其所为。其曹一鼓,望见寇,鼓传到城止。

【今译】

一次所派伺察敌情人员不能超过五十人，当敌人攻至城外矮墙时，伺察人员随即撤离入城。大家（应勉力从事）切勿表现厌倦，（以免误事。）日暮时分派出，使皆佩戴相关徽章作为标识。巨大土山、山林等地均可以作为伺察人员追踪敌人形迹之场所，黎明时分即开始追迹工作。伺察人员每一闾里不少于三人，各自竖立捶表以为标识，城上士卒立即对其做出回应。伺察人员出郭外田野中竖立捶表，坐守郭门内外之伺察人员，亦竖立旗帜，（与之联络。）安排半数士卒守在郭门之内，使敌寇无从得知我防守人数之多少。若出现警情，立即举郭外最远处之捶表，看到敌寇，则按地之远近以次举表。城上便用旗帜指挥，伺察敌人踪迹之士卒旋即坐而击鼓并整旗，做好战斗准备，一切行动悉遵城上旗帜指挥。在田间劳作之男子以临战御敌姿态跟从伺察人员，（准备随时投入战斗，）女子则急速跑回城内，（以避意外死伤。）如见到敌寇，立即击鼓，直至将寇至信息传到城中为止。三名守护捶表之士卒按时更换，又须担当竖立捶表与观望敌情之责。太守将不断派骑卒与官吏于城之四面进行巡视，以便了解敌寇之动态。每组伺察人员配备一鼓，望见敌寇，立即击鼓，（以次传递，）直到将寇至信息传到城中为止。

【馀论】

此章再述斥候派遣、捶表报警之规约。

本章自“候无过五十”至“从麾所指”一段，与《号令》30章自“遣卒候者无过五十人”至“从麾所指”一段文字略同。揣其意，当为《号令》之文，本章当系重出。此《墨子》城守诸篇非成于一人一时之又一例证。然前已约定，本书暂悉遵《閒诂》所订章节、文字先后之次序，不辄动矣。

“田者男子以战备从斥”，《閒诂》作“田者男子以备备从斥”，“战”讹为“备”，应改。

【原文9】

斗食①，终岁三十六石②；参食，终岁二十四石③；四食，终岁十八石④；五食，终岁十四石四斗⑤；六食，终岁十二石⑥。斗食食五升⑦，参食食参升小

半[⑧]，四食食二升半，五食食二升，六食食一升大半，日再食[⑨]。救死之时，日二升者二十日，日三升者三十日，日四升者四十日。如是，而民免于九十日之约[⑩]矣。

【校注】

①斗食：孙诒让云："'斗'字，旧本讹'升'。毕沅云：'疑斗食。'"俞樾云："以下文推之，则'升'为'斗'字之误无疑。"按："斗"，古文作（秦公簋），"升"，古文作（友簋），形近易讹。又，"升食"，终岁三十六斗，而非三十六石。孙、毕、俞之校皆是，今从之。"斗食"，谓日食斗粮也。因日再食，故每食五升也。

②终岁三十六石："斗食"，日食一斗也。终其一岁三百六十日，共食三百六十斗，即终岁食三十六石也。

③参食，终岁二十四石："参"，同"三"，详《备穴》2 章注⑱。"参（三）食"，三分斗而日食其二也。下文"参（三）食食参（三）升小半"（$3\frac{1}{3}$升），日再食，则为六升大半（$6\frac{2}{3}$升）。终其一岁三百六十日为二百四十斗，即终岁食二十四石也。

④四食，终岁十八石：孙诒让云："旧本'食'上脱'四'字。"按：道藏本、茅本作"四食"。孙校是，今从之。"四食"，四分斗而日食其二也。下文"四食食二升半"（$2\frac{1}{2}$升），日再食，则为五升。终其一岁三百六十日为一百八十斗，即终岁食十八石也。

⑤五食，终岁十四石四斗：孙诒让云："旧本作'五食，终岁十四石升'。盖误'斗'为'升'，又脱'四'字耳。"按：既"参（三）食"为三分斗而日食其二，"四食"为四分斗而日食其二，则"五食"必为五分斗而日食其二。必如此，方可计得终岁"十四石四斗"之数。"斗"讹为"升"，正同上文"斗食"之"斗"讹"升"字。"四"字之脱，正同"四食"之脱"四"字。孙校是，今从之。"五食"，五分斗而日食其二也。下文"五食食二升"，日再食，则为四升。终其一岁三百六十日为一百四十四斗，即终岁食十四石四斗也。

⑥六食，终岁十二石："六食"，六分斗而日食其二也。下文"六食食一升

大半”($1\frac{2}{3}$升),日再食,则为$3\frac{1}{3}$升,终其一岁三百六十日为一百二十斗,即终岁食十二石也。

⑦斗食食五升:孙诒让云:“‘斗’字,旧本亦讹‘升’,今依毕沅、苏时学校正。”按:若“升食”,则“食半升”,其量过少,人不能支。由是知“升”乃“斗”之讹字。上文“斗食”,旧本“斗”亦讹作“升”,同其误也。

⑧小半:旧本脱此二字。俞樾云:“此依前数而各减其半。斗食者每日一斗,今则为五升。参(三)食者每日六升大半,今为参升小半矣。不言‘小半’者,传写脱去也。”按:参(三)食为三分斗而食其二,即六升大半($6\frac{2}{3}$升),日再食,每餐当为三升小半($3\frac{1}{3}$升)。俞校是,今从之。“少半”,数三分而有其一也。《汉书·高帝纪上》:“今汉有天下大半。”颜师古注:“凡数三分有二分为大半,有一分为少半。”

⑨日再食:古时每日二餐,即朝食与晡食也。

⑩约:少,穷困。《荀子·不苟》:“故操弥约而事弥大。”杨倞注:“约,少也。”《论语·里仁》:“不仁者不可以久处约。”朱熹集注:“约,穷困也。”救死之时,民“日二升”,二十日食四十升;“日三升”,三十日食九十升;“日四升”,四十日食百六十升,总计九十日食二百九十升,即二石九斗,终其一岁三百六十日食十一石六斗,较之“六食,终岁十二石”略少。“民免于九十日之约”,谓民众可在九十日之困厄中免于一死也。

【校文9】

斗食,终岁三十六石;三食,终岁二十四石;四食,终岁十八石;五食,终岁十四石四斗;六食,终岁十二石。斗食,食五升,三食食三升小半,四食食二升半,五食食二升,六食食一升大半,日再食。救死之时,日二升者二十日,日三升者三十日,日四升者四十日。如是,而民免于九十日之约矣。

【今译】

若人均每日(两餐)食粮一斗,则终其一岁需粮三十六石;若人均每日食粮三分之二斗(六升又三分之二升),则终其一岁需粮二十四石;若人均每日食粮四分之二斗(五升),则终其一岁需粮十八石;若人均每日食粮五分之二斗(四升),则终其一岁需粮十四石四斗;若人均每日食粮六分之二斗(三升又三分之一升),则终其一岁需粮十二石。人均每日食粮一斗,每餐食五升;人均每日食粮三分之二斗,每餐食三分之一斗(三升又三分之一升);人均每日食粮四分之二斗,每餐食四分之一斗(二升半);人均每日食五分之二斗,每餐食五分之一斗(二升);人均每日食六分之二斗,每餐六分之一斗(一升又三分之二升),以上皆以每日朝晡二食计算。在敌人攻城粮食不足之时,(为保命而御敌,若能节约用粮,例如,)人均每日食二升并坚持二十日,人均每日食三升并坚持三十日,人均每日食四升并坚持四十日,如此,民众可在九十日之困厄中免于一死。

【馀论】

此章述敌寇围城时节制用粮之设想。

本章讹脱较多,其中“斗”字讹“升”字二处,脱“四”字两处,脱“小半”两字一处。毕沅、苏时学、俞樾、孙诒让各有校补。幸借计数之便,由推算知其误而改正之。

【原文10】

寇近,亟①收诸杂乡②金器若铜铁及他可以左③守事者。先举④县官室居、官府不急者,材之大小长短及凡⑤数,即急先发⑥。寇薄⑦,发⑧屋,伐木,虽有请谒⑨,勿听。人⑩柴,勿积鱼鳞簪⑪,当队⑫,令易取也。材木不能尽入者,燔之,无令寇得用之。积木,各以长短大小恶美⑬形相从,城四面外各积其内,诸木大者皆以为关⑭鼻,乃积聚之。

【校注】

①亟:孙诒让云:“‘亟’旧本讹‘函’。”按:“亟”、“函”形近而讹。详《备城门》4章注②。《墨子》城守诸篇多有之。如《备城门》“我亟使穴师选士,迎而穴之”,《号令》“以亟伤敌为上”、“部吏亟令人谒之大将”、“亟以疏传言守”、“主亟发使者往劳”、“女子亟走入”,皆其例也。茅本正作“亟”。孙校是,今从之。

②杂(雜)乡:孙诒让云:“‘雜乡’当作‘離乡’。”按之《备城门》“城小人众,葆离乡老弱国中,及他大城”,正作“离乡”,孙校是,今从之。

③左:读为佐,佐助也。详《备穴》13章注⑧。

④举:取用。详5章注②。

⑤凡:总括。《说文·二部》:“凡,最括也。”《仪礼·即夕礼》:“凡将礼。”胡培翚正义:“经言凡,是总举之辞。”“凡数”,大数,总数。《周礼·春官·御史》:“凡数从政者。”郑玄注:“自公卿以下至胥徒凡数,及现在空缺者。”孙诒让正义:“凡数,谓三百六十官等。”

⑥即急先发:若遇紧急情况,先行征发。“即”,犹若,用为假设连词。详《备城门》26章注⑤。“发”调发,征召。《汉书·韩安国传》:“则北发月氏可得而臣也。”颜师古注:“发,犹征召也。”

⑦薄:读为迫。《左传·僖公二十三年》:“薄而观之。”杜预注:“薄,迫也。”

⑧发:读为废,废毁。详《号令》30章注㉖。

⑨请谒:请托,请求,求告。《左传·隐公元年》:“唯我郑国之有请谒焉。”杜预注:“谒,求告也。”

⑩入:读为“内”,“内”即“纳”。《说文·入部》:“入,内也。”王筠句读:“入、内二字古通用。”《广韵·缉部》:“入,纳也。”《曾子·立孝》:“敬以入其忠。”阮元注:“入,亦纳也。”下文“材木不能尽入者,燔之”,“入”字同。

⑪簪:读为参。“簪”,上古精母侵部字;“参”,心母侵部字,声相近,韵相同,例可通假。《集韵·侵部》:“参,古作曑。”“参”,参差不齐。《淮南子·说林》:“钓者静之,罧者扣舟。”高诱注:“罧者,以柴积水中以取鱼。扣,击也。鱼闻击舟声,藏柴下,壅而取之。罧读沙糁,今兖州人积柴水中搏鱼为罧。幽州名之为涔也。”“罧”,亦作罙。《说文·网部》:“罙,积柴水中,以聚鱼也。”《尔雅·释器》:“槮谓之涔。”郭璞注:“今之作槮者,聚积柴木于水中,鱼得寒入其里隐藏,因以簿围捕之也。”簪、参、罧、罙、糁、槮、涔,皆声近义通,谓积木水中,参差置之,以聚鱼而捕之也。《备蛾傅》“荅广丈二尺,其长丈六尺,垂前衡四尺,两端接尺相覆,勿令鱼鳞三,著其后衡”,“勿令鱼鳞三”,即“勿令鱼鳞参”,与此处“勿积鱼鳞簪”,大意相同,皆谓勿使积柴如鱼鳞参差不齐之状也。互详《备蛾傅》4章注⑩。

⑫当队:即当隧,当道也。队,读为隧,隧,道也。详《备城门》20章注②。

⑬恶美:丑与美。恶,丑也。《庄子·德充符》:“卫有恶人焉。”郭象注:“恶,丑也。”

⑭关(闗):读为贯。《说文·门部》:“关,以木横持门户也。”朱骏声通训

定声："关，假借又为贯。""贯"，穿也。《礼记·杂记下》："见轮人以其杖关毂而輠轮者。"孔颖达疏："贯，穿也。""关鼻"，即贯鼻，亦即穿鼻，"诸木大者皆以为关鼻"，谓所有大木皆以绳纽贯穿其前端，如索纽穿牛鼻，便引曳也。

【校文 10】

寇近，亟收诸离乡金器若铜铁及他可以佐守事者。先举县官室居、官府不急者，材之大小长短及凡数，即急先发。寇薄，废屋，伐木，虽有请谒，勿听。纳柴，勿积鱼鳞三，当队，令易取也。材木不能尽纳者，燔之，无令寇得用之。积木，各以长短大小恶美形相从，城四面外各积其内，诸木大者皆以为贯鼻，乃积聚之。

【今译】

敌寇临近我城，应急速收集诸离乡入城人家之青铜器具与铜铁材料以及其他可以佐助守城之物品。先取用城外县官住宅和不急需用官府中之物品，统计其木材大小长短及总数，如遇紧急情况，可先行征发。敌寇迫近我城，则拆毁房屋，砍伐树木，即使有请托缓行者，亦不予听从。收纳柴薪于城中，切记不可将其堆积成鱼鳞般参差状，而应当路存放，使之方便取用。木材不能尽数收纳于城中者，焚烧之，决不可使敌寇得而用之。堆放木材，各以其长短、大小、优劣等相状依类处理。城外四方面收纳城中之木材，按所来方面分别堆放于四面城门之内，其中较长较大木材前端穿孔，以绳索配纽予以贯连，以便引曳和堆放。

【馀论】

此章再述敌寇攻城时，我方以清野策略相应对之某些具体措施。

《号令》"去郭百步，墙垣、树木小大尽伐除之，外宅井，尽窒之，无令可得汲也。外宅室尽发之，木尽伐之。诸可以攻城者尽纳城中，令其人各有以记之。事已，各以其记取之。吏为之券，书其枚数。当遂材木不能尽纳，即烧之，无令客得而用之"，与此章俱述清野相关措施，且内容大致相同。揣其意，清野情事当在此篇，而上述《号令》相关文字应视为重出。此《墨子》城守诸篇非作于一人一时之又一例证也。然前已约定，本书暂悉遵《閒诂》所订章节、文字先后之次序，不辄动矣。

【原文 11】

城守司马以上[①]，父母、昆弟、妻子有质在主所，乃可以坚守。署都司空[②]，大城四人，候[③]二人，县候面一[④]，亭尉、次司空[⑤]，亭一人[⑥]。吏侍守所者[⑦]财足[⑧]，廉信、父母昆弟妻子有在葆宫[⑨]中者，乃得为侍吏。诸吏必有质，乃得任事。守[⑩]大门者二人，夹门而立，令行者趣[⑪]其外。各四戟，夹门立，而其人坐其下[⑫]。吏日五阅之[⑬]，上逋[⑭]者名。

【校注】

①城守司马以上：即"城守司马以上者"，亦即"司马以上之城守"，"司马以上"为"城守"之后置定语，省去作为后置定语标志词之特殊代词"者"。

②署都司空：设置都司空之职位。"署"，旌表，设置。详《旗帜》8 章注③。"都司空"，官职名，宗正之属官。详《号令》12 章注⑰。

③候：官职名，居都司空之下。详《号令》12 章注⑱。

④县候面一：县之四面各置候一人。县候，官职名。其秩低于都司空和候。

⑤亭尉、次司空：亭尉和次司空。"亭尉"，城上小吏，即"帛尉"、"百长"。其秩低于县尉。详《旗帜》3 章注①。"次司空"，官职名。其秩次于都司空和亭尉。详《号令》20 章注①。

⑥亭一人：即"亭各一人"，盖谓每亭置亭尉、次司空各一人也。

⑦吏侍守所者：即"侍守所之吏"。"侍守所"为"吏"之后置定语，又加特殊代词"者"为标志词。

⑧财足：即纔（才）足。"财"，读为纔（才），谓纔（才）适足，不过多也。详《备穴》12 章注⑱。

⑨葆宫：即保宫，安置人质之所。详《备城门》72 章注⑥。

⑩守：孙诒让云："'守'，疑当为'侍'。"按之《号令》："吏卒侍大门中者，曹无过二人。"孙校是，今从之。

⑪趣：音 cù，读为促。《汉书・项籍传》："数使使趣齐兵俱西。"颜师古注："趣，读曰促。""令行者趣其外"，即"令行者促其外"，谓使过路行人急促离开门外也。

⑫其人坐其下：另外有人坐于持戟卫士之下。后"其"，指代戟，即持戟

卫士。

⑬吏日五阅之：官吏每日检查五次。“阅”，视察。《慧琳音义》卷四十九“该阅”注引《考声》：“阅，察也。”《书·吕刑》：“阅实其罪。”蔡沈集传：“阅，视也。”

⑭逋：逃亡，逃窜。详《号令》9 章注⑦。

【校文 11】

城守司马以上，父母、昆弟、妻子有质在主所，乃可以坚守。署都司空，大城四人，候二人，县候面一，亭尉、次司空，亭一人。吏侍守所者财足，廉信、父母、昆弟、妻子有在保宫中者，乃得为侍吏。诸吏必有质，乃得任事。侍大门者二人，夹门而立，令行者促其外。各四戟，夹门立，而其人坐其下。吏日五阅之，上逋者名。

【今译】

司马以上之守城官吏，其父母、兄弟、妻小中有人作为人质留在主帅之所，他们才可以坚守城池。设置都司空之吏职，大城配备四人，另配候之吏职二人，县之东西南北四面亦各配候一人，亭尉吏职和次司马吏职，每亭各配一人。侍卫太守治所之官吏，其数足用即可，（不必过多。）只有作风廉洁诚信，父母、兄弟、妻小中又有人质于保宫者，方可担任太守侍卫官吏。其他官吏亦必有家人为人质，方可令其任职。侍卫大门者有两人，他们站立大门两边，其职责为使过此行人不得逗留，急促离开门外走开。此外每门有四人持戟，立于守门两边，并另外安排人坐于持戟者之下，侍卫主管官吏每日检查五次，并将逃亡士卒名单报告上司。

【馀论】

此章述官吏设置、人质作保及侍卫人员配备之事。

“侍大门者二人，夹门而立……各四戟，夹门立，而其人坐其下”，与《号令》32 章：“谒者侍令门外，为二曹，夹门坐。……四人夹令门内坐，二人夹散门外坐”内容略同。此《墨子》城守诸篇非作于一人一时之又一例证也。

“财足”，诸家所释不同。岑仲勉释“财”为“材”，云：“‘财足’，孙诒让读纔（才）足，吴毓江释富厚，余按西篇 58（按：指《号令》自“守之所亲”至“慎无相盗”段)言,‘守之所亲,举吏贞廉、忠信、无害、可任事者’,‘廉信’即贞廉、忠信之省文,‘财足’应与‘无害可任事’相当,谓材能也。材、财同音,《孟子》‘有达财者’,固借‘财’为‘材’,孙、吴两解均不确。子篇47(按:指《备城门》自“百步一亭”至“尉必取有重厚忠信可任事者”段)亦言‘尉必取有重厚忠信可任事者’,‘任事’固非‘材足’不可。‘有质’与‘父母、昆弟、妻子有在保宫中’同义,犹之今世必觅保人而后可任事也。”可备一说。然因《备穴》:“金与鈇枋长四尺,财自足”、“为短矛短戟短弩虻矢,财自足”、“为斤斧锯凿钁,财自足”、“为横穴大橹莶,盖具稾枲,财自足”等多例“财自足”,“财”释“纔”,故不取岑说,录以备考。

【原文12】

池外廉[1]有要有害[2],必为疑人[3],令往来行夜者射之,谋[4]其疏者,墙外水中,为竹箭[5],箭尺广二步,箭下于水五寸,杂长短,前外廉三行,外外乡[6],内亦内乡。三十步一弩庐,庐广十尺,袤丈二尺。

【校注】

①廉:侧边。详《旗帜》3章注③。“池外廉”,隍池之外侧边岸也。

②有要有害:即“有要害”,有要害所在也。“害”,要害,险要所在。详4章注②。

③必为疑人:必会有值得怀疑之人。“为”,犹有。《读书杂志·管子第四·小匡》:“又游士八千人。”王引之按:“又,读为有,古字又与有通。《国语·齐语》作为。为,亦有也。”《孟子·滕文公上》:“将为君子焉,将为野人焉。”赵岐注:“为,有也。”

④谋:俞樾云:“‘谋’,乃‘诛’字之误。”按:“谋”、“诛”形近而讹。俞校是,今从之。“谋其疏者”,当作“诛其疏者”,谓诛罚疏忽未射者也。

⑤箭:毕沅云:“旧作‘篛’。”按“篛”,字书所无。茅本、宝历本俱作“箭”。“箭”,即竹箭,亦即竹签,削竹使端锐布隍水中,所以防渡也。详《备城门》72章注⑧。

⑥乡(鄉):同“向”。《说文·人部》,“偭,鄉也。”段玉裁注:“鄉,今人所用之‘向’字,汉人无作向者。”《论语·阳货》:“乡原,德之贼也。”何晏集解:“鄉,向也。古字同。”

【校文12】

池外廉有要有害，必为疑人，令往来行夜者射之，诛其疏者。墙外水中，为竹箭，箭尺广二步，箭下于水五寸，杂长短，前外廉三行，外外向，内亦内向，三十步一弩庐，庐广十尺，袤丈二尺。

【今译】

在隍池外侧边岸有要害之所在，必会有可疑之人出现，（果真如此，）命令往来巡夜士卒放矢射之，对疏忽未射者应施以重典，予以诛罚。城墙外隍池中，竖置尖头竹签，竹签间尺度，宽一丈二尺，前端置于水下五寸处，长短竹签错杂竖置，隍池前部外边共置三行，外边一行向外倾斜，内边一行向内倾斜。每三十步筑一座仅供存放弓弩之庐室，庐室宽十尺，长一丈二尺。

【馀论】

此章述于隍池水中竖置竹箭，以防敌寇偷渡之事。

“必为疑人”，诸家所解不同。俞樾云：“‘疑人’，盖束草为人形，望之如人，故曰‘疑人’。”岑仲勉云：“其说殊未可信。盖束草为疑人，志在吓敌，不必令自己巡夜之队伍射之，以致损失箭矢。且即疏漏未射，何致受诛？余谓‘必为’者，信其必是也，疑人，可疑之人也，当戒严时期，如确信其为可疑之人，往来巡夜者自应射之，如疏失不射，或可酿成严重事故。‘诛其疏者’一句，依此解法，便甚明白。”岑说是也。

【原文13】

队①有急，极发其近者往佐②，其次袭③其处。

【校注】

①队：队伍，部队。此处指守方队伍或部队，即《备水》：“二十船为一队，选材士有力者共船”，《号令》：“疾斗者队二人”之“队”。《备城门》：“城上二步一渠”、“五步一罂”、“二十五步一灶”、“五十步一藉车”、“五十步一井屏”、“五十步一房”、“百步一木楼”、“百步一井”、“百步一积杂秆”、“二百步一大楼”等，皆言守方备御，知“队有急”之“队”必为守方队伍或部队无疑。

②极（極）发（發）其近者往佐：谓即速拨发其邻近部队前往佐助也。“極”，读为亟。“極”以“亟”为声符，例可通假。《说文·木部》：“極，栋也。”朱骏声通训定声：“極，假借又为亟。”《韩非子·存韩》：“以極走则发矣。”王先慎集解引俞樾曰：“極，犹亟也，古字通用。”“发”，读为拨。《说文·弓部》：“发，射发也。”朱骏声通训定声：“发，假借又为拨为坺。”《经义述闻·周礼·弓人》：“弓人：居干之道，菑栗不迆则弓不发。”引之谨案：“发，当读为拨。”

③袭：继续。《汉书·扬雄传》：“袭璇室与倾宫兮。”颜师古注引服虔曰：“袭，继也。”“其次袭其处”，犹其次续其处，谓调拨次近部队续接其职任也。

【校文13】

队有急，亟拨其近者往佐，其次袭其处。

【今译】

如我方某部队遇有紧急军情，旋即调拨其邻近部队前往救援，又调拨已前往部队次近之部队续接其职任。

【馀论】

此章述遇急时调拨部队往援之事。

吴毓江移下文“百步一队”于“队有急”上，云：“此四字本在下文‘辄言节出时操者名’下，今移置于此。”岑仲勉等皆从之。可备一说。前已约定，本书暂悉遵《閒诂》所订章节、文字先后之次序，不辄动也。

【原文14】

守节出入①，使主节必疏书②，署③其情，令若其事④，而须其还报以剑验⑤之。节出，使所出门者，辄言节出时、掺⑥者名。

【校注】

①守节出入：谓持太守所颁符节出入城也。“守节”，太守所颁符节。“节”，符节凭证。详《旗帜》2章注⑦。

②使主节必疏书：谓使主管符节之官吏必定分条书写也。“主节”，即掌节，指掌管符节之官吏。互详《旗帜》2章注⑦。“疏”，分条。《汉书·匈奴传

上》:"于是说教单于左右疏记。"颜师古注:"疏,分条云也。"

③署:写,记录。详《号令》12 章注⑫。

④令若其事:使所写情况一如其所行事。"若",如也。《左传·昭公六年》:"若君子之言。"孔颖达疏:"若,如也。"

⑤剑验:即检验。"剑",读为检。"剑"、"检"同以"佥"为声符,例可通假。《释名·释兵》:"剑,检也,所以防检非常也。"是其证。

⑥掺:即操。详《号令》23 章注㉒。

【校文 14】

守节出入,使主节必疏书,署其情,令若其事,而须其还报以检验之。节出,使所出门者,辄言节出时、操者名。

【今译】

持太守所颁符节凭证出城或入城,使主管符节之官吏必定分条书写,记录其情由,使所书情况一如其所行之事,且待其还归报告时以事实加以检验。符节发出,使者凭以出门,守门者立即向上司报告符节出门时间和符节持有者之姓名。

【馀论】

此章述符节使用之制。

王引之云:"'剑验',亦当为'参验',谓参验其事情也。此'参'讹为'佥',又讹为'剑'耳。隶书'参'或作'叅','僉'或作'侴',二形相似而误。"可备一说,然不若剑读为检之简捷,故不取,录以备考。

【原文 15】

百步一队①。

【校注】

①队:队伍,部队。详 13 章注①。

【校文 15】

同上。

【今译】

每一百步安排一支部队守御。

【馀论】

此章述守御部队按每百步一支布防。

本章仅一句。孙诒让云："上疑有脱文。"盖以为一句似难成章，但苦难以补苴。吴毓江移至上文"队有急"之上。岑仲勉从之。可备一说，互详13章"馀论"。

【原文16】

闷[①]通守舍，相错穿室。治复道[②]，为筑墉，墉[③]善其上[④]。

【校注】

①闷：边门，小门。《说文·门部》："閤，门旁户也。"段玉裁注："汉人所谓閤者，皆门旁户也。皆于正门之外为之。"《尔雅·释宫》："小闺谓之閤。"《汉书·公孙弘传》："开东闷以延贤人。"颜师古注："闷，小门也。"

②复道：楼阁间架空之上下两重通道，俗称"天桥"。详《号令》29章注⑤。

③墉：墙。《说文·土部》："墉，城垣也。"《仪礼·士丧礼》："祝负墉南面。"郑玄注："墙谓之墉。"

④墉善其上：谓墙垣上妥为嵌物以阻防歹人也。按之《号令》"保宫之墙必三重，墙之垣，守者皆累瓦釜墙上"，则应为墙垣上妥为堆嵌瓦釜之物也。

【校文16】

同上。

【今译】

太守治署之旁边小门与太守署舍连通，旁门相互错置，穿过房间。上面修筑可供上下之复道，四周砌墙垣，墙垣上妥为堆嵌瓦质量器"釜"之碎片（，以防阻歹人攀城）。

【馀论】

此章再述太守治署建筑规制之某些支节。

孙诒让云:"此下,旧本有'先行德'至'用人少易守',凡四十三字,当为前《备城门》篇之错简,今审定移正。"互详《备城门》72 章注⑭。

【原文 17】

取疏①,令民家有三年畜②蔬食,以备湛③旱、岁不为④。常令边县豫⑤种畜芫⑥、芸⑦、乌喙⑧、祩⑨叶。外宅沟井窴⑩可,塞;不可,置此其中。安则示以危,危示以安⑪。

【校注】

①取疏:聚贮蔬菜。"取",读为"聚","聚"以"取"为声符,例可通假。《说文·又部》:"取,捕取也。"朱骏声通训定声:"取,假借又为聚。"《大戴礼记·夏小正传》:"窦(深)穴取与之室。"王聘珍解诂:"取,读曰聚。""疏",读为蔬,"蔬"以"疏"为声符,例可通假。蔬,菜也。《荀子·富国》:"然后荤菜百疏以泽量。"杨倞注:"疏与蔬同。"下文"令民家有三年畜(蓄)蔬食",正作"蔬"。

②畜:读为蓄,蓄积,蓄藏。"蓄"以"畜"为声符,例可通假。《汉书·刑法志》:"畜积岁增。"颜师古注:"畜,读曰蓄。"下文"常令边县豫种畜芫、芸、乌喙、祩叶","畜"字同。

③湛:音 yín,淫。《大戴礼记·保傅》:"乐而湛。"王聘珍解诂:"湛,淫也。""湛旱",犹淫旱,大旱也。

④为:成。《广雅·释诂三》:"为,成也。"《读书杂志·汉书第四·食货志》:"五谷不为多。"王念孙按:"为,成也。""岁不为",犹"岁不成",谓年岁不收成也。

⑤豫:备。《广韵·御韵》:"豫,备先也。"《左传·隐公元年》:"豫凶事。"洪亮吉诂:"豫,备也。"俗作"预"。互详《备城门》8 章注⑩。

⑥芫:毒草。《说文·艸部》:"芫,鱼毒也。"王筠句读:"《尔雅·释木》作杬。"《广韵·元部》:"芫,草名,有毒,可为药也。"《急就篇》卷四:"乌喙附子椒芫华。"颜师古注:"芫华,一名鱼毒。渔者煮之以投水中,鱼则死而浮出,故以为名。其根曰蜀桑,其华可以为药。"

⑦芸:孙诒让云:"'芸'非毒草,当为'芒'字之误。"按:"芸",芸蒿,味美,

可食。《尔雅·释草》:“权,黄华。”邢昺疏引《杂礼图》曰:“芸,蒿也。叶似邪蒿,香美可食。”《急就篇》卷二:“芸蒜荠芥茱萸香。”颜师古注:“芸,即今芸蒿也,生熟皆可啖。”均可证。“芸”既为香美可食之蒿,共毒草“芫、乌喙、祩叶”同一集合,显误。盖“芒”以形近讹作“芸”。孙校盖是,可信。“芒草”又名莽草,亦毒草。《周礼·秋官·翦氏》:“翦氏掌除蠹物,以攻禜攻之,以莽草熏之。”郑玄注:“莽草,药草杀虫者,以熏之则死。”《神农本草经·木部》:“莽草有毒,主风杀虫鱼,一名葞,一名春草,生上谷山谷及冤句。”《证类本草》引陶弘景注云:“今东间处处皆有……人用捣以和米,纳水中,鱼吞即死……莽草字亦作㒳字,今俗呼为㒳草也。”《尔雅·释草》:“葞,春草。”郭璞注:“一名芒草,《本草》云。”《山海经·中山经》:“葌山有木,状如棠而叶赤,名曰芒草,可以毒鱼。朝歌之山……有草焉,名曰莽草,可以毒鱼。”王绂云:“(莽草,)即芒草也。”由是知芒草当有草与木两本,皆可毒鱼,亦可毒人。此处,“芸”(芒)当指草本,且既言“豫种”,则木不与焉。

⑧乌喙:亦名奚毒、莿子、附子、乌头、天雄,毒木,其茎、叶、根俱有毒。《广雅·释草》:“蘸,奚毒附子也。一岁为莿子,二岁为乌喙,三岁为附子,四岁为乌头,五岁为天雄。”《急就篇》卷四:“乌喙、附子、椒、芫华。”颜师古注:“乌喙形似鸟之嘴也。”《淮南子·缪称》:“天雄乌喙,药之凶毒也。”

⑨祩:孙诒让云:“‘祩’,疑当作‘椒’,与‘椒’同。”按:“祩”、“椒”形近而讹。孙校盖是,可信。《说文·艸部》:“茮,茮莍。”徐锴系传:“今《说文》无‘椒’字,豆菽字但作尗,则此‘茮’为‘椒’字也。”“椒”,毒木。《山海经·中山经》:“其木多榖、柞、椒、柘。”郭璞注:“椒,为树小而丛生,下有草木则蓋死。”“蓋”,音 hē,有毒腺动物刺毒其他动植物。《广韵·药韵》:“蓋,虫行毒。”《山海经·西山经》:“(昆仑之丘)有鸟焉,其状如蜂,大如鸳鸯,名曰钦原,蓋鸟兽则死,蓋木则枯。”

⑩寘:同“填”,塞也。《说文·穴部》:“寘,塞也。”朱骏声通训定声:“寘即填之或体。”段玉裁注:“寘、填同义,填行而寘废矣。”《楚辞·天问》:“洪泉极深,何以寘之?”洪兴祖补注:“寘,与填同。”《晏子春秋·外篇第七》:“寘池沼。”孙星衍音义:“寘,塞也。”“外宅沟井寘可,塞;不可,置此其中”,谓城外屋宅旁之渠沟水井,可予填塞,则填塞;不可填塞,则将上述四种有毒草木之叶投进渠沟和水井中。《通典·兵五·守拒法》:“凡敌欲攻,即去城外五百步内,井、树、墙、屋并填除之,井有填不尽者,投药毒之。”亦言外宅沟井或填塞或投

毒事，可作比观。

⑪安则示以危，危示以安：谓和平安定时期，可能存在战争危险，战乱危急时期，通过积极防御，亦可迎来和平安定也。

【校文 17】

取蔬，令民家有三年蓄蔬食，以备湛旱、岁不为。常令边县预种蓄芫、芒、乌喙、椒叶。外宅沟井填可，塞；不可，置此其中。安则示以危，危示以安。

【今译】

贮聚蔬菜，应使民众家中蓄积可以食用三年之蔬菜和粮食，以防备大旱和绝产之年份。又应时常使边地诸县预先种植并蓄积芫草、芒草、乌喙、椒等四种草木之叶，（以做药用。）城外屋宅旁之渠沟、水井可填塞者填塞之；不可填塞者，投上述四种含毒草木之叶于其中。（预贮蔬菜粮食和种蓄毒性药草之目的，在于）令民众明白如下道理：和平安定时期可能存在战争危险，而战乱危急时期，通过积极防御，又可能迎来和平安定。

【馀论】

此章述贮积蔬食以及种蓄毒草以备战事之所需。

"安则示以危，危示以安"，岑仲勉视为注文，云："末两句，乍看之似与上文不连。细思之，'安则示以危'者即櫽栝预储蔬食毒物之注文，'危则示以安（按：原文无'则'字）乃相对的补充之词。"可备一说。因无任何实际证据能定其为注文，故不取，录以备考。

【原文 18】

寇至，诸门户令皆凿而类窍之[①]，各为二类，一凿而属[②]绳，绳长四尺，大如指。寇至，先杀牛、羊、鸡、狗、乌[③]、鴈[④]，收其皮革、筋、角、脂、葥[⑤]、羽。彘[⑥]皆剥之。吏槫桐𠀠为铁錍[⑦]，厚简为衡枉[⑧]。事急，卒不可远，令掘外宅林[⑨]，谋[⑩]多少。若治城□为击[⑪]，三隅之[⑫]。重五斤已[⑬]上诸林木，渥[⑭]水中，无过一茷[⑮]。涂茅屋若积薪者，厚五寸已上。吏各举其步[⑯]界中财物可以左[⑰]守备者上[⑱]。

【校注】

①寇至，诸门户令皆凿而类(類)窍(竅)之：《备城门》作“客至，诸门户皆令凿而慕孔之”。孙诒让云：“彼‘慕’当作‘幂’，此‘類’当作‘幎’。”按：盖“幎”以形近讹作“頪”。“頪”，“類”之本字。《说文·页部》：“頪，难晓也。”段玉裁注：“谓相似难分别也。頪、類古今字。類本专谓犬，后乃類行而頪废矣。”朱骏声通训定声：“此字从页，米声，谓相似难分别。经传皆以類为之。戴侗氏《六书故》曰：‘从迷省，亦以頪为類之本字。’”孙校是，今从之。互详《备城门》3章注⑪。“幎”，即“幂”。《广韵·锡韵》：“幎，亦作幂。”“幂”，覆也。《仪礼·既夕礼》：“幂用疏布。”郑玄注：“幂，覆也。”下文“各为二类”，“类”字同。“窍”，孔也。《说文·穴部》：“窍，孔也。”《庄子·应帝王》：“人皆有七窍。”陆德明释文引《说文》云：“窍，孔也。”“寇至，诸门户令皆凿而类窍之”，即“寇至，诸门户令皆凿而幂窍之”，谓敌寇攻来时，所有门户使皆凿孔且以物覆之也。

②属：连属。详《备高临》1章注⑤。

③乌：王念孙云：“‘乌’，当为‘凫’。”按：“乌”鸟，非家养之禽，不得与于牛、羊、鸡、狗、雁等家养畜禽之列。“乌”，当为“凫”形近而讹。王校是，今从之。“凫”，鸭。《说文·几部》：“舒凫，鹜也。”即今之鸭。《周礼·春官·大宗伯》：“庶人执鹜。”郑玄注：“取其不飞迁。”贾公彦疏：“鹜，即今之鸭。”

④鴈(雁)：鹅。《说文·鸟部》：“鴈，鹅也。”《读书杂志·晏子春秋第二·外篇重而异者》：“菽粟食凫鴈。”王念孙按引王引之曰：“鴈，鹅也。”《礼记·王制》：“稻以鴈。”朱彬训纂引王念孙曰：“此鴈谓鹅，非谓鸣鴈也。”

⑤ 葥：毕沅云：“‘葥’，即《考工记》‘剒’字，本“𠤎”之讹也。”按：“艹”、“山”皆当为“止”，故“葥”当作“剒”。《集韵·晧韵》：“𠤎，或作腦、剒。”《周礼·考工记·弓人》：“夫角之本，蹙于剒而休于气。”陆德明释文：“剒，本又作腦。”孙诒让正义：“以字形推之，盖‘𡿺’变为两‘止’，移匕于右，又倒其形，遂变为刀。隶古讹变，往往如是。”毕校是，今从之。

⑥毳：王引之云：“‘毳’字当在上文‘牛、羊、鸡、狗’之间。”按：“毳，整牲也，而与于畜之部分皮革、筋、角、脂、𡿺、羽”之列，失并列论物之正则，而移置上文“先杀牛、羊、鸡、狗……”“羊”之下“鸡”之上，适相宜也。《迎敌祠》：“狗、毳、豚、鸡食其肉”，“毳”(与豚)正在“鸡”上。王校是，今从之。

⑦吏樿桐𠧪为铁錍：当作“使槚桐栗为铁錍”，谓使用楸木、桐木、栗木为铁

斧之柄也。“吏”，读为使，古文字“史”、“吏”、“事”、“使”本为一字，后方分化。详《号令》30章注㉙。孙诒让云：“‘樿’，疑‘槚’之误。”按：“樿”，屋檐也。《说文·木部》：“樿，屋梠前也。”徐灏注笺：“梠谓屋瓦相迭如脊吕然。樿则瓦沟也。樿之言覃也。覃，延也。字从木者，承檐言之耳。”文曰：“使樿桐卣(栗)为铁錍”，《说文·金部》：“錍，鉴錍也。”桂馥义证：“鉴錍，短斧也。”然则，使樿为铁錍，即使樿作短斧之柄，屋檐作斧柄，不伦之甚，故“樿”必为误字无疑。“槚”，即楸。《说文·木部》：“槚，楸也。《春秋传》曰：‘树六槚于蒲园。’”楸木质坚且美，常用以制棕、琴与其他器具。《左传·襄公二年》：“穆姜使择美槚，以自为榇与颂琴。”使槚为斧柄，宜也。孙校盖是，可信。“桐”，梧桐，质坚且轻，可制琴瑟。《本草纲目·木部·桐》：“白桐……人家多植之。……《礼》云：‘三月桐始华’者也。堪作琴瑟。”“卣”，字书所无，当为“卤”字之讹。“卤”，殆“㮚”(栗)之残字。《说文·卤部》：“㮚，木也。从木，其实下垂，故从卤。𣡌，古文㮚，从西，从二卤。”邵瑛《群经正字》：“今经典多作栗。”李孝定《甲骨文字集释》按语：“契文()象木实有芒之形，以其形与卤近，故篆误从卤。”“栗”木坚实，供建筑和制作器具之用。《诗·鄘风·定之方中》：“树之榛栗，椅桐梓漆，爰伐琴瑟。”郑玄注：“树此六木于宫者，曰其长大可伐以为琴瑟。”

⑧厚简为衡枉：当为“厚简为衡柱”，谓其坚厚者拣选为横柱也。“简”，拣也。《汉书·冯奉世传》：“守战之备久废不简。”颜师古注：“简，谓选拣。”孙诒让云：“‘枉’，当为‘柱’。”按：“柱”以形近讹作“枉”。

⑨林：孙诒让云：“(‘林’，)当作‘材’。”按：“林”、“材”形近而讹。下文“重五斤以上诸林木”，“林”亦“材”之讹字。孙校是，今从之。

⑩谋：孙诒让云：“‘谋’，疑当为‘课’。”按之《号令》“守必自谋其先后”，“谋”亦“课”形近讹字。孙校是，今从之。

⑪若治城□为击：孙诒让云：“‘城’下疑缺‘上’字。”按：《号令》“及傅城，守将营无下三百人，……门将并守他门，他门之上必夹为高楼，使善射者居焉。……五十步一击(隔)，因城中里为八部，部一吏，吏各从四人，以行冲术及里中”，皆言城上备御情事，缺字应为“上”字。孙校是，今从之。“击”，读为“隔”，此指隔断，隐藏士卒与储存兵械之所。详《号令》3章注⑧。

⑫三隅之：谓治署隔断之制作，必呈三角形，如织女三星之相互顾盼也。互详4章注③。

⑬已：同以。详《号令》30章注㉘。

⑭渥：沾濡，厚渍。《说文·水部》：“渥，沾也。”《史记·老子韩非列传》：“周泽未渥也而语极知。”张守节正义：“渥，沾濡也。”

⑮茷：当作筏。形声字从“竹”、从“艸”，时或相通。“等”、“䒭”，“答”、“荅”，“簿”、“薄”，皆其例也。“筏”，同栰。《广韵·月部》：“栰，同筏。”“栰”，木竹之浮舟也。《慧琳音义》卷六十九“船栰”注引《考声》：“栰，缚竹木浮之水上也。”正字作橃。《说文·木部》：“橃，海中大船。”王筠句读：“橃，编竹木之筏，非舟也。”徐铉曰：“今俗别作筏。”

⑯步：当作“部”。《读书杂志·墨子第六·杂守》：“吏各举其步界中财物可以左守备者上。”王念孙按引王引之曰：“步，当为部。”按：《号令》：“皆为舍道内，各当其隔部。”吴抄本作“步”。“步界”，即部界，《号令》“诸吏、卒、民非其部界而擅入他部界”之“部界”也。

⑰左：读为佐。详《备穴》13章注⑧。

⑱吏各举其步界中财物可以左守备者上：当作“吏各举其部界中财物可以佐守备者上之”。王引之云：“‘上’下当有‘之’字。”按之《备城门》“民室材木瓦石，可以益城之备者，尽上之”，孙校是，今从之。“举”，记录。《左传·襄公二十七年》：“仲尼使举是礼也。”陆德明释文引沈云：“举，谓记录之也。”“上之”，上其财物也。

【校文18】

寇至，诸门户令皆凿而幂窍之，各为二幂，一凿而属绳，绳长四尺，大如指。寇至，先杀牛、羊、彘、鸡、狗、凫、雁，收其皮革、筋、角、脂、脑、羽，皆剥之。使樌、桐、栗为铁錍，厚简为衡柱。事急，卒不可远，令掘外宅材，课多少。若治城[上]为隔，三隅之。重五斤以上诸材木，渥水中，无过一筏。涂茅屋若积薪者，厚五寸以上。吏各举其部界中财物可以佐守备者上之。

【今译】

敌寇攻来时，所有门户使皆凿二孔，且以物蒙覆之，其中一凿孔穿连绳索，绳长四尺，其粗如同手指。敌寇到来，先将牛、羊、猪、鸡、狗、鸭、鹅等家畜家禽宰杀，收集其皮革、筋腱、头角、脂肪、脑髓、羽毛，必须使肢体、脏器等完全剥离开来。使用楸、桐、栗木制作铁斧之柄，其厚实者选拣作为横柱。如遇紧急情况，时间仓促，无以从远处输入，则令士卒掘出城外住宅之材木，（收纳城内以备用,)且计量材木之多少。如制作城上治署中之隔断,可采用织女三星式,做相互顾盼之状。将五斤以上众材木分组浸渍于水中,每组材木数量不超过编连一只木筏之所用。茅屋与积薪皆涂泥墐,厚度在五寸以上。各部官吏皆须记录本辖区内可用于佐助守城御敌之财物,并将其上交官府。

【馀论】

此章述敌寇兵临城下时,宰杀畜禽,收集种种材料和财物,以充守城御敌之资。

本章"寇至,诸门户令皆凿而幂窍之,各为二幂,一凿而属绳,绳长四尺,大如指",与《备战门》"客至,诸门户皆令凿而幂孔之,各为二幂,一凿而系绳,长四尺",文字大致相同。互详《备城门》3 章"馀论"。

"厚简为衡枉"句殊难诠释。孙诒让云:"厚,疑当为'后',与'後'声近字通。'简',疑当为'藺'之误。前《备城门篇》亦有兵弩简格,即藺格也。'枉'当为'柱'。此疑即上文所谓'藺为柱後'也。"谓"厚简为衡枉"当为"藺为柱後",须经改字、删字、易序等诸多渠道,太过迂曲,故不取,录以备考。岑仲勉云:"此段(按:指 21 段,即自'吏槚桐栗'至'重五斤以上')文字错误极多,旧注家亦不能确言其大意。据余揣测,似是两节互为错乱,约应钩改如次:(一)吏槚桐栗厚,简为横柱,事急,卒不可远,令掘外宅林,课多少,若治城,□□为击。(二)为铁錍,三隅之,重五斤以上。(一)段大意,言简取厚材木如槚、桐、栗者为衡柱,如事势已急,猝不可远取,则尽量采就近之林木代之。'槚'原作'橝',依孙改,《图书集成·戎政典》作'檀'。'击'字运本(按:指王闿运本)作'墼',酉篇 6(按:指《号令》:'五十步一击')又有'击',因文既空缺,颇难断定。'吏'可能为'桼'字之讹。《千字文》固以'椅桐梓漆'并言。'栗',古文作'㮚','卣'无疑是其坏体,栗是坚木也。(二)段之'錍',或说为斧,或说为箭,据文重五斤观之,似不是箭。孙谓'击'之形为'三隅',无据。"岑氏亦以大改原文语序求解,多凭揣度而少证据,难以令人信从。故亦不取,录以备考。

【原文 19】

有谗人[①],有利人[②],有恶人,有善人,有长人[③],有谋士,有勇士,有巧士,有使士[④],有内人[⑤]者,外人[⑥]者,有善人者[⑦],有善门[⑧]人者。守必察其所以然者,应名乃内之[⑨]。民相恶,若议吏,吏所解,皆札书[⑩]藏之,以须告之至

以参验之[11]。睨[12]者小五尺，不可卒者，为署吏，令给事官府若舍。蔺石[13]、厉[14]矢、诸材、器用，皆谨部[15]，各有积分数。为解车以枱[16]，城矣以轺车[17]，轮軲[18]，广十尺，辕长丈，为三辐[19]，广六尺。为板箱，长与辕等，善盖上、治中令可载矢。

【校注】

①谗人：即谮人。"谗"，好言人之短也。《说文·言部》："谗，谮也。"《大戴礼记·千乘》："利辞以乱属曰谗。"王聘珍解诂："谗，谮也。"《孟子·告子下》："与谗谄面谀之人居。"焦循正义引《庄子》云："好言人之恶谓之谗。"《礼记·缁衣》："恶恶如巷伯。"郑玄注："《诗·小雅·巷伯》六章曰：'取彼谗人。'"陆德明释文："'谗人'，本又依《诗》作'谮人'。"

②利人：喜利益他人之人。"利"，益。《后汉书·羊续传》："候民病利。"李贤注："益于人曰利。"

③长人：善为某事之人，有专长之人。"长"，善，专长。《广雅·释诂一》："长，善也。"《文选·袁宏〈三国名臣序赞〉》："子瑜都长。"吕延济注："长，善也。"

④使士：善应对给辞令，可为使者之士。尹桐阳云："善词令而可使四方者"，是也。

⑤内人：擅长治理内部事务之人。尹桐阳云"长于内政"，是也。

⑥外人：王讚源云："'外'上当有'有'字。"按之上文"有内人者"，王校是，今从之。"外人"擅长治理外部事务者。尹桐阳云"优于外交"，是也。

⑦善人者：喜成全他人之人。尹桐阳云"好称人善"，是也。

⑧善门（門）：苏时学云："'善門'，疑'善鬥'之讹。"按："善门人"，不辞，盖"鬥"以形近讹作"門"。苏校是，今从之。"善斗（鬥）人者"，喜怂恿他人争斗之人。

⑨应名乃内之：即"应名乃纳之"，谓名实相副才收纳任用也。"应名"，实与名相应。"内"，读为纳。"内"、"纳"，古今字。详《备城门》77 章注⑪。

⑩札书：孙诒让云："'札'，旧本讹作'禮'。"按："禮"，古文作"礼"。《说文·示部》："禮，履也，所以事神致福也。，古文禮。""札"、"礼"形近而讹。《号令》"而札书得，必谨按视参验者"，正作"札书"。孙校是，今从之。

⑪以须告之至以参验之：即"以须告者至以参验之"。"之"，犹"者"。《经

词衍释》卷九:“之,犹者也。《论语》:‘与师言之道与?’谓与师言者也。《孔丛子·对魏王》:‘则能士匿谋。’能之犹能者也。”《诗·唐风·杕杜》:“有杕之杜。”马瑞辰传笺通释:“之,犹者也。”又,《号令》“守以须城上候城门及邑吏来告其事者以验之”,亦其证也。

⑫睨:读为婗。“睨”、“婗”同以“兒”为声符,例可通假。“婗”,子,儿,婴儿。《说文·人部》:“倪,俾也。”段玉裁注:“倪,借为嫛婗之婗也。”朱骏声通训定声:“嫛婗,即婴儿之音转。”《广雅·释亲》:“婗,子也。”王念孙疏证:“凡物小者谓之倪,婴儿谓之婗,鹿子谓之麑,小蝉谓之蜺,老人齿落更生谓之齯齿,义并同也。”又,《释亲》:“婗,子也。”王念孙疏证:“婗,亦兒也,方俗语有轻重耳。”《释名·释长幼》:“人始生曰婴儿,或曰嫛婗。”是“睨”、“倪”、“婗”、“兒”皆相通也。《孟子·梁惠王下》:“反其旄倪。”赵岐注:“倪,弱小緊倪也。”《资治通鉴·周纪三》:“反其旄倪。”胡三省注引陆德明曰:“倪,谓翳倪小兒。”是“緊倪”、“翳倪”、“嫛婗”皆相通也。“睨者小五尺”,即“婗者小五尺”,谓儿者弱小,身高才五尺,未堪为卒也。“五尺”,年十四岁以下童子,自为弱小嫛婗,不为卒,常理也。详《旗帜》1 章注⑧。

⑬藺石:即礌石,城上所投击人石也。详《号令》13 章注③。

⑭厉:利。《诸子平议·管子六》:“臣之能谋厉国定名者乎?”俞樾按:“厉,读为利。”《战国策·秦策一》:“缀甲厉兵。”高诱注:“厉,利也。”

⑮部:部署。《说文·网部》:“署,部署,有所网属。”段玉裁注:“部署,犹处分。”《说文系传·网部》:“署,部署也,各有所也,网属也。”《汉书·高帝纪上》:“部署诸将。”颜师古注:“部署,分部而署置。”

⑯为解车以枱:谓以梓木制作轺车也。“解”,疑为“轺”之形近讹字,下文“城矣(盛矢)以轺车”,正作“轺”。“轺车”,轻车也。《史记·季布栾布列传》:“朱家乃乘轺车之洛阳。”司马贞索隐:“轺,谓轻车,一马车也。”“枱”,盖即《备穴》“用𢶍若松为穴户”之“𢶍”,假借为“梓”。孙诒让云:“‘枱’,籀文从辝,作‘辭’,与‘梓’声类相近……‘𢶍’疑亦即‘枱’、‘梓’之异文。”其说是也。“梓”,楸属之木,可为棕、琴及其他器具之良材也。《书·梓材》:“若作梓材。”蔡沈集注:“(‘梓’,)良材可为器者。”互详 18 章注⑦。

⑰城矣以轺车:当作“盛矢以轺车”,谓用轺车装矢也。“城”,读为盛,“城”、“盛”同以“成”为声符,例可通假。《说文·土部》:“城,以盛民也。”《广韵·清韵》:“城者,盛也,所以盛守民物也。”《慧琳音义》卷二十一引《慧苑音

义》"城郭"注引《风俗通》曰:"城之为言盛。"

⑱軲:为当軲。王闿运云:"'軲',今作'箍',围也。"按:"軲",上古溪母鱼部字;"箍",上古见母鱼部字,声近韵同,例可通假。王校盖是,可信。

⑲三辐:孙诒让云:"'三辐',疑当作'四轮'。"按:"三幅",不辞,古文三、四皆迭画,☰(三)、☰(四),殊易混淆。《备高临》"连弩车两轴四轮"之"四"(☰)亦讹为"三"(☰)。"辐",亦"轮"(輪)之形近讹字。孙校是,今从之。

【校文19】

有谗人,有利人,有恶人,有善人,有长人,有谋士,有勇士,有巧士,有使士,有内人者,有外人者,有善人者,有善斗人者。守必察其所以然者,应名乃内之。民相恶,若议吏,吏所解,皆札书藏之,以须告之至以参验之。娩者小五尺,不可卒者,为署吏,令给事官府若舍。礌石、厉矢、诸材、器用,皆谨部,各有积分数。为轺车以梓,盛矢以轺车,轮箍广十尺,辕长丈,为四轮,广六尺。为板箱,长与辕等,高四尺,善盖上、治中,令可载矢。

【今译】

有喜进谗言之人,有喜利益他人之人,有污恶之人,有善良之人,有身怀专长之人,有足智多谋之士,有勇武刚猛之士,有心慧手巧之士,有善于辞令堪任使者之士,有擅长内政者,有擅长外事者,有喜称人善者,有喜挑人斗者。作为太守,必定考察其所以如此称呼之原由,力求名实相副才收纳任用之。民众互相嫌恶或私议官吏,以及官吏本人之辩解,皆须记入书札,保藏备查,并待参与其事者前来报告时,加以参互验证。童稚年小,身高不过五尺,不可以入伍参战,只能为署吏统辖,使之当差于官府或官长私舍。礌石、利矢以及诸般材料、器具,必皆妥为部署,或堆积,或分放,务令各有数目可资稽查。用梓木制作轻便马车,用以装载弓矢,其轮围宽十尺,直辕长一丈,安四只车轮,轮径宽六尺,用木板拼成车厢,其长与直辕相等,高四尺,妥为上治厢盖,内整厢壁,使之装载弓矢安全无虞。

【馀论】

此章述太守须细心识别周围人众以便量才为用,安排未成年人给事官府,制作或贮积种种守城御敌器物等事。

"轱"字之释,诸家不同。毕沅云:"此'毂'字异文无疑。《广雅》云:'轱,车也'。"岑仲勉从之。孙诒让云:"毕说未确,'轱'疑即车前胡,字形又与轴相近,详《经说下篇》。轮与轱不得同度,疑亦有脱误。毂广度必无十尺,此亦足证毕说之非。但胡即辀前下垂柱地者,亦不得有广度,疑指车前軓当胡处而言。下箱与辕等亦长丈,则軓长广正方矣。若为轴,则当云长,不当云广。未能质定也。"孙氏否定"轱"乃"毂"之异文说,而又踌躇于"车前胡"与"轴"之间而不能定夺。王闿运谓"'轱',今之'箍'也,围也",庶可抛开孙氏之惶惑处,较释"毂"、"胡"、"轴"为优。笔者援引以论,然亦未敢自必。谨以请教于同行专家。

【原文 20】

子墨子曰:"凡不守者有五:城大人少,一不守也;城小人众,二不守也,人众食寡,三不守也;市①去城远,四不守也;畜积在外,富人在虚②,五不守也。率万家而城方三里③。"

【校注】

①市:集市。《说文·冂部》:"市,买卖所之也。"《易·系辞下》:"日中为市。"焦循章句:"市,交易之地。"杜牧《感怀诗一首》:"屍满咸阳市。"冯集梧注引《三辅黄图·庙记》:"长安市有九,各方二百六十六步……凡四里为一市。"

②虚:即墟。丘墟,空旷之地。"虚"、"墟",古今字。《说文·丘部》:"虚,大丘也。崐崘丘谓之崐崘虚。古者,九夫为井,四井为邑,四邑为丘,丘谓之虚。"段玉裁注:"虚,本谓大丘,大则空旷,故引伸之为空虚。……丘、虚,语之转。"《荀子·哀公》:"以望鲁四郊,亡国之虚。"王先谦集解引郝懿行曰:"虚、墟、古今字。"此处,"墟"指非城邑之地。

③率万家而城方三里:谓大率万家之城而城方圆三里(,则可事守御也)。"率",大率,大抵。详《备城门》74 章注④。《六韬·虎韬·军用》:"甲士万人,强弩六千,戟橹二千,矛楯二千,修治工具,砥砺兵器,巧手三百人。此举兵军用之大数也。"《尉缭子·兵谈》:"量地肥垸而立邑,建城称地,以城称人,以人称粟,三相称,则内可以固守,外可以战胜。"《通典·兵五·守拒法》:"城有不可守者:大而人少;小而众多;粮寡而柴水不供;垒薄而攻具不足;土疏地下,灌溉可汎;邑阙人疲,修缉未就。凡若此类,速徙之。"亦言守城之所据,均可作

比观。

【校文20】

同上。

【今译】

墨子说："太凡不能防守之情况有五：其一，城大人少；其二，城小人众；其三，人众粮寡；其四，集市距城甚远；其五，所蓄物资尽在城外，富人居于城郊。大抵有一万家居民而城邑有方圆三里之大，便可保防守无虞。"

【馀论】

此章述城不可守之五种情况。

孙诒让云："方三里者，积九里，为地八千一百亩也，以万家居之，盖每宅不及一亩，贫富相补，足以容之矣。"其解"率万家而城方三里"之义蕴，毋庸置疑。然每户有地不足一亩，糊口尚且不易，何谈支持守城御敌，不夙作积贮，断断不可，汉贾谊著《论积贮疏》诚有以也。

主要参考书目

[1] 毕沅《墨子注》,乾隆四十九年毕氏灵严山馆刊本。

[2] 王树枏《墨子斠注补正》,光绪十三年文莫室丛书本。

[3] 吴汝纶《点勘墨子读本》,宣统元年衍星社排印本。

[4] 王闿运《墨子注》,光绪三十年江西官书局刊本。

[5] 陈澧《东塾读书记》,纳兰书馆重刊广州本。

[6] 王景羲《墨商》,宣统二年永嘉王氏刻本。

[7] 王念孙《墨子杂志》,道光十二年刻本。

[8] 苏时学《墨子刊误》,民国十七年中华书局聚珍仿宋印本。

[9] 俞樾《墨子平议》,清刻本。

[10] 孙诒让《墨子閒诂》,孙以楷点校本 1986 年版,孙启治点校本 2001 年版。

[11] 尹桐阳《墨子新释》,衡南学社石印本 1914 年版。

[12] 张纯一《墨子閒诂笺》,上海定庐初版本 1922 年版。

[13] 李笠《定本墨子閒诂校补》,上海商务印书馆本 1925 年版。

[14] 刘昶《续墨子閒诂》,上海扫叶山房本 1925 年版。

[15] 张纯一《墨子集解》,世界书局排印本 1936 年版。

[16] 于省吾《墨子新证》,1938 年排印本。

[17] 吴毓江《墨子校注》,中华书局《新编诸子集成》1993 年版。

[18] 岑仲勉《墨子城守各篇简注》,中华书局《新编诸子集成》2005 年版。

[19] 高亨《诸子新笺》,山东人民出版社 1961 年版。

[20] 梅季、林金保《白话墨子》,岳麓书社 1991 年版。

[21] 吴龙辉等《墨子白话今译》,中国书店 1992 年版。

[22] 周才珠、齐瑞端《墨子全译》,贵州人民出版社 1995 年版。

[23] 李生龙《新译墨子读本》,台湾三民书局 1996 年版。
[24] 刘文忠、马玉梅、李永昶《墨子译注》,台湾建安出版社 1997 年版。
[25] 孙以楷、甄长松《墨子全译》,巴蜀书社 2000 年版。
[26] 王冬珍、王讃源《新编墨子》,台湾编译馆 2001 年版。
[27] 冯成荣《墨子兵学及备城门以下十一篇之新注新译》,冯同亮书坊本。
[28] 谭家健、孙中原《墨子今注今译》,商务印书馆 2009 年版。
[29] 司马哲《墨子》,中国长安出版社《国学新读大讲堂》2009 年版。
[30] 秦彦士《墨子考论》,巴蜀书社 2002 年版。
[31] 秦彦士《古代防御军事与墨家和平主义》,人民出版社 2008 年版。
[32] 史党社《〈墨子〉城守诸篇研究》,中华书局 2011 年版。
[33] 罗炳良、胡喜云《墨子解说》,华夏出版社 2007 年版。
[34] 方勇译注《墨子》,中华书局《中华经典名著全本全注全译丛书》2011 年版。
[35] 叶山《攻守城器械及东周军事技术》,上海古籍出版社《中国科技史探索》中文版 1986 年版。
[36] 萧鲁阳《墨子元典校理与方言研究》,西安地图出版社 2003 年版。
[37] 萧鲁阳《鲁阳墨论》,中国新闻联合出版社 2004 年版。
[38] 骈宇骞、李解民、盛冬铃等《〈武经七书〉译注》,中华书局 2007 年版。
[39] 张文才《〈太白阴经〉新说》,中国人民解放军出版社 2008 年版。
[40] 劳榦《居延汉简考释・释文之部》,商务印书馆铅印本 1949 年版。
[41] 陈梦家《汉简缀述》,中华书局 1980 年版。
[42] 银雀山汉墓竹简整理小组《银雀山汉墓竹简》(壹),文物出版社线装本 1975 年版。
[43] 睡虎地秦墓竹简整理小组《睡虎地秦墓竹简》,文物出版社线装本 1977 年版。
[44] 中华书局编辑部《云梦秦简研究》,中华书局 1981 年版。
[45] 甘肃省文物工作队、甘肃省博物馆《汉简研究文集》,甘肃人民出版社 1984 年版。
[46] 骈宇骞、段书安《二十世纪出土简帛综述》,文物出版社 2006 年版。
[47] 李均明《秦汉简牍文书分类辑解》,文物出版社 2009 年版。
[48] 杜佑《通典》,四库全书本。
[49] 郑樵《通志》,四库全书本。

后　记

经过数年的资料储备，又加近两年的笔耕，《墨守训释》今已脱稿。其实，此书按计划应于去年9月完成，作为对中国墨子学会成立20周年之献礼。因为中间插入若干临时性工作，无奈拖至现在，只能说是一份迟到的献礼。

三十五年前，我于无意之中真正走近了墨学。记得那是1978年之秋，其时，我作山东大学历史系卢振华教授的非正式助手已经五年有余。他早已撰成《山东古代科技人物论集》书稿，内缺墨家科技一篇。一天，卢先生叫我至他的榻前，说："你是学数理的，墨家科技一篇就由你写好了，你会把握得比我们更好。可以找来我校中文系高亨先生《墨经校诠》作为参考，当然也可翻阅栾调甫先生与梁启超先生讨论《墨经》的材料作深入探讨。"听得此言，我分明知道，这自然应视为卢先生在对我进行学术研究方面的点拨。惶恐片刻，立即镇静下来，决意一试身手。须知，此为我平生第一次接受业师亲交的科研课题。历经三个月，我写成《墨家在科技方面的贡献》八千余字，交先生审评，先生给予的赞许超乎我的想象。他语重心长地说："你有这方面的条件和资质，未来可以考虑以墨学研究作为自己的主攻。"来年春，《山东古代科技人物论集》出版，我发现原文一字未改，足见卢先生的信任与期望。就这样，卢先生把我引上了墨学研究之路。也许先生暗含使山东大学墨学研究传统得以延续的想法，这一点我不敢肯定，但其点拨却在我心底留下这种根苗，加上20世纪80年代末、90年代初，历史系张知寒教授考证"墨子里籍应为今之滕州"一事，推动新一轮墨学研究热潮在全国乃至全世界范围内迅速展开。正巧，拙著《墨经训释》问世，张先生闻讯，盛邀我赴滕州参加山东省首届墨学研讨会。于是，我受"裹胁"，搏击此潮，也涌入此圈。此后二十年间，我又先后撰成《墨家科技与现代化》、《墨子大取、小取训释》、《墨经正读》（王讚源任主编。我为第一副主编，撰写科技之部，并为最终统稿人）、《墨守训释》以及十数篇墨学研究论文。回望往昔，真有“三十五年过去，弹指一挥间”之感慨。

山东大学在墨学研究方面有自己的传统，早已得到学界公认。20世纪二三十年代，有栾调甫先生，他从评析梁启超、章行严诸先生论墨观点方面入手，有《墨辩讨论》和《墨子研究论文集》之作。三四十年代，有童书业先生，他从古代史考证方面入手，有《墨翟为印度人说正谬后案》、《墨子姓氏辨》（60年代有《墨子思想研究》）之作。在《墨子姓氏辨》中，提出了“墨姓出于目夷氏宋公子目夷之后”之假定。新中国成立后，有高亨先生，他从先秦诸子角度研究墨学，有《墨经校诠》和《墨子新笺》之作。80年代后期至90年代后期有张知寒先生，他接受业师童先生观点，运用考据手段，并加入方志资料，有《墨子里籍考论》和《读墨馀论》之作，并在前书中做出了“墨子里籍应在今滕州”之论断。又主编《墨子与当代世界丛书》（10种）和《墨子研究论丛》（4辑）。经张先生提携，现已卓成大家的郑杰文先生，先后著《中国墨学通史》和《二十世纪墨学研究史》。此外，张先生弟子和再传弟子王学典、曾振宇、郭震旦、曹峰等，也正在蓄势奋起。作为中国墨子学会理事长单位，山东大学墨学研究后继有人，实为墨学传承与弘扬的一大幸事。我们对墨学研究的光辉未来充满信心。

姜宝昌

2013年9月1日，于山东大学

图书在版编目（CIP）数据

墨守训释/姜宝昌著．—济南：齐鲁书社，
2014.8
ISBN 978－7－5333－3202－0

Ⅰ．①墨…　Ⅱ．①姜…　Ⅲ．①墨家②《墨子》—注释
Ⅳ．①B224.2

中国版本图书馆 CIP 数据核字（2014）第 185273 号

墨守训释

姜宝昌　著

主管单位	山东出版传媒股份有限公司
出版发行	齊魯書社
社　　址	济南市英雄山路 189 号
邮　　编	250002
网　　址	www.qlss.com.cn
电子邮箱	qilupress@126.com
营销中心	（0531）82098521　82098519
印　　刷	日照报业印刷有限公司
开　　本	720mm×1020mm　1/16
印　　张	25
插　　页	2
字　　数	434 千字
版　　次	2014 年 8 月第 1 版
印　　次	2014 年 8 月第 1 次印刷
标准书号	ISBN 978－7－5333－3202－0
定　　价	**78.00 元**